21世纪信息管理与信息系统专业规划教材

信息检索与分析利用
（第3版）

陈蔚杰　徐晓琳　谢德体　主编

U0731284

清华大学出版社

北京

内 容 简 介

本书是介绍信息检索理论、工具及其利用的通用教材。本教材在满足高校综合型人才培养要求的基础上,结合科研、教学的大量实例,注重内容的原创性,体系严谨,内容全面,写作风格及编排体例新颖独特,内容包括:信息检索基础,搜索引擎,事实和数值型信息检索,图书、期刊、专利文献、商标及其他信息的检索,理、工、农、医、商、法等主要学科的综合检索案例,检索效率等。

本书可作为各类高等院校开设"信息检索与利用"课程的通用教材,以及图书情报工作者和科技工作者的参考书。

图书在版编目(CIP)数据

信息检索与分析利用/陈蔚杰等主编. —3 版. —北京:清华大学出版社,2013.1(2018.4 重印)
(21 世纪信息管理与信息系统专业规划教材)
ISBN 978-7-302-27963-1

Ⅰ. ①信… Ⅱ. ①陈… Ⅲ. ①情报检索—高等学校—教材 Ⅳ. ①G252.7

中国版本图书馆 CIP 数据核字(2012)第 011294 号

责任编辑:梁 颖 赵晓宁
封面设计:何凤霞
责任校对:李建庄
责任印制:宋 林

出版发行:清华大学出版社
　　　　网　　　址:http://www.tup.com.cn,http://www.wqbook.com
　　　　地　　　址:北京清华大学学研大厦 A 座　　　　邮　　编:100084
　　　　社 总 机:010-62770175　　　　邮　　购:010-62786544
　　　　投稿与读者服务:010-62776969,c-service@tup.tsinghua.edu.cn
　　　　质量反馈:010-62772015,zhiliang@tup.tsinghua.edu.cn
　　　　课件下载:http://www.tup.com.cn,010-62795954
印 刷 者:北京富博印刷有限公司
装 订 者:北京市密云县京文制本装订厂
经　　销:全国新华书店
开　　本:185mm×260mm　　印　张:16.75　　　　字　　数:413 千字
版　　次:2007 年 2 月第 1 版　 2013 年 1 月第 3 版　　印　　次:2018 年 4 月第 7 次印刷
印　　数:75501~76300
定　　价:29.50 元

产品编号:045702-01

本书编委会

主　　任：罗朝明（西南大学）

主　　审：高　凡（西南交通大学）

　　　　　郑　宏（西南大学）

主　　编：谢德体（西南大学）

　　　　　陈蔚杰（西南大学）

　　　　　于淑惠（西南大学）

　　　　　徐晓琳（重庆理工大学）

副主编：江佳惠（西南财经大学）

　　　　　邓光荣（重庆交通大学）

　　　　　张惠玲（西南大学）

　　　　　罗红燕（西南大学）

　　　　　刘　敏（湖南农业大学）

　　　　　杨　勇（西南交通大学）

　　　　　杨　勇（重庆工商大学）

　　　　　彭亚飞（西南政法大学）

　　　　　梅盖新（解放军后勤工程学院）

　　　　　胡　虹（重庆医科大学）

编　　委：(排名不分先后)

罗朝明	谢德体	陈蔚杰	于淑惠	徐晓琳	余小萍
闫现洋	江佳惠	邓光荣	张惠玲	刘　敏	杨　勇
梅盖新	彭亚飞	胡　虹	马巧珍	李春艳	秦廷伟
罗红燕	李章平	罗林坤			

序

　　高校本科生的文献检索课被人戏称为豆芽课程，任人怎么努力施肥，豆芽就长那么高，顶不了天，所以大家不愿意下苦功在教材建设上精耕细作。近几年来，国内出版的高等院校信息检索教材有 300 余种，加上自编教材，估计有 600 种以上，内容大都雷同，其主流仍然局限于大篇幅介绍一些检索工具和数据库内容，而对于真正实用的检索技巧细节、综合案例和信息的分析利用都很少涉及，比较枯燥，且难教难学。而且涉及信息利用的章节实际大都是科技论文的写作，似乎与信息的分析利用尚有一间之隔。

　　西南大学在编写教材方面具有丰富经验。西南大学图书馆馆长谢德体担任农业部"十五"(2002 年)和"十一五"(2006 年)规划教材《信息检索与利用》的第一主编，该教材 2005 年曾荣获全国高等农业院校优秀教材奖。信息检索课被西南大学列入全校公共必修考试课，西南大学图书馆总结教学经验，大胆改革，以教学效果为目的，以实用为特色，联合西南交通大学图书馆等其他 7 所高校图书馆编写了综合大学通用教材《信息检索与分析利用》。本书虽然没有主流教材的框架，也没有高深理论、鸿篇巨制，但是巧妙绕开了一些理论难点和条条框框，在编排体例上有一定创新。全书注重实用性和通俗性，线索简单明了，内容新颖全面，增加了关于信息的分析利用的章节，实际教学效果很好，具备了综合大学信息检索实用教材的广度和深度，可作为各类高等院校本科生开设《信息检索与利用》课程的教材或图书情报工作者的参考书。

徐引篪

2007 年 1 月于北京

第3版前言

第2版使用2年多来,文献检索课面临一些新的矛盾,这些矛盾具体表现在以下方面:第一,学生检索习惯继续依赖 Google 等搜索引擎,一些统一检索平台(如读秀百链等)陆续问世推广,简化了逐个数据库检索的程序,文献检索的技术难度看似降低。但是,其统一检索平台的功能并不理想,单库检索还不能被替代。第二,很多高校的文献检索技能培养从一门课程弱化为讲座培训。在讲座培训中,如何选择恰当有效的检索词及如何合理构建检索式等这些学生仍需要提高的技能很难体现出来。第三,学生对文献信息需求的广度和深度不断扩大,学生所在院校购买的数据库已不能有效地满足,对原文传递的需求越来越多。

这次修订新增了检索词的选择与检索式的合理构建实例表,国内主要的文献传递系统及陈旧、稀缺文献检索实例。西南大学的陈蔚杰负责更新了全书数据库图片,并在第2章中增加了检索词的选择与检索式的合理构建实例表,针对第8章更新了检索实例。重庆理工大学的徐晓琳负责撰写了第9章增加的专利检索实例、国内主要的文献传递系统及陈旧、稀缺文献检索实例。

编者

2012 年 10 月

第2版前言

在全面步入信息时代的当今，社会"信息环境"的营造之于一个国家和民族无疑具有长远的战略意义。而对于信息时代的大学——这个集科学研究、人才培养、文化发展和科技向生产力转换四位一体的社会中心——信息环境的主题无疑就是作为学校和社会公益事业的图书馆和 Internet。因此，大学对学习环境的利用，首先是从这两大公益信息环境的利用开始。基于这一认识来重新审视高校"文献检索"课的重要意义和价值，不仅有利于校园信息环境的营造，也有利于全民族整体信息素养的提升。

历来文献检索课就是绝大多数高校的一门公共课程。据有关资料统计，全国高校中有近90％的专业都开设了信息检索及类似课程。与之相配套的教材近几年来也出版了很多，其中不乏精品之作。其中，由西南大学图书馆馆长谢德体教授担任第一主编，联合6所农业院校于2002年编写的《信息检索与利用》一书是第一本全国高等农林院校信息检索类规划教材。该书不仅入选农业部"十五"规划教材，还曾荣获2005年全国高等农业院校优秀教材奖。

2007年，由西南大学图书馆牵头，川、渝、湘三地多家高校图书馆联合编写的《信息检索与利用》一书则是一本面向各学科专业的信息检索类通用教材。全书融入了新的理念，注重实用，启发思维，理论与案例相得益彰。值得一提的是，该书第9章汇编了各参编单位提供的检索案例；第10章介绍了检索效率以及相应的案例；第11章介绍了情报分析及其案例。此外，该书在写作风格和信息量上都有较大的突破和创新，做到了手法新、结构新、理念新。自本书出版以来，受到了全国各地广大读者的广泛好评，并荣获第八届全国高校出版社优秀畅销书一等奖。

本着充实新内容、体现新进展、完善新体系的原则和目的，原班编委再次携手，对教材进行了全面修订改版，在延续了第1版的体系结构、写作风格和编排体例的基础上，我们主要做了以下几个方面的工作：

- ◆ 更新了检索工具界面，增加检索界面图片以及表格，代替冗文；
- ◆ 提高了例题的通用性，删除专业性太强或操作难度太大的例子；
- ◆ 对第9章中案例进行了重新编排，增加期刊关键词统计分析，为学生撰写毕业论文、进行科学研究提供了可模仿的检索分析案例，更加贴近本科学生的信息需求；
- ◆ 在同类教材中率先引入了"个人文献管理软件"（以 NoteExpress 为例）作为文献利用的辅助工具，并于本书第11章提供了具体的案例作为应用指导。

本书是川、渝、湘三地各编委再次通力协作的成果。陈蔚杰和于淑惠修订了第1、第2、第7、第10和第11章；徐晓琳对课后习题作了修订；杨勇（西南交通大学）对第3和第5章内容进行了修订，完成了 NoteExpress 相关章节的编写，并书写了第2版前言；周带娣修订了第 4 章；各参编单位分别对第 9 章中的检索案例进行了重新编排和完善。全书由西南大学陈蔚杰统稿、西南交通大学图书馆馆长高凡和西南大学信息管理系主任郑宏审校而成。

　　本书在编撰和修订的过程中参考、借鉴了一些已出版的同类教材及相关文献，在此恕不一一注明，谨一并向相关单位、作者致以诚挚谢意！由于作者水平有限，书中难免有疏漏、错误之处，敬请同行和读者批评指正。

编者

2009 年 5 月

目录

第1章
绪论

本章主要介绍"信息检索与分析利用"课程的主要概念、信息的主要类型、课程的意义，要求掌握图书、期刊、学位论文、专利信息、标准信息等常见信息类型的特点以及参考文献的著录(列表)格式。

1.1　基本概念

1. 信息

信息(information)是自然界、人类社会以及思维活动中普遍存在的现象，是一切事物自身存在方式以及它们之间相互关系、相互作用等运动状态的表达。信息资源(information resource)作为一个术语，至今未形成统一定义，但可以将其理解为广义和狭义两个层次：广义的信息资源是指信息活动中各种要素的总称，既包含信息本身，也包括与信息相关的人员、设备、技术和资金等因素；狭义的信息资源只限于信息本身，是指各种载体和形式的信息的集合，包括文字、音像、印刷品、电子信息、数据库等。

2. 文献

文献(literature/document)在 1999 年版《辞海》中的定义为"记录有知识的一切载体的统称"，1983 年公布的《中华人民共和国国家标准·文献著录总则》(GB3792.1—83)把文献定义为"记录有知识的一切载体"。可见，凡是记录有知识的一切载体都可以称之为文献。

3. 情报

情报(intelligence)是"作为交流对象的有用知识"，是"在特定时间、特定状态下对特定的人提供的有用知识"，是"激活了、活化了的知识"。情报的基本属性是知识性、传递性和效用性。情报被广泛用于政治、经济和文化领域，人们在社会实践中源源不断地创造、交流与利用着各种各样的情报；情报是经济建设、科研、生产、经营管理等不可缺少的宝贵财富，是进行决策、规划、管理的主要依据。

4. 信息、情报和文献之间的关系

信息、情报和文献之间的关系表现：信息包含情报，文献是记录有知识的载体。当文献中记录的知识传递给用户，并为用户所利用时，就转化为情报；情报虽大多来自文献，但也可能来自口头和实物。所以情报与文献存在交叉关系，它们可以相互转化。例如，知识在需要被用来解决特定问题时，便转化成情报；情报在不需要利用时，便还原为客观的知识。特定的知识和情报，对于既不认识又不能理解它们的人来说，只不过是一种信息。文献和信息

资源这两个概念基本上是从不同角度对同一种事物的表述：文献是一个偏重于载体的概念，强调其作为载体记录人类所有客观知识的价值；而信息资源则注重效用性，无论其载体形式如何，强调其作为一种智力资源的开发与利用。

5. "信息检索与分析利用"课程

该课程也称为"信息检索与利用"课程，包括文献的"检索"和"利用"两部分内容。"检索"部分介绍信息检索的原理、方法和步骤。对文献的"利用"而言，需要对检索的文献去粗取精，去伪存真，进行统计分析，获取情报，适应市场竞争。对大学生而言，还包括利用文献跟踪学术动态、寻找科研课题、撰写毕业论文和科技论文以及申请专利。

1.2 信息的类型

信息资源的种类繁多，形式多样，为了便于更有效地检索和利用，人们从载体、出版形式等不同角度对其做了适当的划分、归类。

1.2.1 按物质载体和记录形式划分

按物质载体和记录形式的不同，可以把信息划分为印刷型、缩微型、声像型、机读型和手写型5种。

1. 印刷型

印刷型信息资源是一种传统的信息形式，主要指以纸张为载体，通过印刷手段（油印、铅印、胶印、石印等）把负载知识的文字固化在纸张上。其优点是便于直接阅读，使用方便；其缺点是笨重、存储密度低、收藏占用空间大、加工保存花费大量人力物力、识别和提取难以实现机械化和自动化。

2. 缩微型

缩微型信息资源是以感光材料为载体，以光学缩微技术为记录手段的一种信息形式，如缩微胶片、缩微平片等。其优点是存储密度较大、体积小、便于收藏保存、便于远距离传递；其缺点是不能直接阅读，需借助缩微阅读机。

3. 声像型

声像型信息资源又叫视听资料，是以磁性、感光材料为载体，直接记录声音、图像的一种信息，如唱片、录音带、录像带、幻灯片、电影等。其优点是直观、真切，给人以鲜明生动的直觉印象；其缺点是制作成本较高，需要借助于一定的设备阅读。

4. 机读型

机读型信息资源是利用计算机进行存储和阅读的一种信息形式，如磁带、磁盘、光盘等。其优点是存储密度高、存取速度快、识别和提取易于实现自动化；其缺点是必须借助计算机等技术设备才能阅读。

5. 手写型

手写型信息资源是指古代各种非印刷型信息如甲骨、简策、帛书等，以及还没有正式付印的手稿。

1.2.2 按出版形式和内容划分

按出版形式和内容的不同,信息可分为图书、期刊、报纸和特种信息。特种信息也叫做灰色信息、难得信息或资料,包括专利信息、标准、学位论文、会议信息、科技报告、政府出版物、产品样本资料和技术档案,在收藏管理上往往与图书报刊分开,另立体系,分别管理。

1. 图书

按照联合国教科文组织的定义,图书是指 50 页以上的以印刷方式单本刊行的出版物。包括专著、汇编本、多卷本、丛书等。

1) 形式特征

图书的著录格式反映其形式特征,参见表 1-1。

表 1-1 图书的著录格式

书 名	信息检索导论	书 名	信息检索导论
责任者	叶继元主编	ISBN	7-5053-8694-8
出版项	北京:电子工业出版社,2002	索书号	G252.7/Y621
载体项	412 页:20cm	主题词	情报检索-高等学校-教材
价格	CNY33.00		

国际标准书号(International Standard Book Number,ISBN)专用于图书、小册子、缩微出版物、盲文印刷品,分 4 个部分:组号(国家、地区、语言的代号)、出版者号、书序号和检验码。从 2007 年 1 月开始,ISBN 从 10 位升至 13 位。

索书号是图书馆给所收藏图书编制的排架号码,一般记录在书脊下方的标签上。表 1-1 中的索书号 G252.7/Y621 分成两部分,G252.7 是中国图书馆分类号,表示信息管理类;这类书不止一本,为了区别,可以用作者姓名进一步区分,Y621 是作者的姓(叶)的拼音首字母和四角号码。

图书的著录格式一般依次为作者、书名、出版地点、出版社、出版时间,有时还有版本号和国际标准书号。在参考文献列表里,图书的著录格式如下:

【实例】叶继元. 信息检索导论. 北京:电子工业出版社,2002.

有的专著作为图书,在参考文献标明[M],是 monograph(专著)的缩写。

【实例】潘瑞炽. 植物生理学[M]. 北京:高等教育出版社,1995.

而外文图书的著录格式可能还有版本号等。

【实例】J A Dean(作者). Lange's Handbook of Chemistry(书名). McGraw-Hill(出版社),13ed(第 13 版),1985(出版年份),ISBN 0-07-016192-5(国际标准书号).

2) 内容特征

图书的内容全面系统,基础理论性强,论点成熟可靠。如果需要对大范围问题获得一般性知识,对陌生问题进行一般了解,对熟悉问题进行历史性的全面系统的回顾,查阅图书一般来说是行之有效的办法。但图书的撰写、编辑、出版所需要的时间较长,传递信息速度慢,内容相对陈旧。

3) 类型

图书按其用途可分为以下 3 种类型。

（1）阅读用书，包括教科书、专著、文集等。

（2）参考工具书，包括字典、词典、百科全书、年鉴、手册、名录、图录、年表、历表等，是供人们释疑解难、翻检查考的出版物。

【实例】 参考工具书《中国大百科全书》是我国现阶段最大的一部综合性百科全书，主要用来检索中外百科知识和当代科学发展水平。

（3）检索用书是以图书形式刊行的书目、题录、文摘等，供人们查找一定范围内信息线索的出版物。例如通过书目，可以了解本学科的研究历史和研究现状，特别是通过各类新书目，可以掌握本学科最新研究成果，这对考知学术源流，确定研究课题是非常重要的。同时通过古今各类书目，可查寻到与研究课题密切相关的事实和资料。各时期有代表性的综合性书目主要有《四库全书总目提要》、《民国时期总书目》、《中国国家书目》、《全国总书目》、《全国新书目》。

【实例】 我国历史上最大的一部官修书《四库全书》基本收入了我国先秦至清代传世的重要古典文献。《四库全书》编纂时，存目和著录的书都在各书卷首写上一篇提要，后将这些提要汇集起来，加以审改，辑成《四库全书总目提要》一书，分经、史、子、集4大类，下分细目，具有检索作用。

2．期刊

期刊也称杂志，是"一种以印刷形式或其他形式逐次刊行的，通常有数字或年月顺序编号，并打算无限期地连续出版下去的出版物"（《信息和文献 国际标准连续出版物编号（ISSN）》（ISO 3297—1998））。

1）形式特征

从外表看，期刊有相对固定的名称和版式，有连续出版的时间顺序标识即出版年、月、卷、期号。例如期刊《中国财政》有国际标准连续出版物号（International Standard Serial Number, ISSN)1007—578X，国内统一刊号（CN 号）11-3829。采用 ISSN 编码系统的出版物有期刊、会议录等。ISSN 由 8 位数字组成，分序号和检验码两部分。

【实例】 EBSCO 数据库的期刊论文著录格式如下：

China Investment：Which Way To Profit? By：Wang Yong；Chen Wen. Beijing Review,11/6/2003, Vol. 46 Issue 45, p10,4p,1c；(AN 11588866).

期刊从创刊年开始每年结集成卷，连续编号，包含全年各期。该例的出版时间、卷、期、页码依次是 2003 年 11 月 6 日、46 卷、45 期、第 10 页开始共 4 页，有 1 个图（chart, 缩写为 c)；在参考文献列表的著录格式是 2003,46(45)：10～13。

【实例】 在参考文献列表里，期刊论文的著录格式如下：

刘志强. 我国农业生态环境可持续发展评价及对策[J]. 农业系统科学与综合研究，2001,17(3)：24～26.

《我国农业生态环境可持续发展评价及对策》是论文题目，J 表示 journal。17(3)表示17 卷 3 期。因此需要检索期刊《农业系统科学与综合研究》获取原文。

【实例】 有一篇文章的参考文献列有如下条目：

Fan LJ and BM Hu. 2000. A comparative study on three methods of estimating discrimination of test sites for the best genotypes. J Biomathematics(China),15(2)：175-179(in Chinese).

J 是 Journal of 的缩写,因此需要检索 Journal of Biomathematics(《生物数学学报》)获取原文。

2)内容特征

期刊内容具有以下 3 个特点。

(1)内容新颖,能及时反映最新研究成果和动态。

(2)信息量大,发行与流通面广,便于获取。

(3)按期连续出版,便于研究者长期跟踪研究。

在科技人员所利用的全部科技信息中,由科技期刊提供的占 70% 左右,由此可见,科技期刊在科技信息中占有非常重要的地位。

3)类型

期刊按其性质和用途不同,可分为如下类型。

(1)学术性与技术性期刊。主要刊登科学研究和生产方面的学术论文、研究报告、会议论文、实验报告等原始文献。这类刊物学术性和技术性强,参考价值高,是科技信息的主要来源。例如,《重庆大学学报》。

(2)检索性期刊。以期刊的形式出版的专供人们用于查找信息线索的一类刊物,如以期刊形式出版的目录、题录、文摘等。例如,《化学文摘》《中文科技资料目录——中草药分册》《全国报刊索引》《纺织文摘》《中国农业文摘》《食品文摘》和《生物学文摘》。

(3)其他期刊,包括快报性刊物、资料性刊物等。例如,The Kiplinger Agricultural Letter。

3. 报纸

报纸是指以刊载新闻和评论为主的出版周期较短的定期连续性出版物。报纸传递信息快,信息量大,现实感强,传播面广,具有群众性和通俗性的特点,是重要的社会舆论工具和情报源,对社会经济和政治生活有着广泛的影响。报纸按出版发行周期分为日报、双日报、周报等,按内容分为时事政治类、科技类、商业类、文教类等。

4. 专利信息

专利信息是专利制度的产物,广义上是指所有与专利有关的资料,包括专利申请书、专利说明书、专利分类表、专利公报、专利文摘、专利证书等。狭义上的专利信息仅指专利说明书。专利说明书是指专利申请人向专利管理部门呈交的对于其发明创造的技术性说明,权利要求书是对专利权限等方面所做的说明。

1)形式特征

【实例】图 1-1 所示是一篇中国专利信息的著录格式。

2)内容特征

(1)专利信息具有编写格式统一、出版快、内容新颖、技术性强、实用性强并具有法律效力等特点。它是寓技术、法律和经济于一体的带有启发性的一种重要信息。

(2)专利说明书内容比较详细具体,多数附有图案,对了解某项新技术、新产品、新工艺的技术内容有重要作用。

(3)专利法明文规定申请专利必须具备新颖性,不得事先将内容发表为论文,因此许多发明成果只是通过专利信息公开,没有在图书、期刊、报纸等公布,使得专利信息是许多技术信息的唯一来源。从情报学意义上讲,专利信息有其突出的优点。

申请（专利）号：	200410026621.3	申　请　日：	2004.03.25
名　　　　称：	一种长效矿物钾肥及其制备方法		
公开（公告）号：	CN1562896	公开（公告）日：	2005.01.12
主 分 类 号：	C05D1/00	分案原申请号：	
分　类　号：	C05D1/00；C05D1/04；C05G5/00		
颁　证　日：		优　先　权：	
申请（专利权）人：	华南理工大学		
地　　　　址：	510640 广东省广州市天河区五山		
发明（设计）人：	吴平霄；廖宗文	国 际 申 请：	
国 际 公 布：		进入国家日期：	
专利代理机构：	广州市华学知识产权代理有限公司	代　理　人：	杨晓松
摘要			

　　本发明提供了一种长效矿物钾肥及其制备方法，其制备方法可采用在尚未浓缩的水溶性钾肥料浆中加入高表面活性矿物或铵化高表面活性矿物，混合均匀后蒸发浓缩，再造粒干燥，制备得到长效矿物钾肥；其制备方法还可采用在水溶性钾肥粉末中加入高表面活性矿物或铵化高表面活性矿物和水，混合均匀并充分研磨，再陈化、烘干，制备得到长效矿物钾肥。本发明的制备工艺简单，无需特殊专用设备，投资少、成本低、易于工业化生产，有利于现有化肥厂的实施应用；所制备的长效矿物钾肥，在供肥上有"按需供给"或"按需释放"的功能，提高了养分的利用率，而且抗淋溶能力强，能改善土壤的结构，经济效益好，市场前景比较广阔。

图 1-1　中国专利信息的著录格式

参考文献列表中专利文献的著录格式是：

专利申请者或所有者.专利题名：专利国别，专利号［文献类型标志 P］.公告日期或公开日期［引用日期］.获取和访问路径

【实例】Zhang Shujin et al. Method and apparatus for domain name service request resolution：US 6324585［P］.2001-11-27

该专利申请人还有 Sitaraman Aravind 和 Lou Shuxian。如果省略第一署名以后的作者或者发明人，保留第一作者署名，被省略的作者或者发明人用"et al."表示，相当于中文的"等"。US6324585 表示美国专利号，2001-11-27 表示专利公告日期。

5. 标准

标准是对重复性事物或概念所做的统一规定，是以科学、技术和实践经验的综合成果为基础，经有关方面协商一致，对工农业产品、原材料、工程建设等方面的质量、规格、计量单位、操作规程、检验方法等方面制定的技术规定。

1）形式特征

一个标准除了有表述其内容的正文以外，还有其他信息特征，如中文标准名称、发布日期、发布单位、实施日期、英文标准名称、标准号、中国标准信息分类号、国际标准文献分类号等。标准编号（标准号）是由"标准代号＋顺序号＋年代号"组成的。

【实例】ISO 是国际标准的标准代号，ISO 658—2002 代表的标准的名称是 Oilseeds. Determination of content of impurities。

2）内容特征

（1）具有一定的法律约束力。标准是经权威机构批准，在特定范围内必须执行的规则、规定、技术要求等规范性信息，是从事科研、生产、设计、管理、产品检验、商品流通等活动共

同遵守的准则和依据。

(2) 从技术的新颖程度看,当前的标准往往是 5 年前最新的专利。也有少数专利很快成为标准。

【实例】据有关部门统计,2003 年全国发生道路交通事故 66 万多起,在这些事故中,70% 与汽车超限超载有关。对此,国家颁布了强制性标准《道路车辆外廓尺寸、轴荷及质量限值》(GB 1589—2004),分别对汽车(包括原三轮、四轮农用运输车)、挂车和汽车列车等不同车辆产品的外廓尺寸、轴荷及总质量提出了限值要求,增加了汽车、挂车和汽车列车的轴荷及总质量的限值要求,修改了客车、货车等车辆的外廓尺寸限值要求。

这一新标准的实施,有利于从源头上规范车辆设计和生产,确保车辆吨位标定科学、合理;加快道路运力结构调整,促进道路运力的标准化和现代化;加强道路交通安全管理,减少交通事故的发生。

3) 类型

(1) 按照使用范围划分。

《中华人民共和国标准化法》将我国标准分为国家标准、行业标准、地方标准、企业标准 4 级。国家标准代号用"国标"两个汉语拼音的第一个字母 G 和 B 结合而成,即 GB。GB 表示强制性国家标准,具有法律属性,是在一定范围内通过法律、行政法规等手段强制执行的标准。

【实例】《核桃丰产与坚果品质》(GB 7907—87)

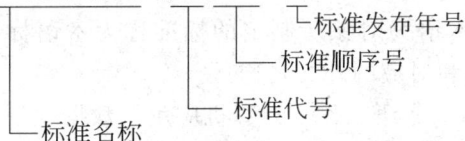

根据《国家标准管理办法》和《行业标准管理办法》,下列标准属于强制性标准。

① 药品、食品卫生、兽药、农药和劳动卫生标准。

② 产品生产、储运和使用中的安全及劳动安全标准。

③ 工程建设的质量、安全、卫生等标准。

④ 环境保护和环境质量方面的标准。

⑤ 有关国计民生方面的重要产品标准等。

GB/T 表示推荐性国家标准,又称为非强制性标准或自愿性标准,是指生产、交换、使用等方面,通过经济手段或市场调节而自愿采用的一类标准。这类标准不具有强制性,任何单位均有权决定是否采用,违反这类标准不构成经济或法律方面的责任。应当指出的是,推荐性标准一经接受并采用,或各方商定同意纳入经济合同中,就成为各方必须共同遵守的技术依据,具有法律上的约束性。

【实例】标准号 GB/T 15310.3—1994 表示 1994 年的国家推荐性标准。

专业标准的代号是"专标"汉语拼音的字母 ZB 加《中国标准文献分类法》的二级类目号(《中国标准文献分类法》)。

【实例】《阳离子羟基硅油乳液》(ZB G32 001—87)的 ZB 表示专业标准。

(2) 按照内容特点划分。

① 方法标准:包括试验方法、检查方法、分析方法、测定方法、抽样方法、设计规范、计算方法、工艺规程、作业指导书、生产方法、操作方法及包装、运输方法等。

【实例】《中国环境保护标准汇编 水质分析方法》(ISBN 7-5066-2432-X)汇编的方法标准如图 1-2 所示。

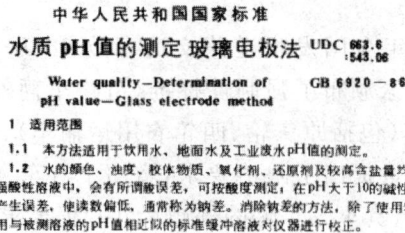

图 1-2　方法标准样例

【实例】《速冻水果和蔬菜的矿物杂质测定方法》(GB/T 10470—1989)、《农业车辆牵引车上钩型机械连接装置试验方法和要求》(GB/T 19497—2004)。

【例题】检索某标准《化学试剂比重天平测量法》(GB 612—77)提到的样品比重公式的系数。

【题解】可以查图书形式的《GB 中国国家标准汇编》，阅读原文，结果是 0.99823。

另一类是为合理生产优质产品，并在生产、作业、试验、业务处理等方面为提高效率而制定的标准。

【实例】《发票报文》(GB/T 17303.2—1998)第 2 部分：国际贸易商业发票报文。

② 术语标准：以各种专用术语为对象所制定的标准称为术语标准。术语标准中一般规定术语、定义（或解释性说明）和对应的外文名称。

【实例】GB/T 16786—1997　术语工作　计算机应用　数据类目

6. 学位论文

学位论文(Dissertation，在参考文献列表缩写为[D])是高等院校或研究机构的学生为获取某种学位而撰写的学术论文。按学位的不同分为学士、硕士和博士学位论文。

1）形式特征

【实例】图 1-3 所示是学位论文数据库收录的湖南大学的一篇硕士论文首页。

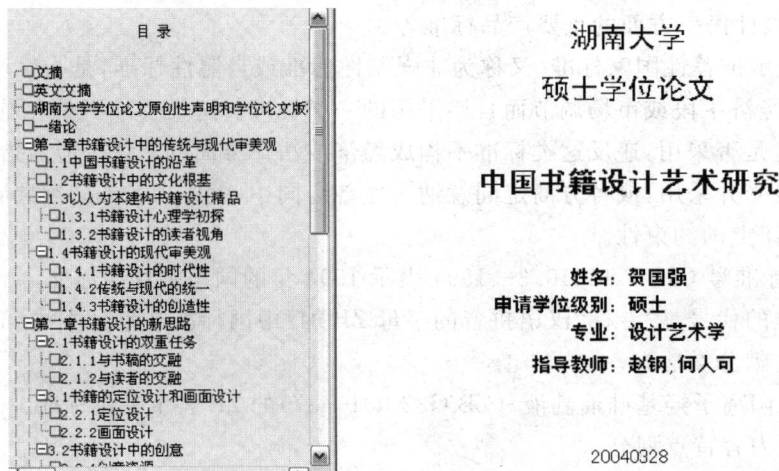

图 1-3　湖南大学的一篇硕士学位论文首页

【实例】参考文献列表中的学位论文著录格式如下：

熊回香.网络信息检索及其发展趋势研究（全文）[D]；硕士；华中师范大学；20030501

【实例】学位论文的著录格式如图1-4所示。

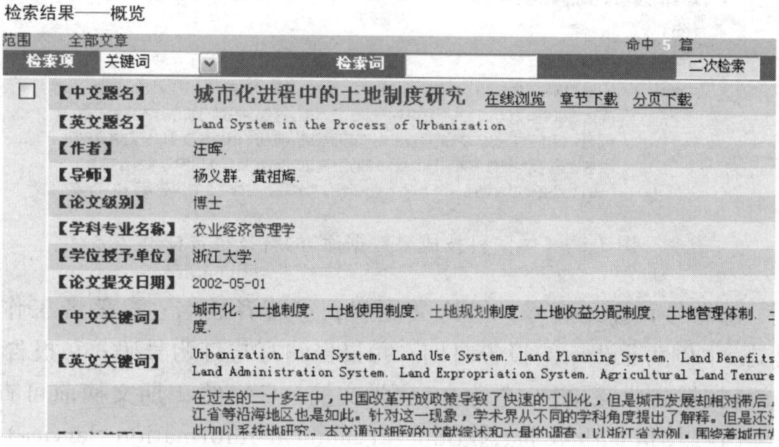

图1-4　浙江大学的一篇博士学位论文著录格式

2）内容特征

（1）学位论文的水平差异较大，但探讨的问题比较专一。

（2）硕士和博士论文具有一定的学术性和独创性，内容比较系统和完整，有较大的参考价值。

（3）学位论文除少数以摘要或全文发表在期刊或其他出版物上以外，一般不公开发表，具有一定保密性。

7．科技报告

科技报告是指某项科研成果的立项报告、中试报告、中期阶段性报告、结题报告或鉴定报告，是关于某项研究的阶段性进展总结报告或研究成果的正式报告。科技报告最早源于第二次世界大战结束时美国收集的战败国德国、日本等国的最尖端的科技研究中试报告，后来包括美国航空航天局、能源部等军事部门的科研成果。现在所说的"科技报告检索"一般指美国四大科技报告的检索。

1）形式特征

科技报告一般不是正式出版物，每件报告单独成册，有机构名称和统一的编号。

【实例】《信息网络技术发展综述》北京图形研究所　段米毅　张炜清（中国公众科技网 2001-11-12 14：56：55）

【实例】《中国科技成果数据库》的科技报告样例如图1-5所示。

【实例】美国能源部DOE科技报告的著录格式如下：

120① ：229588s② DOE complex buried waste characterization assesment：Buried Waste Integrated Demonstration Program③. Kaae，P. S.；Holter，G. M.；Garrett，S. M. K④. (Pac. Northwest Lab，Richland，WA USA)⑤. Report⑥ 1993⑦，PNL-8390；Order No. KE93007616⑧，108PP⑨. (Eng)⑩ L Avail. NTIS⑪. From Energy Res. Abstr. 1993，18(4)，Abstr. No. 7975⑫

玉米矮花叶病流行规律与防治

▪	记录类型：	文摘
▪	限制使用：	国内
▪	项目年度编号：	0SC1230069
▪	省市：	北京
▪	分类号：	S435.131 HotLink
▪	主题词：	玉米病害 HotLink ； 矮花叶病 HotLink ； 发生规律 HotLink ； 综合防治 HotLink

该项研究针对中国玉米矮花叶病严重流行态势，全面系统的分析了其流行成灾原因，明确了玉米矮花叶病传播机制和流行规律，证明了蚜虫传毒是口针前端病毒附着位点(VAS)依靠病毒编码的蚜传辅助因子(HC-Pro)的桥梁作用和病毒结合完成的；蚜虫传毒过程是一个"识别-吸附-释放"过程。在国际上首次获得了HC-Pro的

图 1-5 《中国科技成果数据库》的科技报告样例

注释说明：①卷号；②文摘号；③论文题目；④著者姓名；⑤著者工作单位和地址；⑥信息类型标志，本例为报告；⑦报告时间；⑧报告编写与订购号码；⑨报告总页码；⑩原文种，英文；⑪科技报告收藏单位，全称在《化学文摘》(CA)第1期文摘前可查到，收藏单位 NTIS 全称是美国科技信息服务局（National Technical Information Service）；⑫刊载报告摘要的刊名、年、卷（期）、文摘号。

2）内容特征

内容较为成熟，专深具体，数据较为详尽可靠，是对某一个科研课题最快、最直接的阐述；所报道的研究成果一般经过有关部门的审查和鉴定；出版快，报道研究成果及时，具有比较高的科研价值；大多数有一定保密性。由于是中试结果，故科技报告常常有保密性要求。

8. 会议信息

会议信息是指在各种学术会议上发表的论文、报告及其他有关资料。

1）形式特征

（1）图书形式。以其会议名称作为书名，或另加书名，将会议名称作为副书名。一般按会议届次编号，定期或不定期出版，如图 1-6 所示。

中文会议论文数据库

【正题名】：	城乡土地开发与生态系统建设
【个人作者姓名】：	毕宝德
【作者单位】：	中国人民大学财金学院教授, 中国土地学会理事
【会议录\文集名】：	2000海峡两岸土地学术研讨会
【出版年】：	2000
【页码】：	P 245-254
【馆藏号】：	H045466
【关键词】：	环境保护; 土地资源; 土地开发; 生态系统; 生态环境
【分类号】：	F301
【正文语种】：	CHI
【文摘语种】：	CHI
【文摘】：	良好的生态系统是人类社会持续发展的基本条件, 土地资源是地球生态系统的基本构成要素. 随着人口的增加和社会经济文化的发展, 势必要对土地资源不断进行开发, 而各种形式的土地开发必然引起生态系统的变化, 合理的土地开发有利于生态系统的良性发展; 非理性的土地开发必然导致植被破坏、水土流失、水源枯竭、地力下降、土地沙化、环境污染、灾害频仍等严重生态后果. 人类的任务就是, 依据生态学原理总结长期土地开发的正反面经验, 探索科学开发土地资源的途径, 正确处理城乡土地开发与生态系统建设的关系, 促进社会经济文化事业稳定快速地发展. 本文谋略从分析中国大陆50年来, 特别是改革开放20多年来城乡土地开发的正反面经验入手, 探寻合理开发城乡土地的途径. 当前这对于实施中国西部大开发战略具有十分重要的现实意义.

图 1-6 会议论文数据库的样例

（2）期刊形式。发表在有关学会、协会主办的学术刊物中。有些会议信息作为期刊的副刊或专号出版。

【实例】下面是发表在期刊 Journal of Pharmaceutical Biomedical Analysis 的会议信息的著录格式示例：

6742 PAVLI，V.；KMETEC，V. Optimization of HPLC method for stability testing of bacitracin. In 11th International Symposium on Pharmaceutical Biomedical Analysis（PBA 2000），Basel，Switzerland，14-18 May 2000.

［Edited by Francotte，E. R.；Lindner，W.］. Journal of Pharmaceutical Biomedical Analysis 2001 24（5/6）977—982［En，12 ref.］Department for Stability Testing，Krka Pharmacerticals，Bbogisiceva 8，Novo mesto，1000 Ljublijana，Slovenia.

（3）科技报告形式。部分会议论文被编入科技报告。

（4）视听资料形式。在开会期间进行录音、录像，会后以视听资料的形式发表。

2）内容特征

会议信息具有以下特点。

（1）内容新颖，及时性强。往往反映出一个国家或地区某一学科或专业领域的最新研究成果、发展水平、发展趋势等。

（2）学术水平高，专业性强，可靠性高。学术会议大多由各种专业学会、协会或主管部门召开，由于召集单位的学术性和权威性，一般只有较高学术水平的人员才能参加。

（3）数量庞大，内容丰富，出版形式多种多样。因此，会议信息在主要的科技信息源中，重要性和利用率仅次于期刊。

3）类型

按出版时间的先后，会议信息有以下 3 种。

（1）会前信息。会议论文预印本、会议论文摘要、议程和发言提要、会议近期通信或预告。大约 50％的会议只出版预印本，会后不再出版会议录，在此情况下，预印本就是唯一的会议资料。

（2）会中信息。开幕词、讲演词、闭幕词、讨论记录、会议简报、决议等。

（3）会后信息。会议录（proceeding）、专题论文集或专题讨论会论文集（symposium）、学术讨论论文集（colloquium papers）、会议论文汇编（transactions）、会议记录（records）、会议报告集（reports）、会议论文集（papers）、会议出版（publications）、会议辑要（digest）等。

9. 政府出版物

政府出版物是指政府部门及其所属机构所颁发出版的信息。

1）内容特征

政府出版物与其他类型信息有一定的重复，但也有一些是首次发表。政府出版物对于了解某国的科技、经济等方面的政策和事件有一定参考价值。

2）类型

政府出版物的内容比较广泛，大致可分为行政性文件和科技性文件两大类，其中科技性文件包括政府颁布的科技政策、条例、法令等，约占政府出版物的 30％～40％。

10. 产品样本资料

产品样本资料是指厂商或贸易机构为宣传和推销其产品而印发的免费赠给消费者的资料，如产品目录、产品样本、产品说明书、产品总览、产品手册等。

1) 内容特征

（1）产品样本资料图文并茂，形象直观，大多是对定型产品的性能、构造原理、用途、使用方法、操作规程、产品规格等所做的具体说明。

（2）产品样本资料所反映的技术较为成熟，数据较为可靠，对技术革新、选型、设计、试制新产品以及引进设备等都有一定的参考价值。产品样本资料是进行技术革新、试制新产品、设计工作、订货工作不可缺少的技术资料，是科研、生产建设和贸易等方面的重要情报源之一。各国厂商为了掌握竞争对手的情况，加速产品的更新换代，提高本企业产品的市场竞争能力，都很重视产品样本资料的收集和利用。为了推销产品和盈利，各国书店、行会、商会、协会、期刊编辑部等也出版上述内容的出版物。

2) 类型

（1）根据出版形式划分。分为以书本形式出版的单项产品样本汇编，或者以年鉴、总览和手册等形式出版的全行业产品一览表等两类。

（2）根据内容划分。产品样本资料大致可分为以下3类。

① 单项产品样本。介绍该厂某种产品的性能规格、外形以及部分内部结构，说明该产品曾经占领过或目前仍占有销售市场，对产品的结构、使用方法、操作规程以及产品的演变、系列化情况都有较具体的介绍和说明，有时还附有较多的结构图片，如产品目录、产品样本、产品说明书、产品总览、产品手册等。

② 企业产品一览。介绍该企业生产的各种产品的名称以及主要性能。

③ 企业介绍。介绍该企业的历史、组织、规模、生产过程、车间及实验室设置情况等。

【实例】在 Google 检索到的"无荧光润滑剂"的产品资料简介如下：

产品名称：无荧光润滑剂（NF-2）

产品型号：

产品说明：无荧光润滑剂（NF-2）

NF-2 是由多种有机物精制而成，在钻井液中用作低荧光润滑剂使用。具有加量少、效果好、不起泡、不提粘等优点。

产品指标：

项目	指标
外观	白色或淡黄色油状液体
水分	$\leqslant 5.0\%$
密度	$0.9\mathrm{g/cm^3} \pm 0.05\mathrm{g/cm^3}$
荧光强度	$\leqslant 6.0$ 级
润滑系数降低率	$\geqslant 60.0\%$

11. 技术档案

技术档案是指在生产或科研活动中形成的有具体工程和研究对象的技术文件的总称，包括任务书、协议书、技术经济指标、研究计划、方案、实验设计、实验记录、调查材料、总结报告等所有应入档的资料。它是生产和科研中用以积累经验、吸取教训和提高质量的重要依据，具有较高的参考价值。技术档案有一定的保密性，一般在内部控制使用。

【实例】福建省科技档案馆的一个档案的简要资料如下：

中亚热带常绿阔叶林生态采伐作业系统研究

时间：2005 年 9 月 8 日 来源：科技档案馆

主要完成单位：福建农林大学

主要完成人员：周新年、邱仁辉、杨玉盛、游明兴、潘仁钊

省级成果登记号：20010074

1. 主要内容

选择皆伐作业的 5 种集材方式与采伐强度为 30% 的择伐作业，进行土壤理化性质指标变化程度的比较。经主成分分析得出不同采伐、集材方式对林地土壤理化性质的干扰程度，并作出科学排序……

2. 技术特点

(1) 前期准备充裕，文献资料翔实，研究基础坚实。

(2) 研究路线正确可靠。

(3) 充分利用已建立的长期定位基地，将其研究成果迅速大力推广。

3. 在国内外相关领域的作用、影响

发表论文 56 篇，其中一篇被 EI 收录，26 篇被其他国际权威文献收录，被国内外同行引用 66 次。产生间接经济效益 6000 万元。

中国国家推荐标准主要信息类型著录格式如表 1-2 所示。

表 1-2 中国国家推荐标准主要信息类型著录格式

类　　型	参考文献著录格式
普通图书	尼葛洛庞帝. 数字化生存[M]. 胡泳，范海燕，译. 海口：海南出版社，1996. Mackey W F. Language Teaching Analysis [M]. London：Longman ，1965.
期刊	袁庆龙，候文义. Ni-P 合金镀层组织形貌及显微硬度研究[J]. 太原理工大学学报，2001，32(1)：51-53. Mokhtar, Intan Azura；Majid, Shaheen；Foo, Schubert. Information literacy education：Applications of mediated learning and multiple intelligences[J]. Library & Information Science Research，2008，30(3)：195-206.
学位论文	张和生. 地质力学系统理论[D]. 太原：太原理工大学，1998 Chen, Xudong. Three essays on acid rain control games between China and Japan[D]. Tulane University，2006
专利	姜锡洲. 一种温热外敷药制备方案：中国，881056078[P]. 1983-08-12. Zhang，Shujin et al. Method and apparatus for domain name service request resolution：美国，6324585[P]. 2001-11-27 备注：格式为"专利所有者. 专利标题：专利国别，专利(公开)号[P]. 发布日期" 参考文献中外国人名书写时一律姓前，名后，姓用全称，姓与名用逗号分隔，名可缩写为首字母(大写)，不加缩写点。不同作者姓名之间用分号分隔，人数为 3 人或少于 3 人应全部列出，3 人以上只列出前 3 人，后加"等"或"et al"。
标准	GB/T 16159—1996. 汉语拼音正词法基本规则[S]. 北京：中国标准出版社，1996 备注：标准号"GB/T"表示国家推荐性标准。1996 是颁布年。而 GB 表示国家强制标准。
会议论文集	孙品一. 高校学报编辑工作现代化特征[A]. 见：中国高等学校自然科学学报研究会. 科技编辑学论文集(2)[C]. 北京：北京师范大学出版社，1998：10-22. 备注：篇章作者. 篇章标题[A]. 见(英文用 In)：主编. 论文集名[C]. (供选择项：会议名，会址，开会年)出版地：出版者，出版年：起止页码.

续表

类 型	参考文献著录格式
报纸	谢希德.创造学习的思路[N].人民日报,1998,12(25)：10 备注：主要作者.文献标题[N].报纸名,出版年,月(日)：版次.
网络信息	姚伯元.毕业设计(论文)规范化管理与培养学生综合素质[EB/OL].中国高等教育网教学研究,2005-2-2 Leszek Gasinski; Nikolaos S. Papageorgiou. MULTIPLE SOLUTIONS FOR NONAUTONOMOUS SECOND ORDER PERIODIC SYSTEMS(DB). Acta Mathematica Scientia,2009,29B(6). http://actams.wipm.ac.cn 备注：主要责任者.电子文献标题[文献类型/载体类型].：电子文献的出版或可获得地址(电子文献地址用文字表述),发表或更新日期/引用日期(任选)

1.3　信息检索与利用的哲学与法律问题

1.3.1　哲学问题

中国古代哲学名著《周易》形象地将对立统一的矛盾现象用太极图表示,图中的阴阳属性并存,表示事物的运动变化总是呈现出物极必反的规律。马克思主义哲学也提出了对立统一的哲学观点。而哲学对于各个门类的学科具有普遍的指导意义,对于信息检索与利用也不例外。树立对立统一的哲学观,可以全面认识信息检索过程中遇到的矛盾,找到正确的思路。这些矛盾主要有信息资源的集中与分散的矛盾、检索的简单化与复杂化的矛盾、用学科分类的检索途径与用词汇表达主题的主题检索途径的矛盾、检索效率的查全率与查准率的矛盾、手工手段检索与计算机手段检索的矛盾、传统的实体图书馆与虚拟的网络化图书馆的矛盾、统一格式的信息检索与个性化检索服务的矛盾。

信息资源的集中表现为少数信息机构在一个界面让读者检索各类信息,不必依次使用各个数据库。例如,搜索引擎 Google 雇佣一些图书馆退休人员加工图书数据,将图书馆的信息数字化,试图将各类信息搜罗齐全,供用户使用。据美国和中国的统计,目前很多人包括大学教授,要检索信息,不是先登录图书馆数据库,而是首先使用 Google 在全世界范围查询相关信息。其实大家要清醒意识到仅仅一个 Google 虽然简单好用,可是实际上不可能替代传统的实体图书馆。所以,既要学会使用 Google,也要学会到图书馆查信息。

国外系统整合英文资源有明显优势,但整合中文资源有明显不足。目前国内只有中国国家科技图书文献中心的检索功能比较突出,集中了中外文期刊、专利、学位论文、会议论文、标准等类型,只需用一个检索界面查询,如图1-7所示。

同时信息资源也出现了百花齐放的局面,雷同的数据库越来越多。国际著名大学以及我国清华大学图书馆的数据库多达数百个。清华大学图书馆的数据库超过 330 个,还推出了"我的数据库"、"我的电子期刊"、"我的检索历史"等个性化服务,用于组织、收藏与个人课题或兴趣相关的信息、常用数据库集、常用电子期刊列表及检索历史,还可以定制定题通报(alert)服务;使用"我的电子书架"服务,可使用不同的文件夹收藏不同课题的信息,通过整合检索到的信息,保存到电子书架中随时使用。

➡ 请先选择数据库，然后进行检索　　　　　　　　　　　　文献总条数：3797

□ 期刊论文 会议文献 学位论文 科技报告
☑ 中文库　　☑ 中文期刊（7741011条）　　☑ 中文会议论文（669105条）　　☑ 中文学位论文（819235条）
□ 西文库　　□ 西文期刊（9505188条）　　□ 外文会议论文（3005712条）　　□ 外文学位论文（74350条）
　　　　　　□ 国外科技报告（807187条）
俄、日文库　□ 日文期刊（514923条）　　□ 俄文期刊（214445条）
□ 专利文献
□ 标准文献 计量检定规程

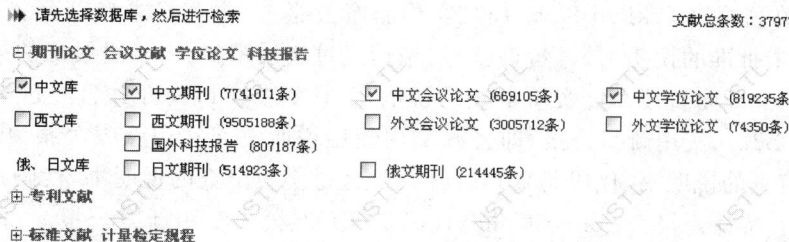

图 1-7　中国国家科技图书文献中心检索界面

面对眼花缭乱的数据库群，一般读者都感到无法选择。于是有人提出了简单就是美的检索口号。有的图书馆（如清华大学图书馆）也尝试将不同类型的信息集中到一个界面，使用户感受到图书信息资源是一个整体，不再是零散割裂的"信息孤岛"，免去读者为了查询所需要的资料，要分别登录不同系统、熟悉不同的检索命令、重复进行检索的烦恼。"清华大学学术信息资源门户"将电子资源的导航与检索、馆藏书刊目录查询、馆际互借和信息传递、虚拟参考咨询、参考信息引用以及网络搜索引擎等扩展服务有机地整合在一起，通过一个门户，读者可以远程访问、无缝获取所需信息和服务，更为有效地利用图书馆提供的信息资源。

一般读者喜欢只用一两个单词完成检索，这样很简单，但是越简单的检索，查询出的信息越多，筛选所需要的信息就越是大海捞针。而复杂的检索虽然要使用专门的检索表达式，但是检索的准确率可能较高。多数读者只会使用单词来检索，不知道学科分类号的检索途径，导致检索效率低下。只有主题途径与分类途径、作者途径的多途径结合使用，才能提高检索效率。

网络化时代的读者愿意上网，用计算机手段检索信息，越来越不喜欢用印刷型书刊检索信息。但是电子图书、电子期刊的价格贵，过分依赖网络条件；其次，有的数据库收录不很全，有时候检索效率还不如用印刷型书刊进行手工检索。特别是检索文学、历史、艺术信息，常常要去图书馆查阅旧书、古籍，用 Google 或者电子图书数据库不一定能查得到。因此，既要熟练掌握电子信息的检索，也要适当学习检索传统的印刷书刊。

根据对立统一观，这些矛盾是永远存在的。简单化不能代替复杂化，单一化不能排斥个性化。所以，学习信息检索课程首先要纠正片面追求简单就是美的观点，对于看似矛盾的检索手段、检索途径不要顾此失彼，以偏概全。

1.3.2　法律问题

1. 信息检索与知识产权

信息检索与利用总是牵涉到知识产权问题。了解专利法、著作权法的常识，才能掌握专利信息的检索方法，正确认识电子信息的免费检索与付费检索、合法检索与非法检索等问题。例如检索专利信息就比较复杂，需要了解较多的专利信息常识，如日本印刷型专利说明书包括以下 4 个类型。

（1）《公开特许公报》（Kokai Tokkyo Koho，专利申请公开说明书，代码是 A）和《公开实用新案公报》（公开实用新型说明书，代码是 U）　报道日本专利公开说明书，即经初审并于申请日起满 18 个月，给予公开的第一级说明书。

（2）《特许公报》(Tokkyo Koho)和《实用新案公报》 报道日本专利公告说明书，即经实审合格，暂未批准的说明书。《特许公报》报道经过实质审查，未经过批准的第二级发明说明书。其中未公开而直接经过实质审查的说明书，代码是 B1，公开并且经过实质审查的说明书，代码是 B2。《实用新案公报》即公开实用新型说明书，《实用新案公报》中未公开而直接经过实质审查的说明书，代码是 Y1，公开并且经过实质审查的说明书，代码是 Y2。

（3）《公表特许公报》(Kohyo Koho，代码是 T)和《公表实用新案公报》 报道外国人按《专利合作条约》(Patent Cooperation Treaty，PCT)进行国际申请，其申请国是日本时，由日本特许厅出版的国际申请说明书原文本的日文译文，是一种未经过审查、未批准的专利说明书。经过日本特许厅审查后，将分别以《特许公报》或者《实用新案公报》形式再次出版。

（4）《意匠公告》(外观设计专利，代码是 S) 公告近期登记的外观设计专利申请案，没有文字说明书。

【例题】美国专利 PP8082、PP08778 或 PP8901 是什么专利号？

【题解】属于 Plant Patent Specification(《植物专利说明书》)，该专利的专利号前冠以 Plant Pat 字样，简称 PP。此外，意大利、韩国、匈牙利等国也设立了植物专利。而中国和欧洲大部分国家没有设立这种专利类型。

【例题】为何不能在 Google 等网上搜索引擎检索到受版权保护、不能免费阅读的大学教材、专著、学位论文、期刊论文的原文，但是却能在专利局数据库免费检索到专利信息原文？

【题解】我国著作权法规定作品的保护期是自发表之日起至作者死亡后 50 年。在保护期内的作品未经作者许可，原则上他人不得擅自使用。但是关于报刊、表演、录音、广播电视节目适用法定许可。法定许可是使用他人已经发表的、受著作权保护的作品时，不需要征得著作权人的许可，但要向其支付报酬的一种使用。其成立条件是：作品已经发表；著作权人未声明"不能使用"；要向著作权人或者中国版权保护中心支付报酬。对图书没有法定许可规定。学位论文篇幅长，类似图书形式，我国近年来专门颁布了加强学位论文的著作权保护的条例。因此，尊重著作权的 Google 等网上搜索引擎原则上不能检索到受版权保护、不能免费阅读的大学教材、专著、学位论文、期刊论文的原文，已经超过保护期或作者自愿免费提供的除外。Google 曾经擅自计划将印刷本图书扫描制作成电子图书放到网上，后来涉嫌侵犯版权而中止。重庆维普咨询公司、电子图书数据库"书生之家"都因为擅自扫描原文，被判决侵权，需要支付巨额赔偿。因此，检索这些原文需要到图书馆、信息研究所或者被授权的机构、网站付费检索。

知识产权具有两大功能：一是保护功能，知识产权制度保护知识创造者的利益，但不等于永久地垄断；二是公开功能，特别是公开专利内容。通过这两种功能调节公共利益，促进科学技术和经济不断发展。其次，许多国家的专利法规定，专利申请公开以后尚未授权的，任何人发现专利申请不符合新颖性、创造性、实用性的要求或者侵权，均可以向专利部门提出异议，因此必须免费公布专利信息，让任何人能免费检索到原文。官方的专利网站都要免费公开专利信息。

2. 知识产权问题对检索的影响

某高校图书馆网站发布"对超出合理使用范围、不正当使用电子资源人员的处理决定和重申正确使用电子资源的公告"，特别强调外国电子资源出版商十分重视对知识产权的保护，都有严格的技术手段和监控措施。个别人为了一己私利，不顾后果，采取不正当的方法和手段使用电子资源。例如,违规超量下载,将信息提供给校外人员以此非法牟利,在校内私自设置代理服务器,使校外 IP 通过它访问校内电子资源。这些行为受到出版商的限制,既损害了广大用户的利益,也损害了学校声誉。我国国家图书馆对已上网的中文全文图书的版权问题,也早有准备。一是在技术上采取措施,使读者只能浏览,无法下载;二是在该部分信息的首页发出通告,若书的作者认为网站对自己的书构成了侵权,可通知国家图书馆将其书从网上拿下(一个有趣的现象是,上网至今,将书拿走者没有,要求将书拿来上网者却络绎不绝)。

伴随网络技术的发展,对知识产权的保护已不仅仅限于法律途径,一些相应技术保护手段应运而生。例如,通过设置防火墙,防止校外 IP 对校内电子资源的非法访问,还可以采用电子水印、电子签名等技术,防止网络传输中数据被窃取。

美国目前采取的措施是,首先在制作数字收藏之前先期解决好版权问题,如有版权方面的限制,则将有关说明放在该收藏的索引、检索工具或某些特殊项目中,在用户检索、使用过程中随时提醒用户注意。

1.4　信息检索与利用的意义

1. 与时俱进,跟踪学术最新动态

【案例】有一位大学本科生在自己的毕业论文及答辩中提出了很多新观点、新设想,令答辩组的专家、教授面面相觑,因为这些新观点是他们从未听说过的。原来,这位大学生在校的几年中,一直利用图书馆和因特网关注着这项研究,追踪着这项研究的世界最新动向。

2. 节省科研时间,提高工作效率

据统计,科研人员查找信息资料的时间一般要占全部科研活动时间的 30%～40%。掌握科学的信息检索方法,可以节省科研人员查阅信息的精力,为科研工作赢得大量的宝贵时间。科学研究是一种创造性劳动,兼有连续性和继承性特点。对于任何一个科技工作者来说,系统地掌握国内外科技信息,了解科技发展水平与动向,利用已有的研究成果,避免重复他人的劳动,少走弯路,具有重要的现实意义。

【案例】北京低压电器厂开发漏电保护开关,经过一年多的探索仍没有找到理想的技术方案,后来利用 7 天的时间查阅了大量的专利信息,找出 70 多篇相关技术资料,经过对专利信息的分析,大受启发,仅用了 3 天就制定出一套切实可行的技术方案,研究开发出具有国际先进水平的新产品,并申请了专利。

3. 避免重复研究

【案例】汉字激光照排系统的发明人王选教授,走的正是这样一条"捷径"。1986 年他只是北京大学一名助教,仅有 10 万元经费,要研制取代铅字印刷的新技术。当时国内权威都认为应该跟着日本人的步伐,完善光学机械式印刷系统。但是王选就是不盲从权威,开题立项之前曾用了一年的时间,检索和研究大量国外专利信息,了解到照排技术从"手动式"、"光学机械式"、"阴极射线管式"已经发展到第四代即"激光照排",但是激光照排还不完善,国外尚无商品。于是王选便越过当时日本流行的光机式、欧美流行的阴极射线管式,直接研制成功第四代激光照排系统,实现了跨越式发展,节约了科研经费和时间。

相反,如果在科学研究中,忽视信息检索,不能做好继承和借鉴工作,则容易重复研究,

浪费大量人力、物力和财力，或采用了较差的实验方法，使研究工作进展缓慢甚至失败。据统计，各国因未查阅专利信息，使研究课题失去研究价值，每年造成的损失，美国达11～13亿美元，英国为2～3千万英镑，前苏联为16～19亿卢布。欧洲专利局的一项研究结果表明，十几个欧洲专利条约成员国在应用技术的研究开发中，由于利用了专利信息，避免了重复研究，每年可节约300亿马克的研究开发经费。

【案例】上海市一家保温瓶厂，自力更生进行科技攻关，花了多年时间，据说投入上百万元经费，解决了以镁代银镀膜工艺，20世纪80年代准备申请国家发明奖，但是经上海市科技情报所检索信息，才发现英国的一家公司早在1929年就为此项工艺申请了专利。该专利的法定保护期早已期满，成为公知公用技术，直接拿来使用就可以了，不需要支付任何费用，而且保温瓶厂旁边的科技情报所就收藏了该专利说明书。

4. 搞科技创新更要检索信息

【案例】日本的丰田佐吉购买了英国专利局出版的全部专利说明书摘要，查阅了有关纺织方面所有的发明专利，综合各家之长开发出新颖的"丰田自动织机"，使当时以纺织业闻名于世的英国大为震惊，并向他购买专利权。

【案例】海尔集团建立不久，通过专利检索系统收集到世界上25个国家1974—1986年关于冰箱的专利技术共14 130多项，通过对这些技术的统计、分析、研究后发现，美国冰箱的最新发展趋势是左右开门、大窖积化，日本冰箱最新发展是多功能化，欧洲冰箱最新发展是冷冻节能化。根据这个结果，海尔毅然以冰箱的变频化、变温化、居室化、衣柜化和医用专门化为自己的发展方向。这就占领了技术制高点，领导了冰箱技术的新潮流。

5. 挖掘分析信息制定高明的市场谋略

信息是知识经济时代的重要资源。善于挖掘和分析信息，往往能制定高明的市场谋略，出奇制胜。

【案例】日本是一个信息大国，善于利用信息。20世纪60年代的中国对外严密封锁大庆油田的信息，地图上没有大庆。日本公司无法获得大庆油田的信息，于是开始研究所有关于大庆的零星情报。仅靠当时中国的《人民日报》和《人民画报》的几段报道和几幅图片，就获得了深层次的信息。步骤如下：

（1）确定大庆的大概位置。看到画报封面铁人王进喜的照片，王进喜身穿大棉袄，天下着鹅毛大雪，还有一幅照片的背景是广袤的黑色土壤的平原。日本公司据此分析：大庆应该在东北，否则不会下这么大的雪，土壤不会是黑色。但是还是不知道大庆确切在哪里。《人民日报》有一个报道说："王进喜同志到了马家窑，说了一声好大的油海啊！我们要把中国石油落后的帽子扔到太平洋里去。"日本公司分析，马家窑就是大庆的中心；"好大的油海"暗示油田的储油量很大。

（2）确定大庆的中心位置。《人民日报》报道说："中国工人阶级发扬了一不怕苦二不怕死的革命精神，大庆的设备不用马拉车推，完全是肩扛人抬。"日本公司分析：油田不会远离火车站，远了就拉不动设备。后来日本公司派了一个经济间谍以游客身份到东北，研究铁路线，发现了油罐车，顺着铁路找到了离马家窑不远的车站。

（3）推算产油量和石油需求量。1966年，王进喜同志光荣地参加了全国人民代表大会。根据这一消息，日本公司确定大庆一定出油了，假如不出油，王进喜当不了人大代表。

根据《人民日报》上一幅钻塔的照片,以钻台上手柄的样式与几位操作工人手臂的对比,算出油井的直径是十多厘米,根据直径推算每天产油量。结合中国国务院的政府工作报告公布的数据,把该年产油量减去上一年产油量,就得出大庆的石油产量,算得很准。日本公司还预测,大约在1980年以后中国的工业将有较大发展,需要大量石油。

(4) 提前设计适合中国专用的石油设备。日本公司根据中国当时的工业水平预测,中国无法自行设计制造石油设备,必然会向世界公开招标。于是决定根据中国的需求特点预先设计石油化工设备。果然,大庆油田出油后我国向世界很多国家征求设计都不成功,于是日本公司说早就为中国设计好了!结果日本公司顺利中标。

我国忽略信息分析,有时痛失市场。

【案例】凭一纸公文,开发中国市场。

20世纪80年代,北京市政府曾经签发了一份红头文件,内容很简单,要求政府机关购买小轿车需要限定指标,但是不限定客货两用车的购买指标。这份公文下发各部门,并没有保密。日本三菱公司驻北京办事处的一位信息员分析这份文件,认为如果根据中国当时较差的公路状况,生产客货两用的面包车,向中国政府机关推销,就能占领中国市场。于是日本三菱公司抢先生产这种车,很快风靡中国。可是我国的各汽车厂,没有悟出那份公文的市场价值,只能痛失市场。

思考题

1. 信息按出版形式和内容可划分为哪些类型?
2. 根据自己的实际体验,列举信息检索与分析利用有何意义?

综合实习题

1. "GB 2760—2007 食品添加剂卫生标准"表示的文献类型是_____。
A. 专利　　B. 中国国家强制性标准　　C. 中国国家推荐性标准　　D. 国际标准

2. 一篇论文列出的参考文献如下:李文杰,胡志和.中国专利检索方法[J].食品科学和技术.2004,25(4):155-157　其中的25(4):155-157应该是_____。

A. 25期4页　　　　　　　　　　B. 25卷4期155-157页
C. 29期4页155-157行　　　　　　D. 25卷4页155-157行

3. 一篇论文列出的参考文献如下:Mokhtar, Intan Azura; Majid, Shaheen; Foo, Schubert. Information literacy education: Applications of mediated learning and multiple intelligences. Library & Information Science Research, 2008,30(3),p195-206.

找出文章的题目是_____。

A. Majid, Shaheen; Foo, Schubert. Information literacy education: Applications of mediated learning and multiple intelligences.

B. Information literacy education: Applications of mediated learning and multiple intelligences

C. Library & Information Science Research

第2章
信息检索与初级分析

本章要求掌握检索途径、检索式和检索步骤，并根据结果进行初级分析。

2.1　检索的概念及类型

2.1.1　信息检索的概念

检索有狭义和广义之分。狭义的检索(retrieval)是指依据一定的方法，从已经组织好的大量有关文献信息集合中，查找并获取特定的相关文献信息的过程。

广义的检索包括信息的存储(storage)和检索(retrieval)两个过程。信息存储是指工作人员将大量无序的信息集中起来，根据信息源的外表特征和内容特征，经过整理、分类、浓缩、标引等处理，使其系统化、有序化，并按一定的技术要求建成一个具有检索功能的工具或检索系统，供人们检索和利用。而检索是指运用编制好的检索工具或检索系统，查找出满足用户要求的特定信息。

2.1.2　信息检索类型及特点

检索按照不同的分类标准可以划分为不同的类型。

1. 依据数据格式和检索技术的层次划分

依据数据格式和检索技术的层次的不同，信息检索可以分为以下类型。

1) 文本信息检索

传统的文献数据库例如图书、期刊、专利文献等的数据库及搜索引擎以文本数据为主要处理对象。在西文中可通过空格来分割词汇，然后通过禁用词表来剔除无意义的词汇。但中文文本缺乏可供分词的空格，遇到了汉字切分的瓶颈，需要专门技术选择词汇。这些技术分为中文词切分法和单汉字标引法，出现了按照字或者词检索的切分方法。

2) 多媒体检索

多媒体技术是把文字、声音、图形图像等多种信息通过计算机进行数字化加工处理而形成的一种综合信息传播技术。多媒体检索就是以多媒体信息为检索对象的信息检索，包括视频检索、声音检索、图像检索和综合检索等。

3) 超媒体及超文本检索

传统的文本都是线性的，用户必须顺序阅览。而超媒体是一种非线性的网状结构，用户可以沿着交叉链选择自己感兴趣的部分阅读。超文本早期多为文字信息，现在扩展到图形图像、视频、音频等各种动态、静态信息。人们把这种利用超媒体和超文本存储信息的系统分别称为超媒体系统和超级文本系统。超媒体及超文本检索就是基于超媒体系统和超级文本系统而进行的信息检索,这种检索包括基于浏览和基于提问两种检索方式。

其中视频数据检索亦称电视信息查询,是数字通信、电视和计算机相结合的产物。用户将显示器或改装过的电视机作为终端,直接接收电视中心播放的信息或与视频系统的数据库进行联机对话。这种检索又分为两种,一种是广播式(teletex 或 teletext),即利用电视广播网循环传送专门的信息页,用图文电视接收机即可接收和检索所需的信息画面,该系统又称图文电视;另一种是交互式(videotex 或 videodata),用户可以与中心双向对话,通过视频(数据页)查询系统的数据库。

2. 依据用户使用信息的目的不同划分

依据用户使用信息的目的不同,信息检索可以分为以下类型。

1) 撰写论文的信息检索

这类检索大部分是为了写论文而要求检索较新的期刊和学位论文等文献,主要强调查准率,一般检索 5~10 年以内的文献。写一般的论文往往需要 10 篇左右的参考文献,而撰写博士论文往往需要 100 篇以上参考文献。

2) 学科建设和科学研究的信息检索

这类检索要求全面而系统地进行检索,强调查全率,允许适当的误检;不仅要求得到本学科的相关信息,而且也希望得到相近学科和交叉学科的有关信息;也非常重视事实数据,此外还有时间要求。对于研究层次低、发展快的学科,则检索的时段可以适当缩短;反之,则适当延长。一般来说,社会科学、基础科学、高层次的科学研究都要求检索近 20 年的相关信息;自然科学一般要求检索近 10 年左右;应用科学和一般层次的研究检索近 5 年的相关信息就能满足要求。

(1) 立项查新。立项查新是申报各级、各类科技计划,申请科研课题和专利时的资料查询,这类检索特别要防止漏检。

(2) 成果查新。成果查新是为成果鉴定和项目申报奖项而进行的信息检索,这类检索的要点是防止漏检和保证检索结果的真实性。

(3) 学科建设。为创建新学科或促进学科发展而进行的信息检索,主要是强调信息的完整性和系统性。该项工作的重点不仅仅是信息的检索,而更重要的是信息的整理。

3) 生产开发的信息检索

生产开发关心的是产品生产技术、产品的市场前景及经济效益,这类检索主要是针对专利商标信息、产品样本资料、统计数据、价格信息。

4) 回答或解决单一问题的信息检索

这类用户的提问通常单一、具体,如制糖残留物的处理工艺、水稻烂秧问题、葡萄炭疽病的防治等,强调查准率而不求全。

5) 对已知文献的查找

这类用户需要了解的是某信息来源出处或入藏情况,其目的是要得到有关信息的原件、复制品或不同文字的译本。

3. 依据信息类型划分

依据信息类型,信息检索可分为以下类型。

事实与数值型信息检索、图书信息检索、期刊信息检索、专利信息检索、商标信息检索、学位论文检索、标准信息检索、科技报告信息检索等。

【实例】事实与数值型信息检索举例如下:

检索国家统计局公布的(2002年1—2季度)牧业产值(按现行价格计算)是3728.7亿元。用《中国大百科全书(简明本)》或者其他工具检索园艺术语"蔷薇科",中国有53属1000余种。

4.依据检索界面划分

按照检索界面划分,信息检索可以划分为以下两种类型。

1)初级检索

初级检索界面(basic search)通常只有一个文本框,检索工具如搜索引擎Google和百度、图书数据库、期刊数据库、专利数据库等首先呈现的检索界面是初级检索界面,一般允许输入一个检索项,适合简单的检索。所以有的检索工具也称之为简单检索、快速检索(quick search)。通常查询一本图书的书名或者一两个关键词,只需要使用初级检索界面。不过通过初级检索界面不易完成多条件的复杂的检索,需要在结果中添加新的检索内容再检索(有时也称为二次检索)。

2)高级检索

高级检索界面(advanced search)是表格式的,用于一次完成比较复杂的检索,一般的检索工具都有高级检索界面,而且有的检索工具例如EbscoHost的高级检索界面允许添加行数,增加输入的内容。高级检索界面通常用于检索复杂的信息,例如检索有关大学英语等级考试或水平考试的图书、期刊论文,如果用高级检索更方便,所以有的检索工具也称之为组合检索。

图2-1所示为初级检索与高级检索对照。

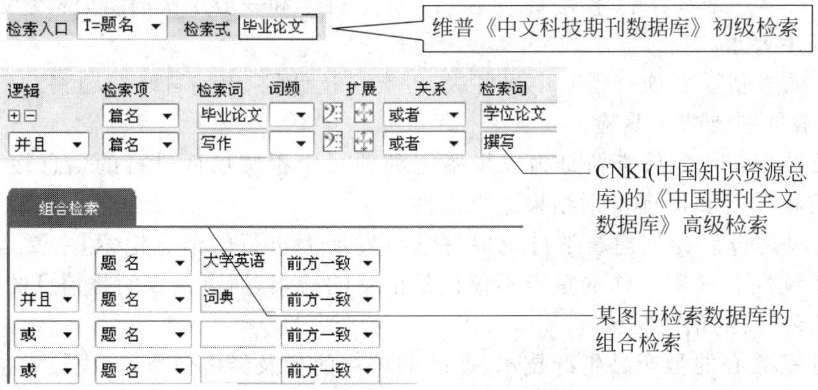

图2-1 初级检索与高级检索对照

2.2 检索工具概述

2.2.1 检索工具的定义及类型

检索工具是人们用来存储、报道和查找各类信息的工具,主要包括二次、三次印刷型手工检索工具,面向计算机和网络的各种数据库检索系统以及搜索引擎等各种网络检索工具。检索工具的分类如下。

1.按所收信息的学科内容划分

检索工具中信息的学科内容有综合性、专科及专题之分。综合性工具一般具有较长的历史,往往提供多种检索途径,检索功能较强。专题和专科检索工具比较简单,但内容的标引却比综合性工具详细,其优秀者对本学科的信息收录比综合性工具更全。

2. 按著录信息的特征划分

著录是指编制检索工具时对文献的内容和形式特征进行分析、选择和记录的过程。工具对文献信息特征著录或描述的详略程度不一,有的只揭示题目、作者等信息,不提供原文,目录信息编排成为图书目录或者期刊题录(bibliography);有的检索工具例如《化学文摘》、《生物学文摘》加上了作者提供的摘要或者数据公司的文摘员重新编写的摘要,编排成为文摘(abstract);词典、百科全书、某些学术期刊还专门编制了便于快速检索的索引(index)。

1)目录型检索工具

常见的目录按收录的范围可以分为国家书目、联合目录、馆藏目录、出版社目录。通过书目,可以了解本学科的研究历史和研究现状。特别是通过各类新书目,可以掌握本学科最新研究成果,这对考知学术源流、确定研究课题是非常重要的。同时通过古今各类书目,可查寻到与研究课题密切相关的事实和资料。各时期有代表性的综合性书目主要有:《四库全书总目提要》、《民国时期总书目》、《中国国家书目》、《全国总书目》、《全国新书目》。

联合目录主要有 OCLC 联机目录和 CALIS 联合目录。

联机计算机图书馆中心(Online Computer Library Center,OCLC)是世界上最大的提供网络文献信息服务和研究的机构,其数据库汇集了全球数以千计图书馆的 4800 多万条馆藏书目数据,网址为 www.oclc.org。

中国高等教育文献保障系统(China Academic Library & Information System,CALIS)提供以中国高等教育数字图书馆为核心的中国高校图书馆联合目录。其网址为 162.105.138.230/opac/muci。

【实例】CALIS 联合目录实例如图 2-2 所示。

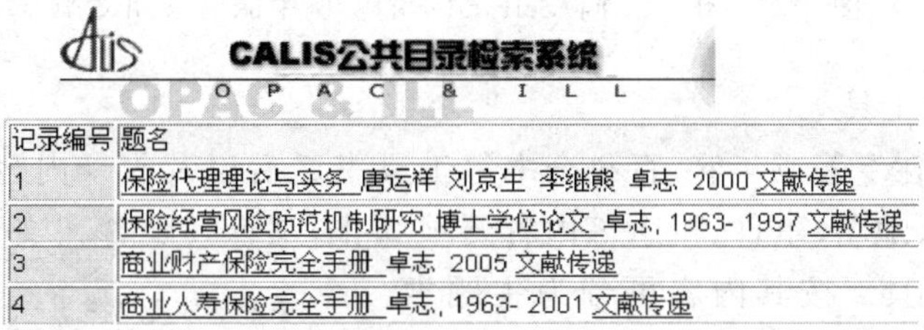

记录编号	题名
1	保险代理理论与实务 唐运祥 刘京生 李继熊 卓志 2000 文献传递
2	保险经营风险防范机制研究 博士学位论文 卓志, 1963- 1997 文献传递
3	商业财产保险完全手册 卓志 2005 文献传递
4	商业人寿保险完全手册 卓志, 1963- 2001 文献传递

图 2-2　CALIS 联合目录实例

【实例】图书馆的馆藏目录实例如表 2-1 所示。

表 2-1　馆藏目录实例

查　看	题　名	责 任 者	索 书 号	出 版 社	出 版 时 间
馆藏信息	知识产权 100 点	小野昌延	D913 X966	专利文献出版社	1992
馆藏信息	知识产权 200 问	曾莍	D923.404 Z844	湖南人民出版社	2003

2)题录型检索工具

题录是将文献的篇目按照一定的排检方法编排而成的,供人们查找篇目出处的工具。著录项至少包括篇名、责任者和文献的出处,如《中文社科报刊篇名数据库》。早期的《中文科技期刊数据库》就是题录型，实例如下：

【实例】《中文科技期刊数据库》的期刊论文著录格式如表 2-2 所示。

表 2-2　期刊论文著录格式实例

题　名	辽宁老工业基地振兴与发展中的生态产业研究
作　者	张军涛
机　构	东北财经大学公共管理学院，辽宁大连 116025
刊　名	社会科学辑刊. 2004(1). 74-78
ISSN 号	1001-6198
CN 号	21-1012
馆藏号	80414X
关键词	生态产业 循环经济 环境—经济协调发展

3）文摘型检索工具

题录加上一段摘要，就成为文摘，如图 2-3 所示。

Bibliographic Information　题录

Fireproofing, mildew-proof, and high-absorbing tanning agent for leather production and preparation thereof.　Shan, Zhihua; Guo, Wenyu; Chen, Hui. (Sichuan University, Peop. Rep. China). Faming Zhuanli Shenqing Gongkai Shuomingshu (2005), 11 pp. CODEN: CNXXEV CN 1594597 A 20050316 Patent written in Chinese. Application: CN 1004-212 20040714. Priority: . CAN 144:173119 AN 2006:116664 CAPLUS

文摘

Abstract

Title tanning agent is composed of aldehyde R1CHO (R1 = H, Et, or methyl) 110-150, metal phosphide MP (M = Cr3+, Fe3+, Al3+, or Ti4+) 20-50, amino carboxylic acid HOOCR2NH2 (R2 = phenylene or hydroxyphenylene) 30-80, and water 320-400 parts, and the tanning agent is prepd. by reacting the above compn. at room temp. and pH of 1.0-2.0 for 4.0-6.0 h and then removing aldehyde at 70-80°. The tanning agent may be used for tanning pigskin, sheepskin, and cowhide.

图 2-3　《化学文摘》SciFinder 的实例中的题录和文摘

4）索引型检索工具

索引一般是附在专著或年鉴、百科全书等工具书之后以及收录内容较多的二次文献之后，按主题词、人名、地名、事件、概念等内容要项编排，是查找隐含在文章中所需情报，进行微观检索的有用工具。按其内容可分为主题索引、分类索引、关键词索引、引文索引。最通用的索引是主题索引和著者索引，如《全国报刊索引》的索引。

【实例】《中国大百科全书》的一例索引如图 2-4 所示。

条目汉字笔画索引 ……………………………1202
　附：繁体字和简化字对照表 …………1218
条目外文索引(INDEX OF ARTICLES) …1220
内容索引 ……………………………………1237

图 2-4　《中国大百科全书》的一例索引

2.2.2　检索工具的鉴别与评价

检索工具的数量越来越多，质量参差不齐，要选择适当的检索工具，必须对检索工具进行鉴别与评价。鉴别和评价总体上从以下 5 个方面进行。

1. 信息收录范围与信息质量

信息收录范围是指工具中信息覆盖的学科面、信息类型及数量。信息质量是信息水平、加工层次、真实性和准确性。

2. 著录的详略

文献信息的特征包括外表特征和内容特征。工具对文献信息特征著录或描述的详略程度决定了使用效果。工具对文献信息著录越详细,对用户的帮助就越大。外文数据库一般加工细致,使用方便。期刊、学位论文和专利数据库的著录比图书详细。

3. 著录、标引的质量

著录、标引的质量主要体现在著录项目的完整性、内容的加工(标引)深度、著录和标引的准确性以及标准化等方面。索引(index)的编制,英文是 indexing 一词,音译为引得法或意译为索引法、标引,是通过对文献的分析,选用确切的检索标识(类号、标题词、叙词、关键词、人名、地名等),用以反映该文献的内容的过程。

4. 信息报道的时效

信息报道时效主要通过报道时差来反映。报道时差是指从原始信息发布到工具报道的时间间隔。用户对文献信息传递的及时性有很高的要求,所以报道的时差越短越好。

5. 检索功能

检索功能包括检索操作的简易程度、检索途径的多少以及检索效果好坏。好的检索工具应该提供尽可能多的检索途径,同时检索操作简单易学,并且检索效果好。

另外,可读性和权威性可作为选择百科全书和词典等参考型工具的辅助指标,而网络检索必须考虑速度和检索费用。

2.2.3 常见检索工具及其选择原则

1. 常见检索工具概况

常见检索工具是指国内外普遍使用的检索工具,尤其近年来电子图书、网络版期刊库、专利文献、学位论文数据库备受青睐。但是目前网上的各种数据库固然很齐全,能够解决一些课题的查询,但多数需要预支费用、申请账户,输入密码才能进入。此外,一些印刷本形式的检索刊物仍具有检索价值,还不会被网络文献替代。目前的电子版图书与印刷版图书相比没有明显优势,特别是古籍的电子版图书还不能代替纸本图书,如湖南中医学院开发的电子版《中华医典》虽然具有代表性,但是缺点较大,用户界面简单且检索功能薄弱,因此古籍电子版图书没有得到广泛使用。

综合性检索工具使用得比较广泛,由于收录范围广,各类专业领域机构都在使用,例如维普《中文科技期刊数据库》(www.cqvip.com)和 CNKI 系列数据库等。我国的检索工具大多是综合性或区域性的,但其加工深度远远不及专科性检索工具,检索途径少。专科性检索工具的覆盖面较综合性检索工具窄,但在某一专业领域,能够比较集中、迅速准确和全面地反映某学科领域的最新发展状况和最前沿的科研水平,收录信息的覆盖面、信息挖掘的深度,都是综合性检索工具无法做到的。国外专科性检索工具极为普遍,规模宏大,其详细完整的专业信息极具针对性,例如世界著名的《化学文摘》和医学类文摘检索工具。

有关各类检索工具及其用法,详见第3~8章。

2. 检索工具的选择

选择检索工具应该以满足信息利用要求为前提,充分考虑客观工具条件和经济能力。一般来说,应该先选择国内的检索工具,后选择国外的;先选择本地图书馆后选择其他图书馆;一般的资料查询应先查文摘型检索工具,必要时再查其他工具;而科学研究者应根据信息内容互补原则选配多种工具构成信息完整的检索工具体系,优先选用专科或专题数据库、网络数据库,必要时再进行联机检索。信息检索应以计算机检索优先,事实数据型信息检索既要考虑计算机检索,也要充分考虑各种印刷型检索工具的使用。

根据高校图书馆信息资源和大学生的信息需求实际情况,常用的检索工具如下:本馆的馆藏书目检索系统、超星电子图书数据库、CNKI 系列期刊和学位论文数据库、重庆维普咨询公司(www. cqvip. com)《中文科技期刊数据库》、外文 Elsevier 数据库、外文 EbscoHost。其中的收费检索工具需要从校园网或者本校图书馆界面进入,以便于免费获取原文。如果绕开图书馆入口,从校园网外进入数据库网站,一般不能免费获取原文。

此外,网上免费的检索工具还有中国国家知识产权局(www. sipo. gov. cn)、欧洲专利局、美国专利商标局数据库(可以通过中国国家知识产权局链接)、搜索引擎 Google、科技搜索引擎 Scirus(www. scirus. com)。

印刷型信息的检索工具有百科全书、手册、统计资料、年鉴和各个专业的文摘、索引,还有提供检索依据的分类表和主题词表。查找某一专业专指性很高的课题时,有时必须选择各种专指性强的印刷型检索工具。例如,用《畜禽药物使用手册》检索到消化系统药物大黄(Rhizoma Rhei)粉末对犬的致泻量是 2～4g,但是通过其他检索工具甚至用 Google 搜索都没有检索到结果。

【例题】检索课题"醇铝化合物脱水缩聚的工艺条件"。

【题解】利用《化工百科全书》查出醇铝、异丙醇铝的分子式、英文名称、化学文摘登录号。

利用美国《化学文摘登录号索引》(Registry Handbook Number Section)查出它在美国化学文摘社所用的规范名称。

查美国《化学文摘》累计索引中的化学物质索引(Chemical Substances Index),查出相应的文摘号。

根据文摘号查出美国《化学文摘》相应的期文摘,通过阅读文摘选出相关的文章出处(刊名缩写)。

利用《化学文摘资料来源索引》(Chemical Abstracts Service Source Index)根据刊名缩写查出相应的原文出处。

从这一检索课题的实例来看,如果不利用印刷型的工具书查询醇铝、异丙醇铝的分子式、英文名称、化学文摘登录号,即使使用《化学文摘》数据库也很难保证查全、查准。

当然特殊情况下可以打破该原则,强调针对性,例如检索专利文献,直接选择官方的专利数据库,再检索重要的科技期刊数据库。

对于标准信息检索,应以最新标准为准,因为标准也在不断地补充和修订,新的标准不断地替代旧的标准。企业执行作废标准,会判定为不合格产品,影响经济效益;监管部门使用作废标准,会引起社会的混乱,甚至法律纠纷;实验室使用作废标准,会出现错判,会影响其公正性、可靠性和权威性。

检索工具的选择应该根据检索者对信息的要求及条件来确定。一般来说,考虑如下条件。

1) 考虑学科范围、信息类型和数据量

选择检索工具一定要根据待查项目的内容、性质来确定,注意检索工具所报道的学科专业范围。要以专业性检索工具为主,再通过综合型检索工具相配合。如果要检索多个专业的文献,要首先选用综合性检索工具。

【例题】用_____检索 α-呋喃甲醇羧酸酯的合成、含有碳和氢元素的化合物的英文综合学术性文献。

A. 外文 EBSCO 数据库　　　　　　　B. 外文农业类 CAB 文摘数据库

C. 外文农业类 AGRICOLA 数据库　　D. 外文食品科技文摘数据库 FSTA

【题解】答 A。外文 EBSCO 数据库是英文综合学术性文献数据库,其他是专业性检索工具。

【例题】用_____检索世界范围的专利摘要比较方便。

A. 美国专利商标局数据库

B. 日本专利局数据库

C. 欧洲专利局 esp@cenet 数据库

D. 世界知识产权组织∥ipdl. wipo. int/PCT 电子公报

【题解】答 C。esp@cenet 网络数据库,包括欧洲专利局数据库、世界知识产权组织数据库、欧洲成员国专利数据库,还可以检索 PCT 国际专利信息、日本公开特许信息以及全世界范围内的 4000 万件专利信息,包括中国专利的英文信息。而美国、日本等各国专利局只收录本国专利。

2) 了解收录的文献类型

一般说来,要了解国内外科技文献的发展概况、动态和水平,以及查找以往各年的早期文献,可考虑使用期刊式检索工具;要查找某个学科的沿革和发展概况,就应该从图书这一类检索工具着眼;而要解决新问题,掌握新技术就应该首先从专利或科技报告等文献出发。检索新信息,最好是用网络搜索引擎。为了避免检索工具在编辑出版过程中的滞后性,还应该在必要时补充查找若干主要相关期刊的现刊,以防止漏检。

【例题】已知参考文献:徐经长. 国际会计学. 北京:中国人民大学出版社,1999. 要找原文,使用_____检索《国际会计学》的收藏情况。

A. 维普《中文科技期刊数据库》　　　B. 中国人民大学报刊全文数据库

C. 国务院发展研究中心信息网　　　　D. 图书馆的馆藏查询

【题解】答 D。要点:从著录格式判断属于参考文献列出的图书。

【例题】某文物研究所检索民国以来有关中国古代壁画、彩塑方面的中文资料,并建立数据库,应该选择哪些信息类型?

【题解】参考答案:查找图书书目 445 条;期刊、报纸、会议录、学位论文及少量录像资料目录 1621 条。

【例题】某经济咨询公司查朱镕基在报纸上发表的文章,应该选择哪些信息类型?

【题解】参考答案:从网上人民日报、文汇报分别检索到 34 篇、202 篇有关文章。

【例题】甘肃省某市某县文化局检索有关古罗马军队及人员于中国古代（公元前）流散到中国及在甘肃省河西走廊一带活动的历史渊源、史料记载、故事以及下落等资料，应该选择哪些信息类型？

【题解】参考答案：使用了图书 15 种、期刊论文 10 篇、报纸文章 8 篇。

【例题】某国际旅行社查全国防汛总指挥部的封航令，了解长江何时封航，何时通航，应该选择哪些信息类型？

【题解】参考答案：利用人民日报全文检索，查到有关报道文章 5 篇，查明长江在汛期多次封航。

【例题】使用_____检索中国专利：03250961.8 苗间除草机梳苗机构密封传动箱、03202331.6 多用途手扶拖拉机尾轮、03251637.1 支架犁镜。

    A. 维普中文科技期刊数据库   B. 图书馆的馆藏查询数据库

    C. 中国人民大学报刊全文数据库   D. 中国国家知识产权局专利数据库

    E. 中国国家科技图书文献中心（NSTL）

【题解】答 D、E。评析：要求识别专利号。图书期刊数据库不收录专利文献，但是中国国家科技图书文献中心收录专利文献。

【例题】用_____检索编号是 GB/T 17302.2—1998 的文献。

    A. 中国国家知识产权局专利数据库   B. 中国标准信息服务网

    C. 美国 NTIS 数据库   D. 国务院发展研究中心信息网

    E. 中国国家科技图书文献中心（NSTL）

【题解】答 B、E。评析：要求识别标准号。专利局不收录标准文献，但是中国国家科技图书文献中心收录标准文献。

3）考虑信息的时间范围

同一个数据库版本不同，时效性也不一定相同。例如，清华大学图书馆收藏的《工程索引》（EI）各种载体及馆藏的简况比较如下。

印刷版（EI）月刊，年度更新，收录文献源 2600 种，馆藏年限 1968—1996。

光盘版（Ei Compendex）季度更新，收录文献源 2600 种，馆藏年限 1970—1997。

网络版（Ei CompendexWeb）包括光盘版（Ei Compendex）和 Ei PageOne 两部分，半月更新，收录文献源 5000 种，馆藏年限 1970 至今，因此网络版（Ei CompendexWeb）信息更新最快，信息量最大。

如欲检索国外专利文献，则可以检索中国工程技术信息网网管中心开发的国内最大的联机检索系统 BDSIRS 系统的《国外专利数据库》。但其提供的检索途径及报道最新专利文献在更新速度方面不及美国的 DIALOG 系统的《世界专利索引》（World Patent Index，WPI）。

4）考虑检索工具的检索功能

检索功能主要表现为检索的速度、数量和方便程度。不同的检索工具可能表现出各自的检索优势。例如同样是检索专利文献，国际上最著名的《德温特创新索引》（Derwent Innovations Index，DII）、《欧洲专利局专利检索数据库》（esp@cenet）、美国《化学文摘》（CA）3 种检索工具表现出的检索功能不尽相同。

【案例】分别利用 DII 和 esp@cenet 检索有关"信息处理器（information processor）"的美国专利。在 DII 中先后限定时间范围为 1966—2003 及 1970—2003，选择"题名/文摘"字段,输入检索式 TI＝(information processor) AND PN＝(US＊),分别检索出 1391 篇和 934 篇;在 esp@cenet 中不能限定时间,先后选择"题名/文摘"字段和"题名"字段,输入相应检索式,分别检索出 352 篇和 194 篇。

就检索功能而言,DII 支持由布尔逻辑运算符连接的最多 50 个检索词条,而且提炼的主题有深度,自动遵守德温特"标题词规范",如标题词 Page、Pager、Paging 等,会被转换成其首选词形 PAGE,使得名称或摘要字段与检索条件并不完全一致的信息也能被检索出来。这一特殊功能,使 DII 的文献查全率较 esp@cenet 有很大提高。esp@cenet 的每个检索框则最多支持 4 个检索项的组合,再多便会出错,这使得 esp@cenet 只能进行相对简单的检索。

3. 检索工具的检索费用

在无法免费检索的前提下,尽量选择便宜的检索工具。

【例题】要检索下载期刊、学位论文等文献原文,如何选择便宜的服务?

【题解】购买重庆维普资讯有限公司阅读卡比较划算。或者到大学图书馆检索,比较便宜。重庆维普资讯有限公司是科学技术部西南信息中心下属的一家大型的专业化数据公司,是中文期刊数据库建设事业的奠基人之一。购买阅读卡的用户下载《中文科技期刊数据库》全文按篇检索不收费。下载《中文科技期刊数据库》全文有两种计费模式供选择,按篇计费或按页计费(文章页数≤4 页按页计费;＞4 页按篇计费),数据下载的收费,以最近一次充值的面值为标准来计算。检索中文文章原文,可比较目前国内三大中文期刊全文数据库商(清华同方、万方、重庆维普)各自的检索阅读卡收费标准。通过维普资讯获得全文一般要 2 元,而通过万方数据资源获取全文一般要 3 元。通过 CNKI 数据库可能更贵,如使用读者所在的单位的网络服务器阅读 CNKI 的中文期刊库中文章的费用,每页折合约几分钱。如果全部使用 CNKI 数据库交换服务中心的资源,数据使用费比前三种方式稍高,以包库、机构卡和个人卡方式的费用,分别是每页约 0.1 元、0.35 元和 0.5 元。

2.3 检索方法及检索途径

2.3.1 检索方法

1. 常规法

所谓常规法就是利用常规检索工具查找有关文献的方法,是信息时代应掌握的最基本的信息查找方法。常规法如果从时间上考虑有顺查法、倒查法和时间抽样法 3 种。

1) 顺查法

就是从过去某一时间起往现在逐年逐月地检索。如果将所查出的文献信息按时间的顺序加以分析就可以看出研究对象的发展过程及规律。虽然这种方法的系统性强,但费工费时。

2) 倒查法

是从现在往过去逐年回溯。用这种方法检索的用户比较注重新的信息,同时常有一些信息量上的要求。例如写论文时想查找一定数量的参考文献,人们就用这种方法,既保证了相关领域新的信息的检出,又可根据自己对信息量上的要求随时终止检索。

3) 时间抽样法

就是抽查某时段的信息。这种方法是利用事物发展的不平衡性来进行的。在事物发展的关键时期、鼎盛时期，往往也是重大成果出现时期，抽取这一时期信息资料进行检索，往往能找到重要的信息。所以利用这种方法检索的用户注意的是某些重要的、关键性的信息资料，而淡化信息的全面性和系统性。

2. 引文法

引文法就是检索参考文献的方法，可分为追溯法和检索引文法两种。例如《中文科技期刊数据库》提供的方法是查看参考文献的参考文献，越查越老，这是追溯法；相反，查看引用文献的引用文献，越查越新。在 CNKI 系列数据库中，均有论文的参考文献链接，可获得引用文献、被引文献、同被引文献、读者推荐文献、相似文献、相关文献作者、相关研究机构等信息，如图 2-5 所示。

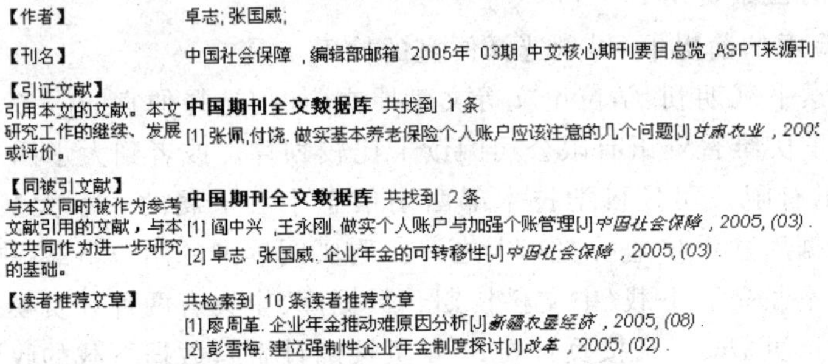

【作者】	卓志; 张国威;
【刊名】	中国社会保障，编辑部邮箱 2005年 03期 中文核心期刊要目总览 ASPT来源刊
【引证文献】 引用本文的文献。本文研究工作的继续、发展或评价。	**中国期刊全文数据库** 共找到 1 条 [1] 张佩,付饶.做实基本养老保险个人账户应该注意的几个问题[J]甘肃农业，2005
【同被引文献】 与本文同时被作为参考文献引用的文献，与本文共同作为进一步研究的基础。	**中国期刊全文数据库** 共找到 2 条 [1] 阎中兴，王永刚.做实个人账户与加强个账管理[J]中国社会保障，2005,(03). [2] 卓志，张国威.企业年金的可转移性[J]中国社会保障，2005,(03).
【读者推荐文章】	共检索到 10 条读者推荐文章 [1] 廖周革.企业年金推动难原因分析[J]新疆农垦经济，2005,(08). [2] 彭雪梅.建立强制性企业年金制度探讨[J]改革，2005,(02).

图 2-5   CNKI 系列数据库引文检索界面

引文法可以发现重要的文献。检索期刊的引用情况，主要依靠专门的引文索引，如世界著名学术信息出版机构美国科学情报研究所（Institute for Scientific Information，ISI）编制的引文数据库（Web of Science）的 3 个数据库，即《科学引文索引》（Science Citation Index，SCI）、《社会科学引文索引》（Social Sciences Citation Index，SSCI）、《艺术和人文科学引文索引》（Art and Humanities Citation Index，AHCI），以及我国的《中国科学引文数据库》（CSCD）和《中文社会科学引文索引》（CSSCI），被引用的次数越多，表明该文献越重要。国外很重视专利信息的引用情况，美国专利说明书特别设立引证参考文献字段，便于统计，因此目前成为引证分析的主要情报源；中国专利数据库还没有这一字段。通过将每篇专利的引证情况作连线式的连接，可以寻找到最早被引证的专利文献，这就是文献检索的追溯法。短时间内专利越重要，被引证的次数就越多；在某领域内被引证次数最多的专利文献，很可能涉及的就是该领域内的核心技术。在自动化、电子、摄影和制药等行业，日本专利被美国专利频繁引用，这说明在上述各领域中日本技术处于领先地位。

借助专利与专利间，以及专利与论文间的引用与被引用关系，可以揭示出一项专利的理论和技术起源，迅速追踪到一项技术自诞生以来最新的进展情况，并且可以帮助专利权人主动寻找引用者作为研究合作者。

检索著名心理学家黄希庭某文章被引用的情况和引用者文献的情况如图 2-6 和图 2-7所示；美国专利被引用情况如图 2-8 所示，图 2-8 中的数字是美国专利号。

3. 交替法

交替法就是把引文法和常规法结合起来查找文献的方法，即先利用常规检索工具找出一批有用文献，然后利用这些文献所附的引文进行追溯查找，由此获得更多文献。

中文社会科学引文索引
Chinese Social Sciences Citation Index

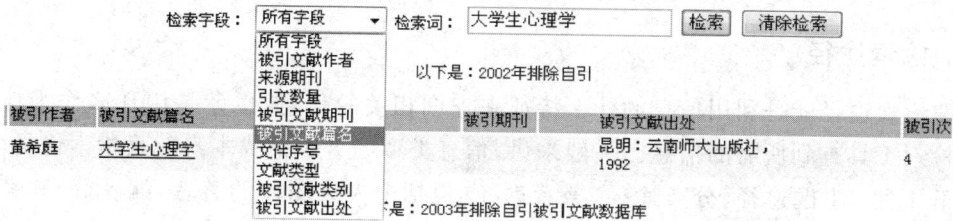

| 检索字段： | 所有字段 ▼ | 检索词： | 大学生心理学 | 检索 | 清除检索 |

所有字段
被引文献作者
来源期刊
引文数量
被引文献期刊
被引文献篇名
文件序号
文献类型
被引文献类别
被引文献出处

以下是：2002年排除自引

| 被引作者 | 被引文献篇名 | | | 被引期刊 | 被引文献出处 | 被引次 |
| 黄希庭 | 大学生心理学 | | | | 昆明：云南师大出版社，1992 | 4 |

以下是：2003年排除自引被引文献数据库

图 2-6 用《中文社会科学引文索引》检索被引用情况

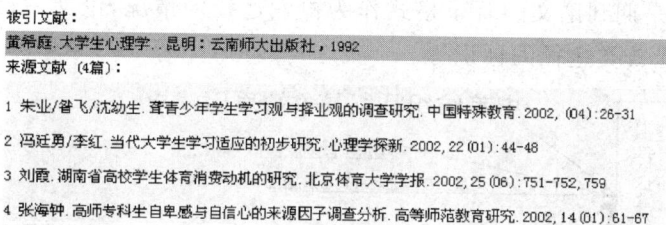

被引文献：

黄希庭.大学生心理学..昆明：云南师大出版社，1992

来源文献（4篇）：

1 朱业/普飞/沈幼生.聋青少年学生学习观与择业观的调查研究.中国特殊教育.2002, (04):26-31

2 冯廷勇/李红.当代大学生学习适应的初步研究.心理学探新.2002, 22 (01):44-48

3 刘霞.湖南省高校学生体育消费动机的研究.北京体育大学学报.2002, 25 (06):751-752, 759

4 张海钟.高师专科生自卑感与自信心的来源因子调查分析.高等师范教育研究.2002, 14 (01):61-67

图 2-7 《中文社会科学引文索引》检索引用情况

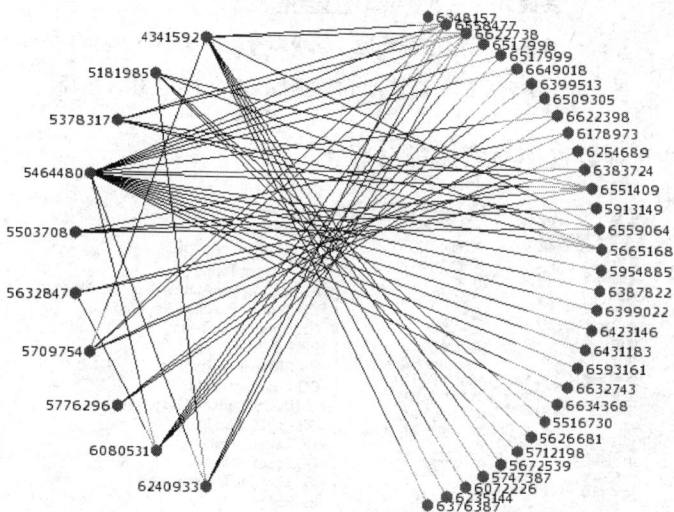

图 2-8 美国专利被引用情况

【实例】用交替法检索大学生心理健康类文献。

在超星电子图书数据库输入书名"大学生心理健康"，查出一本图书《大学生心理健康向导》，翻页到末页，该书参考文献列出 9 本图书，第一本是：

黄希庭，郑涌.大学生心理健康与咨询.北京：高等教育出版社，2000.

再使用超星电子图书数据库输入书名"大学生心理健康与咨询"，查出有该书，其列出参考文献 22 篇，第 1 篇和第 2 篇分别是：

1 仇雨临.男女大学生就业竞争力差异之比较.中国人民大学学报,1992(6).

2 陶国富.市场经济氛围中上海三千大学生价值取向的演变.当代青年研究,1994(8).

以此方式可以检索出越来越多的相关文献。

2.3.2　检索途径

所谓检索途径就是利用信息的什么特征来查询相关的信息,也就是用什么作为检索标识通过检索工具查到所需的信息。一般来讲,信息类型的著录格式本身就是检索途径,可以分为以下 4 种:主题途径、分类途径、著者途径(包括个人或团体的著者、编者等)和其他途径。检索时应遵循"主题途径为主,多种检索途径综合应用"的总原则。其他途径有标题(书名、刊名、篇名)检索、号码(如登记号)检索、机构名检索、出版物名称检索及各种抽样检索等。图 2-9 所示就是期刊论文的著录格式作为检索途径的情况,论文关键词就是主题途径的标识,分类号就是分类途径的标识等。

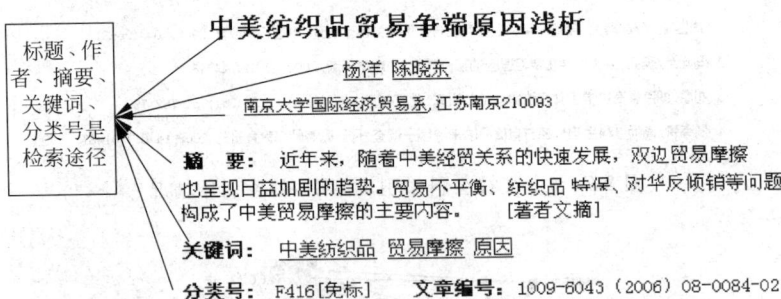

图 2-9　维普《中文科技期刊数据库》原文样例检索途径

图 2-10 所示是几种数据库检索途径对照。

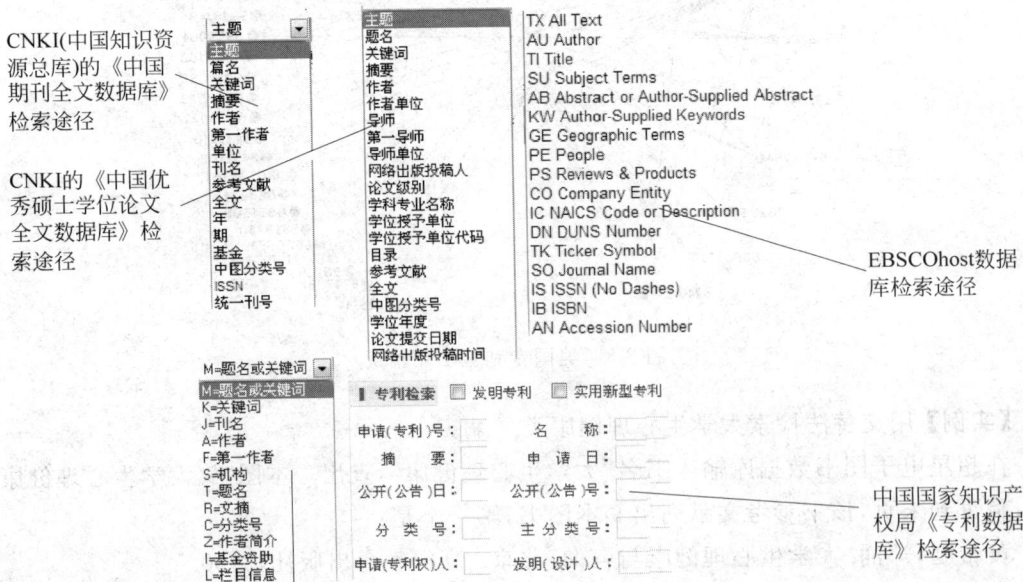

图 2-10　检索途径对照

此外,在有些工具中还有一些特殊的检索途径,如专利文献的检索途径较多(美国专利商标局的专利数据库有 35 种途径),其他还有生物类的生物分类途径,化学类的分子式或功能团等途径。图 2-11 所示是在《化学文摘》数据库 SciFinder 检索到一篇关于家蚕基因研究的论文,黑体字显示的就是检索途径。

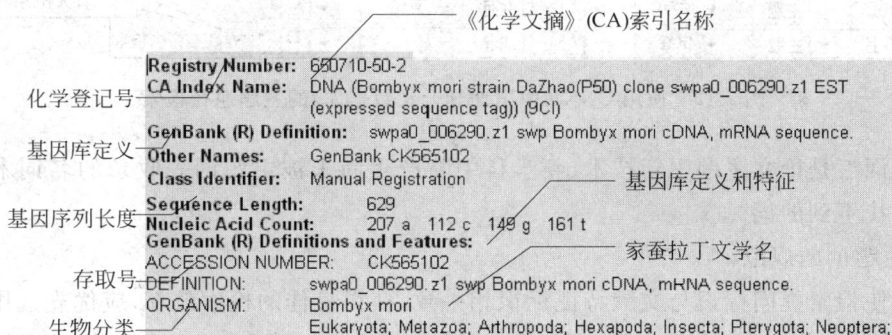

图 2-11 《化学文摘》数据库 SciFinder 的样例

以下简单介绍最常用的检索途径。

1. 主题途径

主题途径是采用反映文献主题概念的检索词作为检索入口的一种检索途径,也是最常用、最重要的检索途径。

主题"是一组具有共性事物的总称,用以表达文献所论述和研究的具体对象和问题",即文献的"中心内容"。每种文献都包含着若干主题,研究或阐述一个或多个问题。

主题词就是表达主题概念的词汇。狭义的主题词仅指叙词,叙词指收入《汉语主题词表》、《美国医学叙词表》(Medical Subject Headings,MeSH)等词表中可用于表达文献主题概念的,经过规范化处理的词或词组。我国图书信息界通常把叙词称为主题词。广义主题词可以分为规范词汇和自由词汇,包括关键词、主题词、标题词、叙词。关键词是半规范化的词汇,有的来自文章标题,有的来自文章正文,一般是作者自己提供的,有时显得不规范;标题词顾名思义来自标题,不过有的检索工具的标题词也来自正文。主题词比较规范,一般有专用的词表,主要用于一些外文数据库和中文图书数据库,很少用于中文期刊和学位论文数据库。

例如,检索大学英语水平(四级或六级,简称 CET)考试的试卷的期刊文章,如果选择题名(即标题)可以输入:大学 and 英语 and(水平考试 or CET or 四级 or 六级)and 试卷。如果选择关键词,一般输入:大学 and 英语水平考试 and 试卷。

如果检索图书,选择书名途径,可以输入"大学";如果选择主题词途径,"大学"不能作为主题词,要改用"高等学校"。

在重庆维普《中文科技期刊数据库》的检索中使用 CNKI(中国知识资源总库)的《中国期刊全文数据库》主题途径,采用高级检索分两次检索,界面如图 2-12 所示。

规范词汇是从待检数据库的叙词表或主题词表中选取的规范化的、能表达文献中心内容的词或词组,词表是数据库和检索者必须共同遵循使用的检索语言。如果不了解主题词表,会因为选词不准而影响查询结果。

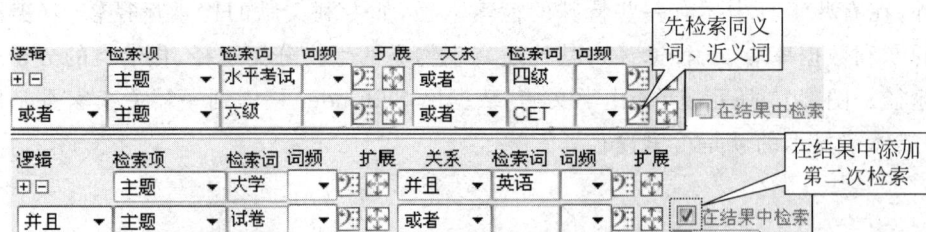

图 2-12　使用 CNKI《中国期刊全文数据库》的主题途径检索

自由词汇是论文主题中新技术、新学科中新产生尚未被主题词表收录的名词术语或在叙词表中找不到的词。

1) 主题词的规范

为了使检索提问标识与文献特征标识相一致，获得最佳的检索效率，应优先选用规范词汇。规范词汇分为 3 种情况：同义词（近义词）、多义词（一词多义）和相关关系词的规范化处理。这里要求掌握前两种情况。

(1) 同义词的规范。

表达同一主题概念只能用一个主题词来表达，分以下 4 种情况考虑。

① 对完全等同的同义词的规范。

【实例】"煤炭"与"煤"是同义词，都可以使用，但是只能用"煤"作为主题词。术语"商品煤"，英文是 commercial coal 或 salable coal，含义是作为商品出售的煤，其同义词"销煤"，现在已经停止使用。术语"精煤"，英文是 cleaned coal，含义是煤经精选（干选或湿选）后生产出来的、符合质量要求的产品，其同义词"洗精煤"现在已经停止使用。

② 对近义词的规范。

【实例】"天然资源"与"自然资源"这组词汇，应该选择"自然资源"作为主题词。

③ 对学名和俗名的规范。

【实例】"计算机"与"电脑"是同义词，都可以使用，"电脑"是俗名，"计算机"是正式用名，就用"计算机"作为主题词。"发动机"与"马达"是同义词，选择"发动机"作为主题词；同理，"贫铜矿"宜用"低品位铜矿"表达；"土豆"、"洋芋"用"马铃薯"表达。

此外中草药、树种、鱼类、昆虫等生物名称存在同种异名和同名异种的问题，还有学名和俗名的区别，只能用一个正式名称，学术论文一般用学名。

【案例】一字之差，无辜者中毒。

含木通的龙胆泻肝丸是原国家药品监督管理局于 1999 年公布的第一批国家非处方药品。2003 年 2 月，新华社曾就其可能导致尿毒症而连续报道。龙胆泻肝丸药方本身没有问题，龙胆泻肝丸之所以导致肾脏损害，是由于将"白木通"误用为"关木通"引起，关木通与白木通虽只是一字之差，但药性却大不相同。

民国以前的龙胆泻肝丸药方都是用的"白木通"，简称"木通"，属木通科，产于南方，不含马兜铃酸；"关木通"属马兜铃科，主产东北，含马兜铃酸，损害人体肾脏，毒性较大，两者根本风马牛不相及。不难想象，如此混用，潜在的危险将会有多大。

【例题】检索玉米的英文信息，如何选择检索词？

【题解】"玉米"一词的英国英语、美国英语译名分别是 corn、maize,拉丁文学名 *Zea mays*,都要选用。一般用 maize 做主题词,学术论文一般用拉丁文学名 *Zea mays*。为了确保查全率,一般选择同义词、近义词作为备选的检索词,用 or 连接,可提高查全率,检索式:corn or maize or "Zea mays"。若为了提高查准率,检索式应该用 maize or "Zea mays"。

④ 对不同译名、简称与全称的规范。对不同译名、简称与全称只选择正式的一个词。例如,"激光"与"纳米"在台湾省翻译为"莱塞"、"奈米"。对此类不同译名,中国内地规范为"激光"、"纳米";全称"世界贸易组织"与简称"世贸组织"、WTO,一般选择"世界贸易组织"作为规范词,因为 WTO 也是世界旅游组织 World Tourism Organization 的缩写,还不能算作"世界贸易组织"的对应缩写。

对不同写法,如"X 射线"与"爱克斯射线","氟利昂"与"氟里昂",应该选择最常用的"X 射线"、"氟利昂"。

(2) 多义词的规范。

完善的检索工具通常会限定多义的主题词含义或在特定检索工具规定只有一个特定意义,排除歧义。

【实例】Cell 既表示生物学中的"细胞",又表示电学中的"电池",这种多义词易造成误检。某些生物学检索工具词表可能人为规定 Cell 表示生物学中的"细胞",battery 表示电学中的"电池"。海参的英文译名是 sea cucumber,拉丁学名是 *Stichopus japonicus*。有的农业生物数据库词表限定用其拉丁文学名。

【实例】杜鹃既表示一种鸟,也表示一种花,就须限定说明为杜鹃(动物)或杜鹃(植物)。

【例题】检索第三代移动通信技术(3G)的数据压缩技术是否就用 3G 作为检索词?

【题解】3G 也可以代表一个物理量:3 克。在 3G 的专利文献中使用的关键词有很多种,有的文献用的是 CDMA、CDMA2000、W-CDMA、TDS-CDMA,有的用 3G、The Third Generation、3rd generation mobile communication、IMT-2000、UMTS、Universal Mobile Telecommunication System,甚至有的专利通篇都没有出现以上的字样。因此不能只用 3G 作为检索词,还要用同义词。检索时最好加上分类号限定,保证排除歧义。例如使用 Derwent 专利的手工代码手册,相关分类号有 W02-C03C1G(3G)和 W01-A02A(数据压缩),那么 W02-C03C1G and W01-A02A 就表示"3G 中的数据压缩技术"。

2) 如何提取主题词

检索词词意应该具体,如研究农产品有关的问题,检索时应该用"鸡蛋"、"牛奶"、"棉花"等词分别检索,而不用"农产品"一词检索。意义广泛的词,如"影响"、"发展"等都不应该作为检索词。技术方面的少数检索课题,可直接选用课题名称中所包含的具有检索意义的概念或者代码。

【例题】查 1980 年以来发表的有关继承和发扬中华民族优秀传统道德方面的文章,如何确定检索标识?

【题解】参考答案:主题词有"伦理学"、"教育学";学科分类有教育类(G 类)等。

【例题】国家计委某院检索课题是"经济体制改革有关资料(1998—1999)",如何确定检索标识?

【题解】参考答案:主题词有"国企改革"、"所有制改革"、"国有资产管理与制度改革"、"国有经济战略性调整"、"金融改革"、"社会保障改革"、"劳动就业改革"。

【实例】文献《一个取代高残杀菌剂的理想品种》,其检索词似乎是"杀菌剂,(新)品种",其实这不够确切。虽然该文献没有直接用"高效低毒农药"这样的术语来表达,但实际隐含有"高效低毒农药"的检索词。

同一文献可以供多种研究课题作参考,可适应多种需要,因此,同一文献内容,可用不同的检索词组合表达。

【实例】《纪念抗日战争五十年》一文,其检索词组合可以是"抗日战争(1937—1945)"或"七七事变(1937)";《加压素治疗休克引起冠心病》一文,其主题词可以是"休克,药物治疗"、"加压素,临床应用"、"冠心病,化学诱导"、"加压素,副作用"等多个检索词组合。

【实例】检索课题"果汁储藏保鲜的研究"的外文文献,选择主题词:fruit juices、preservation、storage。除了通过以上主题词查找外,还可利用 apple juices、preservatives 等主题词扩大查找。

【实例】手工检索"2,4-D 对鱼类毒性方面"的文献,可选择主题词:"2,4-D",residues,toxicity。以"2,4-D"为检索入口,在主题索引中查找,然后根据说明语判断切题文献。

【实例】检索课题"重症肝炎微循环障碍的临床观察",主要有两个概念,即肝炎和微循环,而"障碍"、"临床观察"不是主题词,也不是副主题词。主题词选为"肝炎"、"微循环",副主题词为"病理生理学"。

【例题】甲壳素和壳聚糖是两种化学物质。检索"甲壳素水解制壳聚糖"这个课题提取哪几个检索词?

A. 甲壳、水解、壳聚糖   B. 甲壳素水解、制壳聚糖

C. 甲壳素、水解、壳聚糖、制备 D. 甲壳素、水解、壳聚、糖

【题解】答 C。化学课题通常要求明确反应、制备、设备。

【例题】"染料的电化学性能研究"这个检索课题是关于以研究染料的电化学性能为基础,采用电混凝方法处理印染废水。检索词应选择:

A. 染料、电化学性能   B. 印染、废水处理、染料、电混凝、电化学

C. 染料、电化学、性能研究   D. 染料的电化学性能、研究

【题解】答 B。

3) 主题途径的优缺点

(1) 适合特性检索,查准率高。

"特"是指独特、专门之义,特性检索是指对特定信息的检索,与族性检索这一概念对应。例如主题词"C 语言—程序设计"就比分类号 TP312(程序设计)表达得更准。

(2) 通常不适合族性检索。

族性检索是检索到的信息同属一类学科或专业,《世界专利索引》就有同族专利,这类专利属于相同的技术领域。主题词通常不能按学科集中同族信息,查全率低。例如,计算机类词典必须采用"计算机"、"词典"等词组合检索,不如用一个分类号 TP3-61 检索的数量多。其中"-61"表示词典,TP3 表示工业技术大类的计算机类。

当然,主题途径的查全率比分类途径的查全率低是相对的情况。例如检索关于郭沫若的图书,用"郭沫若"在书名途径检索,查到的图书都含有"郭沫若"一词,但是《郭沫若经典作品选》的分类号是 I216.2,《郭沫若纪游诗选注》的分类号是 I227,《井冈山巡礼:郭沫若诗词墨迹》的分类号是 J292.2,《炼狱式的爱国主义者的战斗一生:郭沫若爱国主义思想论集》的

分类号是 K825.6；分类号 I 代表文学类，J 代表艺术类，K 代表历史和地理类；分类比较分散，仅仅用一个分类号无法查全，显然用"郭沫若"一词就比用分类号查全率高。

(3) 由于很规范，非专业人士难以掌握。

例如，图书《C++ Builder 5 程序设计/基础教学篇》应该用"C 语言—程序设计"作为主题词；检索大学教材，"大学"不能作为主题词，应该用"高等学校"作为主题词；检索"飞机"、"车辆"、"轮船"等要用"交通工具"为主题词。非专业人士不知道哪些词汇能作为主题词。

获取主题词可以有如下技巧：在图书的版权页可以找到在版编目里面的主题词和分类号码，或在图书馆的馆藏数据找到主题词。例如，查找《C++ Builder 5 程序设计/基础教学篇》一书的版权页可以找到主题词是"C 语言—程序设计"等。

4) 自由词

用自由词在篇名、文摘甚至全文中查找信息有时比用主题词更有优越性，更直接简明，是科技人员易为接受、较为常用的一种方法，特别适合不懂得主题词的一般用户。在检索网络信息时一般使用自由词。

【实例】想将"土豆烧牛肉"翻译成英文，只要知道土豆的英文，输入自由词"土豆烧牛肉 potato"，找到含有"土豆烧牛肉"的英文网页。这时，不必用"马铃薯"一词。

【实例】检索"高纯三羟基丁酸钙"的信息，还要考虑通用名称"L-苏糖酸钙(Calcium L-threonate)"和商品名称"巨能钙"，才能保证查全率。

【实例】版权页样例如图 2-13 所示。主题词的规范选词原则和实例如表 2-3 所示。

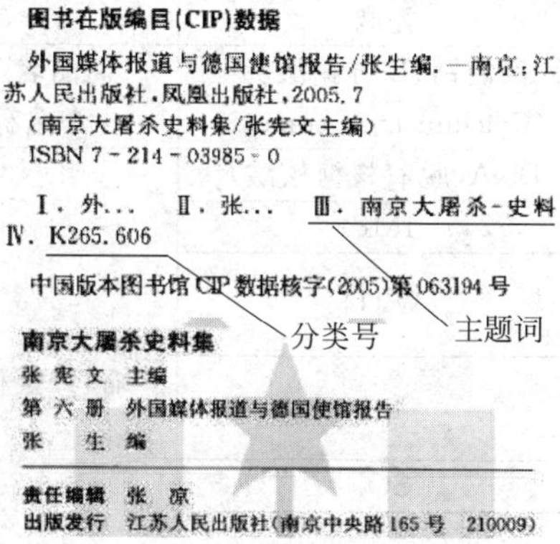
图书在版编目(CIP)数据

外国媒体报道与德国使馆报告/张生编. —南京：江苏人民出版社，凤凰出版社，2005.7

(南京大屠杀史料集/张宪文主编)

ISBN 7-214-03985-0

Ⅰ. 外…　Ⅱ. 张…　Ⅲ. 南京大屠杀-史料　Ⅳ. K265.606

中国版本图书馆 CIP 数据核字(2005)第 063194 号

南京大屠杀史料集

张宪文 主编

第六册 外国媒体报道与德国使馆报告

张生 编

责任编辑 张凉

出版发行 江苏人民出版社(南京中央路 165 号 210009)

图 2-13　图书版权页的主题词和分类号

表 2-3　主题词的规范选词原则和实例

用　词	词间关系	实　例	主题词或规范关键词
单车	同义词	自行车、脚踏车	自行车
伪钞鉴别		假币、假钞、假钞票、伪钞、假钱、货币、伪币、纸币、钱币、钞票的辨别、鉴别、验证、检验、防伪、辨伪	验钞
储藏		贮存、储藏、储存、收藏、保管、存贮、保存	贮藏 备注：如果要查含有同义词的信息，可以用 or 连接，如：(贮存 or 储藏 or 储存 or 收藏 or 保管 or 存贮)and 蔬菜
发动机		马达	发动机
贫铜矿		低品位铜矿	低品位铜矿
Surroundings(环境)		Environment、circumstance、setting	environment
自然资源	近义词	天然资源	自然资源
课堂		教室	教室

续表

用　　词	词间关系	实　　例	主题词或规范关键词
sea cucumber（海参）		Stichopus japonicus	Stichopus japonicus
maize（玉米）	普通名/ 拉丁学名	Zea mays（玉蜀黍）、mealie	Zea mays
			备注：如果要查含有同义词的信息，可以用 or 连接：corn or maize or mealie or Zea mays
Silk worm（家蚕）		Bombyx mori	Bombyx mori
土豆	别名/俗名/ 学名	马铃薯、洋芋	马铃薯
酒精		乙醇	乙醇
腈纶		聚丙烯腈	聚丙烯腈
秃鹰		白头海雕	白头海雕
巨能钙、L-苏糖酸钙 （Calcium L-threonate）	商品名/ 化学名称	高纯三羟基丁酸钙	高纯三羟基丁酸钙
DNA（脱氧核糖核酸）	缩写/全称	Deoxyribonucleic acid	脱氧核糖核酸
IMF		国际货币基金组织	国际货币基金组织
WTO		世界贸易组织、世界旅游组织（World Tourism Organization）	世界贸易组织、世界旅游组织
PC		微机、印刷电路、程序控制	微型计算机、印刷电路、程序控制
SO_2		二氧化硫	二氧化硫
GPS		Global positioning system、全球卫星定位仪	全球定位系统
世贸组织	简称/全称	世界贸易组织	世界贸易组织
奥运会		奥林匹克运动会	奥林匹克运动会
氟里昂	不同译名	氟利昂	氟利昂
爱克斯射线		X 射线	X 射线
Corn（玉米，英语）	多义词	谷类（美语）、玉米（maize，美语）	maize
Cell（细胞）		Battery（电池）	Cell（做限定）
杜鹃（花）		杜鹃（鸟）	杜鹃（花，做限定）
crane		鹤（stork）、起重机、吊车	起重机（限定 stork 表示白鹤）
			备注：检索工具事先在词表说明只用一种定义，stork 表示白鹤；或者检索者输入 crane 后限定学科为交通运输，就基本排除有关鹤的信息
果树	上位词/ 下位词	梨树、苹果树、桃树等下位词	果树
食用菌		草菇、金针菇等	食用菌
农产品		鸡蛋、牛奶、棉花等	农产品

续表

用　词	词间关系	实　例	主题词或规范关键词
英语水平考试	上位词/下位词	大学英语四级、CET-4、大学英语六级考试	英语水平考试 备注：有时候上位词太笼统，比下位词的检索结果还少。例如检索 GPS 在汽车的应用的信息较多，查在交通工具的应用，检索结果很少，特别是检索专利，甚至结果为零，原因是作者使用了交通工具的下位词，更准确。应该加用下位词，提高查全率。例如检索农药对农产品安全的影响的信息，应该加上鸡蛋、牛奶、棉花等，例如表达为：(农产品 or 鸡蛋 or 牛奶 or 小麦) and 农药
特曲、大曲、二曲	下位词/上位词	曲酒(上位词)	曲酒
竹叶青、二锅头		白酒	白酒 备注：在原检索词的检索结果不足的前提下，可以考虑用上位词，适当扩大检索范围，检索的文献可以作为参考文献。上位词、下位词原则上不是并列关系，检索式不用 and 连接，否则反而查不到文献
葡萄酒、苹果酒		果酒	果酒
曲酒、白酒、果酒		酒	酒
汽车、飞机、火车		交通工具	交通工具

2. 分类途径

分类途径就是人们常说的分类号检索。这种检索是根据信息内容的学科分类来进行的。分类法按照种类，可以分为网络信息分类法、图书/资料分类法、专利分类法、标准分类法。一些搜索引擎在划分类目时，并未真正从知识领域、知识体系的角度来分类，而仅仅从商业角度考虑，因而使得分类体系漏掉了许多重要的知识领域，显得杂乱。例如，雅虎(www.yahoo.com)的基本大类中没有设置工业类、农业类等基础性类目，而把它们作为下级类目，或是分散到其他类目中，网易(www.163.com)在文学类下列出人文历史和宗教等。真正具有系统性的分类途径主要是图书期刊分类法和专利文献分类法的途径。

图书分类法有中国图书馆分类法(中图法)、中国科学院图书馆图书分类法(科图法)、中国人民大学图书馆分类法(人大法)、美国国会图书馆图书分类法(Library Congress

Classification)、杜威十进分类法(Dewey Decimal Classification System)。

　　1) 图书期刊分类法

　　国内的高校图书馆、公共图书馆以及大多数研究图书馆都采用中国图书馆分类法，用于图书和期刊的学科分类，是一种按照毛泽东的哲学思想从总到分，从一般到具体，从简单到复杂的等级结构分类体系，见表 2-4 和图 2-14。图 2-14 所示是《中文科技期刊数据库》的分类检索途径，使用中国图书馆分类法，该分类法在 CNKI 数据库中被称为"中图法"途径。

表 2-4　中国图书馆图书分类法大类

A 马克思主义、列宁主义、毛泽东思想	N 自然科学总论
B 哲学	O 数理科学和化学
C 社会科学总论	P 天文学
D 政治、法律	Q 生物科学
E 军事	R 医药、卫生
F 经济	S 农业科学
G 文化、科学、教育、体育	T 工业技术
H 语言	U 交通运输
I 文学	V 航空航天
J 艺术	X 环境科学
K 历史地理	Z 综合性图书

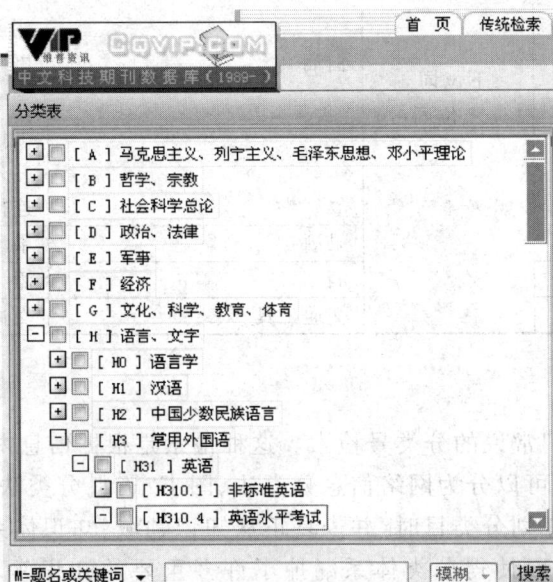

图 2-14　中国图书馆分类法的英语类目设置

　　"T 工业技术"类的二级类目太多，采用 2 位字母表示。例如，TP3，T 代表一级类目"工业技术"；P 代表二级类目"自动化、计算机技术"；3 代表三级类目"计算技术、计算机技术"。

　　【实例】《哲学辞典》类号为 B-61，"-61"是总论复分号，表示辞典。

【实例】《法国的邮电事业》的分类号为 F635.65。F63 代表世界各国邮电事业,565 为世界地区复分号,是法国的代号。如主表类目没有注明依世界地区表复分时,则在世界地区复分号上加国家区分号"( )"以示区别。

【实例】《上海市现代摄影作品集》是 J426.51。J426 代表现代摄影作品集,51 为中国地区复分号,指上海市。

中图法的专用复分表供特定的类目使用,如在各国文学类下编有"文学著作专用复分表",供各国文学复分。

【实例】《美国现代诗歌》为 I712.25。712 为世界地区复分号,代表美国;第 2 个 2 为各国文学专类复分表的复分号,代表诗歌。

【例题】通过分类途径结合主题途径检索"大学英语水平(四级或六级,简称 CET)考试的试卷"的期刊论文。检索过程如图 2-15 所示。

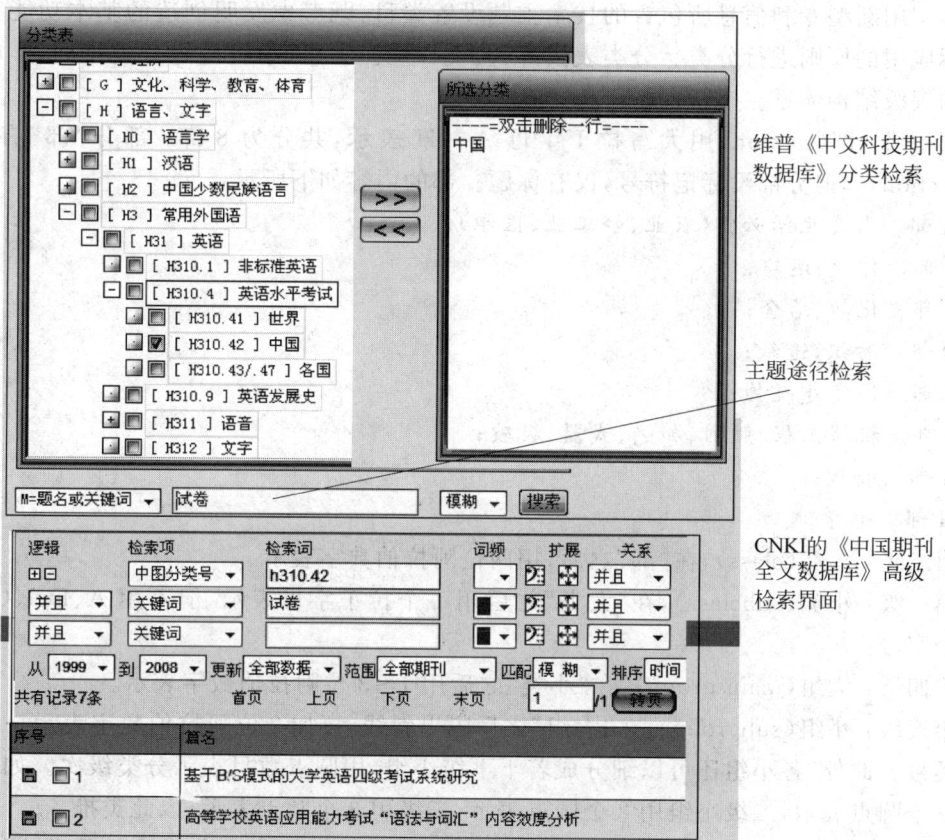

图 2-15 分类途径结合主题途径检索

【例题】用 Google 或维普《中文科技期刊数据库》检索分类号 F724.6 代表的书属于下列哪种类别?

A. 批发贸易 　　　　　　　　B. 零售贸易

C. 拍卖 　　　　　　　　　　D. 电子贸易、网上贸易

【题解】步骤如下:用 Google 直接检索 F724.6,结果是电子贸易、网上贸易。或进入维

普《中文科技期刊数据库》的"分类检索"，单击 F 部，层层显示，直到 F724.6。

【例题】 用 Google 或维普《中文科技期刊数据库》检索"管理计划和控制"的中图法分类号是_____。

    A. TK8　　　　　　B. C931　　　　　　C. C83　　　　　　D. C935

【题解】 步骤如下：用 Google 检索，输入"中图分类号"，查到分类表，阅读 C 部，结果是 C935。或者用维普《中文科技期刊数据库》检索，先输入关键词"管理计划"或"管理控制"检索期刊文章，阅读文章提供的分类号，找到带有 C 的具体分类号，再使用维普《中文科技期刊数据库》的分类表核对。

2）专利分类法

专利分类法一般是根据专利的功能（效果）或其用途所属的行业部分来分类的。目前，世界上大部分国家采用国际专利分类法（International Patent Classification，IPC），按发明专利和实用新型专利信息所包含的技术主题设置类目，既考虑发明创造的基本功能又兼顾其实际应用的原则进行分类。分类表按部、大类、小类、大组、小组逐级分类排列，形成层层隶属的等级结构体系。

第一级：部（section）用大写拉丁字母 A～H 表示，共分为 8 部；部分"部"有"分部（subsection）"，但分部没标记符号，仅有标题。部的内容如下所示：

    A 部　　人类生活必需（农业、轻工业、医学）；

    B 部　　作业、运输；

    C 部　　化学、冶金；

    D 部　　纺织、造纸；

    E 部　　固定建筑物；

    F 部　　机械工程、照明、加热、武器、爆破；

    G 部　　物理；

    H 部　　电学。

第二级：大类（class），在"部"之后，用两位阿拉伯数字表示。

第三级：小类（subclass），在"大类"之后用 1 个拉丁字母表示，但不用 A、E、I、O、U、X 这 6 个字母。

第四级：大组（main group），在"小类"之后用 1～3 位阿拉伯数字表示。

第五级：小组（subgroup），在"大组"之后隔以斜线，再加 2 位阿拉伯数字表示一个完整的分类号。此外，各小组还可以细分成若干下级小组，用圆点数目表示分类级次。如一级小组用一个圆点表示，二级小组用 2 个圆点表示，三级用 3 个圆点表示，以此类推。

此外对于服装、包装等外观设计专利设立《国际外观设计专利分类表》，该分类法由 31 个大类、214 个小类以及包括 7000 多种使用外观分类的工业产品的目录共同构成。产品目录中，分别列有英文产品名称分类代码与法文产品名称分类代码，产品名称分类代码由产品名称的首字母与 4 位阿拉伯数字组成。如游泳服英文名是 Bathing Suit，产品名称分类代码为 B0128，法文为 Custume de nage，产品名称分类代码是 C0781。一个完整的分类号由"大类号＋小类号＋产品名称分类代码"共同构成，游泳服的大类号为 02，小类号也为 02，英文产品名称分类代码为 B0128，因此，英文版游泳服的外观设计分类号为 02-02-B0128。我国外观设计专利信息采用《国际外观设计分类法》英文版分类号。服装带的外观设计分类号应该是02-07-C0258,见下列类目。

02-07 服饰用品和服装附件

B0064 织补用的球　　　　　　B0395

　　　　　　　　　　　　　　B0391

B0199 服装带　　　　　　　　C0258

　⋮

B0433 男裤背带(服装)　　　　B0454

表 2-5 列出了国际专利分类法的分类示例。

表 2-5　国际专利分类表(IPC)示例

A 生活必需品(农业、医学、轻工业)	化工(分部不设类号)
B 作业	04 水泥、陶瓷等,音或热的绝缘材料
C 化学与冶金 ⟶	B 石灰、水泥、陶瓷、石料及其类似物……
D 纺织与造纸	35/00 按组区分的成型陶瓷品、陶瓷组分
E 固定构造	35/02 碱性耐火制品
F 机械工程、热工、照明、军工、爆破	35/04…氧化镁基制品
G 物理技术	35/06…白云石基制品
H 电子技术	

示例中 C 是部名称,04 为大类,B 为小类,35 为大组,下属的 35/02 是小组。"碱性耐火制品"的专利分类号应是 C04B35/02。这一号码在世界各专利局通用。专利文献分类有以下 3 个原则。

(1) 功能性类目。

功能性类目是按发明的技术功能进行分类,即按发明的内在特点与性质进行分类,而不按照其用途分类。例如,茶叶搅拌机和混凝土搅拌机属于功能类似的技术,因为搅拌是两者都必须具备的本质功能。同理,切砖机和切饼干机也是功能类似的技术。

【例题】分离咖啡的装置在 IPC 中如何归类?

【题解】分离装置在 IPC 中专门设有功能性类目"分离"。但是,专门用于分离牛奶、咖啡的装置又分别作为应用类目归入到生活部 A 中。

【例题】家庭的水管阀门与啤酒厂的水管阀门在 IPC 是否归入一个类?

【题解】是。一个机械阀门的内在功能(如开或关一个通道),是由其结构或功能所决定的,至于这个阀门用在何处,是用在家庭水管系统还是用在啤酒厂的管道系统中,那是无关紧要的。

【例题】美国专利分类表是否将菜刀与车床刀具归入一个类?

【题解】是。美国专利自己有一套本国分类法,家庭用的刀子 knife 和工业上的车床刀具 cuttings 都归入"切割工具"。

(2) 应用性类目。

应用性分类法是把物或方法限定于特定使用领域的分类法。

【例题】肥料或洗涤剂在国际专利分类表中是否归入一个类?

【题解】不。作肥料或洗涤剂的化合物,它们虽然可以是同类化合物,但从其用途考虑,将它们分在肥料或洗涤剂的不同类目中。

采用功能性类目和应用性类目中的哪一种，主要根据公开的发明的具体内容确定。

（3）混合归类。

有些分类并不仅仅是功能性或应用性的，而是混合系统。另外，功能性分类，在功能程度上也不尽相同，即一种功能性分类位置比另一种功能性分类位置，在功能程度上可能更大些。

【实例】类目号 F16C 包括所有轴悬，不管其用途如何，而类目号 B26K 则限制得更窄，仅包括专用于自行车上的轴悬。

因此在检索时，应同时兼顾两种类目，忽略任何一种相关类目都可能造成漏检。

【例题】确定饲料类专利的主要号码。

【题解】阅读稍详细的大类号码。

A23F　咖啡；茶；其代用品；它们的制造、配制或炮制（咖啡壶或茶壶入 A47G19/14；茶浸出器入 A47G19/16；咖啡或茶的加工装置入 A47J31/00；咖啡磨入 A47J42/00）

A23G　可可；巧克力；糖食；冰淇淋

A23J　食用蛋白质组合物；食用蛋白质的加工；食用磷脂组合物（饲料入 A23K；医用蛋白质或磷脂组合物入 A61K；磷脂本身入 C07F9/10；蛋白质本身入 C07K）[4]

A23K　饲料

A23L　没有包括在 A23B 到 A23J 小类之中的食品，食料或非酒精饮料；它们的制备或处理，如烹调，营养品质的改进，物理处理（不能为本小类完全包括的成形或加工入 A23P）；食品或食料的一般保存[4]

因此饲料类的主要号码是 A23K。"[4]"表示第 4 版分类表增加的号码。该分类表从 1970 年开始使用，5 年修订一次，第 4 版是 1990—1994 年使用的，目前使用第 8 版，为反映变化而用年份（如 2006）代替版本号，中国知识产权网提供免费下载。

【例题】查询专利号 A63H3/42 的具体含义。

【题解】查询 A 部号码，结果如下：

A 人类生活必需（农、轻、医）

⋮

A63　运动、游戏、娱乐活动

A63H　玩具，如陀螺、玩偶、滚铁环、积木

A63H3/00　玩偶

A63H3/36 · 零件；附属物

A63H3/38 · · 玩偶的眼睛

A63H3/40 · · · 会动的

A63H3/42 · · · 眼睛的制作（人用的假眼睛入 A61F2/14）

因此 A63H3/42 的含义是"玩偶的会动的眼睛的制造"。

若干下级小组，用圆点数目表示分类级次。例如，一级小组用 1 个圆点表示，二级小组用两个圆点表示，三级用 3 个圆点表示等，以此类推。如 A63H3/40 后有 3 个圆点，则为三级类。作为一级小组的 A63H3/36 以下还有两个细类 A63H3/40 和 A63H3/42，但从 IPC

号表面是看不出来的。

上位类对下位类有约束力,而且有时一些类目加起来才行。例如,A63H3/38 为玩偶的零件或附件之一——"玩偶的眼睛",A63H3/40 为"玩偶的会动的眼睛",因此 A63H3/42 含义为"玩偶的会动的眼睛的制造"。

【例题】如何确定检索课题"皱纹纸的加工"的专利分类号?

【题解】

(1) 根据课题确定关键词"纸"和"加工",查询一篇专利信息,试找出分类号 B31。

(2) 按 B31 阅读分类表,查到如下内容。

B31F 纸或纸板的机械加工或变形

B31F 1/12 皱纹纸

在 B31F 1/12 之下,又有 3 个下一级分组:1/14、1/16、1/18。

(3) 故该课题完整的 IPC 类号应为:B31F 1/12、B31F 1/14、B31F 1/16、B31F 1/18。

【例题】查询"帽的加工台"专利的具体分类号是多少?

【题解】查询一篇专利信息,试找出分类号,再查专利分类表类目有如下内容。

A42C3/00　制帽用的其他设备

A42C3/02　·保持帽子形状的用具

A42C3/04　·女帽加工台

A42C3/06　·测量帽子尺寸的装置

那么既用于女帽又用于男帽的加工台,其完整分类号为 A42C3/00。

3) 标准分类法

世界各国的标准分类法同文献资料分类法类似,或以数字为标记,或以字母为标记,或以字母和数字混合为标记。我国的标准分类法采用混合标记,一级类目以专业划分,用字母表示类号,二级类目采用等级列类方法用双位制数字表示。排检时先按照字母顺序,大类相同再按双位数字顺序排列。中国标准分类法(Chinese Classification for Standards,CCS)部分分类如下:

A 综合···

00/09　标准化管理与一般规定

10/19　经济、文化

20/39　基础标准

40/49　基础学科

50/64　计量

65/74　标准物质

75/79　测绘

80/89　标志、包装、运输、贮存

90/94　社会公共安全

B 农业林业···

00/09　农业、林业综合

10/14　土壤与肥料

15/19　植物保护

4）分类途径的优缺点

（1）优点。

① 具有族性检索的功能，查全率较高。按照科技查新手册的观点，准确的分类号的查询效率是最高的。分类号体现了学科的系统性，将各知识门类列举式线性排列，可使检索者"鸟瞰全貌"、"触类旁通"，实现从学科分类角度的族性检索。22个大类下细分构成简表，简表细分又构成详表。中图法采用汉语拼音字母与阿拉伯数字相结合的混合制号码。这一符号形式，通常作为图书馆排架管理和读者检索图书的途径。例如计算机类图书《Internet 短期培训教程》的分类号是 TP393.4；企业管理类图书《长寿企业战略管理：打造可持续发展核心竞争力》的分类号是 F270。读者即使不知道具体书名也可以用分类号检索该书。

【例题】检索英语会话类辞典，例如《美国英语会话百科》、《英语会话大全》、《现代英汉生活用语图解词典》，选择哪种检索途径才能够同时查出这3本书？

A. 用关键词"会话"和"词典"   B. 用中国图书馆分类号 H319.9-61

C. 用书名"英语会话"和"大全"   D. 用书名"英语会话"和"词典"

【题解】选 B。

【例题】要查找一种录像机，特别是录像机用装置的专利，在录像机上可以根据用户眼睛凝视的方向自动对物体定位（自动聚焦）。关键词很难选择，初步描述为（camera And video）OR camcorder Focus Or autofocus Or view Or rangefinder Eye Direction，如何准确表达？

【题解】利用德温特专利数据库的手工代码手册检索相关分类号有 W04-M01D2C（所有与录像机测距和聚焦有关的记录）、S05-D01C5A（包含非医疗用物体的电子或电气测量）。S05-D01C5A 可用于检索依靠飞行员眼睛运动以控制飞机方面的课题，因此也能用于本课题。这充分体现了分类号的优点。

② 按照人们认识事物的习惯，以学科分类为基础，容易被人们接受和应用。

（2）缺点。

① 不适用于特性检索，查准率比主题词低。特性检索就是复杂的专题信息检索。这里说的查准率比主题词低也是相对的。

【实例】用分类号检索唐诗类图书所得部分书目数据如表 2-6 和表 2-7 所示。

表 2-6　部分书目数据

书目详细信息	
书　　名	唐诗三百首
责任者	蘅塘退士编
出版项	延吉：延边大学出版社,2001
载体项	189 页：18cm
价　　格	CNY6.80
丛书名	中国古代启蒙教育丛书
索书号	I222.742/H443
主题词	唐诗-注释；儿童读物-中国

表 2-7　部分书目数据

书目详细信息	
书　　名	千家诗
责任者	王相编
出版项	延吉：延边大学出版社,2001
载体项	186 页：18cm
价　　格	CNY6.80
丛书名	中国古代启蒙教育丛书
索书号	I222.742/W146
主题词	唐诗-选集；儿童读物-中国

表 2-6 和表 2-7 所示两例书名不同,但是具有相同的分类号 I222.742。但是分类号还不能准确表达"唐诗-选集；儿童读物-中国",需要主题词表达。

② 不能适应学科发展中的变化,难以反映新学科和新名词术语。

【实例】食品风险分析是保证食品安全的一种新模式,同时也是一门正在发展中的新兴学科。风险分析的目标在于保护消费者的健康和促进公平的食品贸易。目前的文章在分类上暂时归入"R155.5 食品卫生与检验"和"TS201.6 食品安全与卫生",没有一个专门的"食品风险分析"分类号。

③ 人们认识的不统一,往往造成分类不一致及排检的错误,不易反映交叉学科。

【实例】例如,管理心理学是心理学的一个分支,主要是研究企业中人的心理活动规律,用科学的方法改进管理工作,充分调动人的积极性的一门学科。但是,人们很可能误解而归入管理学。

【例题】《新世纪英汉计算机词典》如何归类？

【题解】一般读者不知道分入计算机类 TP3 还是英语类 H31,实际归入计算机类 TP3-61/19。

3. 责任者/著者途径

责任者包括作者、编译者。著者途径是指根据已知文献著者来查找文献的途径,它依据的是著者索引,包括个人著者索引和机关团体索引,排列规则是"姓＋名"次序。由于英文的人名平时习惯按照"名＋姓"次序排列,而中文、西班牙文、阿拉伯文的人名平时习惯按照姓名的正常次序排列,为了统一次序,因此对英文的人名实行倒置,具有下列规则。

（1）在著者索引中,名和姓倒置为姓、名次序排列。

【实例】Arrow B. Smith 著录为：Smith, Arrow. B. 。

（2）同姓名著者,先按名字的首字母顺序排列,不全者排在全者之前,单名排在双名之前,简名排在全名之前。排列结果如下：

Smith, Amey

Smith, A. A.

Smith, Alice Amey

（3）复姓作者,将复姓作整体看待。

【实例】Margaret Martin-Smith 著录为"Martin-Smith，Margaret."。

（4）团体著者也同个人著者一样，按团体单位名称的字顺排列。另外，以个人姓名命名的公司名称，个人姓名也应倒置，如 Williams，John W，Co。

（5）有时对同一著者的姓名有不同的表示法。

【实例】《工程索引》（EI）的著者索引 Author Index 的不同排列法：

Oppenheim，A. V. 116704

Oppenheim，Alan V. 000673

这是因为著者在不同原始文献中使用不同署名而引起的。

（6）翻译为英文的中国著者姓名如何处理。

① 翻译的规则：

分为音译和意译。中国著者姓名和团体机构名称的音译，一般用汉语拼音。

【实例】西安交通大学拼写为 Xi'an Jiaotong University。但是，中国香港和台湾地区有的检索工具中多使用威妥码式拼音拼写著者姓名的，如"李"拼写为 Lee，"东"拼写为 tung；在《化学文摘》数据库 SciFinder 检索到一篇文摘，作者是 Lee，Chao-Tung。

意译就可能有多种写法，检索式必须列举各类写法，才能保证查全率。

【实例】原西南师范大学在欧洲专利数据库就有 3 种写法：Southwest China Normal University/Southwest Normal University/Xinan Teachers，University。

有的数据库例如《工程索引》常将 University 缩写成 Univ。原西南农业大学（Southwest Agricultural University）就缩写成 Sw Agri Univ。

② 拼写形式：

通常光盘版数据库中姓与名之间用"-"号；网络版中可用"-"号或空格；其他版本往往是空格。"张建国"一般拼写为 Zhang JG，有时拼写为 Zhang J，偶尔用 Jianguo Z。"李岩"一般拼写为 Li-Y，Yan-L。

【例题】在英文数据库检索作者"金长青"的论文，作者名除了"Jin，ChangQing"还有其他拼写形式，请填写一种＿＿＿＿＿＿＿。

【题解】Jin，Chang-Qing/Jin，CQ/Jin，C. Q/Jin，C. Q. /Jin，C.-Q。

显然，如"张加刚"、"张季高"、"章菊歌"等的英文译名都是 zhang jg 的形式。所以检索时需要一一鉴别，最好用合作者、作者单位等已知字段来限制检索，提高查准率。

【例题】全国某政协委员查询有关经济学家 Amartya Kumar Send 的一种英文著作，但作者名不够准确，如何检索？

【题解】可以到大型图书馆检索外文图书数据库，姓名输入 Amartya and Kumar and Send，指定在作者字段，尝试检索。反复核实查证，在馆藏英文图书中查到有关书目 11 种，传真告知委托人，进一步核选出其中 3 种。

【例题】全国政协委员查询 Jeremy Rifkin 的著作 *The End of Work*，如何拼写作者姓名？

【题解】作者名还有拼写形式如"Rifkin，J"等。如果怕出错，可以输入 Jeremy and (Rifkin or R)。

4．其他途径

其他途径包括：学位论文导师，学位论文授予单位，作者机构，化学物质的分子式、结构式，各类号码，如期刊的国际标准刊号、专利的申请号、科技报告的登记号、标准文献的编号、化学物质登记号等。

【实例】《化学文摘》的化学物质登记号如图 2-16 所示。

【例题】检索课题"植物生长调节剂 5,6-二氯吲哚乙酸的制备方法"的外文文献，该选择哪种途径？用户仅知道"5,6-二氯吲哚乙酸"的英文名称是"5,6-dichloro-3indolylacetic acid"。

【题解】最好采用号码途径。因为一种结构唯一的化学物质即使有几个别名，也只有一个化学登记号，如同人的身份证号码，不会重复，因此首选的检索途径是登记号途径。先选择收藏化学信息最权威的 STN 国际联机检索系统，用美国《化学文摘》数据库附属的化学登记号数据库，检索到化学登记号是 98640-00-7，用该号码检索出 21 篇信息，查全率高。检索发现该生长调节剂的正式的化学物质名称是"IH-indole-3-acetic acid,5,6-dichloro-(9CI)"，而用户知道的是一个别名，还有一个别名是"5,6-dichloroindole-3-lacetic acid"。用一个别名检索会遗漏文献。

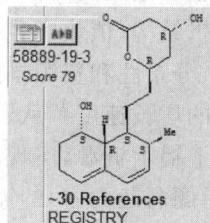

图 2-16 《化学文摘》的化学物质登记号样例

【实例】用《中文科技期刊数据库》选择刊名字段，输入检索式"中国土地"也查出《中国土地经济》、《中国土地资源》等刊物；用《EBSCO 期刊数据库》检索世界顶级科技刊物《Science》(科学)，必然带出其他几十种刊名含有"Journal of Applied…Science"的刊物。因此用 ISSN 号才能实现精确检索。

2.4 计算机检索概述

2.4.1 计算机检索简况

利用计算机及相关设备进行的文献信息检索称为计算机检索。利用计算机技术，信息检索技术正向两个方向迅速发展。

一是传统信息检索向全文文本、多媒体、多载体、多原理等新型信息检索发展，在深度上提高管理和组织信息的能力，如探索自动抽词、自动索引、自动检索、自动文摘、自动分类、自动翻译、自动聚类等。聚类检索是在对文献进行自动标引的基础上，构造文献的形式化表示——文献向量，然后通过一定的聚类方法，计算出文献与文献之间的相似度，并把相似度较高的文献集中在一起，形成一个个文献类的检索技术。根据不同的聚类水平的要求，可以形成不同聚类层次的类目体系，在这样的类目体系中，主题相近、内容相关的文献被聚在一起，而相异的则被区分开来。聚类检索的出现，为信息检索尤其是计算机化的信息检索开辟了一个新的天地。文献自动聚类检索系统能够兼有主题检索系统和分类检索系统的优点，同时具备族性检索和特性检索的功能，因此，这种检索方式将有可能在未来的信息检索中大有用武之地。目前专利情报检索与分析特别重视聚类检索。

二是文献资源网络化和分布化，面向 Internet 中浩瀚无垠的资源，在广度上提高管理和组织信息的能力。此外，在检索技术研究领域中，基于概念、超文本信息和多媒体信息的检索技术，通过先进的知识组织体系和语义实现检索是当前的研究热点，并已取得了突破性发展。

全球范围内的数字资源激增。数字资源与传统的书刊文献不同，每种资源都有其物理和逻辑结构，依赖于各自的软件系统并借助于网络传播。数字资源带有与生俱来的结构多样性、分布性和资源描述的多样性。人们对数字资源的组织和揭示能力还远远落后于数字资源的增长速度。从资源揭示角度看，传统的检索系统只是在数据库名称或者文献的名称层面上揭示资源，实现的是一个粗线条的资源整合，无法满足读者希望快速定位到目标资源（文章题名及内容）的需求。一方面，追求对所有文献的跨库检索只是一种理想状态，实际上只能做到兼容尽可能多的资源；另一方面，对上百种的资源笼统地实现跨库检索并无实用价值，用户的需求是针对某个学科主题、文献类型以及个性化需求的资源导航和检索，读者需要从文章题名、主题、作者、文摘、全文等进行统一揭示和整合，这是更深层面、更细粒度、更小单元的资源揭示、查找和定位。例如，传统的图书检索只能查询到图书书名、作者、主题词，无法看到章节甚至某页内容。但是超星数字化图书馆已经实现了检索章节甚至检索某页内容的功能。

一般的检索仅仅要求回答有无文献，而加权检索是某些检索系统中提供的一种定量检索技术。侧重点不在于判定检索词或字符串是不是在数据库中存在、与别的检索词或字符串是什么关系，而在于判定检索词或字符串在满足检索逻辑后对文献命中与否的影响程度。加权检索的基本方法是，在每个提问词后面给定一个数值表示其重要程度，这个数值称为权，在检索时，先查找这些检索词在数据库记录中是否存在，然后计算存在的检索词的权值总和，权值之和达到或超过预先给定的阈值，该记录即为命中记录。

例如，确定主题词时系统优先考虑以下标引词：在标题或副标题句中出现的关键词，以及各级层次标题，对层次高的标题赋予较大权值，层次标题由面向机器翻译的层次检索系统提取；文摘、关键词等特定位置的关键词；段首、段尾中出现的关键词；相同条件下，词频较高且长度较长的标引词权值大。

运用加权检索可以命中核心概念文献，因此它是一种缩小检索范围提高查准率的有效方法。

例如，查询自然语言处理中的网络机器翻译方面的文献，用加权检索法提问式如下：自然语言处理(1)机器翻译(3)网络(2)。如文献中同时包含这 3 个词，则此文献的权值为 1＋3＋2＝6；如文献中包含"自然语言处理"、"机器翻译"，则此文献的权值为 1＋3＝4，以此类推。如设定下限阈值为 4 的话，同时包含 3 个词，或同时包含 2 个词（除"自然语言处理"、"网络"的组合外）都为命中的情况。但并不是所有系统都能提供加权检索这种检索技术，而能提供加权检索的系统，对权的定义、加权方式、权值计算和检索结果的判定等方面，又有不同的技术规范。

2.4.2　计算机检索的相关概念

1. 信息检索系统

信息检索系统是为满足一定信息需求而建立的一整套对信息进行收集、加工、存储和检索的完整系统。信息检索系统包括两个子系统：存储子系统和检索子系统。存储子系统的主要功能是通过各种手段建立检索工具体系；检索子系统则可以提供系统（数据库）中的信息检索功能。

2. 联机检索

利用与检索系统或信息中心主机的连接，在中央处理机控制下查询系统内的数据库，并能够与系统实时对话，随时调整检索策略。

3. 文档

文档（file，也称文件）是存储在计算机上一组相关记录的集合，具有完整的内容和逻辑结构。大型的检索系统往往有多个文档。

4. 网络信息

网络信息是指利用网络检索软件或搜索引擎查询到的在互联网上发布的信息资源，这也是一种广义的联机检索的信息。

5. 数据库

数据库是在计算机存储设备上按一定方式存储的相互关联的数据集合。数据库中的信息记录加工同手工检索工具中的信息记录加工非常相似，手工检索工具中的著录项目在数据库中称为字段（field），字段的集合称为记录（record）。记录是检索系统或数据库中信息的基本存储单元，记录中的字段，是检索的基本元素。这些字段分为两类：一类反映信息主题内容的特征，提供从主题内容查找文献信息的途径，包括标题字段（TI）、文摘字段（AB）、叙词字段（DE）、自由词字段（ID）、分类代码字段（CC）等；另一类则是反映文献信息的外部特征的，提供从文献信息外部特征查找文献信息的途径，包括著者字段（AU）、信息来源字段（SO）、出版年代字段（PY）、语种字段（LA）等。专利文献的字段较多。

不同的数据库（或系统）中，字段的种类、数目、名称、代码不尽相同，在检索时需要查看有关的使用说明。在《中文科技期刊数据库》里，字段称作"检索入口"，例如题名或者关键词，是常用字段。

【实例】《中文科技期刊数据库》的"检索入口"界面，如图 2-17 所示。

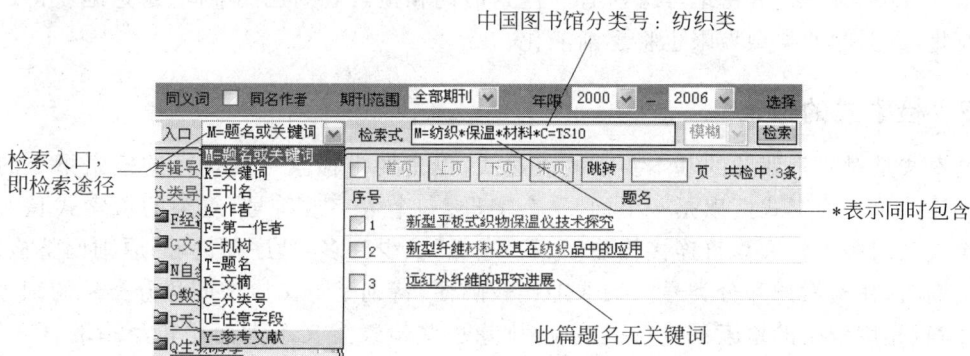

图 2-17 《中文科技期刊数据库》的"检索入口"界面

按国际上通用的分类方法,数据库分为以下 3 大类。

1) 参考数据库(reference databases)

能指引用户到另一信息源获取原文或其他细节的数据库,包括书目数据库(bibliographic databases)和指南数据库(referral databases 或 directory databases)。

(1) 书目数据库是指存储某个领域二次文献(如文摘、题录、目录等书目数据)的一类数据库,有时也称为二次文献数据库,或简称为文献数据库。例如,图书馆的馆藏数据库,属于此类型数据库。

(2) 指南数据库也称指示性数据库,是指存储关于某些机构、人物、出版物、项目、程序、活动等对象的简要描述,指引用户从其他有关信息源获取更详细的信息的一类数据库,如产品目录、机构名录、研发项目、基金项目等数据库均属于此类。

2) 源数据库(source databases)

能直接提供所需原始资料或具体数据的数据库。它可以直接满足用户的信息需求。这类数据库包括如下几类。

(1) 数值数据库。一种专门提供以数值方式表示数据的源数据库,如统计数据库、财务数据库等。

(2) 文本-数值数据库。一种能同时提供文本信息和数值数据的源数据库,如企业信息数据库、产品数据库等。

(3) 全文数据库。一种存储文献全文或其中主要部分的源数据库,如官方专利局的专利数据库、法律法规全文库、期刊全文库等。

(4) 术语数据库。一种专门存储名词术语信息、词语信息以及术语工作和语言规范工作成果的源数据库,如名词术语信息库、各种电子化辞书等。

(5) 图像数据库。一种用来存储各种图像或图形信息及有关文字说明资料的源数据库,主要应用于建筑、设计、广告、产品、图片或照片等资料类型的计算机存储与检索。

3) 混合型数据库(mixed databases)

能同时存储多种类型数据的数据库。近几年多媒体、超媒体及超文本技术的迅速发展与完善,各种形式的信息不一定以一整篇文献为单元存储在系统中,而是通过关系链路将不同文本中的信息单元组织起来。这样,用户从任一信息点出发可以遍历与其相关的各个信息单元,可以不必事先周密地考虑所有的检索语词和检索规则也能准确、迅速地获得所需信息。因此,数据库的类型界限也将逐渐淡化。

2.4.3 检索式的拟定

检索式是对检索课题的基本要求的表达式,也是要求检索工具执行的检索指令的核心内容。最简单的检索式可以是一个词、一个字母、一个数字或符号,复杂的检索式是两个以上的检索项用各种检索算符连接构建而成。遵循"从少到多,循序渐进"的原则调整检索式。开始查询时,在检索词和分类号的抽取上比较随便,特别是英文检索词和分类号的细号等可能不准确,先用较少的检索词进行试检,应排除那些检索意义不大而比较泛指的概念词,如"展望"、"发展趋势"、"现状"、"近况"、"应用"、"利用"、"作用"、"方法"、"建立"、"研究"、"实施"、"影响"、"效率"、"结构"等。用未必正确的检索词或分类号进行试检,再记下与项目比较相关的检索词或分类号,再增加词汇或分类号。如果没有,就继续进行试检,并尽可能多地尝试一些检索词或分类号。

【实例】"水稻抗病基因的克隆技术"可以用检索式"水稻 * 抗病性 * 基因 * 克隆技术"来表达。

拟定检索式要注意检索词的准确性和检索词之间的逻辑关系,必要时考虑位置关系。

1. 布尔逻辑检索算符

利用布尔逻辑算符(Boolean operator,以英国数学家 George Boole 命名的运算符号)进行检索词或代码的逻辑组配,是现代信息检索系统中最常用的一种方法。常用的布尔逻辑算符有三种,分别是逻辑"或"(也表示为 or、"+");逻辑"与"(也表示为 and、" * ")、逻辑"非"(也表示为 and not、not、"-")。用这些逻辑算符将检索词组配构成检索提问式,计算机将根据提问式与系统中的记录进行匹配,当两者相符时则命中,并自动输出该文献记录。

1) 逻辑"与"

用 and、" * "或空格表示。A and B 表示同时含有 A 与 B 这两个词或者符号,但是不限定距离和次序,所以中间可以间隔若干词或者符号。例如,在期刊数据库输入"急性 and 胰腺炎",可检出急性胰腺炎、急性重症胰腺、急性胆源性胰腺炎、急性出血坏死型胰腺炎、急性出血性胰腺炎等急性胰腺炎的所有文献,比"急性胰腺炎"检索的文献多。

检索课题如果不是一篇具体的文献,其整体名称就不宜作为一个检索项,而需要拆散为含义不同的词汇或者符号,用逻辑"与"连接。例如,检索课题"中国外汇储备规模的研究"不是一篇文章,需要检索有关的期刊文章,其检索式宜表达为"中国 and 外汇 and 储备 and 规模"。在各类检索工具特别是网络搜索引擎中习惯用空格代替 and。

2) 逻辑"或"

用 or、"+"或逗号表示。A or B 表示只要有两者中的一个就能满足检索要求,也可能包含两者,因此比 A and B 查得更多。通常用于连接同义词、近义词、别名、简称和缩写,以及外文单词的不同拼写形式。例如,检索小麦抗旱(或耐旱)的生理生化的文献,表达为检索式:小麦 and(抗旱 or 耐旱)and(生理 or 生化)。在网络搜索引擎中习惯用逗号代替 or。

【实例】在某些搜索引擎中输入"计算机,多媒体,Windows 98"则查询至少包含"计算机"、"多媒体"、Windows 98 三者之一的信息。一般来说,同时包含三者的网页将出现在前面。

3) 逻辑"非"

用 not 或减号表示。A not B 表示包含 A 且不包含 B。在网络搜索引擎中习惯用减号代替 not。有的检索工具为了避免减号与连字符混淆,也使用"在结果中去除"的按钮代替减号。

【实例】输入 automobile not car,就要求查询的结果中包含 automobile,但同时不能包含 car。在搜索引擎中输入"电视台-中央电视台",查询结果不包含"中央电视台"。

更多布尔逻辑检索算符用法见表 2-8。

表 2-8　布尔逻辑检索算符用法举例

检索算符	用法	中外文数据库常用不同形式		个别检索工具用的其他形式		检索式实例
逻辑"或"	包含两个同义词中一个乃至两个	外文	OR	Google	大写的 OR	corn OR maize
				各外文数据库	OR 大小写均可	Color or colour
		中文	或有的用 OR	百度	|	电脑|计算机
				维普数据库	＋	土豆＋洋芋＋马铃薯
逻辑"与"	同时包含两个含义不同的词	外文	AND	Google	空格	研究生 考试
				各外文数据库	AND 大小写均可	China and USA
		中文	并且 空格有的用 AND	清华 CNKI 的专业检索界面	AND 大小写均可	题名＝纳米 and 题名＝材料
				维普数据库	＊ 空格	研究生 ＊ 考试 研究生 考试
				中国国家知识产权局专利高级检索	AND 空格	纳米 and 材料 纳米 材料
				国务院发展研究中心网站	＆ 空格	金融危机 ＆ 房地产
逻辑"非"	排除后面一个词汇，防止误检	外文	NOT	各外文数据库	NOT 大小写均可	
				Google	减号—	猫—熊猫
				美国专利商标局数据库	andnot	Hypodermic andnot needle
				Elsevier		
		中文	不包含、非有的用 NOT	维普数据库	减号—	病毒—电脑病毒
				清华 CNKI 的专业检索界面	NOT 大小写均可	题名＝病毒 NOT 题名＝电脑病毒

2. 位置检索算符

1) 意义

【实例】使用检索式 transgenic and maize，结果中 transgenic 与 maize 距离可远可近，次序可前可后。列举论文题目如下：

Transgenic Crops and Crop Varietal Diversity：The Case of *Maize* in Mexico

Transgenic rice lines expressing *maize* C1 and R-S regulatory genes produce various flavonoids in the endosperm.

使用检索式 transgenic w1 maize，结果中 transgenic 与 maize 距离最多只有 1 个单词，且 transgenic 在前。列举论文题目如下：

A 3-year field-scale monitoring of foliage-dwelling spiders（Araneae）in *transgenic* Bt *maize* fields and adjacent field margins.

【实例】检索英文课题"减少税收（decreasing tax），增加收入（increasing income）"，要避免出现减少税收和收入的说法，因此也需要限定 decreasing 靠近 tax，increasing 靠近 income。如果不加限定，查准率就会降低，这时就需要使用位置检索算符。

【实例】《粉末的掺和与颜料包装》这个课题可以解析为"粉末"、"掺和"、"颜料"、"包装"四个词。如不用位置检索算符，可能检索如"粉末的包装"，"颜料的掺和"等不正确搭配。

【评析】布尔逻辑检索算符只能显示文献是否含这些词汇,但是不能反映词汇的位置和间距,可能使检索产生歧义现象或者词之间的错误组配。

位置检索算符一般用于大型的外文数据库检索中,用来限制检索项之间的位置关系和前后次序。其目的是增强检索项组配的灵活性,更准确地表达复杂的检索概念。

【实例】例如检索杂交水稻(hybrid rice)的信息,输入词组 hybrid rice 的检索量如果不够,可以输入检索式:hybrid and rice,结果可能包含 rice hybridization(水稻的杂交技术),如果要排除后者,可以输入:hybrid and rice not hybridization,另一种检索式是直接限定 hybrid 一定能够在前面,使用位置运算符号即可,例如 hybrid w3 rice。

由于检索系统是按从左到右的顺序处理检索式,因此,应将限制最严的运算符放在最左边。

2)种类

常用的位置检索算符有以下几种。

(1)邻近位置检索算符(w)。

w 是 with 的缩写,表示两个检索项前后次序固定,中间只能间隔连字符、空格或者逗号,不能间隔有单词。多数数据库用符号 w,SciFinder 化学数据库直接用单词 with,不用符号 w。

【实例】用 SciFinder 化学数据库检索 leather 与 flame retardant,使用检索式 leather with flame retardant 实际将 Fireproof、Flammability、Retardance 等也检索到了,结果如图 2-18 和图 2-19 所示。

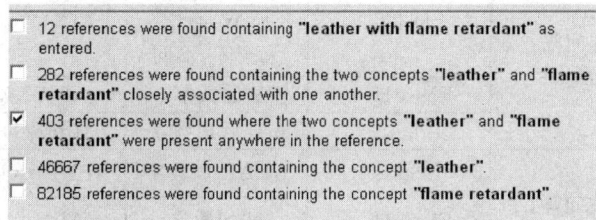

图 2-18　SciFinder 化学数据库检索结果 1

图 2-19　SciFinder 化学数据库检索结果 2

【实例】"optic * (w)fiber?"只能检索到 optical fiber、optical fibers、optical-fiber 等。

【实例】"Powder(w)Coating"表示这两个单词相当于一个组合词。

但是在不同的数据库用法可以不同,在农业生物数据 CAB 用的 with 含义不同,表示同时出现在一个字段,等于字段位置符"(f)"。

(2)邻词位置检索算符(nw)。

【实例】Fluidized bed reactor(流化床反应器)可用 Fluidized(1w)reactor 检索,表示中

间可存在 1 个词。

EBSCO 数据库使用邻近位置检索算符(wn)。

【实例】用 EBSCO 数据库检索税收改革文献,检索式 tax w8 reform 表示 tax 一定在前,距离 reform 最多是 8 个词汇,因此可以检索出 tax reform,不能检索出 reform of income tax。

(3) 句子位置检索算符(s)。

s 是 sentence 的缩写。A(s)B 表示 A 和 B 必须同时出现在记录的同一个句子或短语中,但次序可能随意改变,A 与 B 之间可以有若干个其他词。在数据库 CAB 中用 near 表示"(s)",有的数据库用"(n)"表示"(s)"。

【实例】resin ester 和 esteried resin(酯化树脂)可用"resin(n)ester"检索。

有些搜索引擎例如 altavista 提供了 near 操作符。

【实例】computer near/100 game,即查找 computer 和 game 的间隔不大于 100 个单词的网页。

常用的位置检索算符见表 2-9。

表 2-9　常用的位置检索算符用法举例(以检索铝镁合金为例)

位 置 算 符	用　　法	数　据　库	数据库常用算符	检索式实例	部分检索结果
邻近位置算符	相邻无间,允许插入连字符;次序固定	Dialog	(W)( )	Al(w)Mg	AlMg alloy Al-Mg alloy
				Al( )Mg	
邻词位置算符有次序固定和不固定两种	允许间隔,次序固定	Dialog	括号内数字加 W,数字大于零,下同	Al (1W)Mg	AlMg alloy Al-Mg alloy Al-Cu-Mg alloy Al and Mg alloy
		EbscoHost	W 加数字,	Al W1 Mg	
		Proquest	pre/后加数字	Al pre/1 Mg	
	允许间隔,次序不定	Spirs	NEAR 加数字	Al NEAR1 Mg	AlMg alloy Al-Mg alloy Mg and Al alloy Mg-Al-Zn alloy
		EbscoHost	N 加数字	Al N1 Mg	
		Proquest	Within 3	Al Within 3 Mg	
同句位置算符	在同一句次序不定	Dialog	S 用括号括起	Al(s)Mg	太长,此处省略
		Spirs	NEAR	Al NEAR Mg	
		清华 CNKI	下拉列表设"同句"	输入:铝 镁	

3. 截词检索算符

截词检索(truncation)就是用截断的词的一个局部进行的检索,并认为凡满足这个词局部中的所有字符(串)的文献,都为命中的文献。按截断的位置来分,截词可有后截断、前截断、中截断、前后截断 4 种类型。按照截断数量来分,包括有限截词(即一个截词符只代表一个字符)和无限截词(一个截词符可代表多个字符)。有限截词一般使用"?"(英文半角问号)代表 0～1 个字符(zero or one character),个别数据库(如欧洲专利局数据库)还用"#"代表 1 个字符(exactly one character);无限截词的标准符号是"*",代表 0～n 个字符(a string of characters of any length),也称为通配符。不同的数据库系统所用的截词符也可能不同。

无限截词在美国 Dialog 数据库系统和《工程索引》数据库中是"?",在中国国家知识产权局数据库中是模糊字符"％"(半角百分号),在美国专利商标局数据库中是"＄";但同时使用"＊"和"?"作为截词符号的数据库,总是以"＊"作无限截词符,以"?"作有限截词符。截词检索是防止漏检的有效手段,尤其在西文信息检索中,更是广泛应用。有的外文单词有 $1 \sim n$ 个字母的变化形式,如单数与复数、动词与动名词、英语单词的英式和美式拼写形式,若同时检索这类词汇不同的形式,需要用布尔逻辑"或"连接。为了简便,可以截断该词,留下不变的局部,用截词符号代替变形部分实施截词检索。截断技术实质上是一种模糊检索,可以作为扩大检索范围的手段,具有方便用户、增强检索效果的特点,但一定要合理使用,否则会造成误检。截词符用法见表 2-10。

表 2-10 截词符用法举例

截词位置	中文别名	检索式	检索结果
后截词	前方一致	computer ＊	computer、computers、computerized、computerization 等
		computer?	computer、computers
		汉语	汉语词典
	模糊查询	计算机	计算机、计算机等级考试
前截词	后方一致	＊ computer	computer、microcomputer、minicomputer 等
		词典	汉语词典
中间截词(? 是半角或英文状态)	前后一致	comp? ter	computer、compater、competer
		colo? r	color、colour
		sul ＊ ate	sulphate、sulfate
		凯? 斯	凯恩斯、凯因斯
前后截词	中间一致	＊ computer ＊	computer、 computers、 computerized、 computerization、microcomputer、minicomputer 等
		汉语	现代汉语大词典

【例题】检索化学化工类"高速喷镀聚四氟乙烯纳米粒子"课题外文文献,试编写英文检索式。

【题解】选择外文数据库,参考检索式是:

(polytetrafluoro(w)thylene or polytetrafluoroethylene or PTFE) and (nano ＊ or nm or ultrafine or micro ＊) and (spray ＊ or jet) and (plat ＊ or coat ＊)

注释:聚四氟乙烯(polytetrafluoroethylene)是一种不粘材料,本例中有检索意义的关键词是:喷(spray、spraying、jet),镀(plated、platting),镀层(coat),纳米(nano)及其缩写 nm,近义词 ultrafine(超细)、micro(微观)。聚四氟乙烯的英文名称多达 8 种,有的中间有连字符号,此处需要用邻近位置检索算符(w)表示;spray OR spraying 用 spray ＊ 表示,以此类推;个别检索软件(如 Dialog 数据库)用"?"表示"＊"。

有的检索工具设置了位置条件,需要注意。例如,用金盘图书检索系统检索英语辞典类图书,如果在标题字段输入"英语"和"辞典",需要注意词的位置,限定"英语"为"前方一致","辞典"为"中间一致"或者"后方一致"。如果不限定,界面默认都是"前方一致",会导致检索失败,因为"辞典"一词几乎不会出现在书名的前端。

4．字段揭示算符及限制算符

同一词可能出现在同一条记录（record）的不同字段（field）中，需要限定，缩小检索的范围，节约检索的时间。字段揭示算符一般用英文单词缩写揭示字段，例如用 AU 揭示作者（author）字段。字段限制算符通常使用数学公式的等号、大于符号、小于符号等，将检索内容限定在字段。在外文数据库通常用字段符（如 in 或"/"）加上字段名称来限制检索的范围。例如，"＝"可连接语种、文摘号和出版时间。"＜"和"＞"是用来比较出版时间和文摘号数值的，从而做出限定。

此外，还可以限定期刊范围。图 2-20 所示是《中文科技期刊数据库》的界面，有"同义词"、"期刊范围"、"年限"等扩大或者缩小检索范围的途径。

图 2-20　《中文科技期刊数据库》检索范围选项

【实例】美国《工程索引》的检索式。

第 6 章表 6-1 列出了常见期刊数据库字段，表 2-11 列举了常见字段符号用法示例。

表 2-11　常见字段符号用法举例

字　段　名	常用缩写	中文名	俗称或者别名	数据库名	缩写和限定符	检 索 示 例
All fields		任意字段，全字段	全文 Text	EbscoHost	TX	TX "college student" and English
				维普数据库	U＝	U＝大学生 * 英语
Title	Ti	题名、书名	题目、篇名、发明名称	美国专利局数据库	TTL/	TTL/（car and computer）
				Google	Intitle：	Intitle：（"college student" English）
				美国《工程索引》	wn TI	Car wn TI
Keywords	K	关键词	少数数据库用 Descriptor（规范词）	中国国家科技文献中心	De＝	De＝大学生 AND 英语
				清华 CNKI		关键词＝大学生 AND 关键词＝英语
				维普数据库	K＝	K＝大学生 * 英语
				OVID	Descriptor 规范词	
Subject	SU	主题词		EbscoHost		
Authors	AU	作者		Dialog	AU＝	AU＝ Yuan,longping
				Spirs	in Au	"Yuan l p" in Au
				清华 CNKI		作者＝袁隆平
				维普数据库	A＝	A＝袁隆平

续表

字 段 名	常用缩写	中文名	俗称或者别名	数据库名	缩写和限定符	检 索 示 例
Abstract	Ab	摘要	文摘	美国专利局数据库	Abst/	Abst/car
Source Title	So	来源文献题名	母体文献	美国《工程索引》	Serial title	X-ray wn ST
Journal Name	JN	刊名		Dialog	JN=	JN="SURFACE AND COATINGS TECHNOLOGY"
Affiliation		作者机构	单位	EbscoHost		
Inventor Name	IN	发明人		美国专利局数据库	In/	In/"yuan long ping"
Uniform Resource Locator	url:	网址		Scirus	url:	url:gov. cn
				Google	Site:	Site:edu. cn

1) 重要字段

字段	字段名称	检索式示例
/AB	Abstract;	BINARY(W)CUBE/AB
/DE	Descriptors(规范的主题词);	DIGITAL(L)MULTIPROCESS?
		COMPUTERS,MICROCOMPUTER/DE
/ID	Identifier(自然词汇);	(TREE AND INTERCONNECT?)/ID
		QUEUEING NETWORKS/ID
/TI	Title	RING(W)CUBE(1W)TREE/TI

2) 辅助检索字段(additional index fields)

字段	字段名称	检索式示例
AU=	Author;	AU=LIU,YU-CHENG
JN=	Journal Name;	JN=ENGINEERING NEWS
LA=	Language;	LA=FRENCH
PY=	Publication Year;	PY=1986:1988
SO=	Source Publication;	SO=(WATER AND POWER)

不同的字段的检索结果可能不同。

【实例】用 CNKI《中国期刊全文数据库》检索"机械产品采用计算机辅助设计"的论文。用不同字段作为途径,检索结果可能不同,如图 2-21 所示。

选错了字段,还可能导致检索失败。例如某学生检索课题"纳米技术在除螨功能纺织品中的应用",在检索中国国家知识产权局的专利时,无论选择"名称"还是"摘要"字段,输入"纳米 and 螨虫 and 纺织品",检索结果都是零。后来选择"名称"字段输入"纳米",选择"摘要"字段输入"螨",选择"主分类号"字段输入国际专利分类号 D06(D 部——纺织与造纸——的纺织类的"织物的处理类"分类号),检索结果是名为《一种纳米防螨抗菌针织服装的生产工艺》的专利。造成漏检的原因是事先不知道该专利的准确名称,没有提取准确的检索词,也没有考虑发挥不同字段的协同作用,如图 2-22 所示。

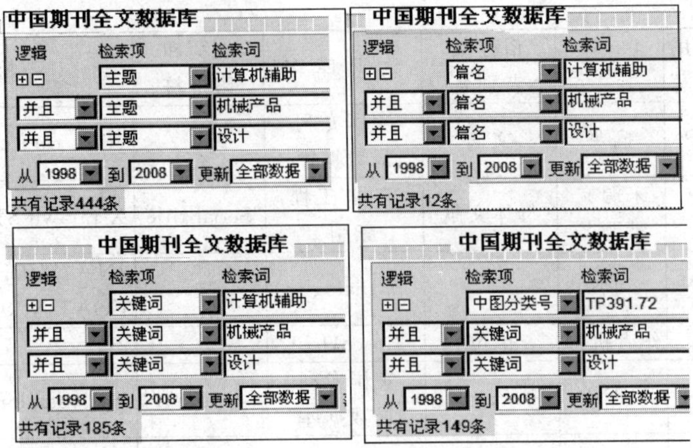

图 2-21　CNKI《中国期刊全文数据库》不同途径检索结果

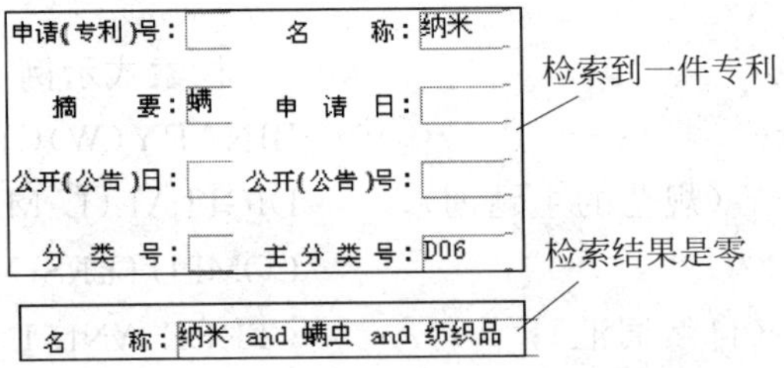

图 2-22　专利检索不同途径结果对照

5. 其他符号

1) 括号

AND、OR、NOT 在同一个检索式中出现时，检索系统执行逻辑运算符号的优先级（运算顺序）是 NOT、AND、OR 依次执行，因此，若要改变运算次序（通常是要先检索几个同义词或近义词），即先执行"或"，就需要将先运算的部分加上半角括号"（）"，作用和数学中的括号相似，可以用来使括在其中的操作符先起作用。一般要求输入括号时，不使用中文输入状态的全角黑体括号。

如果采用的检索界面不能一次执行含有逻辑"或"的复杂检索式，就要注意次序，首先填写检索式中括号内的内容，执行第一次检索，在结果中再次检索。例如，检索有关农产品（如鸡蛋、牛奶、大米等）与三聚氰胺的文献，检索式应该是：

（农产品 OR 鸡蛋 OR 牛奶 OR 大米） AND 三聚氰胺

如图 2-23 所示，检索界面分别是 CNKI 的期刊全文库高级检索界面和金盘图书查询界面，第 2 行逻辑"或"越出了括号，改变了次序；图中检索词"三聚氰胺"无法与括号内的"农产品"等词产生交叉关系，实际执行了检索式：

农产品 OR 鸡蛋 OR 牛奶 OR 大米 AND 三聚氰胺

扩大了检索范围。

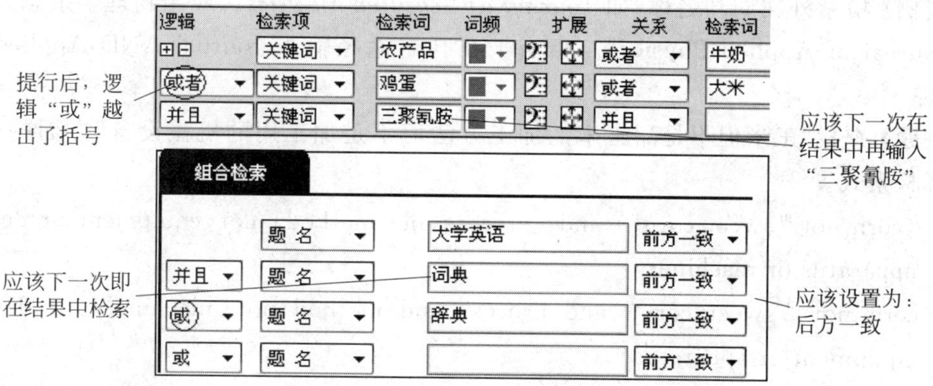

图 2-23　次序错误的检索

【例题】检索钙(calcium)用作食品或者饲料的添加剂(additive)的英文信息,选择下列检索式。(本题是多项选择)

A. food or feed and additive and calcium

B. food or (feed and additive and calcium)

C. (calcium and food or feed) and additive

D. (food or feed) and additive and calcium

E. calcium and (food or feed) and additive

F. calcium and ((food or feed) and additive)

【题解】选 D、E、F。布尔逻辑检索算符没有单词次序之分,故 D、E 等同。F 多加括号,效果不变。一般允许括号嵌套 2 层,达到 3 层。A、B 选项是先检索饲料添加钙剂,最后检索 Food,再二选一,可以包括与添加剂无关的食品检测、加工、包装工艺等信息,查准率下降。

2) 双引号

使用双引号是强调检索内容的整体性,以实现精确检索,避免其被拆散而扩大检索范围。一般用于组合关键词,可以告知数据库将关键词或关键词的组合作为一个字符串在其数据库中进行搜索。多数数据库(如美国专利商标局的专利数据库、维普数据库)要求双引号必须是英文输入状态的双引号。

【实例】要查找关于电子杂志方面的信息,可以输入双引号,这样就把 electronic magazine 当作一个短语来搜索。相反,如果不加双引号,搜索引擎就会把空格识别为 AND,误认为 electronic AND magazine 而执行扩展检索,查出包含 electronic 的技术和产品以及时装杂志、医学杂志等凡是含有 magazine 的网页,会严重偏离主题。

检索特殊字符,如计算机程序语言之一的 C++,在检索表达式中就应写为"C++"。有时检索内容本身包含 and、or 等单词,或有些数据库禁止用于检索的虚词(如 of、for),这部分内容要用双引号。外文的冠词、连词等使用太频繁,没有检索意义,在有的外文数据库中被列入检索式禁止使用的词汇(stopword),只有加上双引号才能检索。

【实例】检索美国著名作家海明威的名著《老人与海》(The Old Man and the Sea),应该输入"The Old Man and the Sea"。

【实例】检索外文期刊名称，如 *Journal of Applied Physics*（《应用物理学杂志》），应该输入"Journal of Applied Physics"。相当于在刊名途径输入 Journal AND Applied AND Physics。

【例题】查找"玉米但不是甜玉米的加工方法但不是加工用的机械设备"方面的外文文献，选择检索式。

A. （corn not "sweet corn"）and（process and method）not（equipment or device or apparatus or machinery）

B. corn not "sweet corn" and process and method not（machinery or device or equipment or apparatus）

C. corn not（sweet corn）and process and method not（equipment and device and apparatus and machinery）

D. corn not sweet and process method not（equipment and device and apparatus and machinery）

E. corn but not sweet corn and process method not（equipment and device and apparatus and machinery）

【题解】选 A、B。"（sweet corn）"和 process method 表达的词组语法仅在个别数据库可以用，但是引号几乎在所有数据库都有效。

3）个别数据库使用的特殊符号

某些搜索引擎使用加号"＋"表示该单词必须出现。

【实例】在某些搜索引擎中输入"电脑＋电话＋传真"就表示要查找的内容必须要同时包含"电脑、电话、传真"这 3 个关键词。

个别数据库（如国研网、山东标准网）使用"&"代替 and；欧洲专利局光盘数据库的 without、美国专利商标局数据库的 andnot 就是通用的 not。《中文科技期刊数据库》目前不使用英文单词 and、or、not，只用符号"＋"、"＊"、"－"；相反，外文数据库例如 CAB 数据库、美国专利数据库只用英文单词，不用符号。因此，一个检索式用遍所有数据库的想法是不现实的。中国国家知识产权局的检索软件使用百分号（％）作为位置算符，该软件是以欧洲专利局检索软件为基础修改后的汉化版，所以既保留了使用英文单词 and、or、not 的习惯，也兼容符号"＊"、"＋"、"－"，用空格表示 and。因此，必须灵活运用这些运算符，一个检索式用遍所有数据库的想法是不现实的。

6. 注意事项

1）正确表达课题

（1）阅读背景文献，正确理解课题。

不能总是简单地把课题名称当成文献的题目直接检索。检索者习惯从课题中直接选词或者符号编写检索式，甚至把课题名称（如"中国外汇储备规模研究"）作为某一文章篇名对待，整个输入，检索结果往往偏少。检索课题更多的是毕业论文、科研课题、学术论文的名称，往往是新的课题，前人没有发表过相同的文献，或者虽是成熟的领域却有不同的作者、用不同的词汇、不完全相同的题目论述过，要全面检索这类信息，必须正确理解课题，可以首先用题名途径检索,阅读其中的少量背景文献,找到列出的主题词、关键词和分类号,了解课题的意义、目的、特殊要求。

【例题】某专利申请的主题涉及防止商店待出售衣服被偷窃的装置,该装置由两个从衣服正反面锁合在一起的部件组成,其中一个部件上有针状结构,另一个部件上有将针啮合住的机构,如果不用特殊工具而强行将这两部分分开,机构中装有液体的小容器就被损坏,液体流出,污染衣服。要检索这类专利信息,如何表达检索课题的意图?

【题解】课题不能简单地表达为"防止衣服被偷窃的装置",而要表达为关键词"防盗"(theftproof)、"液体"(liquid)、"衣服"(cloth),以及国际专利分类号如物理部的 G08B15/02、G08B13/00、G09F3/03 和生活部的 A44B9/18 等。阅读分类表中这些类目的含义,理解专利的技术要点,尝试在发明名称字段输入"防盗 and 衣服",加用分类号,在结果中选择摘要或者发明名称字段再输入关键词"液体"作进一步检索。如果检索到的信息不是很多,可逐一浏览。为了避免漏检,还可以增加上述关键词的同义词。

(2)选择检索途径要对应检索课题。

选择检索途径应该根据实际检索需求调节,并无成规。如果检索的文献恰好是题目或者书名,直接在题名途径检索即可。如果检索的是同类文献,不在乎文献题目的差异,应该使用较宽的途径,如 CNKI 数据库高级检索界面的"主题"途径,检索结果多于题名、关键词和摘要途径,范围比较宽。检索专利文献更要注意结合分类途径。检索有关"法律的渊源"的期刊论文,有的题目是《……法制的渊源……》,而关键词是"法律",所以最好选择关键词字段而不是标题字段输入"法律 * 渊源"。

有时同一篇论文的篇名的英文翻译在各个英文数据库不同,题名信息不是完全一致的,页码也有差异,但是卷期、作者信息一致。所以检索时最好用关键词或作者途径。例如,EI(《工程索引》)收录一篇俄文文章,部分信息如下。

Title:Ultrasonic method for jogging testing;Muravev,VV.;Smirnov,A N.

Source:DefektOskOpiya,n 2,Feb,1994,P 71-72

Language:Russian ISSN:0130-3082

而 INSPEC(《科学文摘》)也收录该文章,篇名不一致,用作者途径查到下面的记录:

Title:An ultrasonic method of monitoring roughness

Author(S):Vasilev,A. G.;Muravev,V. V Smirnov,A. N.

Source:Russian Journal of Nondestructive Testing

Original Source:DefektOskOpiya vo1. 30,no. 2:71-2,Feb. 1994

在书目数据库中人名多半可以作为责任者,而且检索时不必考虑责任者的年龄和是否健在,因此有些初级检索者错误地把这些概念用在期刊论文的检索上。

【实例】检索著名经济学家胡鞍钢 2000 年在《中国软科学》上面发表的论文,如果用《中文科技期刊数据库》可以这样输入"A＝胡鞍钢 * J＝中国软科学",时间限定 2000 ▼ —2000 ▼。但是要检索关于研究鲁迅的论文,输入"鲁迅"时必须选择途径为标题或者关键词,不能选择为作者途径。这是因为鲁迅在这里是被研究的对象而不是论文的作者。

例如,检索袁隆平指导的优秀硕士学位论文,有的检索者错误地在作者途径输入"袁隆平"，而不是选择"导师"途径。

2）确保检索式与课题的匹配性

（1）编检索式时最重要的是注意检索途径（CNKI 数据库也称之为检索项）与检索词的正确匹配。例如，当选择的检索途径是关键词，输入的检索词就必须是关键词，如果一个词不能完整地表达检索要求，需要进一步描述时，只能添加关键词，用算符来联结它们，而不能用一个句子来代替。例如，检索"法律的渊源"的中英文信息，虽然用"法律的渊源"、on sources of law 这样的词组能够在一些数据库实现检索，但是检索量少，严格说不算是检索式。检索式顾名思义就像数学的算式一样必须有加减乘除的符号，而不是仅有长串数字。

（2）如果检索式中有多个检索项或检索元素时一定要注意它们之间的逻辑关系，特别要注意含有"与"、"及"等词的课题名称不能当作论文标题，不能对"与"，"及"等词做字面的解析而一律用 AND 表示。例如，研究"法律与经济和政治的关系"的课题，需要检索的信息是法律与经济或政治两者之一的关系，因此"经济"与"政治"的关系是逻辑"或"，不是"与"，则检索式"法律 ∗（经济＋政治）"比"法律 ∗ 经济 ∗ 政治"检索的范围大得多。反过来，有的课题应该用逻辑"与"的关系，如检索"缓释制剂在中药中的应用"，在《中文科技期刊数据库》的检索式应该是选择题名或关键词字段（代码是"m＝"）输入"缓释制剂 ∗ 中药"，但是不少学生采用了检索式"缓释制剂＋中药"，这样检索到许多含有"缓释制剂"与"中药"之一的论文，"缓释制剂"与"中药"没有必然联系。

（3）用词汇检索时，一定要对课题的隐含主题概念认真分析，找出其同义词、近义词或者相关的词汇。例如"知识产权"一词隐含着"专利权"、"版权"、"著作权"等概念，若用《中文科技期刊数据库》检索，参考检索式是：知识产权＋专利权＋版权＋著作权＋商标权＋工业产权。如果词汇涉及面太广，难以一一枚举，最好结合分类号。例如检索"城市废水（或污水）循环利用的技术"、"纳米技术在生物学领域的应用"等课题，用中国图书馆分类号 X703.1（废水的处理与利用的技术方法）、生物学（Q），才能保障查全率；而"城市"和"纳米"是比较专指的检索词，也没有形成学科，可以直接作为关键词，不用分类号表达。同时，检索式前面排列范围比较狭窄的检索项（如"城市"、"纳米"），后面连接范围较宽的检索项（如分类号 X703.1），可以提高速度。若用《中文科技期刊数据库》检索，选择检索入口为"U＝任意字段"，检索课题 1，参考检索式如下所示。

第 1 种检索式：

$$M＝城市 ∗（废水＋污水）∗ 循环$$

第 2 种检索式：

$$C＝ X703.1 ∗ M＝城市 ∗ 循环$$

第 3 种检索式：

$$城市 ∗ 循环 ∗ X703.1$$

检索课题 2，只用关键词的检索式"纳米 ∗ 技术 ∗ 生物学 ∗ 应用"检索量少得多，输入

$$M＝纳米 ∗ C＝Q$$

可以扩大检索范围。如果使用 CNKI 数据库高级检索界面输入分类号，可选择"中图法"途径。

（4）当检索过于复杂，检索要求难以用一个检索式来表达时，应该采用分步检索或二次检索以提高查准率。检索式举例如表 2-12 所示。

表 2-12　检索式举例

选 词 原 则	课 题	检 索 式
没有歧义，概念准确的课题，从课题题目选词，去掉意义重复的词汇	化妆品辐射灭菌	化妆品 and 辐射 "灭菌"概念包含于"辐射"，省去。
	计算机仿真技术在工程陶瓷精细加工中的应用	仿真 and 工程 and 陶瓷 and 加工 "计算机"概念包含于"仿真"，"陶瓷精细加工"概念包含于"陶瓷加工"。"应用"是课题名称的局部，不一定出现在待检文献，无检索意义，不宜使用。
	中国农村土地物权制度的研究	农村 and 土地 and 物权制度 中文文献一般报道国内的信息，可以省略"中国"。
长的课题名称要分解，选择有实际检索意义的词；不限于检索标题，需要类似信息时，长的词组或者句子不宜直接作为检索词。用标题的一串长句子作检索式有时检索不到该篇文献。	1980 年代以来发表的有关继承和发扬中华民族优秀传统道德方面的文章	伦理 and 教育 and（传统道德 or 中华 or 民族）
	磁流体力学	磁 and 流体力学 磁流体 and 力学
	有关如何做好大学英语四级考试简答题技巧的文章	（英语四级 or CET-4）and 简答题 备注：不宜输入句子：如何做好大学英语四级考试简答题技巧
	标题含有"唐诗"、"宋词"、"唐宋"、"诗词"的"鉴赏"的文章	（（唐诗 or 宋词）or（唐宋 and 诗词））and 鉴赏
增加同义词、近义词、缩写、简称，防止漏检	有关果汁贮藏保鲜的研究的中外文文献	果汁 and（贮藏 or 贮存 or 储藏 or 储存 or 收藏 or 保管 or 存贮 or 保存）and 保鲜
	大学英语四级考试听力的教学	大学 and（英语四级 or CET-4）and 听力 and 教学
	检索有关自行车的中国和外国专利（备注：专利没有主题词，"自行车"不能代替其同义词）	中国专利：自行车 or 单车 or 脚踏车 外国专利：bike or bicycle
增加隐含的词，防止漏检	高温下使用的不锈钢	（高温 and 不锈钢）or 耐热钢 隐含的词：耐热钢
	丙酮丁醇制造中的糖蜜的应用	丙酮丁醇 and（制造 or 合成 or 生产 or 发酵）and 糖蜜 隐含的词：发酵
	高残杀菌剂	高残杀菌剂 or 高效低毒农药
增加下位词，将笼统的概念具体化	有关经济体制改革的信息	（所有制 or 经济 or 金融 or 企业）and 改革 将"经济体制"概念具体化
	果树的病虫害防治的信息	（果树 or 梨树 or 苹果树 or 桃树）and（病 or 虫）and 防治
	有关粉煤灰利用的信息 备注：用粉煤灰做砖、水泥、肥料、路基材料或从中提取有效物	粉煤灰 and（砖 or 水泥 or 肥料 or 路基材料 or 提取）

续表

选 词 原 则	课　题	检 索 式
检索结果如果不足,可选择上位词,防止漏检	苯胺的烷基化反应催化剂研究	苯胺 and（烷基化 or 甲基化 or 乙基化）and 催化剂
	高中数学教学改革研究	（高中 or 中学）and 数学 and 教学 and 改革
	利用基因芯片诊断疾病的信息	（基因芯片 or 生物芯片）and 诊断
增加有上下游关联性质的词汇,防止漏检	查抗菌布的文献	抗菌 and（布 or 纤维 or 服装） 备注:纤维、布、服装构成上下游的技术链。
	染料的电化学性能研究	染料 and（印染 or 废水）and（电混凝 or 电化学） 备注:印染和废水处理有上下游关系。

2.5　信息检索和分析步骤

无论是采用印刷型检索工具还是计算机数据库进行检索,一般都要经过以下检索步骤:

(1) 检索准备。

(2) 选择合适的检索工具。

(3) 选择检索途径。

(4) 拟定检索式。

(5) 实施检索。

(6) 筛选文献。

(7) 索取原文。

(8) 定性定量分析。

(9) 得出结论,形成情报。

上述步骤可以用图 2-24 表示。

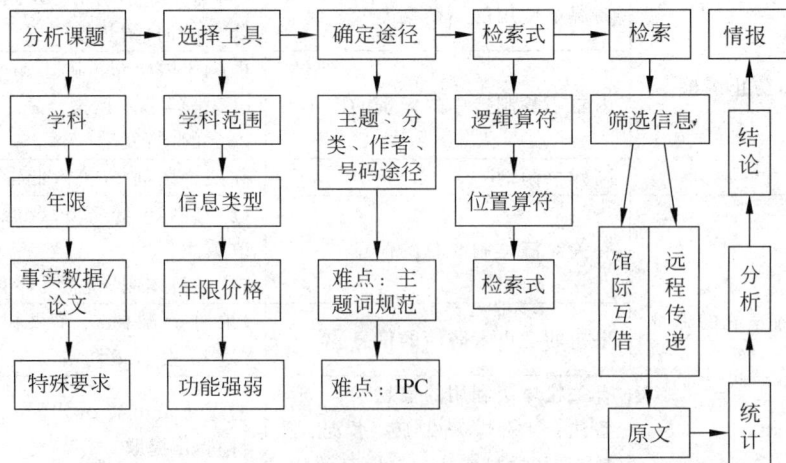

图 2-24　信息检索与分析的步骤示意图

下面介绍主要的步骤。

2.5.1 检索准备

检索前检索者必须做好以下几点。

包括信息的内容及特征、信息类型、时间范围、语种，甚至著者、机构等，以及查准、查全的指标要求。

1. 弄清楚课题学科属性、专业范围及其相关内容

首先明白是单一学科还是涉及多学科或跨学科。例如，档案管理研究这一课题属档案学学科。

当课题涉及多学科时，以主要学科为检索重点，次要学科为补充，以全面系统地查出所需文献。

【实例】"超声波技术在兽医上的应用"应以兽医学为检索重点，医学科学作为次要学科来查。

2. 弄清检索课题的信息类型和时间要求

弄清检索课题是文献类检索课题还是事实数值类检索课题。文献类检索课题即以图书、期刊、专利、学位论文等信息类型为检索对象，事实数值类检索课题主要以在学习、科研中遇到的具体疑难问题为检索对象。事实检索如查找人名、地名、名词术语、事件发生的时间、地点、过程等，这是一种确定性检索。数值检索直接查寻数值型数据，如各种统计数据、参数、市场行情、财政信息、科技常数、公式等。

时间要求上，研究层次低、学科发展快的，则检索的时段可以适当缩短。

【实例】查课题"超声波技术在兽医上的应用"和查国内外研究社会保障制度的文章，即是文献类检索。"超声波技术在兽医上的应用"一般要求检索 10 年左右；社会保障制度的文章要求检索 10～20 年。

【实例】检索中国经济领域的统计数据、政策、会议名称、新理论题目，是事实数据类检索。一般要求首先检索当前信息，或者根据具体要求回溯 10～20 年。

【例题】某用户需要现代企业制度建设方面的资料。如何具体分析课题？

【题解】参考答案：学科属性、专业范围属于社会科学，具体涉及新会计制度、财税改革等方面，是文献类检索结合事实数据类检索，一般要求首先检索当前 5 年信息，或者根据具体要求回溯 10～20 年。

【例题】一用户的研究课题"教育与经济和社会发展"，主题是论证教育对经济和社会发展的影响。如何具体分析课题？

【题解】参考答案：学科属性、专业范围属于社会科学，是文献类检索结合事实数据类检索；具体涉及新中国成立以后及改革开放以后教育和经济社会发展关系是否协调。从投入、规模、比例等方面进行比较，也可以进行纵向比较（古今 2000 年）和横向比较（例如中国与东南亚国家）。

3. 考虑课题的特殊要求

（1）文艺课题。要考虑作者国家、文种、写作时代、作品主题、主要经典名著和书评。由于概念的广泛性，主要考虑用分类号，以图书为主要的信息类型；书评等则以期刊论文居多。

（2）化学课题。信息很专业，要考虑用途、反应、性质、制备过程、分子式、化学物质登记

号、化学物质名称、别名。

（3）工业课题。多考虑产品资料、专利信息、标准信息，要分析产品性能、生产原理、产品结构、原材料、工艺过程。

（4）农业和生物课题。农业和生物信息的老化速度比工业信息缓慢，要考虑地域性、季节性、品种差异、同名异种情况，检索时间跨度可能较大；若发现新的生物种类要鉴定，需要回溯100年检索信息。

（5）临床医学类课题。要从患病部位、疾病种类、病因、诊断方法、治疗方法、治疗用的药物等来分析课题。

（6）社会科学类课题。教育文献包括教育理论、教育思想、教育制度、教育机构、教育人物、学校管理、教学法、各级各类教育。

历史文献包括国家、地区、朝代（历史时代）、民族、人物、机构和团体、事件（如革命、起义、战争）、政治经济军事文教制度、政策、改革举措、会议、法规、著作等。

地方文献包括历史变迁、经济（各业）状况、自然、气候、矿藏、物产、民族、风俗、语言、文化、教育、人物、行政管理、机构和团体、事件、山川、河流、交通、名胜古迹等。

4．明确用户自身的信息需求

同一篇文献，本科生可以学习新知识，觉得很有用，而研究生可能觉得无用；同一篇关于用焊接技术加工零件的信息，有人偏重于获得零件的制造细节，而有的人侧重于获取焊接技术。

【例题】有一位学生拟定的中文研究课题为"法国文艺复兴时期文学作品浅析"。要求查询国内中文检索工具。如何具体分析课题？

【题解】参考答案如下：

（1）学科属性、专业范围属于社会科学，具体属于外国文学，还涉及外语等多学科。

（2）是文献类检索结合事实数值类检索。事实数值类检索包括查询"文艺复兴"这个概念；文艺复兴时期有多长；在该期间法国诞生了哪些重要的有影响的作品；可以从百科全书、文学辞典等参考工具书中查到。文献类检索就是查询是否有前人撰写的法国文艺复兴时期文学作品浅析的期刊论文、学位论文、专著或网页。

（3）考虑课题的特殊要求，补充检索标识：文学家、F.拉伯雷、小说、《巨人传》。因为查阅《中国大百科全书》第5卷2757页上关于F.拉伯雷的记载，知道在当时的法国文学家F.拉伯雷以长篇小说《巨人传》在欧洲获得崇高声誉。该条目中也介绍了《巨人传》的情况。为进一步了解《巨人传》，查找了《外国文学名著辞典》中的《巨人传》，并去图书馆借来这本名著。

【例题】检索"保土、治水、移民"课题，如何确定具体的检索要点？

【题解】参考答案如下：

（1）近代以来我国森林覆盖率、区域覆盖变化情况及其原因。

（2）近三百年来我国东西部人口变动情况。

（3）我国历代移民概况。

（4）新中国成立以来中央领导人关于我国移民问题的讲话。

（5）黄河、长江水是何时由清变浑的。

2.5.2　筛选文献

如果是课题查新和写开题报告而进行检索，还应将所有相关文献信息汇总，并分析梳理、编辑，选择密切相关文献，调阅文献的全文，提取有关数据及指标。应当根据课题的科学技术要点，将检索结果分为密切相关文献和一般相关文献。如果文献太多，可以使用文件管理软件（如 NoteExpress）按照参考文献格式排列文献。对相关文献情况及对相关文献的主要论点进行对比分析，包括下列内容：

（1）对所检数据库和工具书命中的相关文献情况进行客观的简单描述，不要夹杂个人主观意见。

（2）依据检出文献的相关程度分国内、国外两种情况分别依次列出。

（3）对所列主要相关文献逐篇进行简要描述（一般可利用原文中的摘要进行抽提），对于密切相关文献，可节录部分原文并提供原文的复印件作为附录。

2.5.3　获取原文

获取原文的方法较多，如果需要获取信息原文，则需要采用最经济的方法去获取。图书馆的读者应该首先利用本馆购买的期刊、学位论文、电子图书原文，图书馆收藏的纸本图书需要借阅；校外的机构（如国家科技图书馆）的文献可以付费从网上传递原文；专利可以直接通过网站阅读原文。

除了图书馆购买的信息资源，还可利用网上其他学术信息检索工具如 Google 学术搜索（scholar. google. com）、Google 图书搜索（books. google. com）、读秀知识库（www. duxiu. com）、CNKI 知识搜索（search. cnki. net/index. aspx）、Scirus 科学搜索引擎（www. scirus. com）、开放获取期刊指南（www. doaj. org/）以及可免费查询的外文数据库（如 Sciencedirect (SD)、IEEE、Springerlink 的互联网网站和国家科技图书文献中心的全国在线免费期刊和数据库）。目前迅速发展的网上联合咨询系统也是读者获取原文的一种选择途径，在读者不能或没条件利用图书馆时，可通过这种方式索取所需信息。例如，中科院国家科学数字图书馆的参考咨询系统、广东联合参考咨询网、上海网上联合知识导航站，这些系统为读者提供免费的文献传递服务。

索取原文主要的方式有如下几种。

1. 网上传递原文

要想从网上获取电子图书、学位论文、科技报告、标准信息等文献全文，则需要购买阅读卡，或汇款到网站开设的账户，网站的工作人员发回电子文本或邮寄复印件，对于需求量不大的用户，这种方式并不经济快捷。例如中国化工信息中心是目前国内的化工行业数据库权威检索机构，提供国内外期刊、专利、标准原文的收费标准是：车费 50 元；挂号费 10 元；20 元每篇（＜10 页），30 元每篇（10～20 页），50 元每篇（20～50 页），100 元每篇（50 页以上）。对于高校师生来说，常用的是文献传递与原书返还式馆际互借服务。文献传递是根据读者需要，馆馆之间通过合理的价格，以复印、扫描、邮寄等方式直接或者间接传递给用户的一种非返还式文献提供服务。传递的文献包括印刷版和数字版，有数字版文献的提供数字版，没有数字版文献的提供纸质复印件。通过开展文献传递服务，不仅缓解了图书馆经费、资源不足与读者日益增长的文献需求之间的矛盾，也可以使读者足不出户即可获得图书馆的服务，缩短获取文献的时间，提高工作效率。基于 Internet 的文献传递业务系统，有：以免费传递文献为特色的读秀知识库（www. duxiu. com），外文图书原书返还式馆际互借传递为特色的国家图书馆（www. nlc. gov. cn）、以学位论文为特色的 CALIS 文献传递系统

(www. calis. edu. cn)、以人文社科外文期刊和每年 3～4 次免费使用机会为特色的 CASHL
(中国高校人文社会科学文献中心,www. cashl. edu. cn)、以外文科技期刊为特色的 NSTL
(国家科技图书文献中心,www. nstl. gov. cn)、以图书和免费传递文献为特色的读秀学术搜
索(www. duxiu. com)、以科技图书为特色的国家科学图书馆原文传递服务系统(LCAS)、以
民国文献和古籍扫描版本为特色的大学数字图书馆国际合作计划 CADAL(www. cadal.
cn)、部分地区科技文献资源共享平台例如上海研发公共服务平台(www. sgst. cn)、重庆市
科技文献资源共享平台(www. cqkjwx. net)等。读者若要获得所需要的文献,一种方式是:
读者自行在文献传递服务系统注册,再持有效证件到所在的图书馆取得资格确,经图书馆核
实注册信息后确认开通,读者即可自行检索,并通过 E-mail 或邮寄方式传递文献全文。如
CALIS、CASHL、读秀系统。另一种方式是:读者将查找到的文献线索(题名、作者、来源文
献等)提交到图书馆,由馆际互借员向文献收藏机构申请原文传递,得到文献后再传递给读
者,如 NSTL。传递的文献类型一般包括期刊论文、学位论文、会议论文、科技报告、专利、标
准等。所获原文一般以电子版 E-mail 形式提供。如果能在本地情报所、大型图书馆索取原
文复印,价格便宜得多。

【例题】西南大学学生检索到图书的书名《星洲十年:经济》,如何知道在国内哪个图书
馆收藏,可以获得原文?

【题解】进入西南大学图书馆网络版的《全国期刊联合目录》,检索信息如图 2-25
所示。

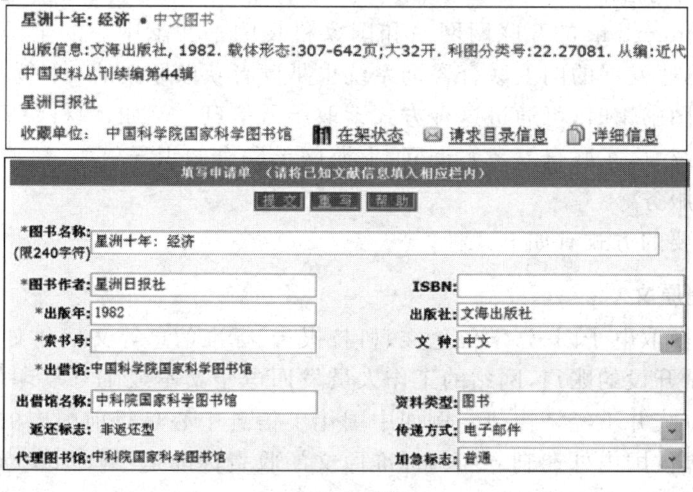

图 2-25　联合目录的馆藏信息

收藏单位是中国科学院国家科学图书馆,需要填写馆际互借申请单,中国科学院文献情
报中心提供不间断文献传递可通过原文传递服务获取复制件。

【例题】某全国政协委员查询 Jeremy Rifkin 的著作 The End of Work。

【题解】参考答案如下:

(1) 查中国国家图书馆馆藏卡片目录、机读目录、西文采选目录,未见收藏。

(2) 通过 Internet 查寻北京大学图书馆、清华大学图书馆、中国科学院图书馆、上海图
书馆,均未找到该著作的收藏信息。

（3）通过 Internet 进入美国国会图书馆查询系统,查得国会图书馆收藏有该著作,索书号为 HD6331.R533。

（4）建议通过 OCLC 国际互借解决。

2．就近借阅

如果当地高校图书馆、公共图书馆、情报所、信息所和一些大型研究部门都收藏有大量文献全文,收费便宜,读者去借阅或者复印比较经济实惠,图书的获取应首先利用馆藏书目数据库查明本地图书馆的收藏状况;有收藏的应利用索取号根据图书的排架规则去寻找;本馆没有印刷型的,可在电子图书中查阅;如果还没有,可以利用其他方法到其他图书馆去获取。

3．特种文献的索取方式

要了解特种文献(如会议文献、学位论文、标准文献、专利信息)的收藏情况。专利和学位论文的获取应首先考虑免费的全文数据库获取,免费全文数据库不能满足时,再寻找其他途径获取。

1）会议文献发表的形式

（1）以单篇的形式发表论文,即论文预印本,它有快和全的优点,但需经鉴定和修改,且不易借阅。

（2）以期刊形式发表的会议论文,出版时间较会议录早,图书馆易收藏,便于索取。

（3）以图书形式出版的会议录,相当正规,质量可靠,但出版周期长,可以到图书馆、信息研究所借阅。

【实例】西南大学图书馆的书刊查询数据库查询到一篇会议信息如下:

书名 Proceedings of the international citrus symposium, Guangzhou, China, Nov. 5-8,1990

这是图书形式的会议文献,可以检索馆藏数据库的图书数据,再到流通部书库根据索书号借阅。

2）学位论文

不公开发行且报道分散,收集比较困难。对于《万方学位论文数据库》《清华同方中国优秀博硕士学位论文全文数据库》没有收录的国内收藏硕士、博士学位论文,可以委托中国科学技术信息研究所和国家图书馆提供原文。

【例题】西南大学学生已知一些农业大学学位论文题目,如何获得原文?

【题解】方法 1：使用西南大学图书馆的馆藏目录查询到图书形式的学位论文如下:

广西大学硕士学位论文摘要汇编.第二辑　广西大学研究生科编

浙江农业大学硕士学位论文摘要汇编(九三届)　浙江农业大学编　1995

直接借阅。

方法 2：使用西南大学图书馆购买的学位论文数据库检索,可以直接查看近年来的原文。

方法 3：本地没有的则通过网上检索得到题目后,再从高校图书馆、国家科技图书文献中心(NSTL)通过馆际互借寻找全文,收费较低,时差也短。

方法 4：外文图书、会议论文可以通过 OCLC 获取。

3）标准文献

可以先在中国标准服务网（http：//www.cssn.net.cn）检索标题，若需全文，可购买复印件；或与中国技术监督情报研究所联系获得原文；或者根据标准号码到图书馆、信息研究所借阅印刷本《中国国家标准汇编》，阅读或复印原文。《中国国家标准汇编》只适于按序号检索国家标准。

4）科技报告

国内外科技报告全文可以通过 NSTL 获取。

5）专利文献

原文是说明书，根据专利法要免费公布原文，应该到官方的专利网站检索原文。少数陈旧的专利文献尚未收入这些网站，但是有缩微胶片版本存放在信息研究所和一些大学图书馆，可以到上述单位购买。

2.5.4　对结果的统计分析

期刊论文的统计分析包括统计作者提供的关键词和论文的被引用次数。统计关键词可以帮助发现这类论文的研究主题，对某一作者的论文的关键词作全面的统计分析可以揭示作者的研究兴趣分布。例如，出现较多的常见关键词往往是研究得比较成熟的话题，新出现的关键词可能预示着新的研究。

【例题】检索某大学物理学教授刘绍军的论文，列出部分论文关键词：t-J 模型、Fermion-spin 理论、Zigzag 型材料、Kagomé 晴晶格、Heisenberg 模型、格林函数、t-J 模型、fermion-spin 理论、三角晶格、强关联梯子型材料、tJ 模型、Fermionspin 理论、Kagomé 晶格、反铁磁体、海森堡模型、Heisenberg 模型、交错磁化率、基态能量。

对关键词按照研究方向归类，用 Excel 表格统计，结果如图 2-26 和图 2-27 所示，表明其研究集中在模型。

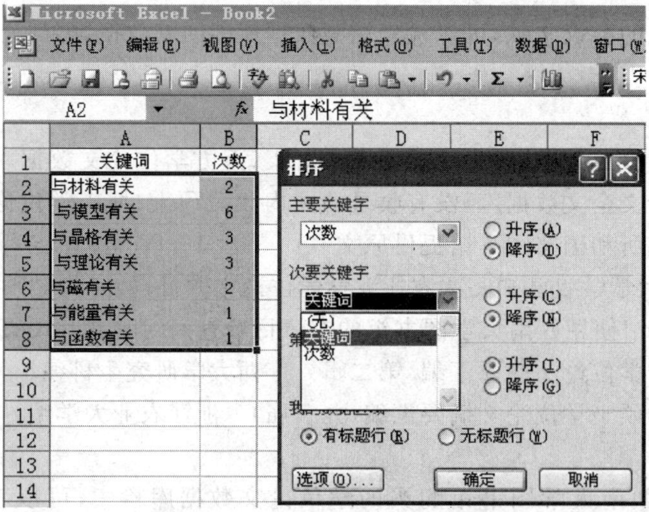

图 2-26　统计刘绍军部分期刊论文的关键词

论文被引用次数显示了论文的水平，可以浏览维普咨询公司（www.cqvip.com）主页的栏目——中国科学家门户和学术机构评价，有对科学家和机构论文被引用次数的排序，及其

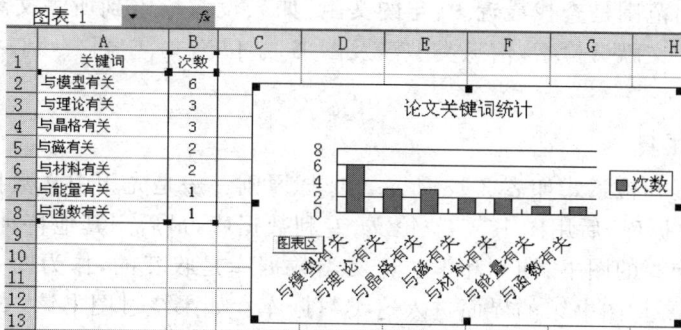

图 2-27　制作统计图

被引用次数较多的论文题录。据此可以对行业的热点论文和研究领域作统计分析,参考
11.3 节例题。对专利信息的统计分析可参考 11.2 节例题。

统计分析后往往撰写文献综述、开题报告、竞争力分析报告,可参考第 11 章。

2.6　综合检索和分析案例

【例题】综合分析治疗乙型肝炎的中药的信息,特别是中国专利,筛选其中最常用的中
药基础方,并作评价(资料来源:陈蔚杰完成的一项研究的节选)。

【题解】主要步骤如下。

1. 分析课题

提示:乙型肝炎是我国多发病,危害大;虽然治疗药物多,但是没有特效药。为了客观
地筛选而不是主观地凭经验判断最常用的中药,依据需要进行检索信息并统计分析。

本课题的学科分类主要属于"医学",特别是中药学、化学。涉及《中国图书馆分类法》"中
药学"分类号 R28,如图 2-28 所示;国际专利分类号 A61,第 7 版国际专利详细分类号为:

A61P1/16　治疗肝脏或胆囊疾病的药物,例如保肝药、利胆药、溶石药[7]

图 2-28　维普《中文科技期刊数据库》的中图法分类号

　　课题提示时间范围是查找最近 10 年的文献，如果没有检索到所需文献，最好能上溯多年不限。主要属于文献类检索，信息类型涉及图书、学位论文、期刊、专利、报纸等文献类型。先查中文，后查外文。

2. 选择检索工具

　　主要检索工具和检索式如表 2-13 所示。选择原则一般是先用中文数据库，后用外文数据库；先用期刊数据库，后用图书、学位论文、专利数据库，最后用其他特种文献数据库或搜索引擎。图书馆购买的图书、期刊和学位论文类数据库是收费的，作为图书馆的读者，为了免费获取原文，需要从图书馆的界面进入这类数据库。如果绕过图书馆，直接上网访问这些数据库可能会遇到要求输入用户名和密码，或只能免费看摘要，不能免费看原文的情况。

表 2-13　主要检索工具和检索式

信息类型	数据库名	详细用法所在章节	检索途径	主要检索词或检索式
中文图书	馆藏书目查询系统 读秀电子图书网	第 5 章	书名、主题词	乙肝 乙型肝炎 中药
中文期刊	CNKI《中国期刊全文数据库》 维普《中文科技期刊数据库》 万方数据库	第 6 章	题名、关键词、中图法分类号	（乙型肝炎 OR 乙肝）AND（中药 OR 中成药 OR 中草药） 结合中图法分类号 R282（中药材） 运算符号需要依据在线帮助作调整
外文期刊	Elsevier EbscoHost OVID 系统《生物学文摘》	第 6 章	Title、Keyword	"hepatitis B" AND Chinese AND（medicine OR herb）
外文期刊	《化学文摘》之 SciFinder	第 6 章	Research Topic	hepatitis with medicine with Chinese Traditional
学位论文	CNKI 的硕士博士学位论文数据库	第 8 章	题名、关键词	（乙型肝炎 OR 乙肝）AND（中药 OR 中成药 OR 中草药） 结合中图法分类号 R282（中药材） 运算符号需要依据在线帮助作调整
中国专利	中国国家知识产权局（www.sipo.gov.cn）	第 7 章	发明名称、国际专利分类号（IPC）	（乙型肝炎 OR 乙肝）AND（中药 OR 中成药 OR 中草药） 结合国际专利分类号 A61
美国专利	美国专利商标局数据库	第 7 章	发明名称、国际专利分类号（IPC）	Ttl/（"hepatitis B" AND Chinese AND（medicine OR herb））
国际专利	欧洲专利局	第 7 章	发明名称、国际专利分类号（IPC）	"hepatitis B" AND Chinese AND（medicine OR herb） 结合国际专利分类号 A61
网页	搜索引擎 Google	第 3 章	Intitle	（乙型肝炎 OR 乙肝）（中药 OR 中成药 OR 中草药）OR（"hepatitis B" Chinese（medicine OR herb））
网页	科技搜索引擎 Scirus	第 3 章	Title	"hepatitis B" AND Chinese AND（medicine OR herb）
备注	对于数据库而言，如果是图书馆购买的，从图书馆界面进入才能免费获取原文			

3．确定检索途径

本课题可选用主题（关键词）途径为主，结合分类途径。首先用关键词试检出几篇期刊和专利文献，找到期刊论文标记的分类号 R28，专利文献标记的分类号大类 A61，再使用中国图书馆分类法和国际专利分类表核实分类号，分类号 R28 属于《中国图书馆分类法》"中药学"，A61 属于国际专利分类号大类 A61P1/16，涉及治疗肝脏或胆囊疾病的药物，如保肝药、利胆药、溶石药[7]。

使用分类号码可以检索不同中药材的名称。检索结果如图 2-29 所示。

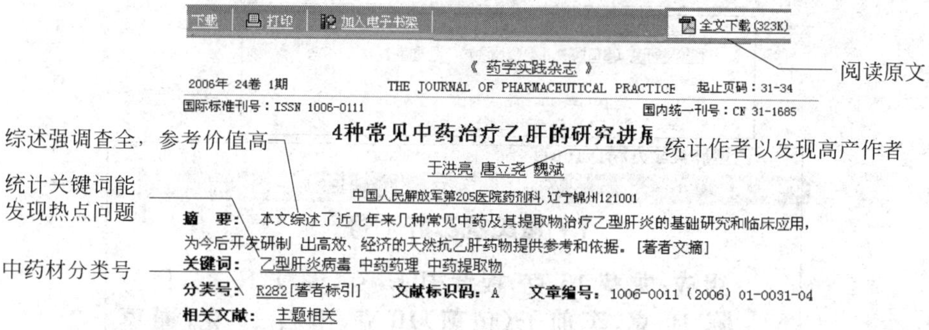

图 2-29　《中文科技期刊数据库》检索结果

4．确定检索词

通过 CNKI 的博士硕士论文数据库可以检索到论文的英文关键词，也可以通过 CNKI 网站提供的"学术导航"中的"在线翻译"翻译中文关键词，如图 2-30 所示。

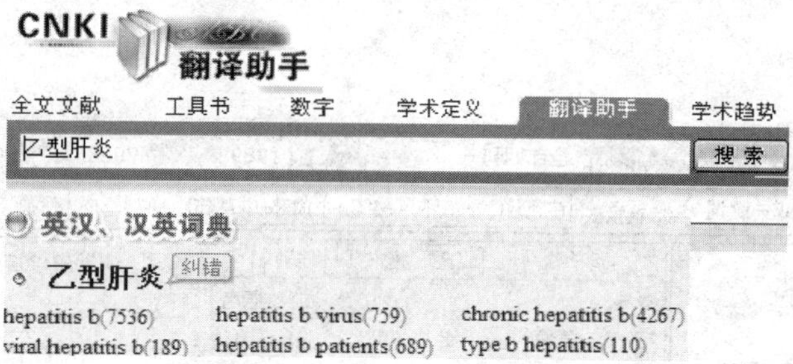

图 2-30　CNKI 的翻译助手

5．拟定检索式（部分），实施检索

拟定的中文基本检索式：（乙型肝炎 OR 乙肝）（中药 OR 中成药 OR 中草药）。

中文期刊分类号：R28。

外文基本检索式："hepatitis B" AND Chinese AND (medicine OR herb)。

中外文专利使用国际专利分类号：A61。

再根据检索工具的在线帮助文件调整运算符号。例如，维普数据库用乘号代替 AND，加号代替 OR。部分检索式和检索结果如图 2-31～图 2-41 所示。

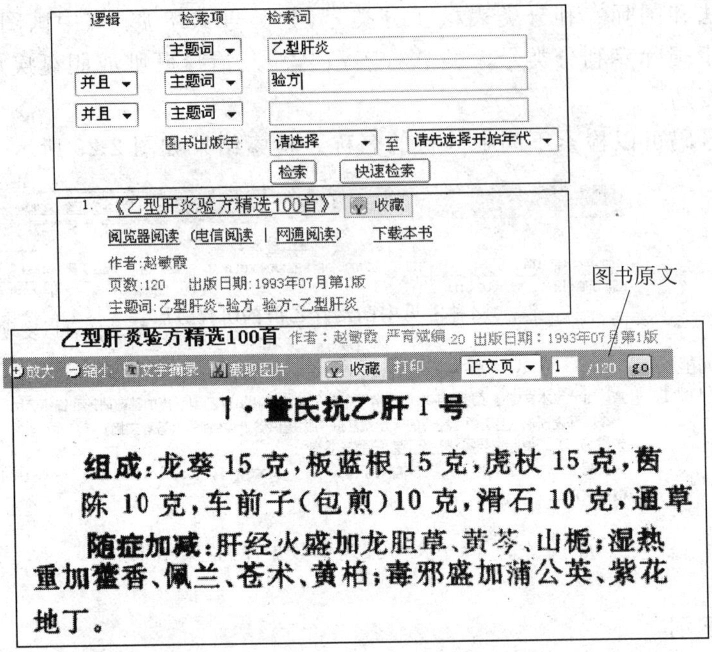

图 2-31　读秀电子图书网检索结果（经过剪辑）

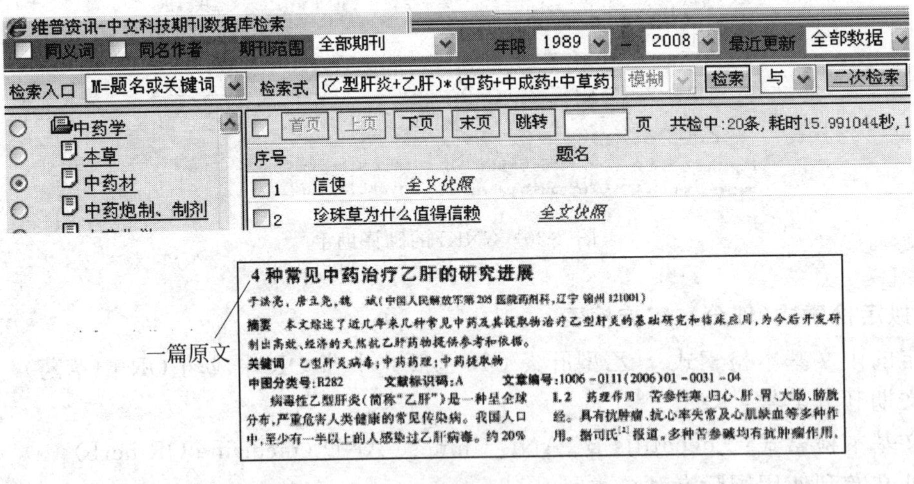

图 2-32　《中文科技期刊数据库》检索结果

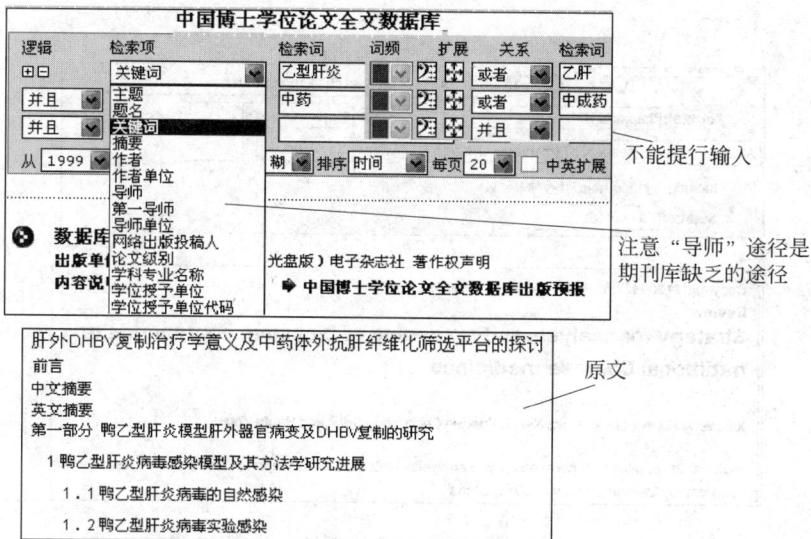

图 2-33　CNKI《中国博士学位论文全文数据库》高级检索结果（经过剪辑）

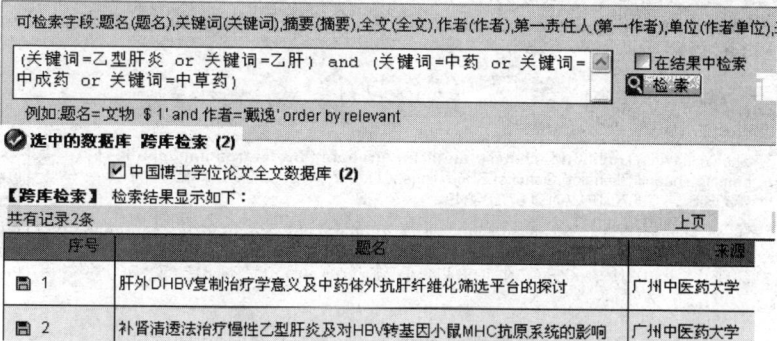

图 2-34　CNKI《中国博士学位论文全文数据库》跨库专业检索界面

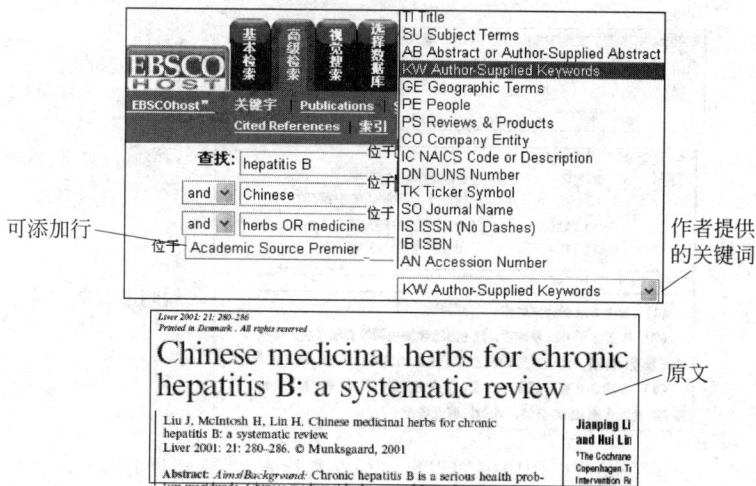

图 2-35　EBSCO 数据库的检索结果（经过剪辑）

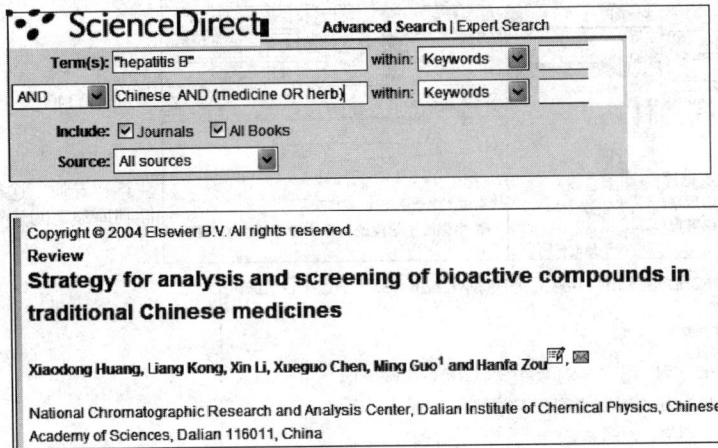

图 2-36　Elsevier 数据库的检索结果（经过剪辑）

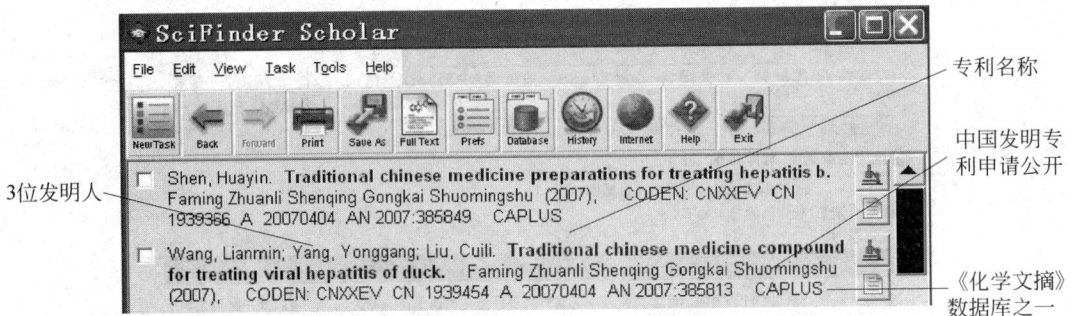

图 2-37　化学文摘数据库《SciFinder》的检索结果

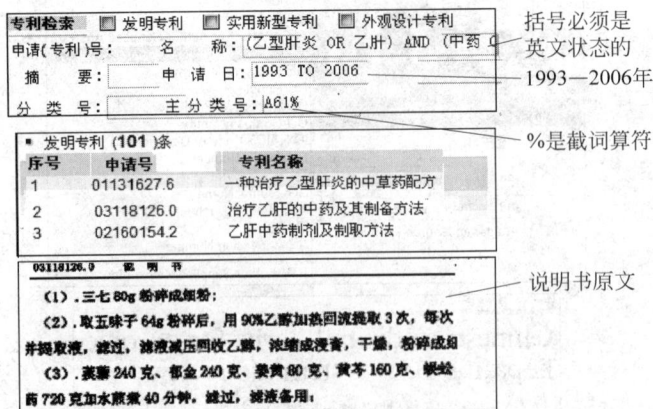

图 2-38　中国国家知识产权局专利检索结果（经过剪辑）

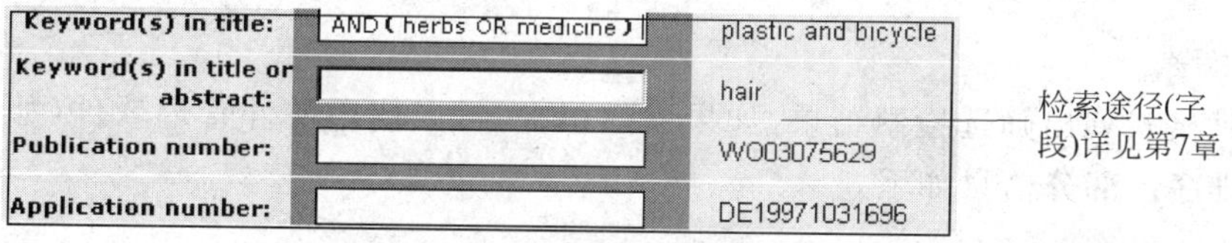

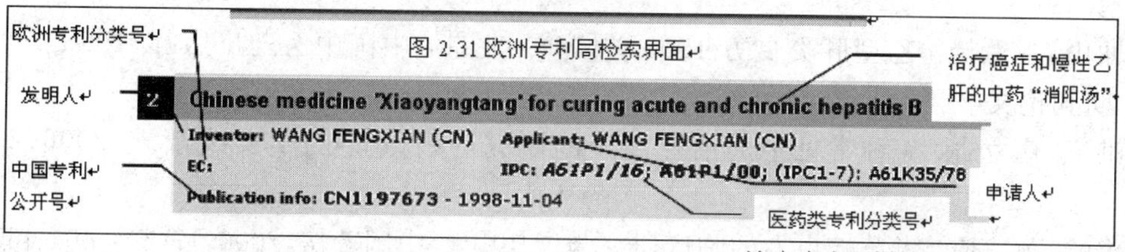

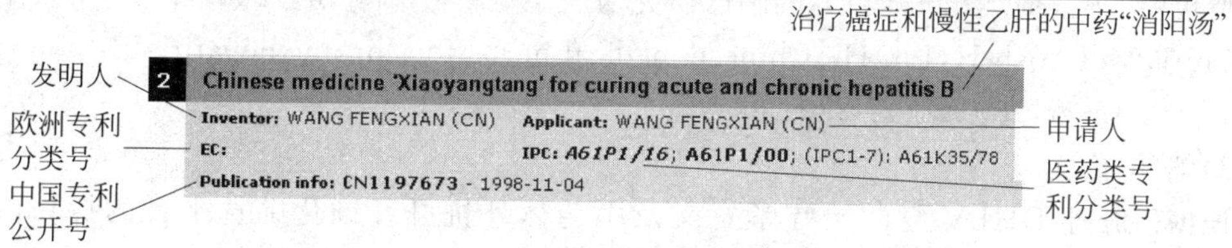

图 2-39 欧洲专利局专利检索结果（经过剪辑）

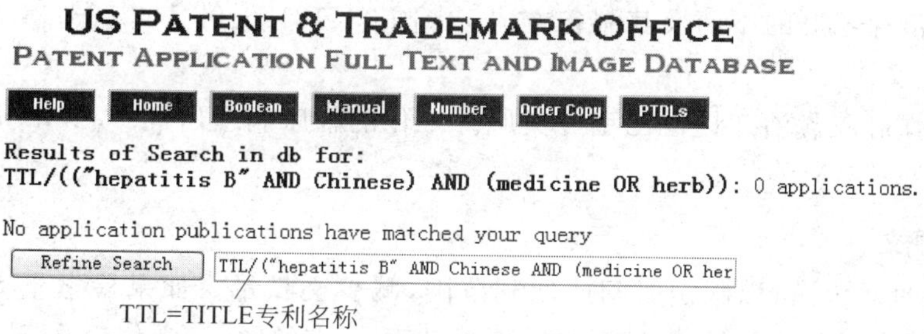

图 2-40 《美国专利商标局数据库》检索结果

图 2-41 Google 的检索结果（经过剪辑）

6. 筛选检索结果

按照参考文献格式列出筛选检索结果,如果文献很多,可以使用文件管理软件(如 Note Express)对文献排序。部分信息如下。

1) 图书

王坤山,王慧艳. 乙型肝炎良方 1500 首[M]. 北京:中国中医药出版社,1998.

2) 期刊论文

于洪亮,唐立尧. 4 种常见中药治疗乙肝的研究进展[J]. 药学实践杂志,2006,24(1):31-34.

曹俊岭,孙玉琦. 大黄蟅虫丸的临床研究与展望[J]. 中国药房,2006,17(6):464-465.

Liu J,McIntosh H,Lin H. Chinese medical herbs for chronic hepatitis B:a systematic review[J]. Liver,2001(21):280-286.

3) 学位论文

谈博. 肝外 DHBV 复制治疗学意义及中药体外抗肝纤维化筛选平台的探讨[D]. 广州:广州中医药大学,2002.

4) 专利信息

何述金. 治疗乙肝的中药及其制备方法. 中国 03118126.0[P]. 2003-08-13.

5) 网络论文

杨柳明. 强肝胶囊治疗慢性乙型肝炎肝纤维化的临床病理研究. www.hankangyaoye.com,2006-7-27.

7. 索取原文

如果检索量较大,可以限定时间或期刊范围,减少文献量。如果检索量太少,可以使用同义词、近义词或者分类号继续检索,扩大检索范围。有的图书、学位论文、专利数据库提供的原文需要下载安装专用阅读器才能阅读。

8. 定量分析

专利格式统一,具有较高分析价值。本题作为范例,仅使用 Excel 对 1993—2006 年公布的部分授权的中国专利和用药作分析。对申请专利的时间、地区等信息作统计分析;然后排列专利说明书原文列出的中药材名称,排序,统计每种同名中药出现的次数,按照次数从多到少排序。

1) 统计授权专利的分布

(1) 空间上的分布:北京、湖北各有 4 件,安徽 3 件,河南、吉林、江苏、陕西、四川各有 2 件,广西、广东、黑龙江、湖南、辽宁、内蒙古、宁夏和新疆各有 1 件。

(2) 时间上的分布:最早的申请是从 1993 年开始,申请量最多的年份是 1998 年、2000 年和 2003 年,达到每年 5 件。图 2-42 所示为申请量呈现两年一次波动的规律。

(3) 授权专利申请人的行业分布:29 件授权专利只有 14 个申请人是医院、中医学院、制药公司或者医疗工作者。湖北、吉林、陕西省最多,各有 2 件。

(4) 计算授权专利的技术成长率:对 64 件专利统计 1993 年以来的历年申请量,技术成长率 v=当年申请量/前 5 年总量。

由于检索到的专利没有实用新型,所以无法计算技术成熟系数、新技术特征系数。只能

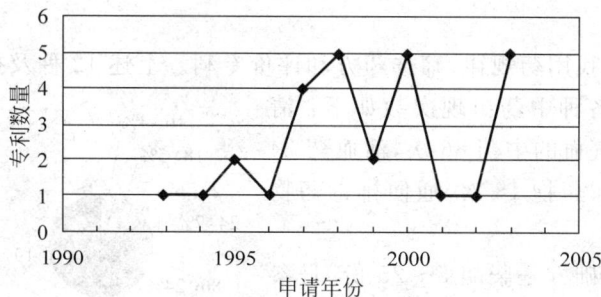

图 2-42 授权专利连续 11 年的申请量

计算技术成长率,连续计算 9 年,如图 2-43 所示。1998 年 v 值最高,以后开始波动,2000 年后递减,说明技术生长缓慢甚至衰退。由于 2004 年以后的申请至今不一定全部公开,因此实际申请数应该更多。但是 2005 年还是比 2004 年成长率高。

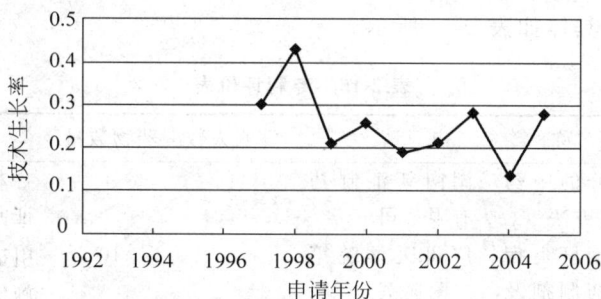

图 2-43 1993—2006 年此类专利的技术成长率

2) 统计全部专利所用的中药

统计出处方 68 个,用药 969 种(含重复的中药名),去掉重复部分,实际使用 283 种中药。其中排名前 12 位的中药使用次数,如表 2-14 所示。

表 2-14 全部专利和授权专利中的排名前 12 位的中药

药　　名	总次数 A	在授权专利中的出现次数 B	B→A 位次升降
甘草	23	18	5→1
柴胡	28	16	不变
虎杖	25	15	不变
黄芪	30	15	1→4
丹参	24	14	4→5
五味子	21	12	不变
茯苓	18	11	8→7
白术	18	9	7→8
茵陈	18	9	不变
大黄	16	8	不变
白芍	15	8	不变
当归	15	8	不变

9. 定性分析

定性分析包括寻找用药规律、筛选药方和评价专利。上述12种及排名其后的9种中药按照中药药性归类，各种中药出现次数如下：清热中药有191次，补气血的中药86次，活血药24次，收敛药21次，利尿药物18次，通便排毒药物16次，如图2-44所示。

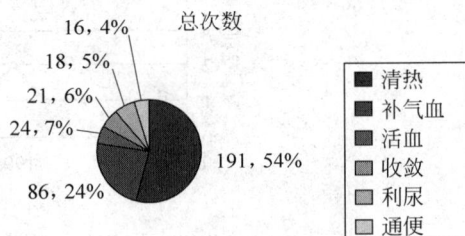

图 2-44　按性能归类的中药所占比例

筛选出的最终基础方是柴胡5～25份、丹参5～30份、茵陈10～40份、虎杖5～30份、叶下珠5～10份、大黄（酒制）5～10份、五味子5～10份、黄芪10～40份、白术10～30份、茯苓10～30份、甘草3～10份。

10. 定性与定量分析相结合的专利评估

授权专利的评估具体如表2-15所示。

表 2-15　专利评价表

申请号	发明名称	申请人	发明人数	药物数量	说明书内容	评价
03118126.0	治疗乙肝的中药及其制备方法	湖南新汇制药有限公司	1	9	含权威机构实验证明，实施例1个	优
99116108.4	治疗乙型肝炎病毒的中药制剂及其制备方法	广州医学院第二附属医院	2	10	引证专利3个，实施例8个，制备流程详细	优
01106437	治疗慢性乙型肝炎的中药复方制剂及制备方法	湖北中医学院	9	11	有三批药效学实验，实施例10个	良
00135762.X	治疗乙肝的中药药物及其制备方法	力源药业	3	1	有详细的药物试验	一般
00105695.6	一种治疗慢性乙型肝炎肝纤维化的中药制剂及其制备方法	内蒙古福瑞制药有限责任公司	3	11	没有药效试验报告，自称有效率为81.67%，治愈率达55.23%	良

思考题

1. 主题途径和分类途径的优缺点是什么？
2. 常见的逻辑运算符号和位置运算符号是什么？
3. 检索步骤是哪几步？
4. 图2-45和图2-46中各有两个检索式。请验证检索式，观察检索结果是否有区别，为什么？从高级检索界面和分类检索途径两方面比较CNKI和维普的期刊数据库的异同。

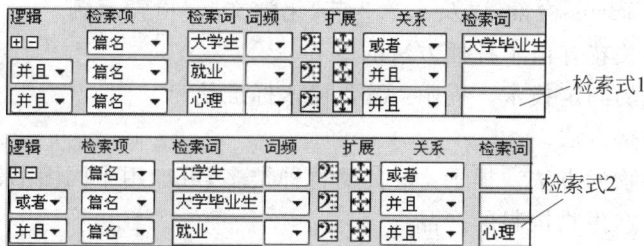

图 2-45 CNKI 期刊数据库界面不同检索式

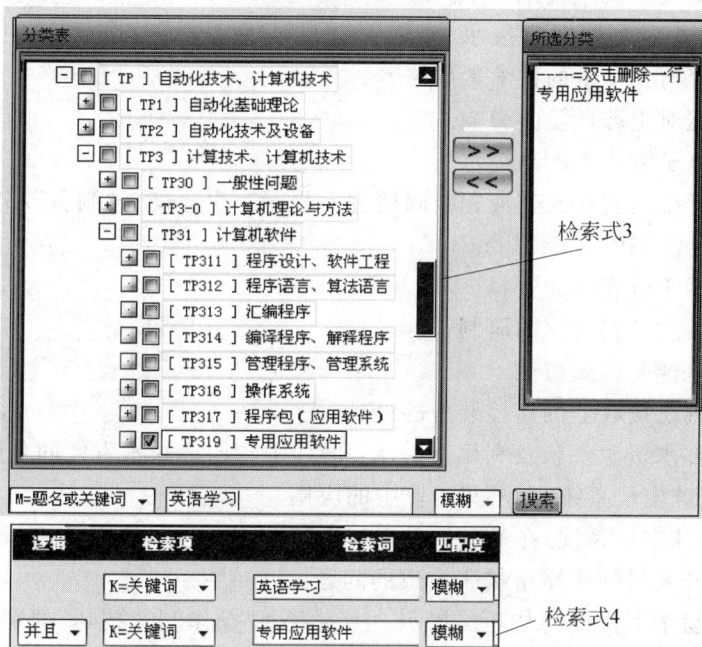

图 2-46 维普《中文科技期刊数据库》界面不同检索式

综合实习题

根据专业和年级任选,有的题目要求检索专利文献、外文文献,对于期刊论文和专利文献要作统计分析,撰写综述。检索工具的用法可参考第 3～8 章;一些数据库的用法还可以参考教材配套的课件(可在清华大学出版社相关主页下载);信息的统计分析和撰写综述可以参考第 11 章。

1. 沙性土壤植物综合利用工艺。

2. 对检索课题"磷酸对草莓生长和开花的影响"检索中英文信息。提示:磷酸的化学物质名称是 phosphonic acid,普通商业名称是 ethephon,化学登记号码是 13598-36-2。

3. 对检索课题"BHC 对水果和蔬菜的影响"检索中英文信息。提示:BHC 的化学物质名称是"cyclohexane,1,2,3,4,5,6-hexachloro",化学登记号码是 58-89-9;参考 3.5 节,用科技信息搜索引擎 Scirus 检索，以及 6.3.2 节《化学文摘》检索示例。

4. 查找国内有关花卉苗木扦插方法的专利。

5. 害虫抗药性的测定技术。提示：需要检索标准信息。

6. 四季快速养蝎方法。

7. 饲养可食动物的方法。提示：可食动物种类多，可加用中国图书馆分类号表达。

8. 酶工程法生产生物饲料的产品。

9. 生物技术在观赏鱼育种的应用。

10. 磺酸钠苯甲酸的制备和生产技术。提示：注意概念"制备"和"生产"的逻辑关系用运算符 or 表达，不能望文生义用 and。

11. 纳米膜（或纳滤膜）处理废水。

12. 物理教育与大学生的科学素质培养。

13. 三峡工程对生态环境的影响。

14. 用电去离子方式生产高纯水。

15. 活性炭纤维的制备及其液相吸附研究。提示：注意概念"制备"和"液相吸附"的逻辑关系用运算符 or 表达，不能用 and。

16. 聚丙烯用于电容器的资料。

17. 高压长线故障测试仪的研制。

18. 太阳能电池阴影效应。

19. 彩色电视机接收器的遥控装置的设计。

20. 中国西部水资源现状及利用。提示：增加中国西部缺水省区的名称作为关键词。

21. GPS（全球定位系统）在汽车工业中的应用。

22. GPS（全球定位系统）在地理信息系统中的应用。

23. 西部大开发过程中城市扩张导致的问题。

24. 国际贸易融资操作与技巧。提示：注意概念"操作"和"技巧"的逻辑关系用运算符 or 表达，而不是 and。

25. 个人住房抵押货款违约风险分析。

26. 上市银行的财务报告。

27. 电子商务在现代物流中的应用。

28. 知识产权的发展趋势。提示：增加知识产权的隐含概念作为关键词。

29. 英语商标的翻译问题。

30. 某高校"鲁迅及其文学作品"的课程，需要查找有关鲁迅及其在中国文学史上的重要地位的中文资料。提示：查出鲁迅的姓名、字号、历史时代、籍贯、职业、著述以及一生主要活动与事迹。已知有《鲁迅传略》，分类号"K825.6"；《鲁迅研究》，中国鲁迅研究学会编辑部编，分类号"I210.97"。

31. 大学生挫折心理成因分析。

32. 本专业的一份年度报告或者综述。

33. 互联网环境下的多媒体编码与信号处理技术。

本项目将围绕这一关键问题重点研究两方面技术：

（1）保证多媒体信息高效率、高质量传输的视音频信号编码技术。

（2）保证信息在网络环境下高度安全、可靠的信息隐藏技术和身份识别技术。

本项目在以下 6 个方面有所创新：

（1）复杂交叉背景下 VOP 自动提取。

（2）多交叠前景对象的 VO 分隔。

（3）多层稳健主分量高保真音频水印。

（4）基于模拟音频数字水印的隐蔽传输信道。

（5）任意形状图像目标变换编码。

（6）第二代小波变换的 DSP 实现。

检索要求：查找与本课题有关的国内外文献（包括专利）。

34. 海藻硫酸多糖抗病毒作用研究。

海藻硫酸多糖是从褐藻中分离提取出的一种天然多糖，以往研究证实对多种病毒具有一定的抗性作用。本项目拟研究其对抗流感病毒和乙肝病毒的作用及作用机理。

检索要求：查国内外是否有海藻硫酸多糖抗流感病毒和肝炎病毒的研究报道。

35. 有同学准备报考清华大学的研究生，需要检索复习资料，如研究生招生考试和入学考试题目、招生简章、相关大学最新资料、某专业的就业前景、专业内不同导师 A 和 B 各自的简历、发表的专著、期刊论文、科技成果或申请专利的详细信息。如果需要去清华大学复试，要检索该城市和大学的地图，最好是电子地图，以及具体的联系人。请问该如何检索？

提示：参考第 3 章电子地图搜索引擎、第 4 章考试信息检索、第 5 章图书检索、第 6 章期刊论文检索、第 7 章发明专利检索、第 8 章学位论文检索的例题和实例。

第3章
搜索引擎及网络信息检索

本章要求掌握搜索引擎中关键词检索的语法规则和 Google 的高级使用方法。由于网络信息以及搜索引擎变化快,各种检索规则也可能随之变化。因此,对本章介绍的检索工具及其应用范例要灵活运用,不能生搬硬套。

3.1 基本知识

3.1.1 基本概念

1. 搜索引擎

搜索引擎是 Internet 上的一种网站,它的主要任务是在 Internet 上主动搜索 Web 服务器信息并将其自动索引,其索引内容存储于可供查询的大型数据库中。一个搜索引擎由搜索器、索引器、检索器和用户接口 4 个部分组成。

1) 搜索器

搜索器的功能是在 Internet 上漫游,发现和搜集信息。它常常是一个计算机程序,日夜不停地运行。它要尽可能多、尽可能快地搜集各种类型的新信息,同时因为 Internet 上的信息更新很快,所以还要定期更新已经搜集过的旧信息,以避免死链接和无效链接。

2) 索引器

索引器的功能是理解搜索器所搜索的信息,从中抽取出索引项,用于表示文档以及生成文档库的索引表。索引器可以使用集中式索引算法或分布式索引算法。当数据量很大时,必须实现即时索引,否则就跟不上信息量急剧增加的速度。索引算法对索引器的性能(如大规模峰值查询时的响应速度)有很大的影响,一个搜索引擎的有效性在很大程度上取决于索引的质量。

3) 检索器

检索器的功能是根据用户的查询在索引库中快速检出文档,进行文档与查询的相关度评价,对将要输出的结果进行排序,并实现某种用户相关性反馈机制。

4) 用户接口

用户接口的作用是输入用户查询内容、显示查询结果、提供用户相关性反馈机制。主要的目的是方便用户使用搜索引擎,高效率、多方式地从搜索引擎中得到有效、及时的信息。用户接口的设计和实现使用人机交互的理论和方法,以充分适应人类的思维习惯。

2. 域名

从字面上讲,域名就是 Internet 上某个区域的名字,拥有了域名,就可以定义 Internet

上属于该区域的主机的名字。可以简单将域名理解为任何一个想要和 Internet 连接的个人或机构在 Internet 上的注册地址。

域名在整个 Internet 中必须是唯一的,当高级子域名相同时,低级子域名不允许重复;字母大小写在域名中没有区别;一台计算机可以有多个域名(通常用于不同的目的),但只能有一个 IP 地址。域名服务器实际上就是装有域名系统的主机。当所使用的系统没有域名服务器,只能使用 IP 地址,例如 202.206.242.23,而不能使用域名,如 library.ysu.edu.cn。

完整的域名包括 3 段,如 www.ibm.com 指的是 ibm.com 域内的一台名叫 www 的主机。此例的第 3 段是国际域名,属于顶级域。这类域名包括“.com”代表商业组织,“.edu”代表教育机构或大学,“.org”代表非营利性组织,“.net”代表网络(Internet 骨干网),“.gov”代表非军事性政府组织,“.mil”代表军事性政府组织。最新定义的一系列顶级域名尚未广泛使用,其中“.biz”只对全球企业界开放;“.info”将提供各种信息,对企业和个人开放;“.name”只针对个人开放;“.pro”是针对一些专业人员,如律师、医生和会计师,和“.name”类似,此部分域名也只允许三级域名的注册;“.aero”是专为合法的航运和民航系统定制的,包括航空公司、机场和相关的工业实体;“.coop”向商业合作组织开放,最初将只局限于国家商业合作组织协会或其会员;“.museum”代表得到承认的与文化和科学遗产有关的部门;“.cc”商业国际域名等效于“.com.xx”(xx 代表两个字母的国家代码,如:cn 为中国;jp 为日本)。

中国大陆域名在.cn 这个子域下面,可以将一个域名从后向前解读,如 www.legend.com.cn 就是中国的叫做 legend 的商业机构下的 www 主机。国际或国内域名在使用中没有任何区别。现已开通了中文域名,顶级域名包括“公司”、“网络”、“中国”、“政府”和“公益”。

3.1.2　搜索引擎的优点和缺点

搜索引擎现在已经成为网络信息检索最重要的指路标,几乎达到了无所不搜的地步。正确使用搜索引擎,可以检索到本书第 4~8 章所列的事实数据、图书、期刊、学位论文、专利等各类信息的题录或者部分原文,还能检索文字、图像、声音、动画等不同格式的文件。

但是目前的搜索引擎普遍存在着以下缺点:

(1) 质量参差不齐,信息的分类加工欠规范,各搜索引擎在检索指令的输入格式与输入内容上存在差异并难以兼容,缺乏通行易用的检索方法与技巧。

(2) 没有统一的网络信息分类标准,令网络用户无所适从,而且网络信息分类难以与传统的文献分类融合,与常见的学科及知识体系之间缺乏必要的内在联系,使得网络信息的分类体系对知识面或学科的覆盖率达不到要求,对专业性较强的深度信息的查全率较低。

(3) 建立资源索引时针对性不强,搜索速度慢,死链接过多,重复信息及无效信息过多。

(4) 对资源不具有选择和价值判断的能力,排序结果不理想,难以搜索动态网页,查全率下降。据调查,功能最强大的搜索引擎最多能覆盖 16% 的网络信息资源,依照网络信息呈几何级数增长的趋势,搜索引擎覆盖的信息资源量还将有所下降。因此搜索引擎还无法完全代替第 4~8 章介绍的专门检索工具。

要解决这些难题,搜索引擎将向智能化、精确化、交叉语言检索、多媒体检索、专业化等适应不同用户需求的方向发展。现在已经出现了自然语言智能答询。自然语言的优势在于,一是使网络交流更加人性化;二是使查询变得更加方便、直接、有效。

例如,用关键词查询计算机病毒,用 virus 这个词来检索,结果中必然会包括各类病毒的介绍、病毒是怎样产生的诸多无效信息,而输入自然语言"How can kill virus of computer?",职能化搜索引擎在对提问进行结构和内容分析之后,或直接给出提问的答案,或引导用户从几个可选择的问题中进行再选择,将怎样杀病毒的信息提供给用户,提高了检索效率。

3.1.3 搜索引擎的类型

依据不同的原则,网络搜索引擎可划分成不同的类型。

1. 根据搜索引擎的数据检索机制划分

1) 主题型搜索引擎

主题型搜索引擎将不断收集到的网上页面及地址信息以数据库的形式组织存储。查询时用户向其提问框中输入关键词,搜索引擎便会从数据库中检索与之相匹配的相关记录,按一定的排序返回给用户,如图 3-1 所示。主题搜索引擎的优点是查询全面、充分、直接、方便,用户能够对各网站的每篇文章中的每个词进行搜索,而且可使用布尔逻辑检索、短语检索等高级功能。但全文搜索的缺点是提供的信息虽然多而全,但由于没有分类型搜索引擎那样清晰的层次结构,有时给人一种繁多而杂乱的感觉。代表性的主题型搜索引擎是Google(www.google.com)和百度(www.baidu.com)网站。

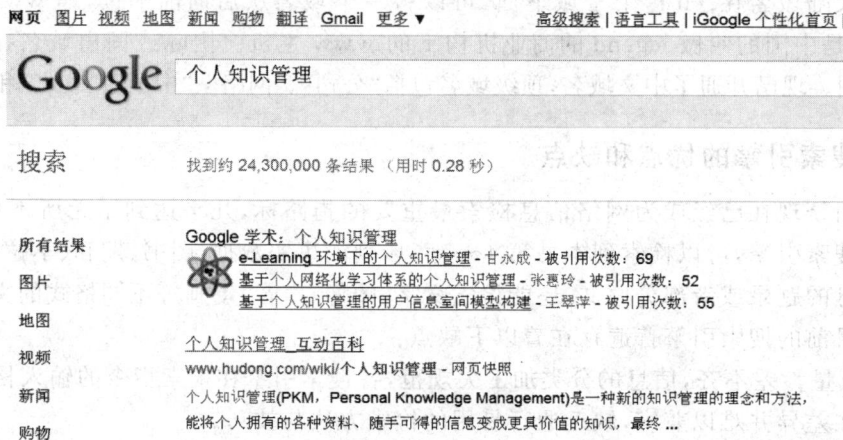

图 3-1 主题型搜索引擎 Google 的界面

2) 分类型搜索引擎

通过用户浏览层次类型目录来寻找所需信息。分类一般按主题分类,并辅之以年代、地区等分类,如图 3-2 和图 3-3 所示。

分类搜索引擎可以使用户清晰方便地查找到某一大类信息,这符合传统的信息查找方式,尤其适合那些希望了解某一范围内信息,并不严格限于查询关键字的用户。但分类型搜索引擎的搜索范围较全文搜索引擎要小许多,尤其是当用户选择类型不当时,可能遗漏某些重要的信息源。代表性的目录式分类型搜索引擎是 Yahoo(www.yahoo.com)、搜狐(dir.sohu.com)、新浪(dir.sina.com.cn)。

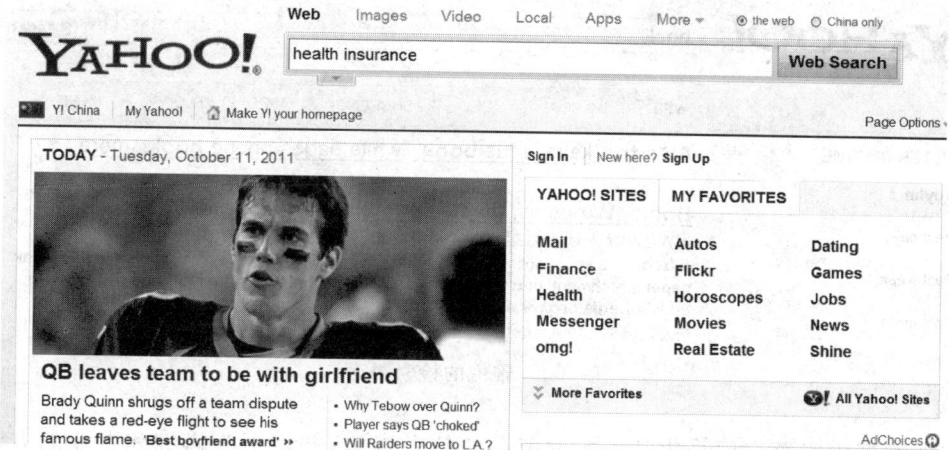

图 3-2 Yahoo 的目录界面

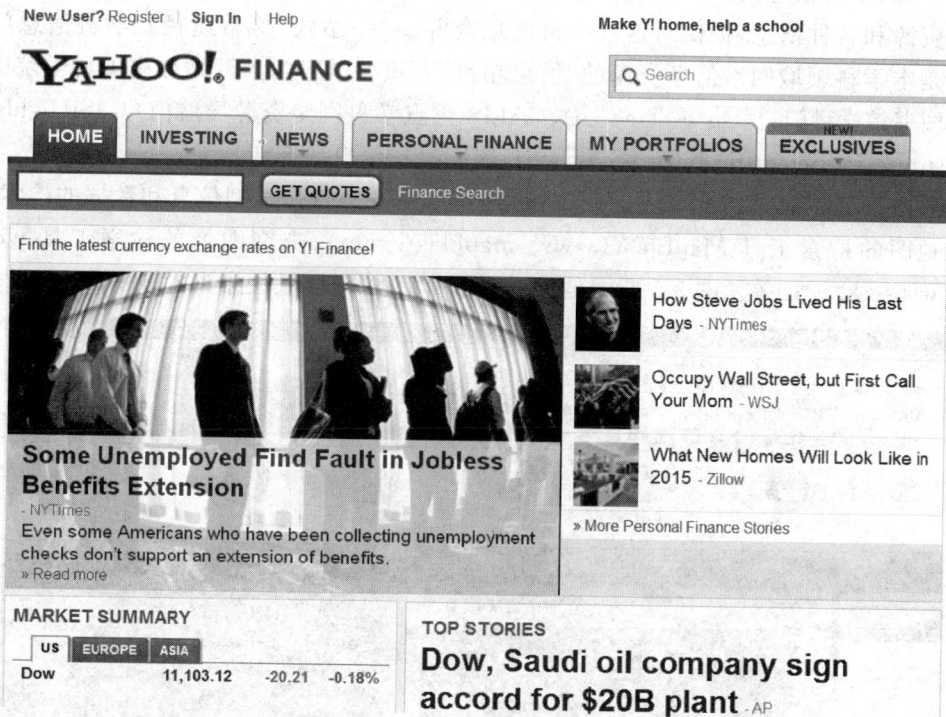

图 3-3 Yahoo 的分类显示界面

3）混合型检索工具则兼有以上两种类型的特点

图 3-4 所示是雅虎的检索界面,既有检索窗口,又有分类浏览目录。

2. 按检索内容划分

分为综合型、专题型和特殊型。综合型搜索引擎在采集标引信息资源时不限制资源的主题范围和数据类型,又称为通用型检索工具。例如,常见的 Google、新浪、搜狐和网易,这些搜索引擎网罗百科,信息种类繁多。

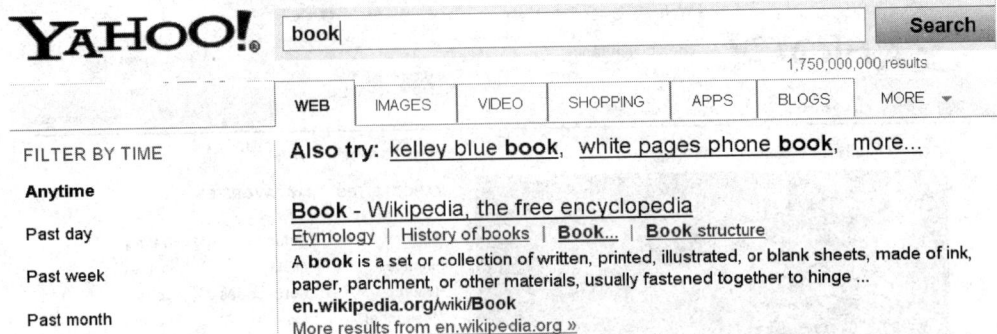

图 3-4　雅虎的检索界面

专题型搜索引擎专门采集某一主题范围的信息资源，并用更为详细和专业的方法对信息资源进行标引描述。例如，针对生物专利的搜索引擎、科技信息搜索引擎 Scirus、重点学科导航系统、学科信息门户。学科信息门户是指利用网络技术向用户提供某一学科领域各类网上资源和各种信息，提供对这一学科信息资源的"一站式"检索途径。学科信息门户实际上就是本学科领域网络信息资源的"信息超市"。重要学科门户网站如中国科学院国家科学数字图书馆学科门户（tsg. csdl. ac. cn）、CALIS 重点学科网络资源导航门户、ISIHighlycited. com（Institute for Scientific Information，ISI，美国科技信息研究所）。

特殊型检索工具是指那些专门用来检索图像、声音等特殊类型信息和数据的检索工具，如查询地图的检索工具 MapBlast（www. mapblast. com）、查询图像的检索工具 webseek（www. webseek. com）等。图 3-5 所示是地图搜索引擎的界面，其搜索到的地图如图 3-6 所示。

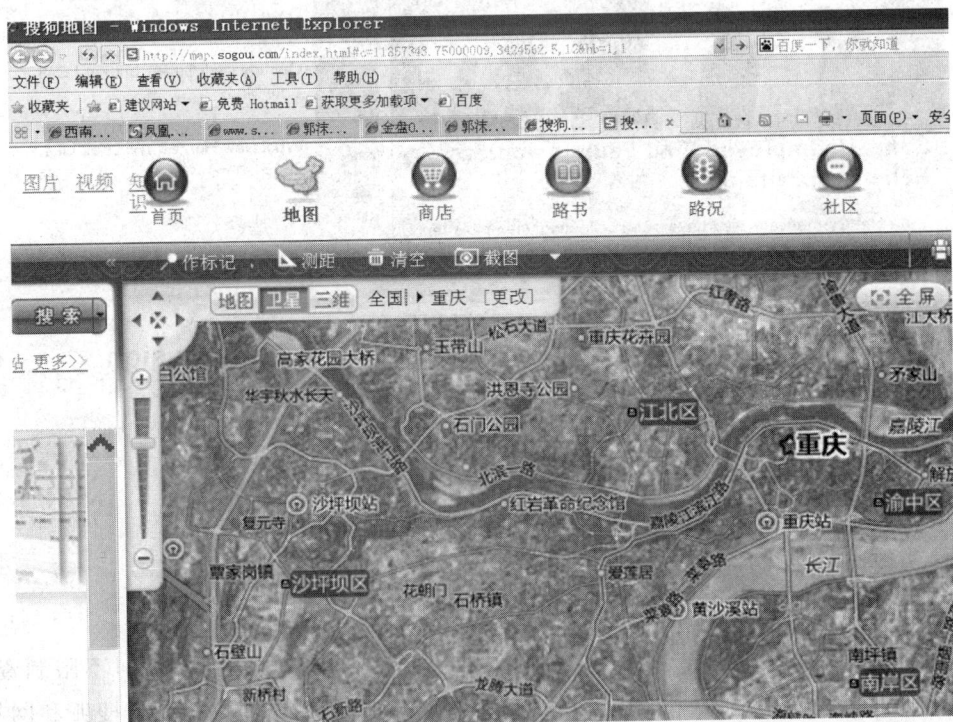

图 3-5　Go2map. com 的界面

图 3-6 Go2map.com 中检索到的重庆市北碚区地图

3. 按搜索引擎数据来源划分

分为单独型和集中型。单独型搜索引擎拥有独立的采集标引机制和独立的数据库,例如搜狐;集中型搜索引擎(如 3721 网)没有自己的数据库,利用一个统一的界面,查询其他单独型搜索引擎的数据库。

3.1.4 主题搜索引擎的关键词语法规则

1. 自动将关键词拆分进行模糊查询

目前自动将关键词拆分进行模糊查询的搜索引擎有 Google、百度、雅虎(www.yahoo.com)、3721(www.3721.com)等。例如,输入"西南大学",首先会检索到关于西南大学的网页,然后会自动扩展到包含"西南交通大学"、"西南财经大学"、"西南政法大学"等名称的网页。这种搜索方式使查询结果的信息量和信息覆盖面非常大,但重复信息和无效链接较多,查询效率不高。

2. 按关键词进行精确查询

按关键词进行精确查询的有新浪、搜狐、网易、找到啦、中华网和常青藤等。这种搜索方式的搜索结果与查询目标的相关程度较高,尤其新闻查询的准确性更高。

为了扩大检索范围,实行精确查询的部分搜索引擎,也添加了自动拆分词组的功能。

3. 检索式的运算符号

如果想要得到最佳的搜索效果,就要使用搜索的基本语法来组织要搜索的条件。

1) 使用逻辑运算算符

搜索引擎基本上都支持"与"、"或"、"非"、括号或引号等运算符号,但是不同的搜索引擎使用的运算符号不完全相同,常见的有 AND、OR、NOT 以及"+"、"-"、"&"、"^"等逻辑符号。

AND 在中文搜索引擎都可以用空格代替;NOT 有时可以用减号代替,格式如"关键词 A-关键词 B",减号前面要有空格。OR 有时用"|"表示,如在百度搜索引擎的格式是"关键词 A | 关键词 B"。Google 直接用 OR 表示,格式是"关键词 A OR 关键词 B"。

2）使用位置算符

AltaVista 使用位置算符"NEAR/n"，n 是两个词之间的单词的数目，如"Microsoft NEAR/5 Internet"表示在 Microsoft 和 Internet 这两个关键字之间的单词数目不得超过 5 个。如果不输入数字，表示两个词挨在一起。为了控制挨在一起的两个词之间的顺序，可以使用 ADJ（adjacent）位置算符，如"Microsoft ADJ Internet"表示 Microsoft 必须在 Internet 之前。

3）使用字段限定

搜索引擎的字段限定方法俗称高级搜索。

（1）intitle。限定网页标题，title 是网页的标题，intitle 的意思是所有搜索结果的 title 中都要包含"关键词 A"。例如，检索清华大学主页，排除仅仅含有介绍"清华大学主页"词组的其他网页，可以输入"intitle 清华大学"。

（2）site。限定在某类网站或某个网站内搜索。例如，"论坛搜索引擎 site：sowang. com"，是在 sowang. com 这个网站内搜索"论坛搜索引擎"的网页。

（3）filetype。限定文件类型。网上存在大量非网页格式的资料，如 Word 文件、pdf 文件、ppt 文件、xls 文件等。用法是"关键词 A filetype：文件格式后缀名"，如"个人年终总结 filetype：doc"，搜索结果全都是 Word 文件的个人年终总结。

（4）inurl。限定域名，inurl 常见的使用方式是"关键词 A inurl：英文字符 B"。例如，"搜索引擎 inurl：ssyq"，是检索在 URL 中含有 ssyq 的网页中关于"搜索引擎"的信息。

3.2　典型的搜索引擎

1. Google

1）概述

Google（www. google. com）搜索引擎由斯坦福大学博士生 Larry Page 与 Sergey Brin 于 1998 年 9 月发明，Google 公司于 1999 年创立。2000 年 7 月份，Google 替代 Inktomi 成为 Yahoo 公司的搜索引擎，同年 9 月份，Google 成为中国网易公司的搜索引擎。1998 年至今，Google 已经获得 30 多项业界大奖，是易用性最强的搜索网站。但是 Google 最大的问题是死链接率比较高，中文信息的更新慢，不能及时淘汰已经过时的链接。虽然通过"网页快照"功能，可以减少目标页面不存在的现象，但 Google 的"网页快照"功能在中国有时无法访问。

2）Google 的搜索语法

Google 的基本检索算符是空格、减号和 OR。

逻辑"与"（AND）用空格代替。用减号"－"表示逻辑"非"。注意，这里的"－"号是英文字符，而不是中文字符的"－"。此外，操作符与关键字之间不能有空格。

Google 不支持通配符，如"＊"、"？"等，关键字后面的"＊"或者"？"会被忽略掉。Google 对英文字符大小写不敏感，GOD 和 god 搜索的结果是一样的。Google 的关键字可以是词组（中间没有空格），也可以是句子，但是用句子做关键字，必须加英文引号。

2. 百度

百度（www. baidu. com）是中国领先的搜索技术提供商，在国内提供搜索功能的大型网站中，有许多网站采用的是百度的搜索技术。除了提供网页搜索以外，百度还支持新闻、MP3、Flash 的搜索，另外还有搜索特定关键字的"主题搜索"和网站目录导航功能。在显示搜索结果时,有与 Google 的"网页快照"功能相同的"百度快照",搜索速度快,返回结果的准确性也相当高。百度搜索的网站分类目录比较落后,缺乏应有的检索功能,并且死链接率也较高。

3. 搜狐

搜狐(search. sohu. com)的全部内容采用人工分类,适合人们的思维习惯。搜狐中文检索系统兼容传统的搜索引擎的所有标准语法和逻辑操作符。搜狐的网页搜索准确性较高,但搜索结果中重复的问题比较严重,虽然重复的结果未必是同一个网页,但都属于同一个网站。另外,搜狐的搜索结果中没有标出关键字,查阅起来非常不便。

4. 新浪网

新浪网(search. sina. com. cn)是一家为世界各地中国人提供全面 Internet 信息服务的国际性公司。它提供分类检索(主要针对网站)和关键词检索两种查询方法。它的关键词检索中可用冒号、空格、逗号、加号和"&"等。

5. 其他英文搜索引擎

1) Yahoo(www. yahoo. com)

搜索主题范围广,当不十分清楚自己究竟要找什么的时候,用 Yahoo 最好。

2) HotBot(www. hotbot. com)

擅长限定媒体类型、日期的复杂搜索,结果高度准确。

3) Altavista(www. altavista. com)

适合于刨根问底式的搜索、多语种搜索。

4) Excite(www. excite. com)

对泛泛搜索较擅长,附加内容多,但准确性低。

5) Infoseek(www. go. com)

准确性最高的搜索引擎之一。如果知道某个网站肯定存在,但不知道具体地址,用 Infoseek 较好。

6) Lycos(www. lycos. com)

执行复杂搜索的功能强大,不过准确性差,适合于查找 USENET 或按媒体类型搜索,也适用于购物。

6. 其他中文搜索引擎

目前在一些主要的中文搜索引擎中,所提供的搜索方式各不相同,以下列举部分。

提供网站、类目搜索的主要有雅虎和 3721 网;提供网站、网页、类目搜索的有中华网(www. china. com)和网易(www. 163. com);提供网站、网页、新闻搜索的有新浪和搜狐等。而上海热线(www. online. sh. cn)和广州视窗(www. gznet. com)这两个地方性网站的搜索引擎只提供网站内部(网页和新闻)搜索。

雅虎知名度高且信息量大;雅虎与新浪搜索速度快;搜狐与新浪使用比较方便。搜狐与网易的搜索准确性上略强于其他网站,同时 21CN(www. 21cn. com)在亲朋推荐使用等方面选择比例高于其他网站。

7. 特殊型搜索引擎

网络上的信息资源丰富多样,为了查寻所需要的资料,用户往往使用 Infoseek、Yahoo

和 Excite 一类的检索引擎，但是，要查找一些专门的信息，如人名录、软件、新闻组、邮件列表、图像、视频、音频等，则必须使用特殊的检索工具。博客搜索引擎是其中最引人注目的。

博客(weblog，Blog)是一种在线网络出版形式，版面通常由单栏文本帖子按倒时间顺序不断更新排列构成，并能提供一些个人化的链接。Blog 搜索引擎的原理和 Google、Yahoo 等搜索引擎基本相同，都是由 spidering、、indexing 和 search 三大部分构成。不同的是 Google、Yahoo 等搜索引擎面向整个 Internet，处理的是 html 文件；Blog 搜索引擎专门面向 Blog，处理的是 xml 格式的 rss 和 atom 文件。与其他网络应用（如电子邮件、万维网等）相比，博客更具社会沟通的潜质，能为主流媒体提供新闻和公众观点来源，为教育业和商业创造知识共享的环境，同时能为个人提供一个自我表达和自我价值实现的平台。

比较常用而且支持中文的 Blog 搜索引擎主要包括 technorati(technorati. com)，Feedster(www. feedster. com)，icerocket(www. icerocket. com)，bloglines(www. bloglines. com)，blogpulse(www. blogpulse. com)等；而中文 Blog 搜索引擎还处于发展的初期，无论是知名度还是用户的使用率都比较低，主要有 Grassland(www. grass. org. cn)，FeedSearch(www. feedsearch. net)，feedss(feedss. com)等。目前，许多 Web 搜索引擎也开发出 Blog 搜索引擎产品，如 Google Blog Search(blogsearch. google. com)。

其他一些常用的特种搜索引擎如下所示。

- www. ctr. columbia. edu/webseek 采用了先进的特征抽取技术，是基于内容特征的搜索引擎。按目录方式组织数据。
- www. lib. sjtu. edu. cn/music. htm 提供高级的音频搜索功能。
- www. whowhere. com 提供人际交流的桥梁。
- www. alibaba. com 阿里巴巴强大的数据库及搜索引擎，隐藏着无数商机、合作伙伴和产品。
- www. go2map. com 中国地图搜索引擎，可查询中国各大城市的信息，但速度很慢。
- bingle. pku. edu. cn 天网 FTP 搜索，擅长寻找软件、图像、电影和音乐等文件。
- www. books. com 擅长热门书籍查找。
- www. humorsearch. com 擅长搜索笑话。
- www. medsite. com 擅长搜索医疗信息。
- 商机搜索：阿里巴巴(www. alibaba. com)拥有强大的数据库及搜索引擎，隐藏着无数商机、合作伙伴和产品。
- 论坛搜索：奇虎论坛搜索(search. qihoo. com)是目前最好的论坛搜索引擎。收录论坛数量多，索引范围广。
- 旧文档搜索：中国 Web 信息博物馆 (www. infomall. cn/) 专查网站的历史页面。
- 地图搜索：图吧 (mapbar. com)提供中国国内 200 多个大中型城市的地图查询服务，同时提供博客地图、手机地图等特色功能。
- 图书搜索：中搜图书(book. httpcn. com/search) 中国最大的电子图书搜索引擎，提供数万本电子图书(E 书)完全免费下载！
- 软件搜索：软件吧(www. soft8. net)中国首家专业软件搜索引擎，能轻松地找到几乎所有的软件和驱动。数据量大，排序合理。
- FTP 搜索：天网 FTP 搜索引擎(bingle. pku. edu. cn)擅长寻找软件、图像、电影和音乐等文件。

- BT 资源搜索：飞客 BT 搜索引擎(fkee.com/)是目前来说最好用的 BT 资源搜索引擎。速度快，摘要信息丰富！
- 人肉搜索：猫扑网(dzh2.mop.com)是国内最早也是目前最大的人肉搜索网站(论坛)之一，于 1997 年 10 月建立，日平均浏览量一亿五千万，有注册用户 2200 万。

3.3 搜索引擎的检索技巧

3.3.1 常规的检索技巧

1. 分类查询

有时候不能准确地确定搜索的是什么或搜索的主题范围很广，如想知道关于法律学校、球类运动以及金融方面公共基金 mutual funds 的信息，如果利用主题搜索引擎 Altavista 检索，结果误检一个名字叫做 Mutual Funds 摇滚乐团的主页。所以应该首先考虑使用 Yahoo 一类的分类搜索引擎，以便对于主页的内容加以区分。在 Yahoo 的搜索框中输入 mutual funds，这种检索的实质是分类途径和主题途径结合。在返回的结果中，有 18 种与该论题有关的大类，其中有一类叫做"Business and Economy：Companies：Financial Services：Investment Services：Mutual Funds"，这是最符合要求的一类。单击该论题，出现了一些更深入的子论题和一些与该论题有关的网站。在这些网站中有 Morningstar. Net、Quicken. com 和 Mutual Funds Interactive 等，这些都和 mutual funds 有关，但也不要忽略那些子论题，其中有一类叫做 Reference and guides，单击它会出现一些更基本的网站。

2. 关键词查询

一般来说，首次检索时不要把条件限制得过于严格，最好是检索出一些结果后再使用其他限定条件来检索，即在结果中做二次检索。百度的搜索界面如图 3-7 所示，单击"在结果中找"按钮就是二次检索。

| 求职 | 百度搜索 | 在结果中找 |

图 3-7 二次检索

此外使用太专业、生僻的词汇(如一些产品名称、产品品牌、公司名称、人名及专业名词)可能检索不到结果，不恰当的限定条件也导致有用的信息被过滤掉，因此要谨慎使用。

下面是初学者搜索时容易犯的错误。

(1) 输入错别字。

(2) 关键词太常见。例如，以"大学"、"论文"作为关键词，可能会检索出成千上万的网页，所以建议加限定条件。此外，虚词是常见词汇，没有检索意义，可能被一些搜索引擎列为禁止使用的单词而被过滤。关于禁用词，参考 10.2 节的实例。

(3) 滥用多义词。要小心使用多义词，如搜索 Java，要找的信息究竟是太平洋上的一个岛、一种著名的咖啡还是一种计算机语言？最好使用"岛"、"咖啡"或"计算机语言"等词语在二次检索时限定 Java 的多义性。

（4）不会输入关键词，想要什么输入什么。

（5）不注意大小写敏感性。有的搜索引擎对大小写敏感，若输入的都是小写字母的词，则对大小写不敏感；而含大写字母的词则是对大小写敏感的。

（6）混淆单词与词组。词组没有限定，输入词组没有加引号，常常被拆分为单个的词。

3. 多次查找

看上去简单的问题并不一定是容易查找的问题。例如，"哈佛法学院中的外国学生所占的比例有多大"，"一个议员在金融改革中的意见是什么"，"某年格兰美奖的得主是谁"。

【实例】查询 1982 年 Grammy 奖的得主是谁。

用词组"Grammy awards 1982 'Record of the Year'"来查找，结果返回了 137 条信息，但经过检查前 50 条后发现，那些主页都提到了若干年的记录，也提到了 1982 年，但就是没有提到该奖的确切得主。经过几次尝试后，发现可以把 1982 Record of the Year 作为一个短语，再加上 Grammy 来试试，结果发现一个主页，上面提到所有的 Grammy 提名都被 Beatles 以团体名义或个人名义占去。该主页提到 1982 年的格兰美奖获奖作品 Always on My Mind，但并没有具体提到获奖者的姓名。据此可以推断该主页是一个音乐迷制作的，显然信息不可靠，但它也给了一些启示，可以用词组 Record of the Year 和 Always on My Mind 一起来查。终于检索到历年来的 Grammy 获奖名单，并可以发现 Toto 获得了其中的 Rosanna 奖。

4. 按照地域查询

【实例】查找讨论欧元 Euro 的德国网站。

最好是查询德国的网站，如网站 Excite Deutschland，虽然界面是德文的，但是如果输入英文，查询结果大多也是英文的。例如，输入 Euro currency monetary union，查询到用英文描述的关于 Euro 这种新货币的讨论。

5. 查询最新信息

【实例】2001 年 7 月 23 日这一天，正逢高考发榜，各大搜索引擎竟有超过 100 万次以上的搜索跟高考查分有关。考生们不知道，搜索引擎从抓取网页、解析、索引到提供检索是有一个周期的，各搜索引擎的信息滞后周期从一周到一个月不等，用搜索引擎是找不到最新内容，只能找到一个星期或一个月以前的内容。建议使用专门搜集这类信息的门户网站。

6. 其他搜索技巧

（1）尽可能缩小搜索范围。对于页面已删除（或改名）的情况，可以通过尝试进入上一层目录。

【实例】进入 dizen. yeah. net/free/mfxx. html（此页面为假设）无效，可以试试进入 dizen. yeah. net/free，从上层目录开始浏览。

（2）利用交叉话题，像新闻、体育、气象、娱乐信息，以及免费电子邮件、聊天、定制内容等。

更多有关搜索引擎的技巧请参阅"中文搜索引擎指南"（http://www. sowang. com）。

3.3.2 Google 和百度的高级检索技巧

1. Google 高级检索技巧

1）短语检索

【实例】想把某些汉语词句翻译成英语。

可以中英文混合搜索。例如，输入""I love you"① 德语"我爱你"①"，查找德语的"我爱你"。输入"雪莱 snow spring 冬天已经来了，春天还会远吗"查找雪莱的名句"冬天已经来了，春天还会远吗"的英文原文。

2）字段限定检索

（1）限定网站。

【实例】输入"金庸 site：edu. cn"搜索中文教育科研网站 edu. cn 上所有包含"金庸"的页面。

【实例】输入"金庸 古龙 site：sina. com. cn"搜索包含"金庸"和"古龙"的中文新浪网站页面。

【实例】输入"link：www. newhua. com"搜索所有含指向华军软件园 www. newhua. com 链接的网页。

【实例】输入"inurl：security Windows 2000 site：microsoft. com"查找微软网站上关于 Windows 2000 的安全方面的资料。

（2）限定网页。

【实例】输入"inurl：midi 沧海一声笑"查找 MIDI 曲"沧海一声笑"。

【实例】输入"inurl："plog/register. php""，搜索 plog 注册文件（现在用得很普遍的一套 PHP 博客程序，在其安装说明中明确说明希望用户安装后删除 register. php 文件）。

（3）限定标题。

【实例】输入"intitle：张娜拉 写真"查找韩国歌星张娜拉的照片集。

【实例】输入"intitle："Browser Launch Page""，搜索网络摄像头。

【实例】输入"intitle："DocuShare" inurl："docushare/dsweb/"-faq-gov-edu"，搜索施乐复印机用户默认共享页面。

（4）限定文件类型。

【实例】利用后缀名来搜索电子书，如输入"存在与虚无 chm"、"菜根谭 exe"、"水煮三国 chm"，检索相应格式的这些电子图书。

（5）其他类型限定。

【实例】输入"related：www. sina. com. cn/index. shtml"搜索所有与中文新浪网主页相似的页面，如网易首页、搜狐首页、中华网首页等。

【实例】输入"pwd inurl：（service or authors or administrators or users）"，搜索密码文件。

【实例】输入"index of/""ws_ftp. ini""parent directory"，检索 FTP client 生成的用户信息文件。

---

① 此处引号表示其间内容作为词组进行检索。

【实例】 输入"数码相机　600～900 万像素　3000～4000 元"表示要检索像素在 600 万以上，900 万以下，价格在 3000～4000 元之间的数码相机。

综合使用字段限定检索如图 3-8 所示。

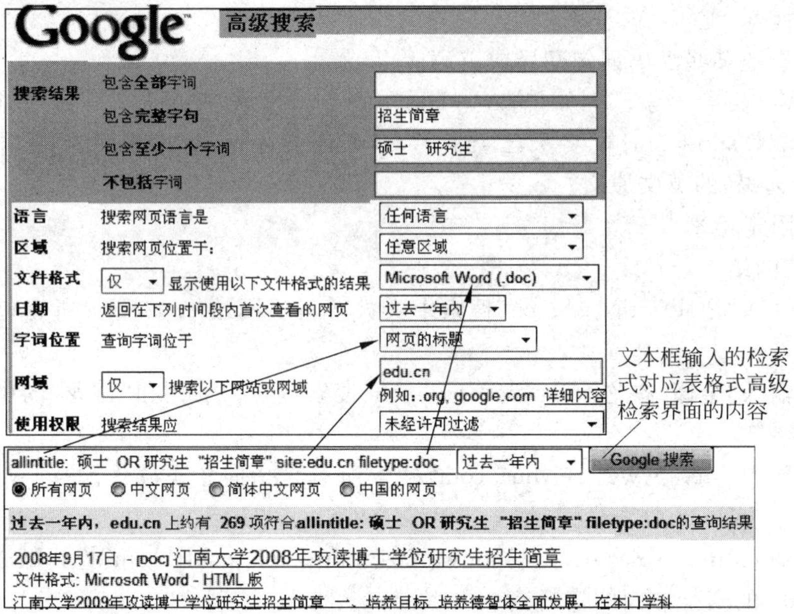

图 3-8　Google 的高级搜索结果（经过剪辑）

2．百度的高级搜索技巧

【实例】 输入"问情 inurl：mp3"，搜索《戏说乾隆》的主题曲"问情"。

【实例】 输入"小说 intitle：bookmarks"查找小说的精彩网站。

【实例】 输入"摄影 site：hao123.com"检索摄影网站 hao123 关于"摄影"的信息。

在 Google 也能使用这几个检索式。

3．用普通的搜索引擎查找论坛里的帖子

大多数论坛和社区的 URL 都至少包括下面 3 个单词之一：bbs、forum 和 club。所以，可以利用 inurl 语法限定。格式形如 inurl：bbs、inurl：forum、inurl：club、inurl：printpage 和 inurl：print。

3.4　Internet 免费学术资源检索与利用

Internet 上可以免费利用的学术信息非常丰富，是图书馆订购的商业电子资源之外的重要信息源。其主要途径如下。

1．利用搜索引擎搜索

利用以 Google 为代表的搜索引擎搜索网络免费资源是用户的第一选择。

1) Google Scholar

Google 学术搜索（scholar.google.com）是一项免费服务，可以帮助快速寻找学术资料，

如专家评审文献、论文、书籍、预印本、摘要以及技术报告等。其中文摘信息是公开的,而多数全文信息则通过一定方式(如 IP 限定)控制访问,只有订购这些资源的授权用户才能利用。

2) Google Book Search

Google 图书搜索(books. google. com)。

2. 利用 Open Access 资源

Open Access(开放存取,OA),也译为公开存取,是在网络环境下发展起来的一种新的重要学术交流模式,是国际学术界、出版界、图书情报界为打破商业出版者对学术信息的垄断和暴利经营,而采取的推动科研成果通过 Internet 免费或低价利用的运动。研究者不仅可以更快更廉价更多地拥有学术信息,也可以利用 OA 发表自己的见解,与世界各地的研究人员进行深入的交流,促进学术上的共同进步。

开放存取主要链接网址如下。

1) 中国科学信息开放存取链接点

* 中国科技论文在线(www. paper. edu. cn);
* 奇迹文库(www. qiji. cn);
* 中国预印本服务系统(prep. istic. ac. cn/eprint);
* 香港科技大学科研成果全文仓储(repository. ust. hk/dspace);
* 开放阅读期刊联盟(www. oajs. org)。

2) 国外科学信息开放存取链接(需付国际流量费)

* DOAJ 开放存取期刊列表(www. doaj. org);
* Blackwell 电子期刊(www. blackwell-synergy. com);
* Open J-Gate 电子期刊(www. openj-gate. com);
* e-Print arXiv 预印本文献库(美国主站点 arxiv. org,中科院理论物理研究所镜像站点 cn. arxiv. org);
* DOOpendoar(www. opendoar. org);
* OAIster(www. oaister. org/);
* OA 资源一站式检索服务平台(www. socolar. com)。

3) 科学专业搜索引擎 Scirus(www. scirus. com)

由荷兰 Elsevier Science 数据公司开发,号称最全面的科技信息搜索引擎,专门搜索普通搜索引擎找不到的免费的或者访问受限的科技网页,以及 1920 年以来发表的期刊论文。其网页内容来源于:大学网站、科学家主页、会议信息、专利信息(包括美国专利、日本专利、欧洲专利等)、公司主页、产品信息;期刊来源包括 ScienceDirect 提供的 5000 多种学术期刊;还包括一些一年后才正式出版的预印本。

Scirus 的优势是提供免费索引服务,商业目的在于提供网上在线订购 ScienceDirect 期刊,能搜索一般搜索引擎无法进入的有使用权限的数据库与全文链接;专利信息的全文免费,其他则需要付费获取。

Scirus 提供的在线词表可以识别 50 000 个以上正式出现的科技词汇,几乎涉及所有学科领域,因此能够对非科学方面的信息进行过滤,以确保检索结果的精确性,这是 Scirus 最出色的优点。但是该词表不能反映同义词、近义词、多义词等词间关系,影响到查全率,可能会导致漏检。Scirus 可以对每一条检索结果提供信息来源，可以搜索专家评审文章（peer-reviewed），以及使用书目识别器（bibliometric identifiers）识别网页中的关键词，根据词频及其连接情况来对文献的相关度进行排序。

3.5 免费科技信息检索示例

【例题】检索克隆的多利羊的科技信息，强调排除非科技类信息。

【题解】确定关键词是 Dolly，如果用 Google 搜索，结果是 Dolly Parton（一位著名的乡村歌手），改用科技信息搜索引擎 Scirus，检索结果是 Dolly cloned（克隆羊）的科技信息。

【例题】已知学者 Daniela Florescu 发表过一篇论文"Database Techniques for the World—Wide Web：A Survey（1998）"。欲了解该论文被引用的情况，为了节省费用，不用昂贵的 SCI，如何使用免费的搜索引擎？

【题解】首先使用 Google 搜索"引文搜索引擎"，检索到 CiteSeer 引文搜索引擎。它是由 NEC 公司在美国普林斯顿的 NEC 研究所（NEC Research Institute，Inc）研制开发，能自动统计文献有关引用数据，自动生成包括文献或作者引文率、点击率和出版物影响率等排行榜。虽然不能如商用数据库那样提供综合性学科内容的引文索引，不能取代昂贵的 SCI，但它是非盈利性的，可以免费提供一些引文信息。

检索步骤：访问 CiteSeer 的主页，输入检索式 Daniela Florescu and Database Techniques，单击 Search Citations 按钮，查询引文信息 2 条，阅读所要的那一篇。单击论文题名最前的 Context 按钮，进入下一个被引用信息页面，可见页首标出 130 citations found（找到 130 篇引文），并显示前 50 篇引文的上下文信息。单击 Context 按钮查看引文的上下文。

思考题

1. 搜索引擎的类型有哪些？
2. 主题搜索引擎的关键词语法规则主要是哪些？
3. Google 的高级检索方法主要有哪些？

综合实习题

1. 中国从俄罗斯购进的第一艘现代级驱逐舰被命名为什么号？
2. 1982 年世界杯足球赛的冠军队是哪一个队？
3. 古代琴师伯牙以《高山流水》和知音典故闻名，他的琴艺是跟谁学的？
4. "生命诚可贵，爱情价更高"的作者是哪国人？
5. 收音机里传来一阵动人的男歌手的歌声触动着小李的心事。听过之后，他想买有这首歌的专辑，但是，因为刚才没有留意歌曲的名字，只依稀记得歌中有一句是"风吹不息又似真却似假"，你能告诉他这首歌叫什么名字吗？
6. 根据以下描述寻找网友。题目如下：

　　网络时代,网恋每时每刻都在发生。一个聊天室里,帅哥 Jacky 很高兴碰到女孩 Rose,两人谈得非常投契。

　　⋮

　　Jacky:你是做什么工作的啊? 可以告诉我吗?

　　Rose:我在一个出国服务公司做翻译呢!

　　⋮

　　经过几个月的网上聊天,Jacky 发现自己深深喜欢上了 Rose。见 Rose 一面的想法不断冲击着他。不过,Rose 并不同意见面:

　　Jacky:你上班的环境好吗?

　　Rose:挺好的啊,我在一个商厦里,而且旁边就是我们这儿最大的广场,交通什么的都很方便。

　　Jacky:哦,那我能见你一面呢?

　　Rose:为什么要见面呢? 网上不是挺好的吗?

　　⋮

　　Jacky 太想见到 Rose 了。但他甚至连她在什么地方都不知道。这时,Jacky 注意到这个聊天室可以看到网友的 IP 地址,于是他查到了 Rose 的 IP 地址是 61.130.1.234。亲爱的朋友,你能带 Jacky 找到 Rose 吗?

　　7. 用 Google 检索题目含有"清华大学"、"研究生"的 doc 格式的文件,应该输入_____。

　　A. intitle:清华大学 研究生 site:edu.cn filetype:doc

　　B. ti=清华大学 研究生 site:edu.cn filetype:doc

　　C. intitle=清华大学 * 研究生 * site=edu.cn * filetype=doc

　　D. intitle:(清华大学 研究生) site:edu.cn filetype:doc

　　8. 对于同样检索式(如输入:玉米 提取 乙醇)分别用本章介绍的科技信息搜索引擎 Scirus 与 Google 和百度实施检索,比较检索数量的差异。

　　9. 查找境外中国古典诗词的网上英文资料。提示:参考和比较下列方法的查询结果。

　　(1) 在 Yahoo 中选择分类目录 Arts & Humanities(艺术与人文科学)＞Literature(文学),输入关键词 classical Chinese Poetry 检索。

　　(2) 在 Google 输入"中国古典诗词的网上英文资料"。

　　(3) 在 Google 输入"(中国 古 诗词 英文)or classical Chinese Poetry"。

　　(4) 在百度输入"中国 古典诗词 英文资料"。

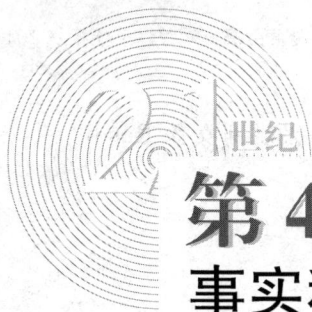

第4章
事实和数值型信息检索

本章要求掌握百科全书、年鉴、手册、统计资料等检索工具的用法。

4.1 基本知识

4.1.1 事实和数值型信息检索的含义

信息检索分为事实型检索(fact retrieval)、数值型检索(data retrieval)和文献型检索(document retrieval)3种类型。文献型检索主要检索图书、期刊论文;事实型检索以特定的事实为检索对象,比如查找名词术语的解释、了解某人或某机构的简况,或考证某一事件发生的前因后果等;数值型检索是以特定的数值为检索对象,如查找某一统计数据、某一数学公式、某一材料的成分性能、某种元件的型号参数等。

事实和数值型检索与文献型检索的根本区别在于,事实和数值型检索是对事实(fact)、数值(numeric data)进行检索,提供原始信息,给出直接、确定性的答案,这是一种确定性的检索,也称为事实数据检索。而文献型检索是间接的、相关性检索,给出来源文献线索,指引原始文献。但两者也有共同点,如词典、教材、期刊论文、专利说明书等文献包含许多事实、数值型的名词术语、统计数据,所以检索事实、数值往往先进行文献型检索,从中再检索事实、数值。

事实型和数值型信息检索的工具,包括字典、词典、百科全书、年鉴、手册、机构、名录、产品目录等参考工具书。

4.1.2 事实数值及其检索工具的类型

事实数值库的类型与数量繁多,本书仅从信息检索需求上介绍事实数值的类型。

1. 字、词

查字是为了解或核实其字的正确书写方法、读音或确切的释义;查词是为了解专业术语、学科概念等专用名词的意义。查汉语字、词,利用字典、词典。我国字典、词典统称为辞书。

字典:主要用来解释汉字形、音、义的工具书。

词(辞)典:主要用来解释词语的意义、概念、用法的工具书。

1) 查找汉语字、词的电子字(词)典、辞典

目前国内光盘载体的汉语电子词典主要是印刷版词典的光盘化产品,如《汉语大词典》1.0版光盘、《康熙字典》、台湾编纂的电子版《国语词典》等。此外,还有造型小巧的电子型

字(词)典,如掌上型电子字典、铅笔型电子辞典等。

许多字典、词典可直接从网上查询,下面介绍几个比较有影响的网站。

(1) 网上免费字典(www. Dictionary. com)能支持多种语言互译的翻译器。

(2)《汉语大词典》(www. ewen. cc/hd20)提供字、词、成语的在线查询。

(3) 在线词典(www. ourdict. cn)收录了12部汉语词典中的字词,包括成语、近义词、反义词、歇后语、谜语和名言警句。

(4)《英汉、汉英在线字典》(www. mandarintools. com)有多种字典及资源以供选择,包括英汉字典、汉英字典、TOEFL/GRE 词汇、GRE 词汇测试、联机文档及网上资源。

(5)《洪恩双语词典》(www. hongen. com/eng/study/exam/index1. htm)"洪恩在线"提供的中英文双向智能词典。

(6) 金山爱词霸词典(www. iciba. com)免费提供在线查词翻译。

(7) CNKI 翻译助手,CNKI 网站的学术导航栏目的在线翻译工具,免费提供在线词汇翻译。

(8) 专业性的字、词(辞)典,这类字、词(辞)典是指检索某一学科领域的专业知识的字、词(辞)典,如"中国云南高等植物电子辞典"(www. swplant. csdb. cn/ynFlora/),在线化学、生态学、矿物、实验工作词典(www. seilnacht. com),在线英汉医学词典(www. esaurus. org)等。

2) 查找汉语字词的印刷本工具书

(1) 查找常用字的工具书:《辞海》、《新华字典》、《汉语常用字典》、《同音字典》、《四角号码新词典》、《现代汉语词典》等。

(2) 查找冷僻字的工具书:《康熙字典》、《中华大字典》、《中文大辞典》等。

(3) 查找汉字古义及古形的工具书:《说文解字》、《中华大字典》、《古汉语常用字字典》、《甲骨文编》等。

2. 名词术语

查考名词术语,包括概念、术语和学科语词的知识性解释等。名词术语数据库较多,举例如下。

(1) 中国百科全书网(www. ecph. com. cn),该系统包括百科术语数据库。

(2) 中国术语网(www. cnterm. org)。

(3) 国际术语信息中心(facts and information)。

(4)《法国标准化协会标准术语数据库》(NORMATERM)。

(5) 西门子公司术语库(TERM),存入 200 万条术语,含 8 种语言。

(6) TechWeb Technology Encyclopedia (www. techweb. com/encyclopedia/defineterm. cgi),包含大量技术术语和概念的解释。

(7)《生命科学字典》(biotech. icmb. utexas. edu/search/dict-search. html)。

还可利用印刷本科技类的辞(词)典查找,如《现代科学技术词典》、《综合英汉文科大词典》、《英汉双向计算机大词典》、《中国农业百科全书》、《中国经济百科全书》等。

3. 统计资料

统计资料是文献研究中进行定量分析的必要资料。要查找古代的统计资料,可利用政书、类书等工具书；要查找现代的统计资料，可利用年鉴、手册等；要查找当年当月最新的统计数据，通常通过互联网获得。

1）查找统计资料的光盘版数据库

查找统计资料的光盘版数据库主要有如下几种。

（1）《中国年鉴资源全文数据库》（www.yearbook.cn/user/yearbook/comm），由方正集团和中国年鉴研究会合作开发。

（2）《中国年鉴全文数据库》（www.dl.cnki.net），该数据库全面系统集成整合我国90％以上年鉴资源。

（3）金报兴图数字图书馆的年鉴资源库，集成了中国国内重要年鉴电子版的全文资源。

（4）经济合作发展组织（Organisation for Economic Cooperation and Development, OECD）也出版了许多这方面的数据库。

另外，国外建立了众多的统计类数据库，如 DIALOG、ORBIT、ESA 等著名的国际联机情报检索系统均有商业统计等类型的数据库。

2）查找统计资料网站

目前各级各类网站中，以下几类网站提供的事实、数据等信息可靠程度较高，参考价值较大。

（1）政府网站。我国中央和国务院机构、全国性社会团体网站已有 100 多个政府网站。

（2）统计网站。主要指各级政府统计行政部门主办的综合性或专门性统计信息网站。在查考最新统计信息、统计数据方面，有其他信息源和检索工具不可比拟的优势。

（3）经济网站。主要指由经济研究机构、信息咨询公司等主办的以提供经济信息为主要内容的网站。目前国内有影响的这类经济网站主要有如下几个。

- 国务院发展研究中心信息网（国研网，www.drcnet.com.cn）由国务院发展研究中心主办。
- 中国宏观经济信息网（中宏网，www.macrochina.com.cn）由国家计委所属的中国宏观经济学会、中宏基金等主办。
- 中国经济信息网（中经网，www.cei.gov.cn）由国家信息中心组建，中经网数据有限公司开发维护，是以提供经济信息为主的专业网站。
- 《中国资讯行数据库》（www.bjinfobank.com）目前拥有 23 个大型的专业数据库，12 个在线数据库，涉及经济、工商管理、财经、金融、法律、政治等专业。
- 数据中华（www.allchinadata.com）。

此外，还有中华人民共和国国家统计局信息网（www.stats.gov.cn）、联合国粮农组织的统计数据库 FAOSTAT（apps.fao.org）和国内年鉴信息网（www.chinayearbook.org）等。

3）查找印刷本工具

（1）年鉴。《世界年鉴》、《国际统计年鉴》、《中国百科年鉴》、《中国统计年鉴》、《科学与未来年鉴》（Yearbook of Science and the Future）等。

（2）手册和资料汇编。《中国统计摘要》、《世界经济统计手册》等。

（3）公报、报刊。《中华人民共和国国务院公报》、《政府工作报告》等。

4. 数值、公式、规格、条例、专业知识

查考数值、公式、规格、条例、专业知识的数据库主要有如下几种。

(1)《中国科学数据库》(www.sdb.ac.cn),由中国科学院创建,内容涵盖了多种学科,提供了大量具有重要科学价值和实用意义的科学数据和资料。

(2)《贝尔斯坦/盖墨林化学数据库》Beilstein/Gemlin Cross Fire。

上述两者是重要的数值数据库。

(3)《物质的物理化学参数数据库》(physics.nist.gov/CUU/Constants/index.html)。

(4)《化学元素周期表》(www.Shef.ac.uk/chemistry/web-elements)。

(5) 科学计算与换算:

① 全库网 123 查(123cha.com)提供在线科学计算器和度量衡换算器、网虫查询、生活查询(主要城市和气象观测点 5 天天气预报、邮编和长途区号查询、国内列车时刻表查询、其他生活使用查询)等。

② 一把刀实用查询大全(js.18dao.com)免费提供科学计算器、按揭计算器、资产净值计算器、简易计算器、利息计算器、个人所得税、网络计算器等各类小计算器。

③ 在线科学计算器(www.cemsg.com/♯calculator)。

查找此类信息的印刷本参考工具书宜采用手册、表册。手册也叫"指南"、"便览"、"须知"、"大全",如综合性《读者百科词典》、《世界知识手册》等和专科性《农业技术实用手册》、《世界经济手册》等。此外还有表册,如《常用数学公式大全》、《电子学数据表与公式手册》。

5. 人物、机构信息

1) 查找人物、机构信息的数据库

(1)《万方科研机构数据库》,中国科技信息研究所、万方数据集团公司开发。

(2)《Gale 参考性资料数据库》(galenet.Galegroup.com)。其内容覆盖人文社会科学、商业经济、国际市场、人物传记和机构名录等范畴,如"社团大全"(Associations Unlimited)等。

(3)《新华社多媒体信息数据库》(www.info.xinhua.org 或 info.xinhuanet.com)。新华社数据库的中文数据库中有人物库、组织机构库、企业库等。

(4)《LexisNexis 参考资料数据库》。

2) 查找人物、机构资料信息网站

(1) 传记字典(www.s9.com)收录古今二万八千多位杰出人物的生平资料。

(2) 传记中心(英文)(www.biography-center.com)。

(3) 历史人物名录(英文)(www.history.org)包含较为丰富的历史资料,按人名字母顺序收录著名历史人物。

(4) 世界各大学经济学系(Academic Economics Departments)网址为 castle.uvic.ca/econ/depts.html,包括美国和非美国的,按国家、学校排列。

(5) 中国名人在线(www.cc-famous.com,简称名人在线)是中国企业家、各界名人的门户网站,是中国"网聚商界精英,会聚社会名流,服务企业高端门户"的网站。其主要宗旨是为专家、教授（研究员）、名人、名家、企业家、书画家们搭建一个展示才艺、传播名望、沟通信息、交流智慧、分享远见的平台。

（6）中国114网（www.china114net.com）是中国最专业、最全面的企事业单位信息查询网站。

（7）中国机构网（www.chinaorg.cn）是经国务院新闻办公室批准从事登载新闻业务的行业新闻网站，也是全国编制系统唯一的行业新闻网站。

（8）中华大黄页（www.chinabig.com）为客户提供全方位、专业的商业分类信息及市场推广服务的信息。

查考人物、机构信息的印刷本工具书，采用人名录和机构名录，如《世界农业名人录》（Who's Who in World Agriculture）、《全国农业机构名录》等。

6. 地名、地图信息

查找地名、地图信息的网站，主要有以下几个。

（1）中华地图网（www.hua2.com/emap/index.htm）：可以查看、下载全国各省、市、地区的详细电子地图。

（2）地名大词典（www.getty.edu/research/tools/vocabulary/tgn/index.html）：提供术语、名字和人物、地方等相关信息。

（3）Topozone（www.Topozone.com）：自然地形地图网站，由美国 Maps a la carte 公司开发。

（4）MapBlast（www.mapblast.com）：提供国内 200 多个大中城市地图查询，还有博客地图、手机地图等。

（5）搜狗地图（map.sogou.com）：提供中国 20 多个大中城市的地图、公交转乘等信息。

（6）我要地图网（www.51ditu.com）。

（7）中国旅游信息网（www.cthy.com）：登录了我国星级酒店、国内和国际旅行社、旅游景区、旅游机构等最新名录信息数十万条。

（8）乐途旅游（www.lotour.com）：网络上分类最齐全、篇幅数量最多的旅游资料库，也是旅游相关问题咨询的最有效场所。

除上述网络信息外，还可查询印刷本信息，包括地名词典、地名录、方志、地理志、地图、地名索引（如《中华人民共和国地名词典》、《最新世界地名录》）等，有时也可查百科全书。

7. 图像资料信息

查考图像资料，辨别种类，利用图谱，又称图鉴。它以图为主，以文字说明为辅。目前的图谱数据库主要有如下几种。

（1）《中国植物图谱数据库》（www.plantpic.csdb.cn），由中国科学院武汉植物园网络信息中心创建。其中有 10 余个植物图谱数据库，全部数据实现网络共享。

（2）《蛋白质组图谱数据库》（www.bioon.com/biology/Class422/200406/48334.html）。

常用的印刷本图谱有《中国高等植物图鉴》、《中华人民共和国土壤图》、《中华人民共和国植被图》、《世界农业地图集》、《中国农作物病虫图谱》、《中国动物图谱》等。此外中外文大型综合性百科全书、专业百科全书中往往附有大量图像资料。

除上述以外,还有历史图谱、文物图谱、人物图录,如《中国近代史参考图片集》《中国历史参考图谱》《新中国出土文物》《中国历代名图鉴》等。

8. 百科知识

查考百科知识:包括检索综合学科或专门学科知识,以及对各类社会资源的调查报告、统计资料和历史记载等,可利用百科全书、百科辞典或古代的类书。

1) 综合性百科全书网络数据库

(1) 中国百科全书数据库。1996 年出版了《中国大百科全书》图文数据光盘,它将全书 74 卷集于 24 张光盘之内,在网上提供服务。

(2) 网上百科词典(www. encyclopedia. com)。Internet 上最优秀的免费百科全书之一。

(3) 国家百科全书网(countries-book. db66. com)。

(4) DIALOG 事实数据库(www. dialogweb. com)。

(5)《美国百科全书》(The Encyclopedia America)。

(6)《大不列颠百科全书》电子版(www. eb. com)。

(7)《科里尔百科全书》(The Collier's Encyclopedia)。

(8) 中文工具书参考系统(dlib. zslib. com. cn:7777/tool/tool. htm)。

(9) 中国工具书集锦在线(refbook. cnki. net)。目前收录了 1990 年至今近 200 家出版社出版的语言词典、专科辞典、百科全书、国鉴(谱)年表共 2000 多种,以及作者直接向该网投稿的辞书约 20 种,词条近千万,图片 70 余万张。

(10) 世界百科全书(World Book Encyclopedia,www. worldbookonline. com)。

(11) 维基百科(Wikipedia,www. wikipedia. org)是一个自由、免费、内容开放的网络百科全书,提供新闻动态、历史上的今天及各主题相关资源,包括人文、社会、自然、文化等。

2) 专业类网络版百科全书

(1) 简明气象百科全书(njim. edu. cn/cjmqwbks. htm)。

(2) 天文学和天体物理学百科全书(Encyclopedia of Astronomy and Astrophysics),其网址为 nature. calis. edu. cn/eaasearch. asp。

(3) 鱼类百科全书(vm. cfsan. fda. gov/~frf/rfe0. html)。

(4) 文学百科全书(Literary Encyclopedia and Literary Dictionary),其网址为 www. litencyc. com。

(5) 斯坦福哲学百科全书(Stanford Encyclopedia of Philosophy,plato. stanford. edu)。

上述百科全书除了网络版和光盘数据库外,还有各自的印刷本。另外,古代一些称作"类书"的工具书具有百科全书性质,如《古今图书集成》《十通》《北堂书钞》《艺文类聚》等。

9. 历史事件、年代和日期

查历史事件就是了解某一学科的历史沿革,某一重大事件的缘由与结果等。可利用百科全书、辞海、年鉴、年谱等工具书。查年代、日期主要利用年表、年鉴、年度大事记、历表等。

电子版有中国历代纪年表(www. guoxue. com/tools/tool. htm)、中国历代帝王纪年表和历代帝王年号索引。印刷本有《世界历史辞典》、《中国历史大辞典》、《中华人民共和国大事记(1949—1989)》、《二十世纪世界各国大事全书》，不同历法的年月日的换算利用历表(如《二百年历表》、《中西回史日历》、《两千年中西历对照》等)。

10. 产品资料信息

查考产品资料信息，主要指查找网络上的产品资料信息数据库，如产品样本、产品目录和产品说明书。

1) 中国产品信息检索

(1) 利用搜索引擎检索各种行业网站、公司企业网站，可查找产品的价格、型号、规格、品种等信息。

(2) 利用行业或学科专业数据库，如《中国企业产品库》、《全国科技成果交易信息数据库》(CGK)、《中国企业、公司及产品数据库》(CECDB)、《电子产品价格数据库》等。

(3) 利用印刷本产品年鉴、产品手册、样本集和企业名录，如《中国产品信息年鉴》、《产品科技信息》、《机械产品目录》，有些广告资料也包含产品资料等。

2) 外国产品信息的检索

利用外国产品信息三大检索工具。

(1) 托马斯美国制造商名录(Thomas Register of American Manufacturers)(www. thomasregister. com)，收录约15万家企业和12万余种产品的信息。

(2) 产品总目录(Master Catalog Service, MCS)是检索美国为主，兼顾加拿大、英国、日本工业产品及其有关公司信息的重要工具，以缩微资料形式发行。

(3) 商品年鉴(Commodity Year Book)是美国商品研究局(Commodity Research Bureau)的出版物，每年出一册。

3) 国内产品价格信息检索

利用国家信息中心开发的"物价信息系统"、中国价格信息网(www. cpic. gov. cn)等获得有关国内产品价格信息。

11. 查找考试信息

收录考试信息的网站较多，也可以从网址库查询相关的考试信息网站。

(1) 中国网址库(www. 5126. net)。

(2) 网址库(wangzhiku. com)。

(3) Kaplan 教育考试中心(www. kaplan. com)为高中生、大学生、研究生的各个专业提供考试信息。

印刷型检索工具有全国各地的硕士生、博士生招生专业目录。

12. 查找就业信息

互联网上有很多的就业信息和专门为求职者提供的站点，善于利用这些信息将为我们求职和职业规划带来帮助：

(1) 中国高校毕业生就业服务信息网(www. ncss. org. cn)，是由教育部主管、全国高等学校学生信息咨询与就业指导中心主办的就业招聘网站，主要面向大学毕业生提供就业信息。

(2) 中国人才热线(www. cjol. com)，老牌网站，信息多，大公司多。

（3）中华英才网（www. chinahr. com），为全国人才提供最新的工作机会，提供搜索职位、求职指导、职业测评、校园招聘等求职服务。

（4）智联招聘（www. zhaopin. com），为个人用户提供职位搜索、简历管理、职位定制、人才评测、培训信息等。

（5）前程无忧招聘（www. 51job. com），最大的特色就是有传统报纸的求职招聘版块与其配套宣传。很多 HR 经理不一定是非得上网招人的，基本走了网络加传统的线路。

如果你是行业比较特殊或不是大众职位的，可以上一些分类招聘网站，如"行业招聘网"（www. job36. com）。

4.2 事实和数值重要检索工具介绍

4.2.1 综合性检索工具

1. 中文类

1)《中国大百科全书》

《中国大百科全书》是中国第一部大型现代综合性百科全书，是我国最权威、最专业、影响最大的百科全书。为配合这套百科全书，自 1980 年起，每年另出版《中国百科年鉴》一册。《中国大百科全书》目前已有光盘版和网络版（www. ecph. com. cn）。印刷型版本样页如图 4-1 和图 4-2 所示。

2)《四库全书》

《四库全书》是清代乾隆年间官修的规模庞大的百科丛书。它汇集了从先秦到清代前期的历代主要典籍三万六千余册，约八亿字，分为经、史、子、集四部，被誉为中华文化的瑰宝。目前出版了全文网络版《文渊阁四库全书电子版》。

图 4-1 《中国大百科全书》
美术卷目录（经过剪辑）

神下肢为衣裙所遮，舒卷自然的衣褶显示出人体结构和动态，增添了丰富的变化和含蓄的美感。雕像体现了充实的内在生命力和人的精神智慧，它既有女性的丰腴妩媚和温柔秀美，又有人类母亲的伟大庄严和慈爱。在风格上接近于前4世纪古典艺术盛期的作品，为希腊化时期所少见。

　　雕像双臂已残缺，但仍可看出右臂上抬、左臂下垂的姿态。后人曾对双手的姿态作了种种猜测，有说是右手举着金苹果，

图 4-2 《中国大百科全书》美术卷正文摘录

2. 外文类

1)《美国百科全书》(The Encyclopedia American,EA)

这是美国出版的第一部大型综合性百科全书,也是世界著名的 ABC 三大百科全书之A。网络版为《在线美国百科全书》(Encyclopedia Americana Online,ea. grolier. com)。

2)《不列颠百科全书》(Encyclopedia Britannica Online,EB)

又称《大英百科全书》(www. britannica. com),是世界上出版历史最长(至今已有 200多年)、影响最大、最权威的一部综合性百科全书,是世界著名的 ABC 三大百科全书之B,初版于 1768 年。

3)《科里尔百科全书》(The Collier's Encyclopedia,CE)

该书由 Macmillian Education Corp. 出版,是一部 20 世纪新编的大型英语综合性百科全书,是世界著名的 ABC 三大百科全书之C,内容配合美国大学和中学全部课程,收条目23 000 个,具有通俗、清晰、简洁、可读性强等特点。

4.2.2 专科类检索工具

1. 中文类

1) 年鉴

年鉴是一种全面记述事业的年度发展,系统汇集年度重要时事文献信息,逐年编辑、连续出版的资料工具书,最有代表性的年鉴数据库有《中国年鉴资源全文数据库》。

下面以《中国信息年鉴——2004》的编辑说明为例说明年鉴的内容特色。

(1)《中国信息年鉴》是首部全面反映我国信息化建设实况和发展变化的大型资料性工具书。由国家发展和改革委员会主管,国家信息中心和中国信息协会主办,《中国信息年鉴》期刊社出版,旨在忠实记载我国信息化事业建设史实,全面反映我国信息化建设基本情况,集中展示我国信息化建设成就与经验,集纪史性、实效性与指导性为一体,为各级政府、各类企事业单位及各个领域的信息化决策提供有效信息支持。

(2) 本年鉴自 2001 年起,每年编印一卷。年鉴内容重点记载上一年与当年我国信息化建设发展的新情况,出版时间为每年 10 月。2004 卷主要收录了 2003 年全年和 2004 年上半年的最新相关资料,按内容分类编排,文章表述方式以条目为主;检索部分包括中文目录和英文目录。

(3)《中国信息年鉴——2004》共 10 部分。

① 综述篇:我国信息化建设事业发展总体概况。

② 产业发展篇:我国现代信息产业发展现状及产业最新动向。

③ 应用推广篇:体现以信息化带动工业化战略思想,重点收录了 50 多个行业(领域)信息化建设与发展的新情况、效果评价及近期信息化工作重点和重大举措。

④ 重大工程篇:国家电子政务建设一期重点工程及其他全国性重大信息化工程建设进展情况。

⑤ 地区发展篇:全国各省、自治区、直辖市及港澳台地区信息化事业总体发展概况。

⑥ 专题研究篇:信息化发展重大问题的专家观点(本卷着重反映了信息内容产业和信息资源开发利用等方面的研究专题)。

⑦ 政策法规篇：选录了 2003—2004 年国家、部委和地方等颁布的信息化相关重要政策、法规及法规目录（2003 年 9 月—2004 年 9 月）。

⑧ 大事记录篇：2003—2004 年我国信息化大事记（2003 年 9 月—2004 年 9 月）。

⑨ 国际资料篇：重点收录了国际组织（联合国、欧盟等）和各国信息内容产业发展及信息化战略等方面的文献资料。

⑩ 附录：信息化领域的相关参考资料。

可见，年鉴有如下特征。

（1）连续出版，有重要的史料价值。英文中的年鉴有 yearbook、annual、almanac 等名称，almanac 兼有现期和回溯性的内容，yearbook、annual 不一定有回溯性的内容。年鉴按年出版，提供反映事物发展趋势的可比性资料。人们可以利用不同年度的资料进行纵向对比，从中发现事物的发展趋向。许多国家把年鉴作为史料的第一手资料，受到研究人员的特别重视。

（2）内容新颖。由于年鉴按年出版，能及时反映上一年的最新信息。可供查阅一年的大事要闻、新动态，以及提供某一学科主要论著（论文）和某些问题的争鸣情况。其主要内容不断更新，其间虽有回溯性资料，但所占比重很小。因此，年鉴时效性强，信息价值高。很多著名的百科全书出版社都逐年出版年鉴作为其补编，以弥补百科全书不能经常修订、最新信息内容不易收入的不足。

【例题】检索 2004 年经济方面的信息资料应该用_____年出版的年鉴。

【题解】答：2005。当年出版的年鉴一般反映的是上一年资料，有时也包括当年上半年的信息。

（3）信息量大。年鉴"集万卷为一册、缩一年为一瞬"，收录资料广泛且集中。它既概括各学科新知识、新进展、新成果，又反映各学科各行业的事件、人物、综述、概览、动态、大事记、统计资料、书目、索引、文摘、名录、便览、指南等栏目，容纳了丰富的信息量。年鉴集多种工具书之功能于一身，可从不同角度满足读者的各种需求。可以提供阶段性的总结和说明资料。

【例题】用_____检索 2004 年中国经济领域的统计数据、政策、会议、新理论。

A.《中国经济年鉴》　　　　　　　　B.《中国统计年鉴》

C.《中国大百科全书》（经济卷）　　　D.《经济管理大辞典》

【题解】选 A。本题要点：《中国经济年鉴》与《中国统计年鉴》有异同，在一些统计数据上有相同点，只有《中国经济年鉴》报道经济领域的政策、会议、新理论。《中国大百科全书》编辑一次需要 10 年，不能反映 2004 年的新资料。《经济管理大辞典》也不会比《中国经济年鉴》更权威、全面。

（4）选材具有一定的权威性。年鉴选材严格，其学术性条目多由专家撰写或审定，均有本学科、本部门、本行业特色的栏目，熟悉年鉴的基本栏目及主要特色十分必要。其资料多取材于当年政府发布的各种公报、文件及重要报刊，许多年鉴的主要资料都注明出处。因此，年鉴在内容上具有一定的权威性，可直接引用。

2）统计资料和统计网站

（1）单独出版的统计资料。单独出版的统计资料可以从不同角度划分。从收集地理范围来看，可分为国际性和地区性的统计资料；从收集内容上看，可分为综合性的和专科性的统计资料；从出版形式来看，可分为统计年鉴、统计手册、统计图表、统计期刊以及统计资料汇编等。

（2）附在各类工具书和其他出版物上的统计资料。除专门的统计资料外，一些其他的工具书也附有统计资料，如年鉴、手册、百科全书、地图集等。

【例题】用＿＿＿检索金融统计数据、中国宏观经济月度分析报告、食品行业报告《2003年奶业形势分析》。

A.《中国人民大学报刊全文数据库》　　B. 维普《中文科技期刊数据库》

C. 国研网　　　　　　　　　　　　　D. CNKI 或者万方数据库的会议论文数据库

【题解】选 C。本题主要通过实践验证，不完全靠理论推导，体现了信息检索课程的实践性。当然 A、B 也收录一些统计分析论文和行业报告。

（3）统计网站。

各个国家以及我国各省、部、局几乎都有自己的网站，可供人们查找各类数值型数据。

① 中国国家统计局信息网（www.stats.gov.cn）是我国国家级统计网站，可查询国家及各省市、各部委的统计数据、统计分析、法规等资料信息，如图 4-3 和图 4-4 所示。

图 4-3　国家统计局网站

指标	居民消费价格指数	食品	粮食	肉禽及其制品
全国	106.2	113.4	112.2	129.3
北京市	106.6	113.1	110.9	129.3
天津市	105.8	114	108	131
河北省	106.6	113.9	108.4	132.6
山西省	105.9	114.1	108.3	133.2
内蒙古自治区	106.6	115.9	111.9	133.9
辽宁省	105.6	111.1	110.8	132.4
吉林省	106.1	113.2	110.3	129.7
黑龙江省	107.2	115.8	112	134.7
上海市	105.8	112.6	114.2	124.5
江苏省	106	114.7	109.2	125.9
浙江省	106.2	113.6	112.1	130

图 4-4　国家统计局检索到的消费数据

② 中国经济信息网(www. cel. gov. cn)由国家信息中心组建、中经网数据有限公司开发维护,是以提供经济信息为主的专业网站。

3) 手册

手册是汇集某一专业领域或范围内经常需要参考的资料、文献或专业知识的工具书。英文手册有 handbook 和 manual 两类,handbook 为手头常用书,侧重于回答"怎么样";manual 通常侧重于指导"怎样做"。有时也被称为指南、要览、便览、大全、须知等。手册根据收录的内容不同,分为综合性和专科性两种类型。

其特点是资料准确、内容成熟、叙述简练,常以公式、数据、规章、条例、图表作为表述方法,实用性强,查找方便。

【例题】检索 1987 年我国纺织工业的国民生产总值。

【题解】可以用手册。翻阅《纺织手册》(如图 4-5 所示),或检索其电子版(如图 4-6 所示)。

目 录
第一部分 国内部分
一、中国国民经济和纺织工业经济
1. 国民生产总值、国内生产总值和按人口平均占有额 ……… (1)
2. 国民生产总值和国内生产总值增长指数 …………… (2)
3. 全国分产业的国内生产总值 …………………… (3)
12. 纺织工业在国民经济中的地位 ……………… (13)

图 4-5 《纺织手册》的目录(经过剪辑)

第一部分 国内部分
一、中国国民经济和纺织工业经济
1. 国民生产总值、国内生产总值和人均国民生产总值
(按当年价格计算)(10亿元·RMB¥b.)

年 份 Year	总人口 (百万人) Population (Mil.)	国民生产总值 GNP	国内生产总值 GDP	人均国民生产总值 (元 RMB¥) GNP/Capita
1978	962.59	362.4	362.4	379
1980	987.05	451.8	451.8	460
1986	1075.07	1021.1	1020.2	957
1987	1093.00	1195.6	1196.2	1103

图 4-6 《纺织手册》的正文(经过剪辑)

2. 外文类

(1)联合国粮农组织的统计数据库 FAOSTAT(apps. fao. org),为一个多语种的数据库,拥有世界各国在农业、林业、渔业以及营养等领域的统计数据 100 多万条。

(2)《贝尔斯坦有机化学手册》及《盖墨林无机化学手册》,为当今世界上最庞大的化合物手册。

4.2.3 专题类检索工具

专题类检索工具主要是门户网站。学科信息门户是图书馆员和学科专家搜集、整理同学科和科技热点有关问题的常用网站资料,包括最新咨询、电子期刊、数据库、实验室信息等。图书馆建立门户主要是面向用户,对可利用的资源和服务做整体性、深层次的揭示。目前,在我国学科信息门户建立得较成功者,是中国科学院中国国家科学数字图书馆所创建的 5 个学科信息门户网站。

中国国家科学数字图书馆信息门户网址为 www. csdl. ac. cn/ejournal/CSDL--SubjInfo. php,包括数理学科信息门户(phymath. csdl. ac. cn),化学学科信息门户(chin. csdl. ac. cn),生命科学学科信息门户(biomed. csdl. ac. cn),图书情报学科信息门户(tsg. csdl. ac. cn),资源和环境科学学科信息门户(www. resip. ac. cn)。

重庆维普资讯有限公司(www. cqvip. com)主页有学者空间,如图 4-7 所示。

图 4-7　重庆维普资讯有限公司主页的学者空间

4.3　检索示例

1. 用印刷型检索工具检索

【例题】检索"九州"的图片和文字介绍。

【题解】从读秀网检索《辞海》的电子版，或直接翻阅印刷版，根据目次，找到相应页码，如图 4-8 和图 4-9 所示。

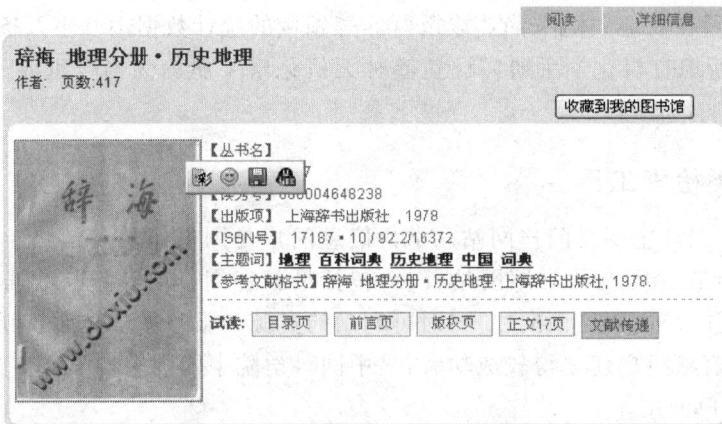

图 4-8　在读秀网检索到的《辞海》信息

2. 用搜索引擎检索

【例题】查：世界最长的河流是哪一条？

【题解】用 Google 搜索引擎，输入"世界最长的河流"。结果：尼罗河。

正文内容

剪辑后
的目录

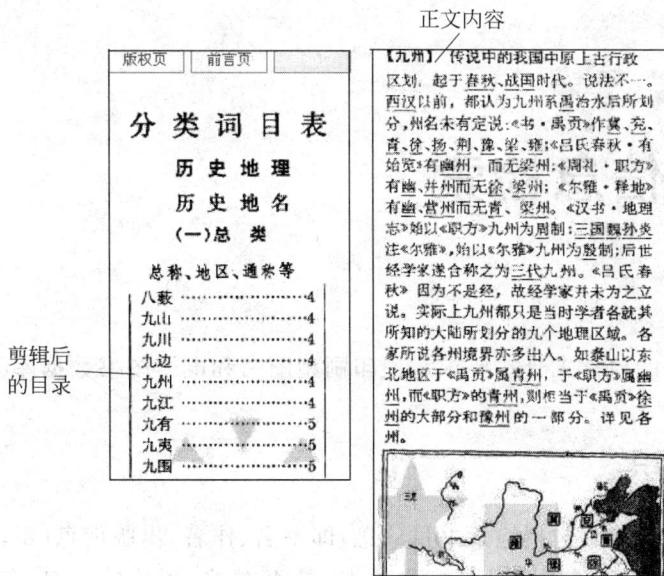

图 4-9 在读秀网检索到的《辞海》原文（剪辑图）

【例题】查：第一部有声电影是什么时候第一次放映的？

【题解】用百度的高级搜索，输入"世界＊第一部＊有声电影"。结果：《唐璜》，1926 年 8 月 6 日上映。

思考题

检索本专业的重要名词术语，需要使用哪些检索工具？

综合实习题

1. 检索经济学家凯恩斯（凯因斯）的 3 本主要著作有 ＿＿＿＿＿＿＿＿＿＿＿＿＿＿＿ 。
2. 检索"特许经销权"的含义。
3. 检索门户网站上关于某个机构和人物的信息。
4. 检索"完颜阿骨打"的生卒年代、历史评价。
5. 检索"圈地令"的相关资料。
6. 检索某年某省的工业产值。
7. 检索"独在异乡为异客，每逢佳节倍思亲。遥知兄弟登高处，遍插茱萸少一人。"出自何诗？
8. 利用搜索引擎、印刷型图谱检索动植物图谱。

第5章
图书信息检索

本章介绍图书的检索工具。要求掌握印刷型图书和电子图书数据库的检索方法。

5.1 基本知识

狭义的图书信息检索包括检索书目信息,即书名、作者、出版信息(不含图书收藏信息部分)、价格等,馆藏图书还有索书号、馆藏地点、是否在馆、预约等信息,其次是检索图书的内容。

有的标准文献目录或汇编、会议录、学位论文等篇幅较大,也以图书形式出版。所以,广义的图书信息检索应该包括检索某些标准文献、会议文献和学位论文。对于社会科学的检索课题而言,图书通常是最重要的信息源。但是图书的内容比较陈旧,所以对于自然科学的检索课题而言,重要性不如期刊、学位论文和专利信息。

由于著作权法对于图书的保护程度远远超过期刊、报纸、专利、标准等其他信息,图书的作者和出版社一般不愿意无偿提供电子图书,即使出版社愿意,也会在纸本图书出版一年甚至更久后才提供电子文件给电子图书公司加工。因此,电子图书数据库的更新比专利和期刊慢。图书的同期出版数量也比期刊和专利少得多,我国目前每年出版图书 20 万种,但是中文数据库和全世界专利文献每年递增 100 万篇以上。况且与成熟的期刊数据库和专利数据库相比,由于检索字段少,加工深度不够,目前图书信息的检索功能和效果远远不及期刊和专利数据库。

5.2 主要检索工具

5.2.1 图书出版信息检索工具

1.《全国新书目》月刊

该书目收录全国各出版社近期出版的新书,辟有新书评价、特别推荐、畅销书摘要等栏目,全方位、多层次地向读者介绍新书、好书。

2.《新华书目》报

《新华书目》报由新华书店总店主办,公开发行,分《社科新书目》和《科技新书目》两种,报道最近出版和即将出版的新书。报道内容含书业新闻及述评、新书预告、近期重点图书介绍等。

3．出版社目录

各出版社为向读者宣传本社图书而编辑出版的目录，通常为非公开发行，只报道本社出版的图书，分图书内容简介和征订目录两种，并附当期检索目录。

5.2.2 图书馆目录信息检索系统

主要用于检索本馆收藏图书的目录，特别是收藏信息，如图 5-1 所示。

#	著者	题名	资料类型	年代	馆藏地
1	☐ 花田，春兆(1925-)	日本文学のなかの障害者像：近·現代篇 / 花田春兆編著.		2002	外文图书阅览外借室(1/0)
2	☐ 野口，武彦(1937-)	近代日本の詩と史実 / 野口武彦著.		2002	日本出版物文库阅览室(1/
3	☐ 邉，恩田(1950-)	語り物の比較研究：韓国のパンソリ·巫歌と日本の語り物 / 邉恩田		2002	外文图书阅览外借室(1/0)

图 5-1　中国国家图书馆"公共检索"界面

5.2.3 网上书店

以美国于 1994 年 7 月创建的亚马逊网上书店为起点，十几年来，各国网上书店迅速发展，我国第一家网上书店是杭州市新华书店网站，于 1997 年建成。影响较大的还有北京图书大厦、上海书城、当当网上书店等。

1．亚马逊网上书店

由杰夫·贝索斯(Jeff Bezos)创办的全球第一家网上书店——亚马逊网上书店(www.amazon.com)以其丰富的购书品种、优惠的价格(折扣率 20％～50％)、完善的结算制度、高效的配送服务赢得了国内外几千万客户，成为美国最大的电子商务品牌。

2．当当网上书店

当当书店(www.dangdang.com)是于 1999 年 11 月建成的中文网上书店，网上展示 20 万余种图书的全部详细信息。

3．上海书城

上海书城(www.bookmall.com.cn)可向来自全球的顾客提供 20 余万册的图书音像等出版物。网站将所有书籍分为计算机、哲学、文学、法律、军事、少儿读物、工商管理等 20 多个类别。

5.2.4 网上免费电子图书

1．起点中文网

起点中文网(www.qidian.com)小说原创版权基地，提供玄幻奇幻小说、武侠小说、都市言情小说、历史军事小说在线阅读及首发最新章节。

2．小说阅读网

小说阅读网(www.readnovel.com)致力于中国原创小说发展，库藏书数万册，每日更新上百本。提供在线阅读，在线连载，页面清新。

3. 潇湘书院

潇湘书院(www.xxsy.net)创建于2001年，现已发展成为集原创、武侠、言情、古典、当代、科幻、侦探等门类齐全的公益性综合小说阅读网站。

4. 书生读吧

书生读吧(www.du8.com)是全球最大的电子书门户网站，拥有200 000名作者的独家授权，收集网上网下最全的电子书，大量图书都可以免费阅读和下载，从热门小说到专业图书应有尽有。

5. 网络中国图书

网络中国图书(book.httpcn.com)提供大量免费电子图书下载、E书下载。

5.2.5 数字图书馆信息检索系统

数字图书馆是现代高新科学技术、文献知识信息以及传统历史文化完美结合的体现。它改变了传统图书馆的静态书本式文献服务特征，实现了多媒体存取、远程网络传输、智能化检索、跨库无缝链接，创造出超时空信息服务的新境界。

1. 美国国会图书馆

美国国会图书馆网站(www.loc.gov 或 lcweb.loc.gov)汇总了国会图书馆所有的网上资源，平均每天的点击量为一百万次，绝大部分信息资源都是对公众开放的。

2. 中国国家图书馆

中国国家图书馆(www.nlc.gov.cn)1998年提出实施"中国数字图书馆工程"。在工程第一期(2000—2005)完成十多个主题的数字资源库的建设，包括中华文明史资源库、中共历史资源库、中国国情资源库、中国科技资源库等，并引进若干国外专题数据库。

3. 上海数字图书馆

上海数字图书馆(www.digilib.sh.cn)项目的启动工程组织了丰富的馆藏文献，包括古籍、民国图书、地方文献、科技报告、中外文期刊、音响资料、历史照片等，按照读者需求和文献特征形成九大系列，即上海图典、上海文典、点曲台、古籍善本、科技会议录、中国报刊、民国图书、西文期刊目次、科技百花园。

4. 其他数字图书馆

1）超星数字图书馆

超星数字图书馆(www.ssreader.com)由北京世纪超星公司开发，是我国第一个商品化的数字图书馆系统，也是我国目前互联网上建立的规模最大的数字图书馆。系统组成和基本功能有数字化资源制作系统、文献编目标引系统、信息发布和资源管理系统。

2）北大方正Apabi电子图书

北大方正与全国400多家出版社合作的Apabi(www.apabi.com)数字图书馆电子书总量已达到20万种，现已应用于全国各地的省级图书馆和区县图书馆，为读者提供网上图书借阅服务。地方图书馆也可以利用方正技术，制定地方特色文献资源。

3）书生之家数字图书馆系统

书生之家数字图书馆由北京书生数字技术有限公司于2000年创办，目前可提供十多万种图书全文在线阅读。其中大部分为近几年出版的新书，侧重教材、教参与考试类、文学艺术类、经济金融与工商管理类图书。"书生之家"的搜索引擎提供分类检索、单项检索、组合检索、全文检索、二次检索等检索功能，也可按分类或按出版年浏览图书。

4）John Wiley & Sons，Inc.（约翰·威利父子出版公司，www.wiley.com）

该公司创立于1807年，是全球历史最悠久、最知名的学术出版商之一，享有世界第一大独立学术图书出版商和第三大学术期刊出版商的美誉。Wiley InterScience（www.interscience.wiley.com）是John Wiley & Sons，Inc. 的学术出版物在线平台，向全世界的学术机构、企业以及公共图书馆提供超过360种的高品质科学、技术、医学和商业类期刊、电子图书、工具书和实验室指南以及专业数据库，学科覆盖了化学化工、生命科学、医学、高分子及材料科学、工程学、数学及统计学、物理及天文学、地球及环境科学、计算机科学、工商管理、法律、教育学、心理学、社会学等14学科领域的学术出版物。该公司出版的学术期刊质量很高，尤其在化学化工、生命科学、高分子及材料科学、工程学、医学等领域。目前出版的近500种期刊中，2005年有一半以上被SCI、SSCI和EI收录。图5-2所示是该公司外文图书数据库的一本电子图书。

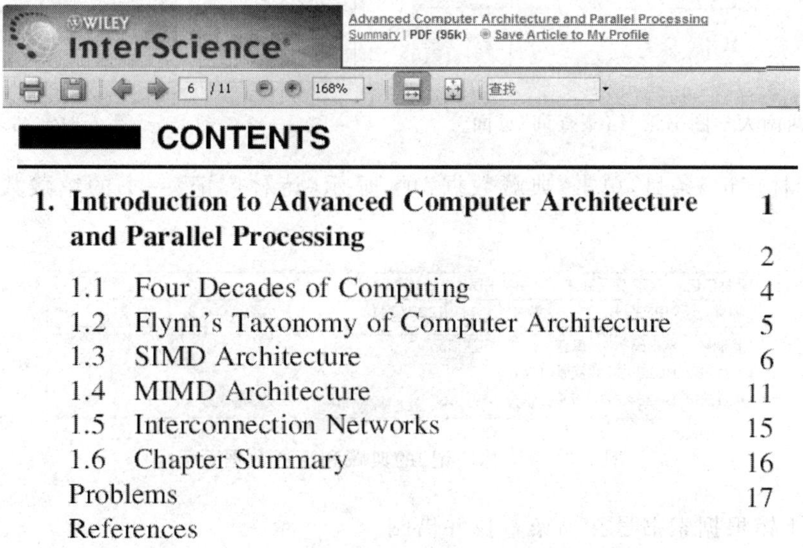

CONTENTS

1. Introduction to Advanced Computer Architecture and Parallel Processing 1
2
1.1 Four Decades of Computing 4
1.2 Flynn's Taxonomy of Computer Architecture 5
1.3 SIMD Architecture 6
1.4 MIMD Architecture 11
1.5 Interconnection Networks 15
1.6 Chapter Summary 16
Problems 17
References

图5-2 John Wiley外文图书数据库的图书原文

5.3 检索示例

【例题】检索文学类1919年以前的古诗词的图书，并要求找到收藏地点并借阅。

【题解】分析课题。此类书籍太多，名称五花八门，最好采用分类途径结合标题途径。首先确定分类号，使用百度搜索"中图法简表"，如图5-3所示。

下载该文件，找到简表的文学类目中的1919年以前古诗词分类号I222，回到西南大学

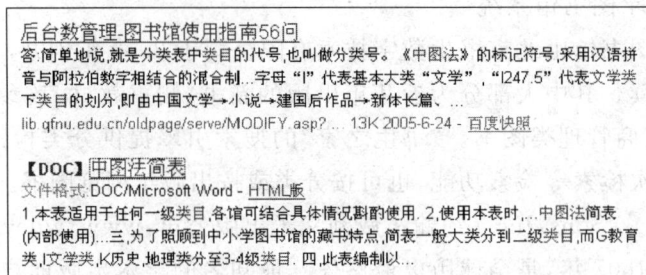

图 5-3　使用百度搜索"中图法简表"的结果页面

图书馆主页，选择"公共检索"的"书目查询"，打开"馆藏查询"页面，如图 5-4 所示。在下拉列表选择"索书号"，在文本框中输入 i222，单击"查询"按钮，查询结果的书名多数不包含"古诗词"，表明了分类途径具有超越书名限制的族性检索功能。节选部分查询结果如图 5-5 所示。

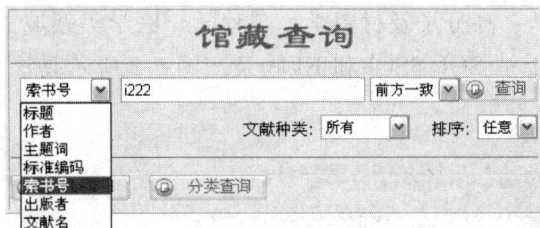

图 5-4　西南大学图书馆"馆藏查询"页面

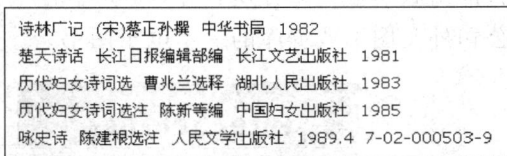

图 5-5　部分检索结果

选择《诗林广记》条目，单击"典藏数据"项，显示《诗林广记》一书的馆藏数据，如图 5-6 所示。

图 5-6　《诗林广记》的典藏和流通数据页面

直接到 1 馆根据索书号在书架查找并借阅。

【实例】检索陈文灯教授撰写的研究生考试数学参考图书，建议使用电子图书数据库读秀网（www.duxiudsr.com），过程如图 5-7 和图 5-8 所示。

思考题

1. 图 5-9 所示是电子图书检索过程和结果，请以此为例思考书名和主题词两种途径的区别。

2. 已知中图法分类号 G643.6 表示"研究生教育机构"。用该分类号检索图书馆收藏的有关研究生考试的图书，思考分类号和书名两种途径的区别。

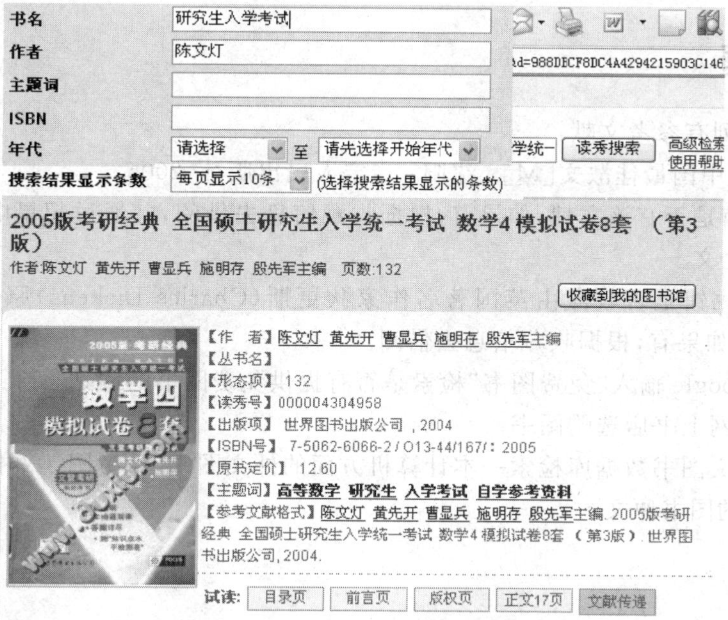

书名	研究生入学考试
作者	陈文灯
主题词	
ISBN	
年代	请选择 ∨ 至 请先选择开始年代 ∨
搜索结果显示条数	每页显示10条 ∨ (选择搜索结果显示的条数)

id=988DECF8DC4A4294215903C146

学统一 读秀搜索 高级检索
使用帮助

2005版考研经典 全国硕士研究生入学统一考试 数学4 模拟试卷8套 （第3 版）
作者:陈文灯 黄先开 曹显兵 施明存 殷先军主编 页数:132

收藏到我的图书馆

【作 者】陈文灯 黄先开 曹显兵 施明存 殷先军主编
【丛书名】
【形态项】132
【读秀号】000004304958
【出版项】世界图书出版公司 ,2004
【ISBN号】7-5062-6066-2 / O13-44/167；:2005
【原书定价】12.60
【主题词】高等数学 研究生 入学考试 自学参考资料
【参考文献格式】陈文灯 黄先开 曹显兵 施明存 殷先军主编. 2005版考研经典 全国硕士研究生入学统一考试 数学4 模拟试卷8套 （第3版）. 世界图书出版公司,2004.

试读: 目录页 前言页 版权页 正文17页 文献传递

图 5-7 读秀网的检索结果页面(经过剪辑)

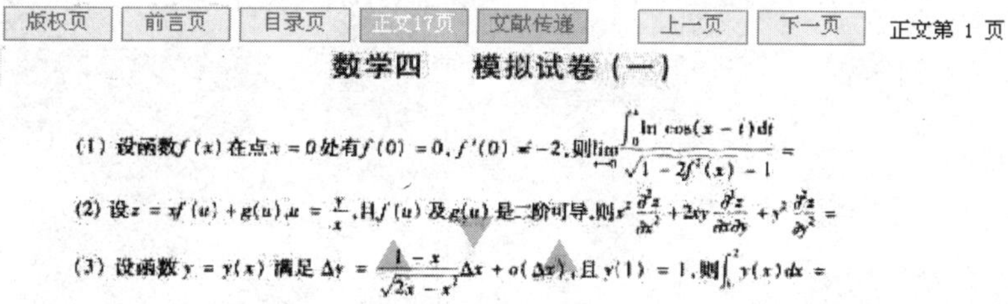

版权页 前言页 目录页 正文17页 文献传递 上一页 下一页 正文第 1 页

数学四 模拟试卷（一）

(1) 设函数 $f(x)$ 在点 $x=0$ 处有 $f(0)=0, f'(0)=-2$,则 $\lim\limits_{x\to0}\dfrac{\int_0^{x}\ln\cos(x-t)dt}{\sqrt{1-2f^2(x)}-1}=$

(2) 设 $z=xf(u)+g(u), u=\dfrac{y}{x}$,且 $f(u)$ 及 $g(u)$ 是二阶可导,则 $x^2\dfrac{\partial^2z}{\partial x^2}+2xy\dfrac{\partial^2z}{\partial x\partial y}+y^2\dfrac{\partial^2z}{\partial y^2}=$

(3) 设函数 $y=y(x)$ 满足 $\Delta y=\dfrac{1-x}{\sqrt{2x-x^2}}\Delta x+o(\Delta x)$,且 $y(1)=1$,则 $\int_1^2 y(x)dx=$

图 5-8 电子全文页面(经过剪辑)

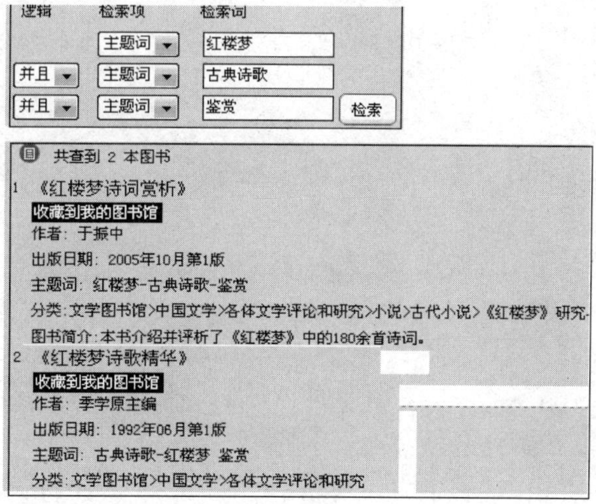

逻辑	检索项	检索词
	主题词 ∨	红楼梦
并且 ∨	主题词 ∨	古典诗歌
并且 ∨	主题词 ∨	鉴赏 检索

共查到 2 本图书
1 《红楼梦诗词赏析》
收藏到我的图书馆
作者: 于振中
出版日期: 2005年10月第1版
主题词: 红楼梦-古典诗歌-鉴赏
分类:文学图书馆>中国文学>各体文学评论和研究>小说>古代小说>《红楼梦》研究
图书简介:本书介绍并评析了《红楼梦》中的180余首诗词。
2 《红楼梦诗歌精华》
收藏到我的图书馆
作者: 季学原主编
出版日期: 1992年06月第1版
主题词: 古典诗歌-红楼梦 鉴赏
分类:文学图书馆>中国文学>各体文学评论和研究

图 5-9 电子图书检索结果(经过剪辑)

综合实习题

1. 某文章列有参考文献：

王蒙. 2005 中国最佳散文[M]. 沈阳：辽宁人民出版社, 2005.

检索图书馆是否有该文献，如果有，根据收藏信息去借阅，并通过超星电子图书馆检索有无其电子版全文。

2. 检索图书馆是否收藏由英国著名作家狄更斯（Charles Dickens）原著的图书 Great Expectations。 如果有，根据收藏信息去借阅。

3. 通过 Google 输入"免费图书"检索是否有提供免费图书的网站。

4. 从当当网上书店选购图书。

5. 使用外文图书数据库检索一本计算机方面的外文图书，参考图 5-2 中 John Wiley 外文图书数据库的图书原文。

第6章
期刊信息检索

本章介绍常用的期刊数据库,要求掌握中文常见的综合数据库和本专业的一个外文期刊数据库的用法。

6.1 基本知识

6.1.1 期刊的著录信息特征

国内的期刊大多采用"中图法"分类号归类。在国际公开发行的具有 ISSN 号码(如 ISSN1000—2871),在中国发行的有中国统一刊号(如 CN31—1296/TQ)和邮发代号。期刊论文投稿格式包含的标题、关键词等成为数据库的各检索项,主要有如下几项。

- 篇名:中文篇名、英文篇名。
- 关键词:中文关键词、英文关键词。
- 摘要:中文摘要、英文摘要。
- 名称第一责任人:第一责任人是指文章发表时,多个作者中排列于首位的作者。
- 单位或者机构:文章发表时,作者所任职的单位或机构。
- 刊名:中文刊名和英文刊名,英文刊名中包括中文期刊的英文名称和英文期刊的名称。
- 参考文献:在文章后所列"参考文献"。
- 全文:文章的正文。

表 6-1 列出了中外期刊数据库常用的检索字段。

表 6-1　数据库常用的检索字段列表

西文数据库常用字段		中文数据库常用字段
字 段 名 称	字 段 代 码	
Abstract	AB	文摘
Author	AU	作者
Corporate	CS	机构名称
Descriptor/Subject	DE	叙词/主题词
Document Type	DT	文献类型
Full-text	FT	全文
ISSN	ISSN	国际标准连续出版物号
Journal Name/Publication Title	JN	期刊名称

续表

西文数据库常用字段		中文数据库常用字段
字段名称	字段代码	
Keyword/Topic	KW	关键词
Language	LA	语言
Publication Year	PY	出版年
Title	TI	题名

6.1.2 中外文期刊检索工具的特点

（1）中文期刊库一般只收录国内的期刊信息；外文检索工具收录世界各国有影响的文献，也包含部分有学术价值的中文文献。

（2）中文期刊库收录信息类型单一，如维普《中文科技期刊数据库》就只收录期刊信息；外文检索工具信息类型收录广泛，有的还收录大量专利、科技报告、专著等。

（3）服务方式多样化。有镜像网站和在线阅读两类服务，镜像网站面向局域网内部读者，比较稳定，但是有时根据购买方的财力量身订制，数据量少，更新慢；在线阅读面向Internet 用户，信息更新快，提供多种登录方式，包括"账户登录"，合法用户在正确输入账户名、密码后，单击"登录"，即可进入系统；"IP 登录"，不需输入账户名、密码，直接单击"IP 登录"按钮即可进入系统；"访客进入"，非正式用户可很方便访问本系统，不需登录直接单击页面上的链接即可，访客只能查看一般说明文字和浏览、下载文献题录，不能查看和下载文章全文。

（4）各中文期刊数据库都有自己独特格式的"浏览器"，用于全文下载及浏览，只有正常登录的正式用户才可以下载保存和浏览文献全文。为了扩大影响，方便读者，目前这些期刊也同时提供通用的图片格式的原文。

（5）中文期刊库由于功能所限，一般无法实现一次性复杂检索，允许多次简单条件进行"二次检索"，即在第一次检索的基础上，根据检索要求，在二次检索框中输入相应的检索词再次进行检索，逐渐缩小检索范围。一般设有简单检索和高级检索两种界面，高级检索能对多个检索项进行逻辑组配查询。

高级检索的逻辑运算符号一般用汉字（与、或、非），有的用数学符号（＊、＋、－）或英文单词（AND、OR、NOT）。由于汉字的单字与单词界限模糊，很难切分，中文期刊库基本上不用位置运算符号，检索的准确性也因此逊于外文期刊数据库。

（6）与中文期刊库相比，外文期刊库更新周期更短，如 EBSCO、ABI（《美国工商数据库》）等可达到每天更新；检索方法更通用，一般提供基本检索、高级检索、出版物检索等；检索字段更多；均支持布尔逻辑算符 AND、OR、NOT 或 ANDNOT，检索算符多采用单词，而少用符号，如布尔逻辑算符采用 AND，不用"＊"，用 NOT 或 ANDNOT，不用"－"，与中文期刊库的习惯相反。这是因为"＊"具有多义性，既是无限截词符，也可以代表逻辑 AND，容易引起混淆。外文期刊库一般均使用位置算符、截词算符，检索准确。

（7）同一个外文数据库出售给多种集成检索系统使用，如美国《生物学文摘》（Biological Abstracts，BA）可通过 DIALOG、OVID 和 SPIRS 进行检索；如果是普查性的和帮助确定正确的检索词及检索式可查 SPIRS；如果需要较新的信息可考虑检索 DIALOG 和 OVID，但要考虑到费用和信息的全面性、新颖性，最好用 DIALOG。

（8）各检索系统收录范围各有重点，需要择优选用。例如，化学文献查 STN 就比 DIALOG 好；查经济类信息考虑到检索费用与课题价值相比只是一小部分，应该用 DIALOG。

6.2　检索工具简介

6.2.1　综合性检索工具简介

1. 中文检索工具

1）维普《中文科技期刊数据库》

《中文科技期刊数据库》是重庆维普资讯有限公司（www.cqvip.com）1989 年创建的国内最早的期刊文献数据库，包含了 1989 年至今的 12 000 种中文期刊刊载的 2300 余万篇全文，引文 3000 余万篇。文献最早回溯到 1955 年。其检索入口有 11 个，并将期刊范围划分为"全部期刊"、"重要期刊"和"核心期刊"、"EI 来源期刊"、"SCI 来源期刊"、"CA 来源期刊"、"CSCD 来源期刊"、"CSSCI 来源期刊"。

核心期刊（Core Periodical）的概念最早产生于 20 世纪 30 年代的英国。英国化学家兼文献计量学家布拉德福根据对地球物理学科期刊文献的研究，认为尽管期刊出版数量众多，期刊所载论文浩如烟海，但是它们在期刊中的分布、流通和使用都存在一定的规律，即本学科有用的文献多数集中在为数不多的核心刊物上，其余少数则分布在为数众多的大量一般刊物上。由于测评核心期刊的方法不同，结果不一样，核心期刊只是一种相对的动态统计的概念，目前在图书馆界被普遍认同的是北京高校图书馆期刊工作委员会和北京大学图书馆编制的《中文核心期刊要目总览》，最新版是第 5 版（2008 年），收录中文核心期刊 1983 种。实际上核心期刊上的文章未必每篇学术水平都高，非核心期刊上的文章未必每篇学术水平都低，所以核心期刊范围只能起参考作用，不能起标准作用。

核心期刊刊载本学科或专业的文章多，集中反映了本学科或专业的大量信息，全面地反映本学科或专业的研究成果，代表本学科或专业数量众多的期刊，并代表本学科或专业的发展水平及研究方向，受到本学科或专业的读者公认和广泛重视，阅读率和利用率较高。

"EI 来源期刊"是指被 EI（工程索引）收录的期刊，是工程技术领域重要的期刊。

"SCI 来源期刊"是指被 SCI（科学引文索引）及其扩展版（Science Citation Index Expanded）收录的期刊，一般都是世界最重要的学术期刊，基本覆盖了自然科学领域最重要、最有影响的研究成果。

"CA 来源期刊"是指被 CA（化学文摘）收录的期刊，是化学化工领域重要的期刊。

"CSCD 来源期刊"、"CSSCI 来源期刊"分别是被中国的自然科学领域的《中国科学引文数据库》（CSCD）和社会科学领域的《中文社会科学引文索引》（CSSCI）收录的期刊。

《中文科技期刊数据库》提供镜像、网上包库、网上免费检索（仅限题录）、流量计费下载等多种使用方式供用户选择。网络版界面和镜像站界面如图 6-1 所示。

(a) 网络版界面

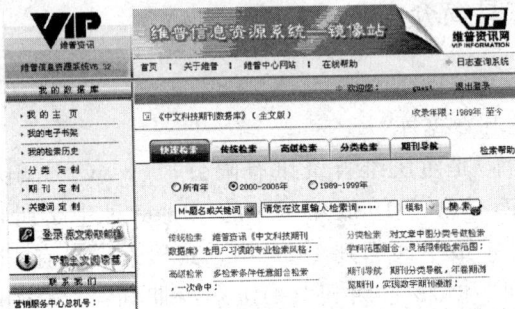

(b) 镜像站界面

图 6-1 《中文科技期刊全文数据库》两种界面

2）CNKI 的《中国期刊全文数据库》

《中国期刊全文数据库》是目前世界上最大的连续动态更新的中国期刊全文数据库，如图 6-2 所示。收录 1994 年至今约 8200 种期刊全文（部分刊物回溯至 1979 年，部分刊物回溯至创刊年）。以学术、技术、政策指导、高等科普及教育类为主，同时收录部分基础教育、大众科普、大众文化和文艺作品类刊物，内容覆盖自然科学、工程技术、农业、哲学、医学、人文社会科学等各个领域，包含了 1989 年至今的 12 000 种中文期刊刊载的 2300 余万篇全文，引文 3000 余万篇。

ASPT是中国科学院文献情报中心(A)、中国社会科学院文献信息中心(S)、北京大学图书馆(P)，中国学术(光盘版)电子杂志社(T)共同建设的《中国科学文献计量评价数据库》。CJFD是《中国期刊全文数据库》(Chinese JournalFull-text Database)的英文缩写

DOI是数字对象唯一标识符的简写

图 6-2 《中国期刊全文数据库》界面

《中国期刊全文数据库》提供了"基金"检索途径,是指检索科研基金项目论文的途径。由基金资助的成果论文称为"基金论文",具有科技含量高、针对性强和前瞻性强的特点,被引用的频次相对较高,往往代表着一个领域内的新动向、新趋势。《中国期刊全文数据库》提供的期刊范围虽然比维普期刊数据库的略少,但有"期刊荣誉"栏目补充。

图 6-2 所示的文献出处《物理学报》(Acta Physica Sinica)既是"SCI 来源期刊",也是《中文核心期刊要目总览》和"中国期刊方阵"收录的期刊,堪称进入我国最优秀期刊之列。一般认为核心期刊偏重于学术性,注重期刊专业的发展水平和研究方向;"中国期刊方阵"期刊偏重于效益性,注重期刊的发行量和社会知名度。核心期刊与品牌期刊具有交叉性,核心期刊中有的期刊同时是品牌期刊,品牌期刊中有的期刊同时是核心期刊。

2001 年 11 月 1 日国家新闻出版署公布了进入"中国期刊方阵"的期刊名单,分为 4 个层面,共 1518 种。其中第一个层面的"双效"期刊 1154 种;第二个层面的"双百"期刊 192 种;第三个层面的"双奖"期刊 107 种;第四个层面的"双高"期刊 65 种。

"双效"期刊即以全国 9490 种期刊为基数,选取 10%~15% 社会效益和经济效益都好的重点期刊,大约 1000 种左右,这一部分是中国期刊方阵的基础。

"双百"期刊即每两年一届滚动式评选的百种重点社科期刊和百种重点科技期刊。这一部分虽然只有 200 种左右,却在"中国期刊方阵"中最充满活力。

"双奖"期刊即获得国家期刊奖和国家期刊提名奖的期刊,每 3~4 年评选一次,获奖期刊 100 种左右。这一部分基本上是大刊名刊,具有较强的自我扩张能力,实际上已经是国内的品牌期刊。

"双高"期刊即高科技和高学术水平的期刊。

图 6-2 所示数字对象唯一标识符(Digital Object Identifier,DOI)被称为"下一代URL"、数字网络时代的条形码。它与 URL 的最大区别就是实现了对资源实体的永久性标识。随着时间推移,数字对象的某些有关信息可能会有变化(包括从哪里可以找到它),但是DOI 不会改变。DOI 由前缀和后缀两部分组成,中间用"/"分割。前缀由两部分组成,一个是目录代码,所有 DOI 的目录都是"10.",即所有 DOI 代码都以"10."开头;另一个是登记机构代码,任何想登记 DOI 的组织或单位都可以向 IDF(International DOI Foundation)申请登记机构代码。登记机构代码的分配也是非常灵活的,如一个出版商可以为其所有的信息资源只申请一个前缀,也可以为其数字图书、音像制品各申请一个前缀。

DOI 后缀是一个在特定前缀下唯一的后缀,由登记机构分配并确保其唯一性。后缀可以是任何字母数字码,其编码方案完全由登记机构自己来规定。后缀可以是一个机器码,或是一个已有的规范码(ISBN、ISSN 等),如 10.1000/ISBN1-900512-44-0 和 CNKI:SUN: TZZZ.0.2008-07-040。

3) 万方《中国数字化期刊群》

《中国数字化期刊群》由北京万方公司研制,是万方数据知识服务平台的重要组成部分,集纳了多种科技及人文和社会科学期刊的全文内容,其中绝大部分是进入科技部科技论文统计源的核心期刊,论文合计 1300 余万篇。

4) 中国国家科技图书文献中心(NSTL)(www.nstl.gov.cn)的期刊数据库

NSTL 是一个虚拟的科技文献信息服务机构,成员单位包括中国科学院文献情报中心、工程技术图书馆(中国科学技术信息研究所、机械工业信息研究院、冶金工业信息标准研究院、中国化工信息中心）、中国农业科学院图书馆、中国医学科学院图书馆。该系统收录了大量的中外文期刊，并为国内用户提供远程检索和原文传递服务。

2. 外文检索工具

1）联机检索系统

在 Internet 诞生之前，通过专用数据线路甚至卫星通信连接服务器和终端的检索方式所使用的大型数据库集成系统称为联机检索系统，取名源于"联机"（on-line）。至今仍然具有重要的作用，最著名的是 DIALOG 系统（最早和最大的联机检索系统）、STN 联机检索系统（侧重于化学文献）。这类检索系统功能强大但收费昂贵，一般只用于大型企业、大学、信息服务机构。

2）网络在线检索系统

这类系统通常收录期刊种类多，学科广泛，而且收费比联机检索系统便宜，适合大学图书馆使用。下面介绍部分重要的数据库。

（1）EbscoHost。EbscoHost 的特点是收费便宜，收录的英文论文定位为大学二年级学生可以阅读的水平，因此在世界各大学广泛使用，其最主要的全文数据库有 Academic Search Premier（学术期刊集成全文数据库）和 Business Source Premier（商业资源电子文献全文数据库）。

（2）Elsevier SDOL。Elsevier SDOL（www. sciencedirect. com）是荷兰 Elsevier（爱斯维尔）公司提供的世界公认的全球最全面的高品位全文文献数据库，涵盖了几乎所有学科领域。

（3）ProQuest 系统。ProQuest 系统（原 UMI 系统，proquest. umi. com）提供的数据库涉及商业管理、社会与人文科学、科学与技术、金融与税务、医药学等广泛领域。

（4）OVID。OVID（gateway. ovid. com）尤以生物医学数据见长，有文摘型和全文型。其中在线全文数据库 Journals@OVID 收录了多个出版商提供的 1000 多种科技类尤其是生物医学期刊，最早可回溯检索到 1993 年。

（5）SpringerLink 数据库。德国施普林格（Springer-Verlag）是世界上著名的科技出版集团，通过 SpringerLink 系统提供学术期刊及电子图书的在线服务。

（6）ISI Web of Science。Web of Science（isiknowledge. com）是美国费城科技信息研究所（Institute for Scientific Information，ISI）推出的网络版数据库，主要特色是提供了 SCI 及其扩展版 SCIE 收录的期刊论文。

（7）IngentaConnect。IngentaConnect（www. ingentaconnect. com）是期刊文献检索平台，目前已囊括了多家海外出版社的几万种学术性期刊和图书的数百万论文、章节和报告。检索到的文献的免费信息有期刊的内容目录、文摘信息等，如果本馆其他数据库（如 Blackwell、Elsevier、Springer 等）已订购其全文，可以通过链接数据库获取全文。

（8）cnpLINKer。cnpLINKer（cnplinker. cnpeak. com，cnplinker. cnpeak. edu. cn）是中国图书进出口（集团）总公司开发的外文期刊在线数据库检索系统，收录了国外 1000 家出版社的 25 000 余种期刊的目次和文摘，提供电子全文链接、期刊国内馆藏数据，11 000 多种免费开放访问期刊（Open Access Journal，OAJ），可以免费下载全文。

（9）其他外文检索系统。英国皇家学会网络版期刊（royalsocietypublishing. org）、Gale 数据库（www. gale. cengage. com）、中国国家科技图书文献中心（NSTL）订购的国外网络版期刊(w3. nstl. gov. cn/htm/qwwx/view. jsp)。

6.2.2 专科性检索工具简介

1. 中文检索工具

1)《中国人民大学复印报刊资料数据库》

由中国人民大学书报资料中心编选,以其涵盖面广,信息量大,分类科学,筛选严谨,结构合理完备,成为国内最有权威的具有大型、集中、系统、连续和灵活五大特点的社会科学、人文科学专题文献资料宝库。

2)其他各类数据库

- 故宫在线数据库(www. airiti. com/npmoln);
- 世界美术数据库(www. airiti. com/Arts);
- TEPS 电子期刊全文数据库(www. teps. com. cn);
- CEPS 中文电子期刊[中国台湾](www. ceps. com. tw);
- 北大法律信息网(www. chinalawinfo. com);
- 龙源社科期刊网(www. qikan. com);
- 中国法律资源全互动数据库(www. lawyee. net);
- 中国科学文献数据库服务系统(sdb. csdl. ac. cn);
- 国道数据特色专题数据库。

2. 外文检索工具

1)《化学文摘》

美国《化学文摘》(CA)创刊于 1907 年,是由美国化学会化学文摘社(Chemical Abstracts Service,CAS)编辑出版。它是化学化工领域最常用的检索工具。网络版是 SciFinder 数据库收录的每篇文献一般包括文献题录、文摘。印刷版的索引较多,有《CA 卷期索引》、《化学物质索引》、《普通主题索引》、《专利索引》、《CAS 登记号索引》及《分子式索引》等。

2)生物学文摘系列

BA 是 BP 数据库中的主要库。BP 是由美国生物科学信息服务社(BIOSIS)生产的世界上最大的有关生命科学的文摘和索引数据库。

3)《工程索引》

美国《工程索引》(EI),创刊于 1884 年,由美国工程信息公司(www. ei. org)编辑出版。EI 是工程技术人员、工业界和教育界人员查阅工程技术文摘的重要工具。EI 名为索引,实际上是文摘检索工具。

4)医学文献数据库

《Medline 数据库》是美国国立医学图书馆(www. nlm. nih. gov)提供的最著名的免费医学文献数据库。

5)农业数据库

(1)《国际农业及生物学中心文摘数据库》。《国际农业及生物学中心文摘数据库》(CAB Abstracts)是由国际农业和生物学中心(International Center for Agriculture and Biosciences,CABI)出版的世界最大的农业文摘数据库。

（2）《美国农业联机数据库》。《美国农业联机数据库》（AGRICOLA）是世界上仅次于CAB Abstracts 的三大农业数据库之一。

6）《食品科学与技术文摘》

《食品科学与技术文摘》（Food Science and Technology Abstracts，FSTA），创刊于1969年，是国际公认的食品科学和技术文献的首要数据库。

7）科学文摘数据库 ISI INSPEC（www. thomsonscientific. com. cn/index2. html）

INSPEC（基于 ISI Web of Knowledge 平台）是物理学、电子工程、电子学、计算机科学及信息技术领域的权威性文摘索引数据库。

8）《学术大全数据库》

《学术大全数据库》（LexisNexis Academic，www. lexisnexis. com）收录了6100多种期刊全文，涉及全球新闻、商业、法律、医学等领域。

9）其他外文数据库

- MathsSciNet（www. ams. org/mathscinet）；
- 德国数学文摘 Zentralblatt Math（www. zentralblatt-math. org/zmath/en）；
- 剑桥科学文摘 Cambridge Scientific Abstracts（CSA）；
- 美国物理所/物理协会（AIP/APS）数据库。

6.2.3　专题性检索工具

主要是一些学术机构、图书馆自建的专题数据库，种类繁多，一般是内部使用，例如西南大学图书馆建设的中文期刊特色数据库有《文科基地建设专题数据库》、《重点学科专家论文库》、《西南师大博、硕士论文库》、《文科基地外文期刊全文库》、《西南师范大学抗战文献库》等。

6.3　用法示例

6.3.1　中文期刊检索示例

【实例】检索《物理学报》的期刊论文，在刊名输入，总是有刊名诸如"……物理学报"的刊物，如何排除？

采用国际标准刊号 ISSN 检索就很准确。人有同名，身份证号码不该相同。同理，用号码检索准确率较高。《物理学报》的 ISSN 号是 1000-3290，输入 10003290，或者有的数据库要求输入格式 1000-3290。

【例题】CNKI 专业检索示例：要求检索钱伟长在清华大学或上海大学时发表的文章。注意 CNKI 用的字段名称和布尔逻辑运算符号与维普数据库的有些不同。

【题解】作者＝钱伟长 and（单位＝清华大学 or 单位＝上海大学）。

【例题】CNKI 专业检索示例：检索钱伟长 1980 年以前在清华大学期间发表的题名或摘要中都包含"物理"的文章。

【题解】作者＝钱伟长 and 单位＝清华大学 and（题名＝物理 or 摘要＝物理）and 年＜1980。

采用高级检索,界面如图 6-2 所示。

【例题】检索哈尔滨工业大学的罗守靖发表的有关"半固态成形的应用"方面的中文期刊文章,并简要统计分析中文期刊文章列出的关键词,判断其研究的重点。

【题解】使用维普数据库、CNKI 期刊数据库均可检索中文期刊,选择作者和关键词途径,检索过程如图 6-3 和图 6-4 所示。

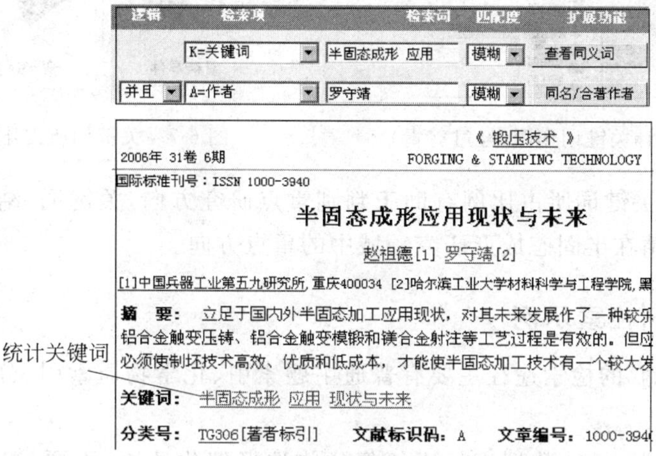

图 6-3 《中文科技期刊数据库》检索结果(经过剪辑)

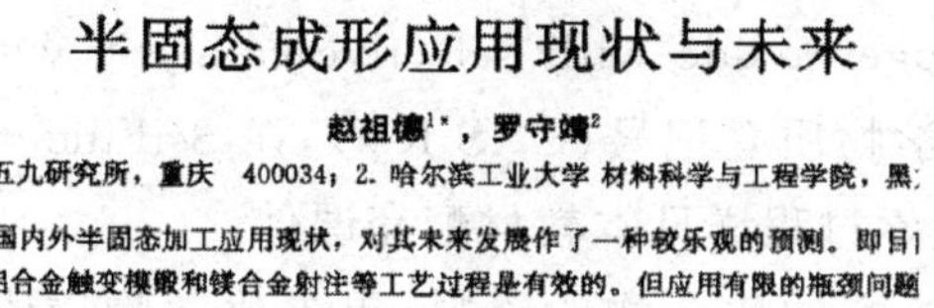

图 6-4 文章的原文

用 Excel 排序作图,步骤如图 6-5～图 6-7 所示。

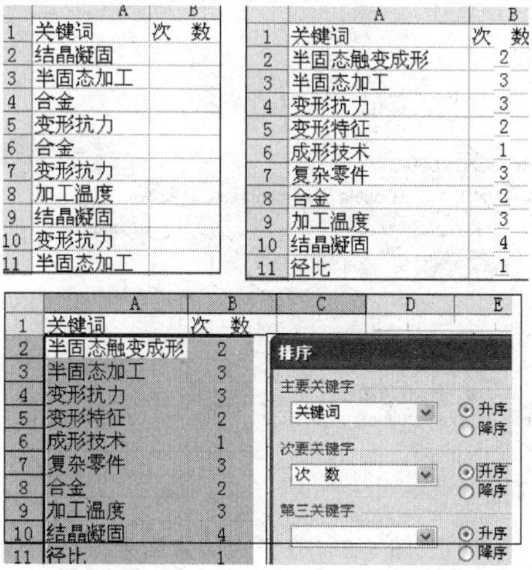

图 6-5 用 Excel 统计关键词排序(经过剪辑)

图 6-6　用 Excel 统计关键词作图（经过剪辑）

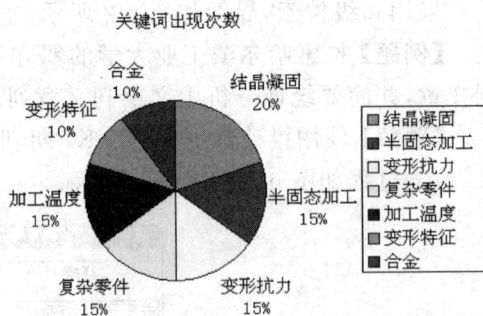

图 6-7　关键词所占比例图（经过剪辑）

图 6-7 显示的关键词所占比例有助于判别重点研究方向，关键词"结晶凝固"出现次数最多，可能是罗守靖在半固态成形研究领域中的重点方向。

6.3.2　外文期刊检索示例

美国《化学文摘》的检索途径主要有普通主题索引、化学物质索引、分子式索引、登记号索引等。

【实例】用《化学文摘》数据库检索氮氧化物选择催化还原（不要氨）的文献，检索式为 (ONx or nitrogen oxide)and(SCR or selective catalytic * reduction)not NH3。

若用《化学文摘》子库 SciFinder 检索，选择检索界面 Explore by Research Topic，在文本框中输入检索式 nitrogen oxide with selective catalytic with reduction not 7664-41-7。7664-41-7 是 NH3 的化学物质登记号（CAS RN），在 SciFinder 中的主题检索中代替 NH3 的名称，这样更准确。检索过程详见本教材配套课件。

检索母体为乙酸乙烯酯的化合物的资料，单击化学物质索引（简称 Subst）按键，输入 acetic acid ethenyl ester。

检索 4,4′-二乙酰胺基-2,2′-二苯乙烯二磺酸的制备，单击分子式索引（简称 Form）按键，顺序输入分子式 C18 H18 N2 O8 S2，分子式检索结果如图 6-8 所示。再选择其制备方面的文献。

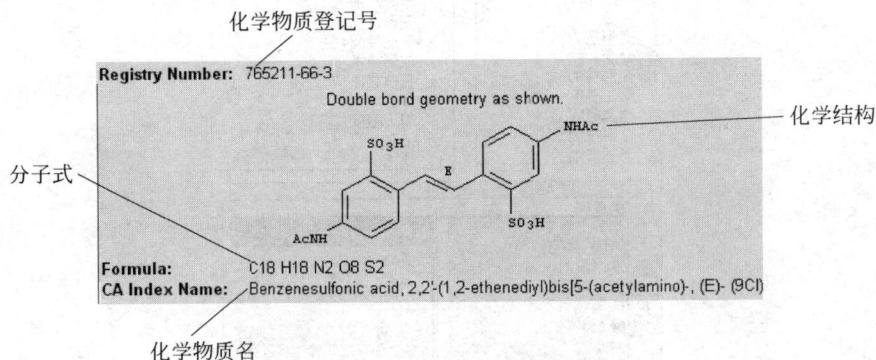

图 6-8　分子式检索结果

【例题】检索"论中国和日本关系"的英文文章。

【题解】用 EBSCO 检索,检索式如图 6-9 所示。部分结果如图 6-10 所示。

Find:	chinese or china	in	TI Title
and ☑	japan or japanese	in	TI Title
and ☑	relation	in	TI Title

图 6-9 在 EBSCO 检索页面中设定检索式

An overview of relations between China and Japan, 1895-1945. By: Nish, I..
China Quarterly, Dec90 Issue 124, p601, 23p; (*AN 9103110794*)
国内馆藏及全文链接

Chinese-Japanese relations, 1945-90

Chinese FM Hopes for Normal, Healthy Relations Between China, Japan By: N.A.. Xinhua
(*China*), 07/24/2001; (*AN 2W82001200107240391*)
📄 HTML Full Text 国内馆藏及全文链接

图 6-10 部分检索结果

【实例】检索哈尔滨工业大学的罗守靖发表的有关"半固态成形的应用"方面的外文期刊文章。使用 Web of Science 数据库检索,如图 6-11 所示。

ISI Web of Knowledge℠
Search for:
semi-solid in Title
Example: oil spill* AND "North Sea"
AND ▾ Shoujing Luo in Author
Example: O'Brian C* OR OBrian C*

Research progress of semi-solid processing in China
Library of CAS ▾ (Go)
来源刊名 →
Author(s): Shoujing Luo; Jufu Jiang; Yuanfa Li ← 姓名被倒置的异常形式
Source: Diffusion and Defect Data Part B (Solid State Phenomena) Volume:
Abstract: There have been five academic conferences organized by the chair since 2000. Based on the achievements of the five academic conferences, six here by the authors, which includes the research on fundamental theories of s deformation densification and rheological filling; the research on technologica slurries or billets and their spheroidization, theories of thixoforging and contro

图 6-11 Web of Science 数据库检索外文期刊

【实例】查找关于"人造金刚石"的文献,如果考虑查全率,要使用同义词和近义词,如图 6-12 所示;如果考虑查准率,在外文数据库使用位置算符,并增加检索词,如图 6-13 所示;或限定学科,如图 6-14 所示。在具有位置算符的检索系统的检索式是(synthetic or manmade)(W)(diamonds or gems or stones or materials or crystals)。如果某数据库没有位置算符,可以用 and 代替"(W)"。Ebscohost 和 Proquest 等外文数据库的布尔逻辑算符是英文单词(AND、OR、NOT),Proquest 数据库还使用 AND NOT 表示 NOT。外文数据库基本不用数学符号(*、+、-)表示布尔逻辑算符。Ebscohost 的位置算符比较典型,N 表示词序可变,W 表示词序不变,这是多数外文数据库的用法;但是也有个性化的用法值得注意,如 Proquest 的位置算符 Within 表示词序可变,Pre 表示词序不变。

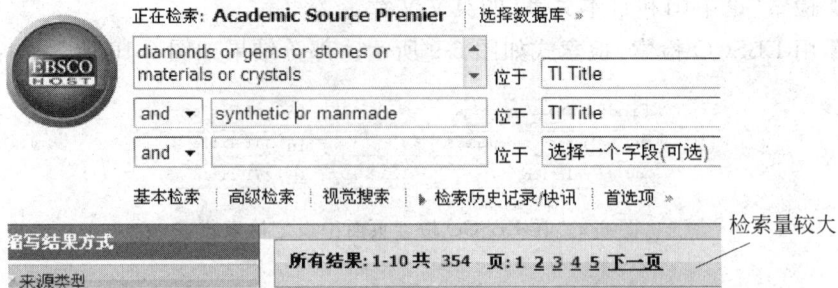

图 6-12　在 EBSCO 检索页面中设定布尔逻辑检索式

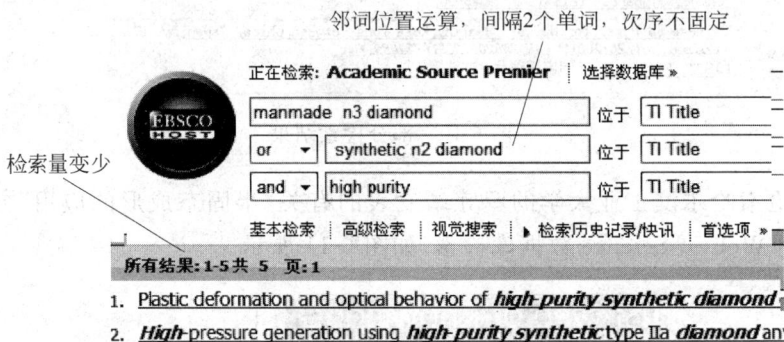

图 6-13　在 EBSCO 检索页面中缩小检索范围

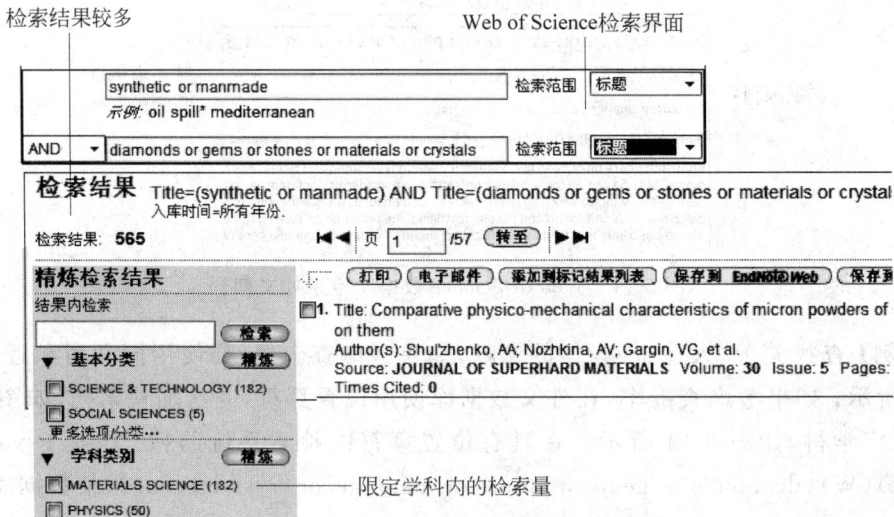

图 6-14　Web of Science 检索界面

6.3.3　中外文期刊综合检索示例

　　【例题】课题"甲壳质纤维及保健针织品"需要检索中外文信息，如何拟定检索式保证查全率？

提示：研究开发纺织用的海洋生物甲壳质（壳聚糖）纤维，进而进行甲壳质纤维与棉混纺的可纺性、可织性和可染性研究开发，以至进行保健针织品的功能研究。

查询要点：将纺织用的甲壳质（壳聚糖）纤维与棉混纺，生产保健针织品。已知甲壳质（壳聚糖）的化学登记号（registry number）字段 rn＝1398-61-4，9001-06-3，9012-76-4。

【题解】中文的参考检索式：

（甲壳质 or 甲壳素 or 甲壳胺 or 壳聚糖 or 壳多糖 or 几丁质 or 几丁糖 or 几丁酶 or 几丁酯 or 氨基葡糖 or 氨基葡萄糖 or 葡糖胺 or 葡萄糖胺）and 棉

检索式太长，可以将括号内的内容分几次查询。

检索《中文科技期刊数据库》，需将 and 改为"＊"，or 改为"＋"，最好分段进行"二次检索"，以免出错。使用 CNKI 的《中国期刊全文数据库》高级检索界面，简化的检索式如图 6-15 所示。

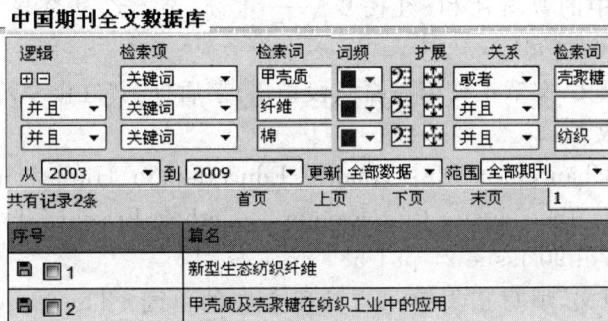

图 6-15　CNKI 的《中国期刊全文数据库》检索界面

使用 CNKI 的翻译助手将"甲壳质"等检索词翻译，如图 6-16 所示。然后用外文数据库检索，如图 6-17 所示。

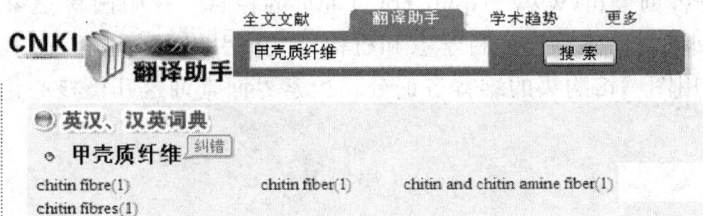

图 6-16　CNKI 的翻译助手界面（经过剪辑）

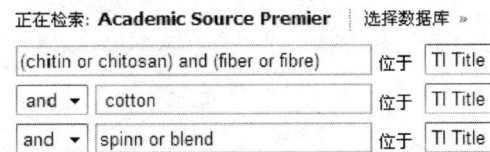

图 6-17　在 EBSCO 检索页面中设定检索式

为了提高检索效率，可以使用化学登记号。例如，外文国际联机使用更复杂的检索式：

（chitin or chitosan or rn＝1398-61-4 or rn＝9001-06-3 or rn＝9012-76-4）（s）（fiber or fibre）and cotton and（spinn or blend）

思考题

1. 中外文期刊检索工具各有何特点？
2. 中文综合期刊检索工具有哪几个？掌握其用法。
3. 与本专业有关的一个外文数据库是哪个数据库？掌握其用法。

综合实习题

1. 已知某参考文献：

刘永良.茅盾眼中的曹雪芹和《红楼梦》——重读《节本红楼梦导言》和《关于曹雪芹》[J].红楼梦学刊,2007,(06).

检索该文献的原文,文章正文第一自然段指出,茅盾提到《红楼梦》有_____个特点。

2. 已知某参考文献：

Save the Last Chance for Me：Quality Education in High Schools for the Young People Who Need It the Most. By：Raynor, Alethea Frazier. High School Journal，Dec2006/Jan2007，Vol 90 Issue 2，p51-58，8p.

检索该文献的原文,填写正文第一自然段空缺的单词：The Urgency of High School _____ change competitiveness education.

3. 检索你所在的院系老师在《中文科技期刊数据库》或 CNKI 期刊数据库收录的核心期刊上发表的专业论文。要求检索条件包含院系名称、老师姓名,统计部分期刊论文的全部关键词,分析出现频率较高的关键词所代表的研究方向或问题。

4. 浏览维普咨询公司(www.cqvip.com)主页的栏目——中国科学家门户学者空间和学术机构评价,阅读自己感兴趣的科学家和机构论文被引用的次数排序,找出排名在前的核心论文。然后使用图书馆购买的维普咨询公司检索界面查询这几篇核心论文。

第7章
专利文献信息及商标信息检索

本章要求掌握专利法基本知识以及专利信息检索方法。

7.1 专利信息检索

7.1.1 基本知识

英文中的 Patent 源自拉丁文的 Patens,意为"公开"。专利(patent)有 3 个含义,通常指发明创造,特别是专利说明书记载的技术或产品;有时也是专利权或专利信息的简称。

1. 专利的类型

各国专利法几乎都规定了如下 3 种专利类型。

1) 发明专利

专利法所称的发明,是指对产品、方法或者其改进所提出的新的技术方案。因此,发明分为产品发明、方法发明。

2) 实用新型专利

对产品的形状、构造或者其结合所提出的适于实用的新的技术方案。这种新的技术方案能够在产业上制造出具有使用价值和实际用途的产品。由于实用新型的创新水平低于发明,人们常称之为小发明。

3) 外观设计专利

外观设计亦称为工业品外观设计,是指对产品的形状、图案、色彩或其结合所作出的富有美感并适于工业上应用的新设计。

美国规定了实用专利、植物专利、外观设计专利。

2. 专利文献的特殊性

1) 报道最新产品和技术

世界上多数国家专利法规定要对专利特别是发明专利申请的内容进行新颖性、创造性和实用性审查。新颖性是一个法律概念,是发明能否取得专利权的首要条件。《中华人民共和国专利法》第二十二条第二款规定:"新颖性,是指在申请日以前没有同样的发明或实用新型在国内外出版物上公开发表过、在国内公开使用过或以其他方式为公众所知,也没有同样的发明或实用新型由他人向专利局提出过申请并且记载在申请日以后公布的专利申请文件中。"因此,只有检索专利文献才可能发现某些最新产品和技术。世界上每年新增 100 万件专利文献,每年发明创造成果的 90%～95% 都能在专利文献中查到。专利文献几乎记载了科学技术的每一步发展，从瓦特的蒸汽机到爱迪生的电灯，从喷气式飞机到基因药物都有专利记载，因此专利信息是世界上最大的技术信息资源，被称作企业的技术百科全书。世界知识产权组织曾经做过一个统计，世界上科技创新跟生产直接相关的新技术 90％～95％左右首先出现在专利文献中，70％～80％只出现在专利文献中，这与欧洲专利局的一项研究结果相同。许多专利报道的技术不再作为图书、期刊论文发表，因为一般企业不愿意让他人知道一项真正有市场价值的技术。例如，电视机原理申请专利是 1923 年，而在其他文献上发表是 1928 年，相隔 5 年；喷气式发动机在专利文献上公布是 1936 年，在其他文献上第一次公布是 1946 年，相隔 10 年；异氧酸酯和聚酯的生产技术，在第二次世界大战后早已有大量专利文献报道，而期刊文献于 20 世纪 60 年代初才略有报道，相隔达 15 年之久。由此可见，对同一项技术的报道，专利文献比一般科技情报要快得多。

2）文献种类繁多，免费公开

不同的审批阶段出版专利文献，造成专利文献的重复出版，使得发明专利的文献种类繁多。例如，专利说明书在我国就有"申请公开说明书"和"授权说明书"。我国《专利法》第三十四条规定，专利局经初步审查认为发明专利申请符合要求，自申请日起满 18 个月，应将该申请予以公布。早期公开就是指发明专利申请自提出申请之日起，有优先权的自优先权日起满 18 个月，即自行把发明专利申请文件全文公布在《发明专利公报》上，允许公众自由阅读。因此，这一法律规定表明检索专利不缴纳费用。

日本的专利文献种类是世界最多的，每一个审批程序后都出版一次说明文件。

3）格式复杂

专利文献按照写作顺序，通常包含名称（title）、发明人（inventor）、申请人（applicant）、申请日（application date）、申请号（application number）、国际专利分类号 IPC（international patent classification）或美国专利分类号 UPC（U. S. Classification）、专利公开或公告号（publication patent number）、公开日（date of publication）、公告日（publication patent date）、摘要（abstract）、图（drawings）、引证参考书文献（专利或者期刊论文等）（cited reference）。其他项目还有专利类型（patent classification）、专利证书号（patent number）、专利权人（assignee）、公告卷号（official gazette volume）、公告期数（official gazette number）、申请人城市（applicant city）、申请人国家（applicant country）、优先申请号（application serial number）、优先申请国（application country）、专利代理人（attorney 或 agent）、检索范围（field of search）。

为易于识别和查找专利文献的著录项目内容，便于计算机存储与检索，专利文献使用 INID 代码（Internationally agreed Numbers for the Identification of bibliographic data）。这种代码由圆圈或括号所括的两位阿拉伯数字表示。例如"（54）"表示"发明名称"，"（55）"表示"关键词"。这样可以方便识别不同语言的各国专利文献的含义。

3. 部分符号术语的含义

1）优先权

优先权（priority）分为国际优先权和国内优先权。国际优先权是指外观设计专利、商标申请人在 6 个月内（发明和实用新型则为 1 年），在巴黎公约任一成员国第一次申请日期，可作为以后其他成员国的申请日期。优先权的主要作用是使申请人第一次提出申请后，有足够的时间考虑是否向其他国家提出申请，并且有时间选择在其他国家的代理人，办理必要的手续；或者有充分的时间对申请进行修改、改进，而不必担心在此期间被他人抢先申请。

2）专利国别代码

专利国别代码是指专利号前面的两个英文字母，如 EP（欧洲）、CA（加拿大）、CN（中国）、DE（德国）、GB（英国）、JP（日本）、WO（世界知识产权组织）等。

3）申请号

申请号为专利局受理某件专利申请的同时给的编号，中国均采用 10～12 位数编码，前2 位数（从 2004 年开始使用 4 位数字）代表申请的年代；第 3 位数代表不同的专利类型，1表示发明专利，2 表示实用新型，3 表示外观设计专利；后面几位数字为当年各项专利申请的流水号，最后加小数点及一位计算机校验码，如 CN 99104538.6、CN 200420034660.3。

美国的专利号共 8 位，前 2 位 01～09 为实用专利申请，29 为外观设计专利申请，60 为临时申请，90 为再审专利。

4）公开/公告号

按文献流水号排序，均采用 7 位数编号，前面加国际通用国别代码，第 1 位数字用来区分 3 种不同专利，末位字母区分公开或公告类型。公开是针对发明专利申请，此时还没有审查授权，授权后才有公告。例如：

- 发明专利申请公开 CN 1348826A；
- 发明专利授权公告 CN 1084638C；
- 实用新型专利授权公告 CN 2475414Y；
- 外观设计专利授权公告 CN 3100661D。

5）专利号

正式获得授权的专利的编号。我国的专利编号与申请号相同，仅在前面加 ZL，如 ZL01214062.7。

7.1.2 专利信息检索工具

网络上使用最广的收费专利数据库是 Thomson Scientific 公司 Derwent 系列专利数据库，免费专利数据库是欧洲专利局、美国专利商标局及 IBM 专利数据库三大专利数据库。

1. 综合性检索工具

1）欧洲专利局《esp@cenet 网络数据库》(ep. espacenet. com)

该数据库是欧洲专利局、欧洲专利组织成员国及欧洲委员会合作开发的，可免费检索包括欧洲专利局、世界知识产权组织、欧洲各成员国、日本专利英文文摘以及世界范围的专利文献。通过某一个欧洲专利组织（EPO）成员国专利局的网上数据库网站可以检索其他成员国专利局在过去两年内出版的专利申请，并可以查找到美国、日本、PCT 等世界其他五十多个国家和专利组织从 1970 年起的专利文献，以及中国专利的文摘和著录信息。该数据库的检索软件是一个面向中小企业的普及型商业化软件，所以不能保证查全率很高。用该数据库高级检索界面检索西南大学申请、薛荣生发明的自行车传感器专利，如图 7-1所示。

2）《DELPHION 知识产权信息网数据库》(www. delphion. com)

提供世界主要国家和专利组织的专利文献。内容丰富，检索速度快。

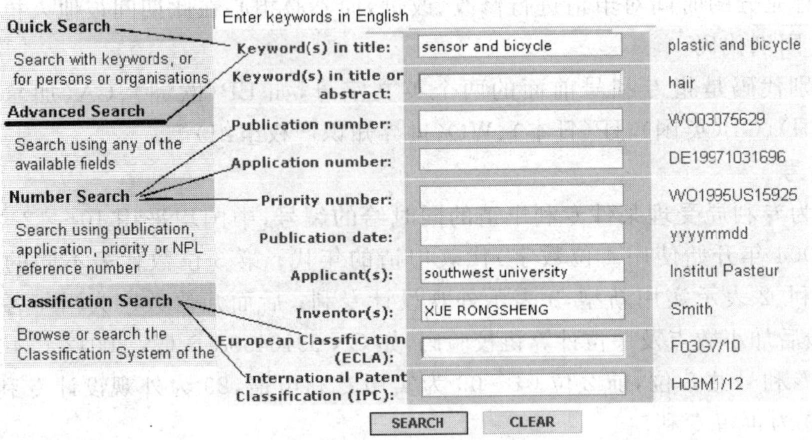

图 7-1　欧洲专利局数据库高级检索界面（剪辑图）

注：该图左侧按钮依次是简单检索、高级检索、号码检索、专利分类号检索，单击高级检索 Advanced Search，进入右侧框架式界面。右侧示例中的 WO03075629 是国际申请后公布的号码；DE19971031696 是德国专利申请号；WO1995US15925 是 1995 年在美国取得的国际申请号码；F03G7/10 是欧洲专利分类号。国际专利分类表第 1 版是欧洲专利局代为制定的，欧洲专利分类号与国际专利分类号大同小异，分类更细，多 2 位数字。

3）Thomson Scientific 公司 Derwent 系列专利数据库

目前有 3 个数据库，是世界上最昂贵、检索功能最强大的专利数据库。

（1）《世界专利索引》（WPI）。

英国 Derwent 公司（www.derwent.com）出版的《世界专利索引》（WPI）主要收集工业化国家的专利，报道工程技术各领域所取得的专利，采用国际专利分类法编制专利分类体系，全部是英文文摘。数据库覆盖 37 个国家和 2 个国际专利组织，可向用户提供世界上各主要机构发布的专利说明书。

（2）Derwent Innovation Index。

它整合 Patent Citation Index®（专利引文索引），建立了 Derwent Innovation Index 数据库。目前全球的科研人员、全球 500 强企业的研发人员、世界各国几乎所有主要的专利机构（知识产权局）、情报专家、业务发展人员都在使用 Derwent Innovation Index。

（3）Derwent Discovery。

从来自世界范围内的专利、会议和期刊中筛选与药物研发相关的信息，使用户能够迅速、全面地掌握有关药物研发的信息。Derwent Discovery 将 World Drug Alerts（世界药物快讯）和 Drug File（药学文档）有机整合在一起，通过互联网为用户提供服务。

2. 单一检索工具

单一检索工具包括专利公报（gazette）、专利索引、各国专利局的专利数据库。

1）中国国家知识产权局（www.sipo.gov.cn）

中国国家知识产权局网站提供的专利信息数据库收录自 1985 年 4 月 1 日以来所有已公开或公告的中国专利的文献。

2）美国专利商标局网站专利数据库（www.uspto.gov）

由美国专利和商标局提供的网上免费的专利全文数据库，收录了 1976 年 1 月 1 日至今的美国授权专利文本及 2001 年 3 月 15 日以后的美国专利申请。主要字段如图 7-2 所示。

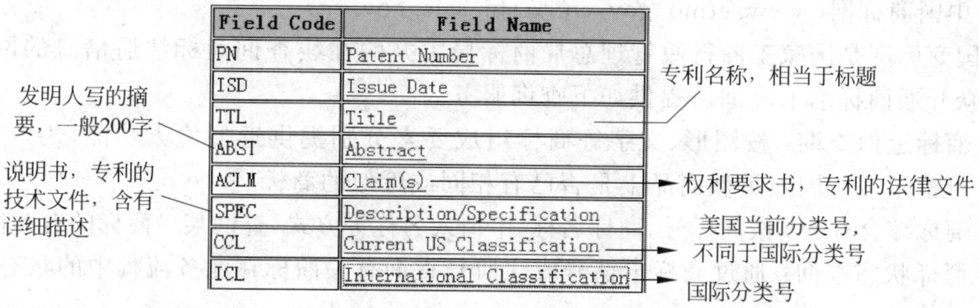

发明人写的摘要，一般200字

说明书，专利的技术文件，含有详细描述

Field Code	Field Name
PN	Patent Number
ISD	Issue Date
TTL	Title
ABST	Abstract
ACLM	Claim(s)
SPEC	Description/Specification
CCL	Current US Classification
ICL	International Classification

专利名称，相当于标题

权利要求书，专利的法律文件

美国当前分类号，不同于国际分类号

国际分类号

图 7-2 美国专利商标局专利数据库主要检索字段

【实例】检索海尔集团在美国申请的关于冰箱的专利，海尔集团作为专利受让人（Assignee Name，AN），检索选择字段是 AN，因此要输入"AN/haier"。

7.2 商标信息检索

7.2.1 商标的基本知识

1.商标信息检索

商标信息检索是指商标注册申请人亲自或委托商标代理人到商标注册机关查询有关商标登记注册情况，以了解自己准备申请注册的商标是否与他人已经注册或正在注册的商标相同或近似的程序。

2.商标信息检索方法

目前，商标信息检索主要有以下两种方法。

1）商标的文字检索和分类检索

纯字符商标和那些具有完备说明的商标，通过分类或在商标文字字段输入产品所属的工业或商业范畴、产品的名称等。

2）图形商标的图形检索

采用基于图像内容的检索方式，目前还没有取得实际应用。图像的内容包含许多方面：图像的结构特征，如骨架、边界、空间位置直方图等；图像的感官信息，如色彩、纹理等；图像的形状特征，如面积等。

纯图形、缺少完整注释的商标在有的数据库可以选择"商标图样编码"字段输入适当的图样编码（根据世界知识产权组织"商标象形元素国际分类法"编制），以检索相同或类似的商标。

7.2.2 商标检索工具

1.中国商标信息检索工具

1）中国知识产权网（www.chinaip.com.cn/xwxx）

该网的中国商标部分检索字段包括商标公告号、商标名称、使用商品类、联系人、商标注册人、所属地区。

2）中国商标网（www.ctmo.gov.cn 或 sbj.saic.gov.cn）

中国商标网是国家工商行政管理总局商标局主办的在线查询商标注册信息的网站，免费向公众开通商标网上查询。提供如下查询服务。

- 商标近似查询：按图形、文字等商标组成要素分别提供近似检索功能，用户可以自行检索在相同或类似商品上是否已有相同或近似的商标。
- 商标综合查询：按商标号、商标名称、申请人名称等方式，查询某一商标的有关信息。
- 商标状态查询：通过商标申请号或注册号查询有关商标在业务流程中的状态。

2. 国外商标信息检索工具

（1）美国专利商标局（www.uspto.gov）提供商标电子查询系统。

（2）国际商标协会（INTA，www.inta.org）。

7.3　用法示例

检索专利数据库应该首先上专利局官方网站；专利数据库的检索途径与图书、期刊等数据库有差异；专利分类号自成体系，对于检索未知名称的专利更有效；中国、美国和欧洲专利局的一些运算符号不尽相同，需要参考在线帮助文件。

例如，中国国家知识产权局网站的在线帮助文件提到了运算符号：字符"?"（半角问号），代表 1 个字符；模糊字符"％"（半角百分号），代表 $0\sim n$ 个字符。

通过中国国家知识产权局网站可以直接链接到美国专利商标局等外国专利局的网站。美国专利商标局的帮助文件（Help Files）提到该数据库使用的运算符号 andnot 等于逻辑运算符 not；"$"是前截词符号（Right Truncation），代表无限字母，等于常用的乘号"*"。欧洲专利局的帮助文件提到了截词运算的 3 种符号："*"代表无限字母，"?"代表 $0\sim1$ 个字符，"#"代表 1 个字符。

此外，美国、欧洲各有一套专利分类法，不过国际专利分类法（IPC）是各国通用的。

7.3.1　中国专利检索示例

【例题】检索西南大学申请的车的传动或传感装置的专利。

【题解】进入中国国家知识产权局专利数据库，选择"高级检索"；在"名称"文本框中输入"车 and（传动 or 传感）and 装置"，这样会检索出类似"一种具有传感装置的电动摩托车/自行车刹车车把"的专利，因此如果强调"传感装置"的次序，可以使用模糊字符"％"，输入"车％（传动 or 传感）％装置"，在"申请（专利权）人"文本框中输入"西南大学"，如图 7-3 所示。

单击"检索"按钮，在检索结果中单击专利名称相应条目，在新窗口中显示专利摘要，如图 7-4 所示。

单击"申请公开说明书"链接，阅读专利申请文件封面，如图 7-5 所示。

单击"下一页"按钮，显示"权利要求书"，如图 7-6 所示。

之后是技术文件"说明书"，如图 7-7 所示。

实用新型专利通常有结构示意图，作为说明书附图，如图 7-8 所示。

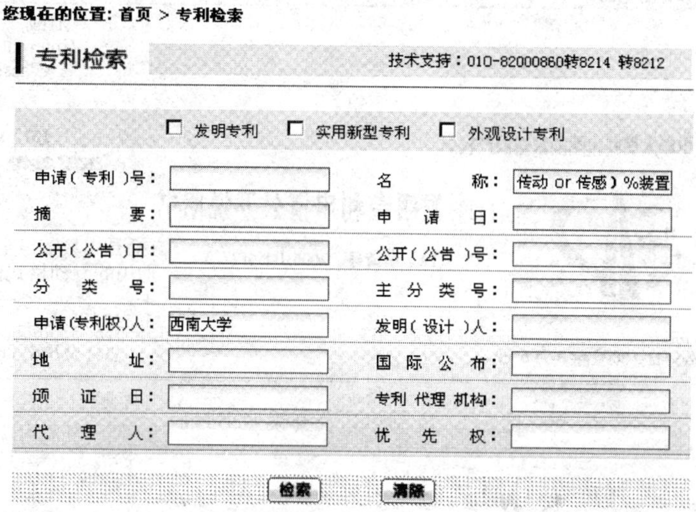

图 7-3　中国国家知识产权局专利数据库高级检索界面

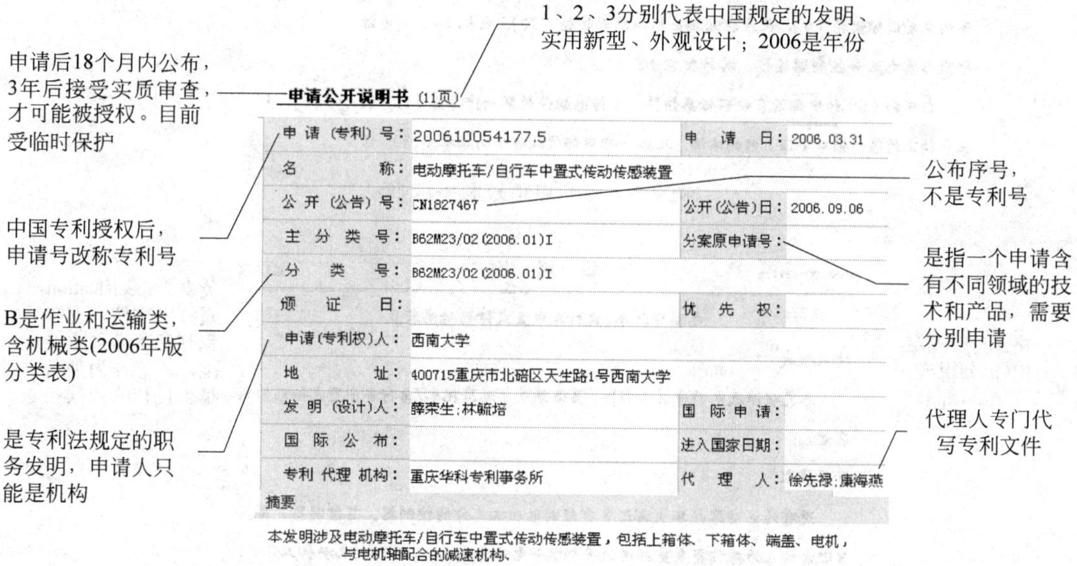

图 7-4　专利申请摘要

国际专利分类号
(International Patent
Classification)

**注意：如果您不能浏览说明书全文，请您先关闭所有打开的IE浏览器窗口。安装说明书浏览器。
此处下载说明书浏览器。**

[19] 中华人民共和国国家知识产权局

[51] Int. Cl.
B62M 23/02 (2006.01)

[12] **发明专利申请公开说明书**

[21] 申请号 200610054177.5

方括号内数字是全世界
通用的专利格式代码

[43] 公开日 2006年9月6日

[11] 公开号 CN 1827467

图 7-5　专利申请公开说明书封面

200610054177.5　　　　权 利 要 求 书　　　　　第1/2页

　　1、电动摩托车/自行车中置式传动传感装置，包括上箱体（1）、下箱体（2）、端盖（3）、与端盖连接的电机（4）、与电机轴配合的减速机构、一端与减速机构的中心轮盘（5）配合的中轴（6）、空套在中轴另一端的主动圆锥齿轮（7）、设在箱体上并与中轴垂直的驱动轴（8）、设在驱动轴中部并与主动圆锥齿轮啮合的从动圆锥齿轮（9）、设在驱动轴一端的驱动链轮（10），电机（4）的电源导线与蓄电池和控制器连接。其特征在于：

　　在中轴（6）的中部设有位移传感组件，该传感组件的第一传感器（11）设在中轴上的第一槽口（12）内的右端，在第一槽口部位设有平面轴承（13）；该

英文为claims，属法律
文件，说明垄断范围，
是判断是否侵权的依据

图 7-6　专利申请权利要求书

200610054177.5　　　　说 明 书　　　　　第1/6页

电动摩托车/自行车中置式传动传感装置

　——技术领域

　　本发明涉及电动摩托车部件，具体涉及电动摩托车/自行车中置式传动传感装置。

　背景技术

　　现有的电动摩托车大都配置有控制电动机工作的控制器。其控制器是根据驾驶者的人为操作指令直接通过手柄调整电流和电压，从而控制电动机工作的。驾驶者发出的各种指令往往与电机转速和最佳效率区间的工况特性直接相违背，同时也与电池的电化学放电特性也不相符，仅依据自己的经验判断操纵，

英文为specification，
属技术文件，支持
权利要求书垄断范
围，不能作为判断
是否侵权的依据

格式一般固定
由6部分组成，
这是第1部分

图 7-7　专利说明书

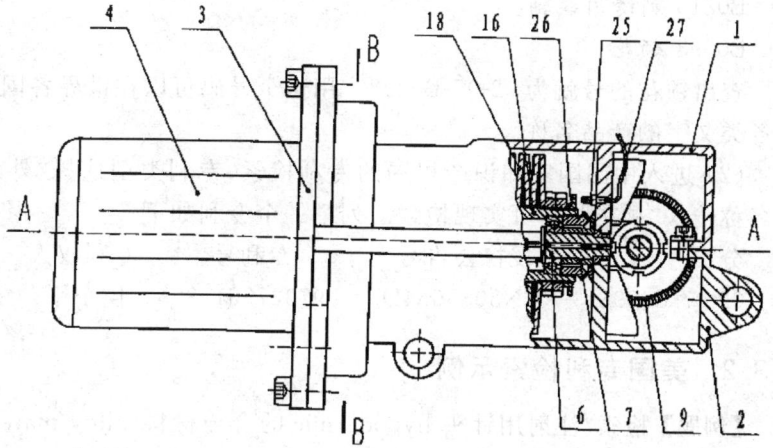

附图可以是示意图或流程图。实用新型专利必须有附图。专利法不许附图带文字说明,只能标数字,在前面说明

说 明 书 附 图

200610054177.5　第1/2页

图 7-8　专利说明书附图

【例题】查找有关污水处理方面蒸馏或蒸发的中国专利(要求兼顾查全率和查准率)。

【题解】参考答案。

方法 1:从分类途径入手,在中国国家知识产权局查一篇专利发明名称含有"污水％处理"的信息,试找出分类号,再进入"IPC 分类检索"找到如下分类信息。

C02F 水、废水、污水或污泥的处理

1/00 水、废水或污水的处理

1/02 ·加热法

1/04 ··蒸馏或蒸发

1/06 ···闪蒸发

找蒸馏或蒸发的污水处理方法,国际分类号为 C02F 1/04,就可根据此分类号再次进入数据库填写"分类号"字段,查找到信息,其中一篇如下。

C02F 1/04 CN1183382A 97109169.2 鹿长林 污水雾化蒸馏处理工艺及其装置。

方法 2:从主题途径入手,填写如下。

名称:污水 and(处理 or 蒸馏 or 蒸发)。

方法 3:分类和主题途径结合最好,填写如下。

名称:污水 and(处理 or 蒸馏 or 蒸发)。

分类号:C02F1/04。

【例题】17-01-P01194 是何含义?

【题解】外观设计专利的分类体系与发明和实用新型专利不同,我国外观设计专利信息采用《国际外观设计分类法》英文版分类号。最前面的两位数表示大类号,17 代表乐器大类;大类号加上第一个短横线后的 2 位数表示小类号,17-01 代表键盘乐器小类;小类号加上第 2 个短横线后的字母数字组合表示产品目录号,17-01-P01194 代表钢琴的产品目录号。

【例题】要查服饰用品和服装附件方面的中外文专利,如何确定检索途径?

【题解】（1）用外观设计分类号结合产品名称，效率比较高。

查《国际外观设计分类表》得到如下分类信息。

02-07 服饰用品和服饰附件

B0310 刺绣用线轴

B0398 领花

查出领花的号就为 02-07-B0398。用这个号码可以在世界各国专利数据库检索，不必输入各类文字的产品名称。

（2）进入中国国家知识产权局的专利检索，专利类型选择"外观设计"，输入分类号，发明名称输入"领花"，即可实现检索。列举一个专利如下。

分类号	授权公告号	专利号	专利权人	产品名称
02-07-B0398	CN3085654D	97327961.3	侯小平	领花（小平 T-07）

7.3.2 美国专利检索示例

【例题】检索"注射用针头 hypodermic 的合金材料（alloy material）生产"的美国专利的信息，如何拟定检索式？

【题解】用美国专利商标局数据库检索，确定字段是发明名称含有注射用针头 hypodermic，摘要包含合金材料（alloy material），排除一般用途的针头（needle）。高级检索可以输入 ttl/（hypodermic andnot needle）and abst/（alloy and material）。

【例题】检索清华大学在美国申请的"纳米碳管的方法而不是设备"的专利文献。

【题解】可以从中国国家知识产权局进入美国专利商标局网站专利数据库（www.uspto.gov）检索界面，如图 7-9 所示。

然后选择专利申请检索界面，如图 7-10 所示。

检索式如图 7-11 所示。

检索结果如图 7-12 所示。

【例题】在美国专利数据库检索发明名称含有"安全鱼钩（safety fishhook）"的专利申请。排除

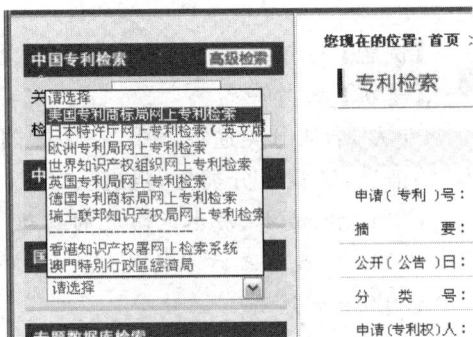

图 7-9　中国国家知识产权局国外及港澳台专利检索

注：欧洲专利局是能授予欧洲专利权的机构，成员包括欧洲各国专利局，英国和德国专利局是其主要成员；瑞士曾是人均专利申请量最多的国家；日文汉字"特许"是发明的意思，特许厅是日本专利局。

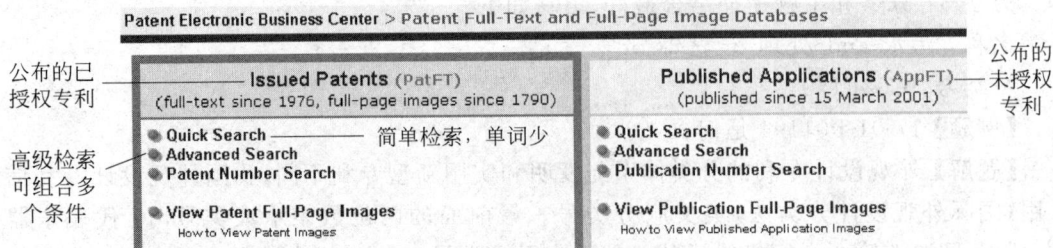

图 7-10　美国专利商标局专利数据库检索界面

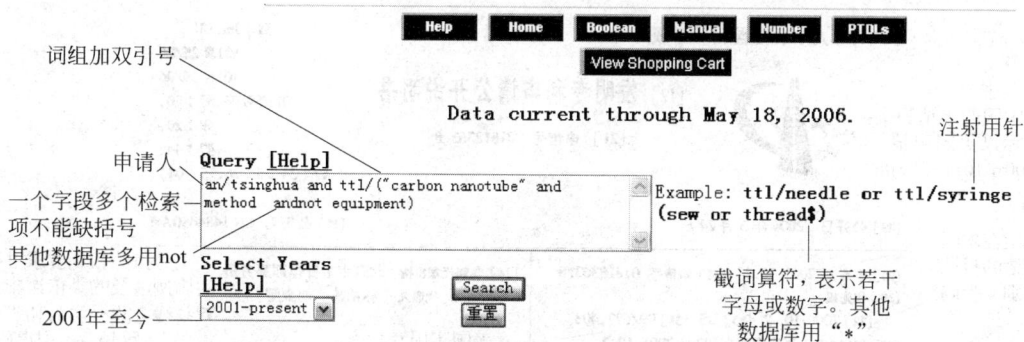

图 7-11　美国专利商标局专利数据库检索式

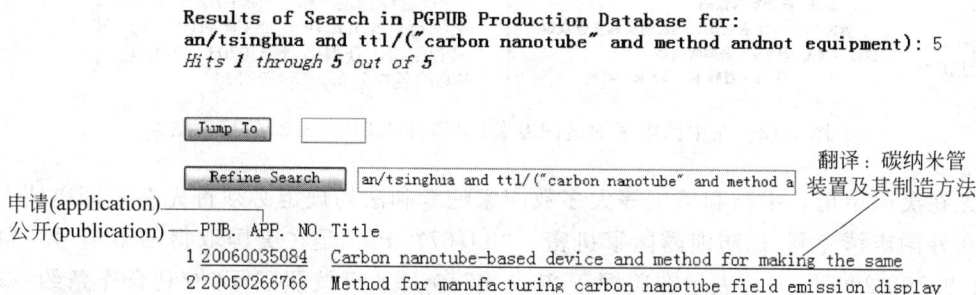

图 7-12　美国专利商标局专利数据库检索结果

带"钩子的鱼饵"(fishing lure having hook),已经知道"IPC 分类检索"的国际专利分类号 A01K83/00(水产)。

【题解】进入美国专利商标局的专利检索数据库 www.uspto.gov。阅读帮助文件,拟定检索式。检索式如下:

TTL/("Safety fishhook" ANDNOT lure)AND ICL/A01K83/00。

【例题】检索中国长虹集团在美国申请的电话(telephone)、电视机(television)、电信(telecommunication)等方面的专利。

【题解】进入美国专利商标局的专利检索数据库。阅读帮助文件,拟定检索式。检索式如下:

AN/CHANGHONG AND TTL/Tele ＄。

【例题】检索并解释享有美国优先权的专利《农药投放体系》在中国申请的专利(申请号 01818363.8)被公布的数据。

在中国国家知识产权局专利检索数据库的"申请(专利)号"字段输入"01818363.8",结果如图 7-13 所示。

【题解】识别专利信息的格式有助于判断专利的法律阶段状态、是否在法定保护期以及是哪个国家的专利,判断专利的价值。由于世界上发明专利的审查制度不尽相同,有的国家没有严格审查的专利制度,所以专利质量不高。而中国、美国、日本等国审查严格,专利质量较高。"2000.10.2"是该专利首先在美国申请的日期,就是优先权日,可作为在我国申请专利的日期,比在我国实际的申请日"2001.10.2"刚好提前一年。US 是美国的国家代码,表

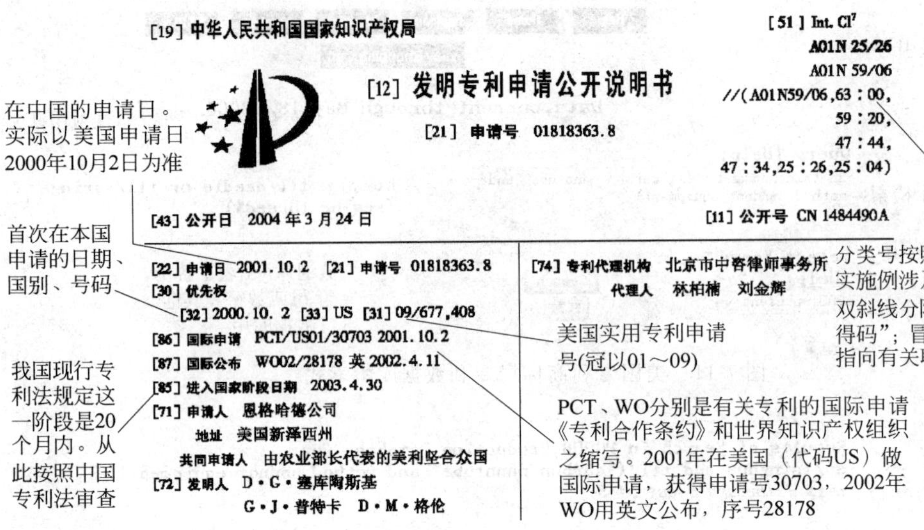
[19] 中华人民共和国国家知识产权局

[12] 发明专利申请公开说明书

[21] 申请号 01818363.8

[51] Int. Cl7
A01N 25/26
A01N 59/06
//(A01N59/06,63：00,
59：20,
47：44,
47：34,25：26,25：04)

[43] 公开日 2004年3月24日

[11] 公开号 CN 1484490A

[22] 申请日 2001.10.2 [21] 申请号 01818363.8
[30] 优先权
[32] 2000.10.2 [33] US [31] 09/677,408
[86] 国际申请 PCT/US01/30703 2001.10.2
[87] 国际公布 WO02/28178 英 2002.4.11
[85] 进入国家阶段日期 2003.4.30
[71] 申请人 恩格哈德公司
地址 美国新泽西州
共同申请人 由农业部长代表的美利坚合众国
[72] 发明人 D·G·赛库斯基
G·J·普特卡 D·M·格伦

[74] 专利代理机构 北京市中咨律师事务所
代理人 林柏楠 刘金辉

图 7-13 在中国申请的美国专利（申请号 01818363.8）的检索结果

示首先在美国申请。中国和美国等大多数国家的专利法均规定必须首先在本国申请专利后才能在外国申请专利，以防泄露国家机密。“09/677,408”是在美国取得的申请号。“PCT/US01/30703 2001.10.2”表示在美国于 2001 年 10 月 2 日按照国际《专利合作条约》（PCT）进行国际申请，号码是 30703。然后由世界知识产权组织的国际局每周发布《专利合作条约公报》进行国际公布。“WO02/28178 英 2002.4.11”表示世界知识产权组织（WO）的国际局于 2002 年 4 月 11 日进行国际公布，号码是 28178，文种是英文。由于各国专利法规定不完全一致，而且仅仅在本国有效，因此，外国专利不会自动在外国有效，需要经过过渡时期才能在申请指定的其他国家接受审批，称作进入国家阶段。我国新专利法规定过渡时期不超过 20 个月。该专利进入国家阶段日期是 2003 年 4 月 30 日。

7.3.3 商标检索示例

1. 分类目录检索范例

【实例】进入中国商标展示网（www.cntrademark.info）的“中国注册商标”栏目，单击“商标目录”，单击所列商标可以查看具体信息。比如单击 SONDA 得到信息，如图 7-14 所示。

2. 关键词检索

1）中国商标检索

【例题】检索与“孩儿”汉字读音相同的商标。

【题解】进入中国商标网（www.ctmo.gov.cn）依次单击“商标查询”→“我接受”按钮，在弹出窗口中单击“商标近似查询”，进入“商标近似查询”界面，填入相应内容，如图 7-15 所示。单击“自动查询”按钮。

结果有 24 个商标，如“红孩儿”、“海尔”、“海儿”、HAIER 等。

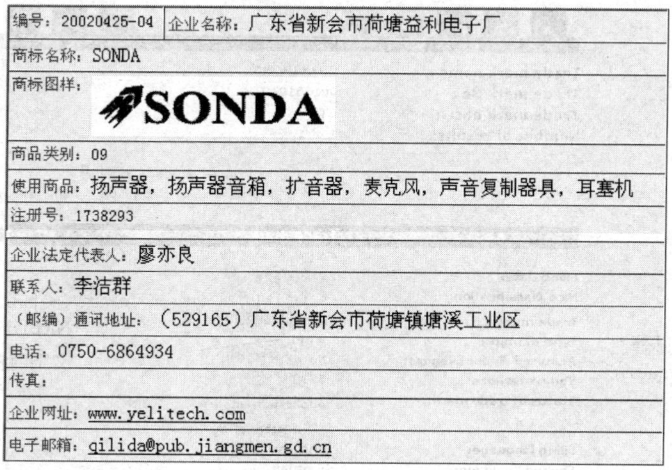

编号：20020425-04	企业名称：广东省新会市荷塘益利电子厂
商标名称：SONDA	
商标图样：	**SONDA**
商品类别：09	
使用商品：扬声器，扬声器音箱，扩音器，麦克风，声音复制器具，耳塞机	
注册号：1738293	
企业法定代表人：廖亦良	
联系人：李洁群	
（邮编）通讯地址：（529165）广东省新会市荷塘镇塘溪工业区	
电话：0750-6864934	
传真：	
企业网址：www.yelitech.com	
电子邮箱：qilida@pub.jiangmen.gd.cn	

图 7-14　商标信息

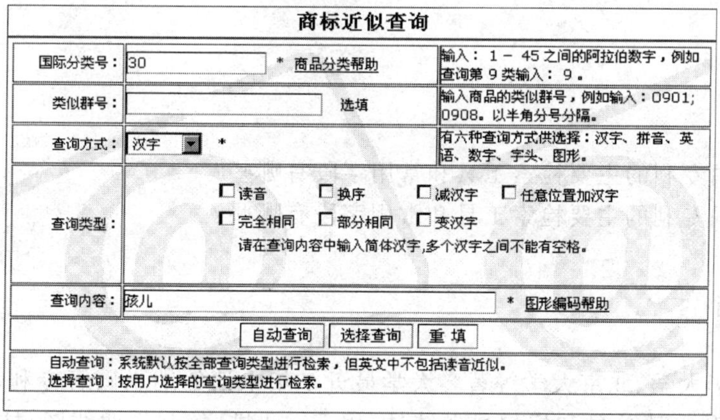

图 7-15　中国商标网商标近似查询

2）检索在外国注册的商标

【例题】查询长虹集团通过国际商标注册马德里体系（Madrid System for the International Registration of Marks）申请注册的商标名称。

【题解】进入世界知识产权组织网站 ipdl. wipo. int，依次单击 Trademarks→Simple Search，进入 Madrid Express Simple Search 页面，在 Search for 文本框中输入 changhong，从 Results must contain 下拉列表框选择 This exact phrase，单击 Search 按钮，共查到 13 条信息。

【例题】查询长虹集团在欧洲注册的商标名称。

【题解】进入欧洲商标局数据库 oami. europa. eu/en/default. htm，可以免费查询商标名称和注册号码，但是只有合法用户才能下载详细信息。依次选择 Databases→CTM-ONLINE，打开 CTM-ONLINE-Trade mark consultation service-Basic 页面，从 Trade mark name 下拉列表框选择 Contains，在文本框中输入 changhong，单击 Search 按钮，查出一条数据，如图 7-16 所示。

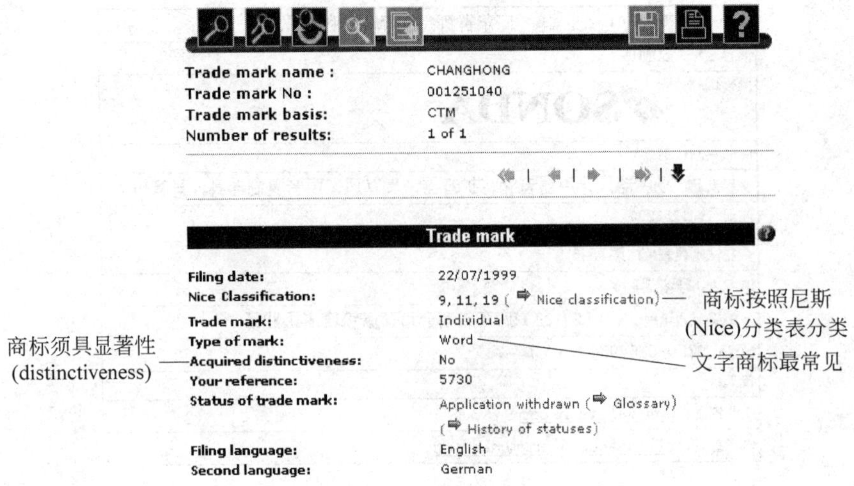

图 7-16 商标检索结果

思考题

1. 检索中国专利的主要检索工具和常用字段有哪些？
2. 检索美国专利的主要检索工具和常用字段有哪些？

综合实习题

1. 检索清华大学、北京大学等著名大学最近 5 年申请的纳米碳管专利，按照 IPC、名称中的关键词、专利申请总量和授权量做统计，用 Excel 排序，制作曲线图、柱形图等，简要分析这些学校的科研动向和实力。

2. 检索 2006 年授权公告的中国专利《用于纤维的抗菌剂和抗菌性纺织品》（专利号 ZL 01807542.8）的说明书第 26 页提到的实施例的抗菌剂的重量百分比。

3. 在中国国家知识产权局的检索界面单击展开"IPC 分类检索"，查询到国际专利分类号 A45F3/00 代表旅行或野营用品。请比较以下两种检索式的检索结果有何区别：

(1) 在分类号途径输入 A45F3/00。

(2) 在名称途径输入：（旅行 OR 野营）AND 用品。

第 8 章
其他信息检索

本章介绍其他信息的检索,主要有标准信息、会议信息、科技报告、学位论文、政府及国际组织出版物等特种信息和报纸等,重点掌握学位论文、标准信息的检索。

8.1 基本知识

标准信息和学位论文是最常用的特种文献。其次是会议信息,主要包括科学技术会议信息、会议论文、会议出版物 3 类。其中科技工作者在国际国内学术会议上所宣读的论文,以及在学术性会议上讨论、交流经验而形成的报告、记录、论文集包含了大量的一次文献,反映了各学科、各行业的最新学术成果、科学技术水平、动态趋势,是十分重要的情报源。

科技报告是关于某项研究的阶段性进展总结报告或研究成果的正式报告。科技报告内容新颖、专深,数据较为详尽可靠,具有比较高的科研价值,大多数有一定保密性。其流通范围有一定的限制,仅有小部分可公开或半公开,且价格昂贵,需要到专门机构查阅。但是,由于科研单位不愿意及时供稿,导致情报机构收录迟缓,数量不足,例如中国的科技成果数据库就有这种弊端。

政府出版物具有重复出版的问题,一般通过网络在官方数据库检索。

特种文献一般收藏在科技情报所,不是图书馆收藏的重点文献,一般的中文期刊数据库也不收录特种文献,但是期刊数据库往往兼收报纸。例如,维普公司、中国人民大学的期刊数据库也增加了报纸子库。目前,除了专门的机构和数据库收录特种文献以外,一些综合检索数据库例如国家科技图书文献中心、万方公司的数据库开始收录特种文献,并且与搜索引擎 Google 进行资源整合。比如,通过 Google 学术搜索,就能检索到专用的学术性数据库。但是特种文献的原文毕竟不如图书、期刊、报纸那样普及易得,检索原文常常还要付费,一般要借助图书馆和科技情报所等专门机构传递原文。

8.2 主要检索工具

8.2.1 标准信息的检索工具

1. 综合性检索工具简介

1) 中国标准服务网(www.cssn.net.cn)

由中国技术监督情报研究所、国家信息中心系统集成中心联合主办,可查到有关标准的详细内容,与中国技术监督情报研究所联系可获得标准原文。

2）中国标准咨询网（www.chinastandard.com.cn）

提供了技术监督法规信息、国内外标准信息、产品抽检信息和质量认证信息等全方位的网上咨询服务。

3）万方数据库中科技信息子系统的中外标准数据库

【例题】检索转基因玉米检测方面的国家标准。

【题解】选择西南大学图书馆购买的万方数据库中的《中外标准全文数据库》。检索过程如图 8-1～图 8-3 所示。

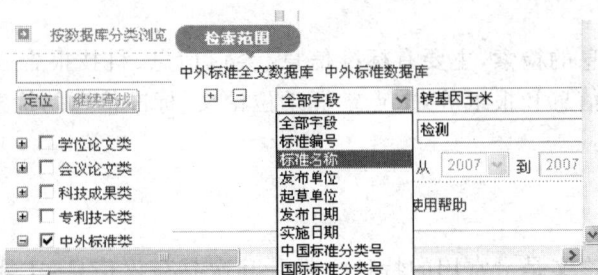

图 8-1　万方《中外标准全文数据库》检索界面

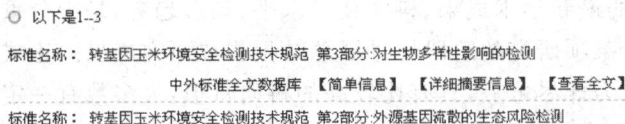

图 8-2　万方《中外标准全文数据库》检索结果界面

表 A.4　玉米纹枯病分级标准　　NY/T 720.3—2003

病情分级	症　状　描　述
0	全株无症状
1	果穗下第 4 叶鞘及以下叶鞘发病
3	果穗下第 3 叶鞘及以下叶鞘发病

图 8-3　万方《中外标准全文数据库》详细内容界面

4）国际标准化组织（ISO，www.iso.org）

ISO 是世界最大的非政府性标准化专门机构，在国际标准化中占主导地位。其主要活动是制定国际标准，协调世界范围内的标准化工作，组织各成员国和技术委员会进行情报交流，以及与其他国际性组织进行合作，共同研究有关标准化问题。

5）美国国家标准学会（ANSI，web.ansi.org/public/search.html）

ANSI 是非营利性质的民间标准化团体，现已成为美国国家标准化中心。

2. 专科性检索工具简介

（1）中国农业标准网（www.chinanyrule.com）。

（2）中国农业质量标准网（www.caqs.gov.cn）。

（3）美国电气电子工程师学会（IEEE，standards.ieee.org）。

（4）国际电工委员会（IEC，www. iec. ch）。

IEC 是世界上成立最早的非政府性国际电工标准化机构，是联合国经济社会理事会的甲级咨询组织。

（5）美国材料与试验协会（ASTM，www. astm. org）。

8.2.2 会议信息的检索工具

1. 中文类

1)《中国学术会议论文库》(db. sti. ac. cn)

该数据库是万方学术资源的一部分，分为《中国学术会议论文文摘数据库》(CACP) 和《中国学术会议论文全文数据库》(PACC)。

2) 国家科技图书文献中心（www. nstl. gov. cn)的《中文科技会议论文数据库》

2. 外文类

ISI Proceedings 会议论文数据库，包含两个数据库：科技版、社会和人文科学版。美国 Thomson Scientific 公司（www. thomsonscientific. com. cn)基于 ISI Web of Knowledge 检索平台将 ISTP 和 ISSHP 两大会议录索引集成为 ISI Proceedings，提供会议论文的文摘索引信息，总共覆盖了从 1998 年至今召开的 60 000 次会议上发表的约 200 万篇论文，具体说明如下。

* Index to Scientific & Technical Proceedings (1998—   )(ISTP,《科学技术会议录索引》，四大检索工具之一)。
* Index to Social Science & Humanities Proceedings (1998—   )(ISSHP,《社会科学及人文科学会议录索引》)。

8.2.3 科技报告的检索工具

1. 中文类

1)《万方科技成果数据库》(www. wanfangdata. com. cn/Products)

由中国科技研究信息所万方数据公司提供，是国家指定的科研成果查新数据库。

2) 中国中关村科研成果共用信息网（成果网，kjcg. zhongguancun. com. cn)

3) 中国科技网（www. cnc. ac. cn)

该网的科技信息资源提供了科学数据库、中国科普博览、科技成果、科技管理、技术资料、农业资源和文献情报等的查询。

2. 外文类

1) 美国 NTIS 报告数据库（www. ntis. gov)

该数据库是检索美国科技报告的主要检索工具，是由美国国家技术情报服务处（National Technical Information Services，NTIS）提供的政府官方资源，包括内容广泛的科学、技术、工程和商业信息报告。

2)《GrayLIT Network 科技报告全文数据库》(graylit. osti. gov)

GrayLIT Network 是由美国能源部（DOE)、科技信息办公室（OSTI)联合美国国防科技信息中心（DTIC)、美国国家航空航天局（NASA)、美国环保总局（EPA)提供的科技报告数据库。

8.2.4 学位论文的检索工具

1. 中文学位论文检索工具

1) 中国博硕士学位论文全文数据库(www.cdmd.cnki.net/index.htm)

《中国优秀硕士学位论文全文数据库》和《中国博士学位论文全文数据库》(Chinese Doctoral Dissertations and Master's Thesis Full-text Databases,CDMD)是中国知识基础设施工程(CNKI)的系列产品之一,是目前国内相关资源最完备、连续动态更新的中国博硕士学位论文全文数据库。

2)《高校学位论文数据库》(opac.calis.edu.cn)

《高校学位论文数据库》是由中国高等教育文献保障系统(CALIS)全国工程文献中心(清华大学图书馆)牵头负责组织,全国 80 余所高校合作建设的文摘和全文数据库。

3) 中国高等学校学位论文检索信息系统

中国高等学校学位论文检索信息系统(DRIS)由清华大学图书馆和 IBM 中国研究中心合作开发,立足于 CERNET 的网络环境,面向全国的 CERNET 网上用户服务。该系统收入了北大、上海交大等 10 所高校的 2.5 万余篇学位论文。

4)《中国学位论文全文数据库》(xa.wanfangdata.com.cn/wf/cddb/cddbft.htm)

《中国学位论文全文数据库》(Chinese Dissertation Database,CDDB)是万方数据库系统中的一个子数据库。

5) 其他中国学位论文数据库网站

《上海交通大学研究生学位论文数据库》,thesis.lib.sjtu.edu.cn。

《西安交通大学研究生学位论文数据库》,202.117.24.209:8000/Channel.wct? ChannelID=1650。

《北京大学学位论文全文数据库》,fulltext.lib.pku.edu.cn/was40/searchbrief.htm。

《国家科技图书文献中心的中文学位论文数据库》,www.nstl.gov.cn/nstl/user/ywjsdg.jsp。

2. 国外学位论文检索工具

PQDD(ProQuest Digital Dissertations)是美国 ProQuest 公司出版的博硕士论文数据库,是光盘数据库 DAO(Dissertations Abstracts Ondisc)的网络版。它已收录了欧美 1000 余所大学的 170 万篇学位论文,每年还增加 4.5 万篇论文摘要。我国高校用户可在 CALIS 系统的中心馆检索利用,如需全文可通过清华大学图书馆的馆际互借处办理订购手续。

8.2.5 政府及国际组织出版物的检索工具

1. 国内检索工具

1) 中国政府网

中国政府网(www.gov.cn)是国务院和国务院各部门,以及各省、自治区、直辖市人民政府在国际互联网上发布政府信息和提供在线服务的综合平台。中国政府网现开通"今日中国、中国概况、国家机构、政府机构、法律法规、政务公开、工作动态、政务互动、政府建设、人事任免、新闻发布、网上服务"等栏目。

2）人民网

人民网（www.people.com.cn）是人民日报网络版，提供了中国政府的一些出版物信息，数据每日更新，如图 8-4 所示。

图 8-4　人民网首页

2．国外检索工具

1）美国《政府出版物目录月报》

美国《政府出版物目录月报》（catalog.gpo.gov）是检索美国政府出版物的主要检索工具。该数据库收录了 1994 年以来美国政府出版的文献，几乎涵盖了所有的研究领域。

2）美国《政府报告通报与索引》

《政府报告通报与索引》（Government Reports Announcement & Index，GRAI）是由美国 NTIS 编辑出版的摘要式检索刊物，它全面报道美国政府四大科技报告，重点报道 NASA 和 DOE 报告。

3）美国《政府期刊索引数据库》

美国《政府期刊索引数据库》（www.lexisnexis.com/usgpi）（LexisNexis™ Government Periodicals Index，LGPI）提供了促进科学研究的美国政府期刊的完全索引，是打开美国联邦政府出版的所有情报资料财富的钥匙。适用于从事美国研究的院校和科研院所。

4）欧共体信息网政府联机信息服务系统

欧共体信息网政府联机信息服务系统（europa.eu.int/index.htm）提供政府网址清单，通过它可检索欧盟国家官方机构信息。其他欧洲国家的政府服务器也包括在内。

5）国际组织出版物检索工具

（1）经济合作与发展组织网站，www.oecd.org。

（2）联合国贸易与发展会议网站，www.unice.org。

（3）国际贸易中心（含世界贸易组织）网站，www.wto.org。

（4）国际货币基金组织网站，www.imf.org/external/pubind.htm。

（5）联合国工业发展组织网站，www.unido.org。

（6）联合国粮农组织网站，www.fao.org。

8.2.6　报纸的检索工具

1．中文报纸的检索工具

1）《全国报刊索引数据库》

《全国报刊索引数据库》是目前国内收录数据总量最大、报道时间最早、时间跨度最长的特大型文献数据库之一。

2）《中国重要报纸全文数据库》

《中国重要报纸全文数据库》属于中国期刊网全文数据库之一，收录了 2000 年以来国内公开发行的约 1000 种重要报纸刊载的学术性、资料性文献。

3）复印报刊资料系列数据库

"复印报刊资料系列数据库"由中国人民大学书报资料中心编辑出版。该系列数据库侧重人文科学和社会科学中各学科、专业的重要论文和重要动态资料。

4）人民日报图文数据检索系统

人民日报图文数据检索系统是世界十大报纸之一《人民日报》的大型网上信息发布平台，是国家重点新闻网站，也是互联网上最大的中文新闻网站之一，提供许多政府信息。图 8-5 所示为检索 2005 年以来有关大学生就业的报纸文章。

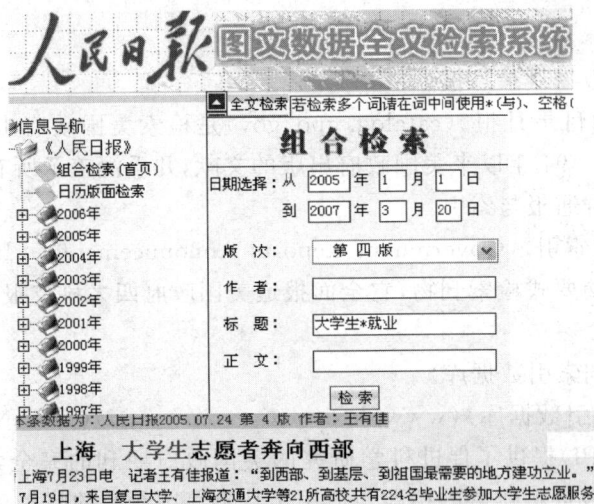

图 8-5　人民日报图文数据全文检索系统检索界面（经过剪辑）

5）《中国科技经济新闻数据库》

《中国科技经济新闻数据库》是重庆维普咨询公司的产品，以报纸为主要信息源，辅以数百种信息类刊物，定期制作出版大型电子全文剪报，检索方法同维普《中文科技期刊数据库》。

2．外文报纸检索工具

1）《纽约时报》全文数据库

《纽约时报》全文数据库（www.nytimes.com）的主要内容包括注册、网站介绍、广告信息、互联网解决方案、世界各国的新闻报道等，在报道国际事务上更有权威。

2）《华盛顿邮报》

《华盛顿邮报》（www.washingtonpost.com）是美国华盛顿哥伦比亚特区最大、最老的报纸，是继《纽约时报》后美国最有声望的报纸，尤其擅长报道美国国内政治动态。

3）《华尔街日报》

《华尔街日报》（The Wall Street Journal,online.wsj.com/public/us）是美国乃至全世界金融、商业领域影响力最大的日报，创办于1889年。主要包括以下几个部分。第一部分：美国特写、国际商业新闻、美国政治经济报道。第二部分：健康、媒体、工业、科技领域的报道。第三部分：理财与投资，国际金融市场分析。第四部分：个人投资，文化报道（星期二至星期四刊印）。第五部分：各类咨询，包括房地产、旅游等（星期五刊印）。

4）其他数据库

其他数据库系统例如EBSCOhost也包含报纸库Newspaper Source，提供了美国近30个民族和国际出版的报纸的精选全文。还包含来自电视和收音机的全文新闻副本以及200多种地区（美国）报纸的精选全文（数据每日更新）。

8.3 用法示例

【实例】检索CNKI《中国重要会议论文全文数据库》收录的名称含有"大学生心理"的会议及其论文集，如图8-6所示。

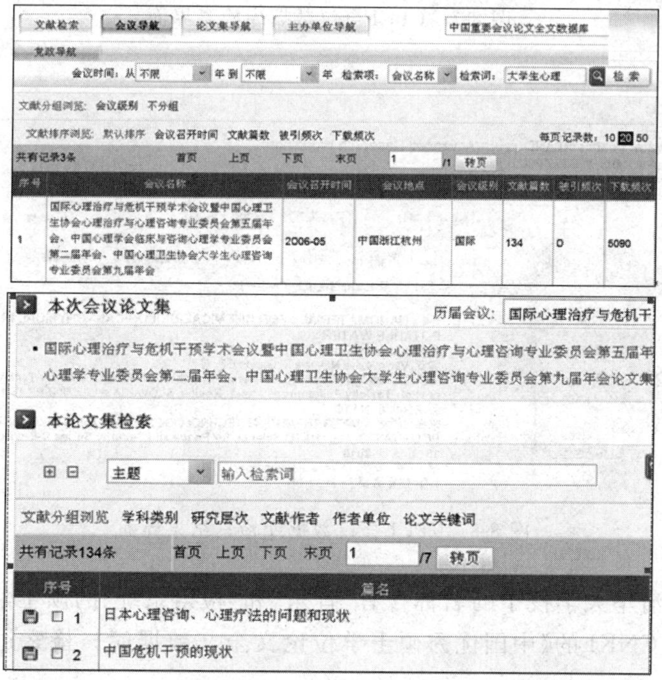

图8-6　检索展会信息结果

【例题】检索 2005 年以来的会议名称含有"water treatment"和"Advanced Research Workshop"的国际会议的文献。

【题解】参考步骤如下。

（1）选择数据库：选择 Web of Science 检索平台的引文数据库 Conference Proceedings Citation Index-Science（CPCI-S），收录时间是 1996 年至今。在"会议"途径（检索范围）检索，如图 8-7 和图 8-8 所示。

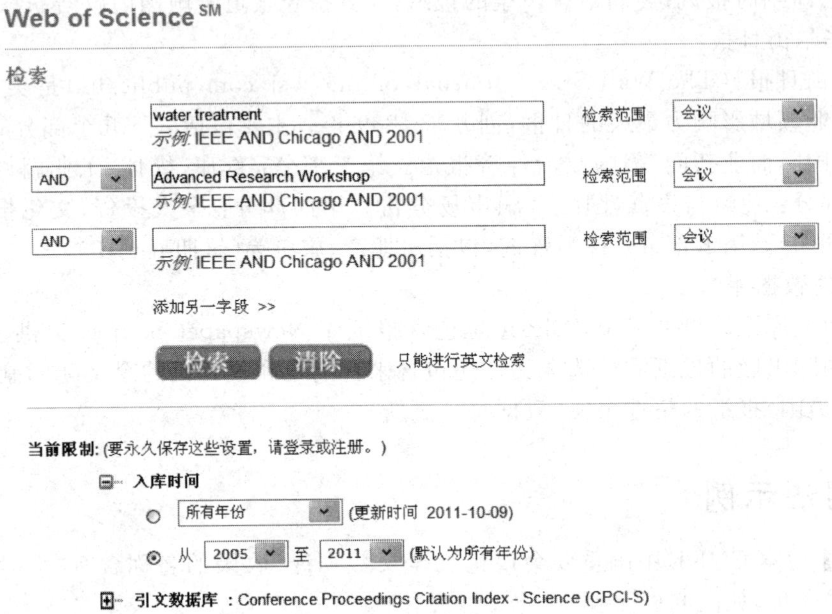

图 8-7　CPCI 会议数据库检索界面

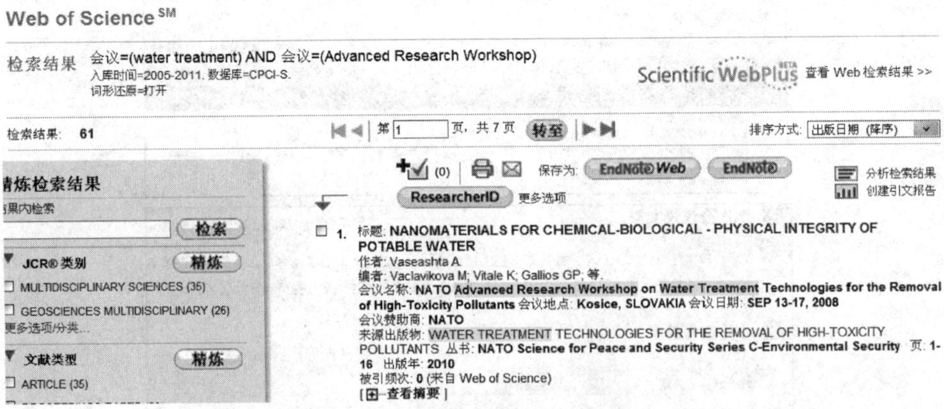

图 8-8　CPCI 会议数据库检索结果界面

【例题】检索清华大学授予的名称含有"音乐"和"检索系统"的硕士学位论文的原文。

【题解】使用 CNKI 的《中国优秀硕士学位论文全文数据库》，检索过程和结果如图 8-9 和图 8-10 所示。

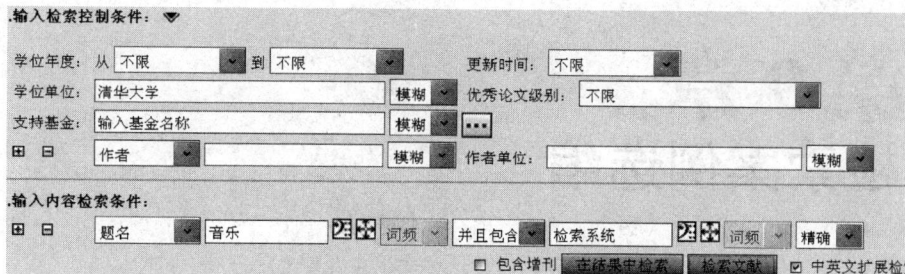

图 8-9 CNKI 硕士学位论文检索界面

目　录

图 8-10 CNKI 硕士学位论文目录

思考题

特种信息有哪些特点和类型？

综合实习题

1. 检索本院系的硕士生、博士生导师指导完成的学位论文都有哪些？

2. 检索西南大学导师赵玉芳和黄希庭指导的优秀硕士学位论文《西南两所高校贫困大学生自我价值感研究》，正文第一部分即"1.1 贫困大学生的界定"提到，以往的研究对贫困大学生的标准不一，归纳起来有以下_____种。

3. 检索"GB 6675—2003 国家玩具安全技术规范 2008-03-07"的有关信息。选择使用搜索引擎、标准服务网、万方数据库等。

第 9 章
检索案例选编

本章汇编了主要专业领域综合检索的案例。

9.1 开题报告及其检索案例

9.1.1 基本知识

科学研究非常重视开题报告的写作。有这样一个实例,美国科学基金会曾经同时收到关于同一科研课题的两份开题报告,一份是获得过诺贝尔奖的西博格写的;另一份是一位名不见经传的青年研究者写的。经过专家们的认真评议,结果批准了那位无名小卒的申请,把这一课题的研究经费拨给了他。在美国,许多科学家每年几乎要用两个多月的时间从事课题建议书(即开题报告)的起草工作。就我国情况看,关于科技工作者要写"科研开题报告",大学研究生、本科生申请学位要写"学位论文开题报告"等规定,都已经处于实施之中。今后,在开题报告写作方面的要求也会越来越高。

1. 要求填写的各项内容

开题报告的内容,主要包括"研究目的和意义"、"文献综述和理论空间"、"基本论点和研究方法"、"资料收集方法和工作步骤"这几个方面。

1) 选题的目的、理论意义和现实意义

目的是指为什么要选择该课题,强调所选课题的重要性和必要性。

理论意义指所选课题在理论上有哪些创新与突破或属于哪些理论范畴。

现实意义指所选课题对本学科的发展有哪些指导作用,对学科建设和实际应用有什么参考价值。

2) 文献综述

"文献综述"是对学术观点和理论方法的整理,综述的素材来自前人的文章,必须忠于原文,不可断章取义,不可歪曲前人的观点。要带着批判的眼光来阅读、归纳和评论文献,从中找出研究空当,以说明本课题是依据什么提出来的,研究本课题有什么学术价值,即把所综述的研究成果与某个选题建立相关联系。

2. 检索要求

1) 强调查全率

撰写综述时,搜集的文献资料尽可能齐全,要求搜集的文献越多越全越好。有的本科生开题报告要求应收集资料及主要参考文献,包括论文和专著不少于 5 条。研究生开题报告可能要求检索上百篇参考文献。达尔文曾经说过："科学就是整理事实,以便从中得出普遍规律或结论。"他自己就是在整理了大量的文献资料,搜集了大量的动物标本之后,才写成了伟大的著作——《物种起源》的。马克思在撰写《资本论》时,钻研和摘录过的书籍达1500多种,引用和提到过的著作达505部,包括英国议会所有报告和其他官方文件59种,报刊56种。列宁对马克思的《资本论》的产生过程做了精辟的说明,他说:"《资本论》不是别的,正是'把堆积如山的实际材料总结为几点概括的彼此相联系的思想'。"

2)强调文献的新颖性

必须有最近最新发表的文献,如该领域的专利文献、核心期刊、经典著作、专职部门的研究报告、重要代表人物的观点和论述等。一般不将教科书、专著列入参考文献。

3)保证文献的连续性

科学研究总是在前人研究的基础上进行的,有着继承性和连续性。多数学位论文是在既有理论的基础上加以发展。要了解本课题研究的历史和现状、掌握动向、吸取经验教训、开拓思路、进行比较、做出判断等,都需要参考资料,从中得到借鉴、印证、补充和依据。因此重点检索图书、期刊、专利、学位论文等。

3.检索方法和技巧

按照上述检索要求,可以选择第2章介绍的检索方法和技巧:追溯法、常用法和交替法,顺检法、倒检法和时间抽样法。

9.1.2 案例

本章案例遵循第2章所用检索步骤,所用综合性检索工具首先都是国内高校常用的本馆馆藏检索系统、超星电子图书数据库、CNKI系列数据库(包括中国期刊全文数据库、中国博士学位论文全文数据库、中国优秀硕士学位论文全文数据库、中国重要会议论文全文数据库)、万方系列数据库(包括数字化期刊、学位论文全文数据库、会议论文全文数据库)、维普《中文科技期刊数据库》等;外文数据库主要是 Web of Science、Elsevier、EbscoHost、ProQuest 等;搜索引擎主要是 Google 的学术搜索 Google scholar。

在此基础上使用专科性检索工具,如社会科学类课题需要检索《中国人民大学报刊复印资料(社科类)》,理工类课题需要使用科技搜索引擎 Scirus(www.scirus.com)、中国国家知识产权局、欧洲专利局、美国专利商标局的专利数据库,工程技术类课题需要使用美国的EI,医学类需要使用美国的 PubMed 数据库。

以下课题的题解中不再重复列举综合性检索工具名称、雷同的界面和检索式,而主要针对疑难检索工具和检索式。有的课题虽然不是新课题,题解却补充了较新的检索界面和结果。

由于课题比较新颖或检索式复杂,检索结果可能为零,证明课题是新颖的。不过为了产生文献对比,此时需要降低检索要求,简化检索式,重新检索,争取检索到可以对比参考的文献。

【案例】某2001级硕士研究生,其开题报告研究题目为其导师当时的安徽省教育厅基金项目"煤矸石脱除烟气中二氧化硫可选择性反应体系研究"。该课题研究范围宽、内容多,分成三大部分:第一部分为组成煤矸石的主要元素和结构形式、煤矸石渗析水的成分、浓度和影响因素;第二部分是有关脱除烟道气中二氧化硫的脱硫剂论文资料,主要包括石灰石脱硫剂、菱镁土脱硫剂、软锰矿脱硫剂等;第三部分是有关煤炭、煤矸石用于烟道气脱硫的研究论文和报道。应该检索多少文献?

【评析】一般撰写三次文献，如文献综述，通常要求检索 100 篇以上的文献。该硕士研究生开题报告研究范围宽、内容多，选择一个适应研究生硕士论文的切入点，检索了一百多篇有关科研论文。

【案例】有一位医学专业研究生的毕业论文是有关某种疾病"细胞因子诱导因素研究"，查阅疾病诱导因素文献时，得到科研启发，发现没有人进行过某种机制的分析，而经实验证实该机制的分析是证实该疾病诱因形成中的关键。但该研究生不知从何入手去撰写有关的论文。请问如何通过检索明确开题报告的研究方向？

【评析】通过检索明确开题报告的思路是否清晰，研究方向是否有价值。首先应直接查阅分析该机制的文章，如该机制分析与主课题即疾病细胞因子诱导因素的关系，从另一角度开辟新视角，开阔科研的新思路；进而分析一流领域的主要进展，通过对该研究概念上是否有突破，是否具有创新性思想，是否具有可以广泛应用的新技术等方面的审视来分析该研究的科学性、学术性、实用性；检索国内外有关研究的背景与进展。最后找到了有价值的空白点作为研究方向。

9.2 主要学科综合检索案例

9.2.1 法律类案例

【例题】中国死刑问题的社会学研究（资料来源：西南政法大学，2003 年司法部课题）。

【题解】课题分析："中国死刑问题的社会学研究"是一个学科结合型的课题，它跨越了刑法学、社会学、犯罪学等多个学科。要检索出这个课题所需的文献资料，必须首先对该课题进行概念分解，见表 9-1。

表 9-1　相关概念列表

与主题相关的关键词	最主要关键词的同义词	其他关键词的同义词
社会	社群	社会冲突
社会学	社会关系	死刑功能
犯罪	刑法	社会互动
死刑	死缓	死刑废除

检索过程是一个动态的决策过程，检索失误时有发生。所谓检索失误，是指检索行为在检索过程中偏离检索目标，使得检出的文献与实际需求不相符合（漏检或误检）。造成检索失误的因素很多，几乎涉及信息存储和信息检索全过程。但总的说来分为客观和主观两方面。客观方面是数据源本身的质量问题，主观方面是检索者的检索技能问题。

对于检索课题，首先要进行主题分析，从不同角度将课题划分为若干个最能表达课题内容的概念，找出核心概念和隐含概念，排除无关概念。有些课题概念的确定较为容易，可以直接从课题名称中反映出来，但是有些课题实质性的内容往往很难从课题名称上反映出来，一些隐含的概念和相关的内容也不是一下就能明确的，这时就应从课题所属专业角度对其内容进行透彻的分析，在准确理解课题内容的基础上，提炼出能够反映课题内容的主题概念。要注意尽量避免使用一些无关概念，所谓无关概念即一般性的泛词，或是专指度不高的词。

1. 检索要求

收集有关以社会学视点研究中国死刑问题的专著、论文,具有社会学研究意义的案例,1979 年以来死刑执行的相关法律和数据等。

2. 主要的检索工具

1)综合性检索工具(从略)

2)专科性中文检索工具

《中国人民大学报刊复印资料(社科类)》、《北大法宝》数据库、《北大法意》数据库、国内出版的法律类年鉴(《中国法律年鉴》、《人民法院年鉴》、《中国检察年鉴》)、案例(《刑事案例》,北京大学法律系资料室编,1981.6(3))。

3)专科性外文检索工具

含法律类信息的外文数据库 LexisNexis 和 Westlaw。

3. 编制检索式

课题的检索概念可能很复杂,为兼顾查全率和查准率,可适当使用两种布尔逻辑算符进行组合检索。组合检索时,可先用 OR 算符建立几个概念块,并分别用括号括起来,然后用 AND 算符组配各个概念块。再复杂些的课题,可同时使用 3 种布尔逻辑算符组合。如果查全率低,可以加用上位词"死刑"和"社会"。就本课题而言,编制基本检索式如下:

(死缓 OR 死刑废除 OR 死刑复核)AND(社会学 OR 社群 OR 社会关系)OR(死刑 AND 社会)

4. 部分检索过程和检出结果

部分检索工具的检索式和检索结果如图 9-1～图 9-5 所示。

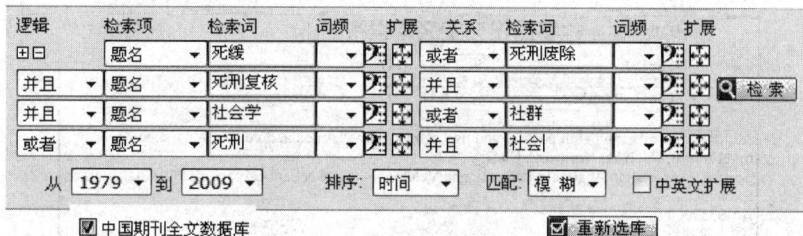

图 9-1　CNKI《中国期刊全文数据库》检索过程

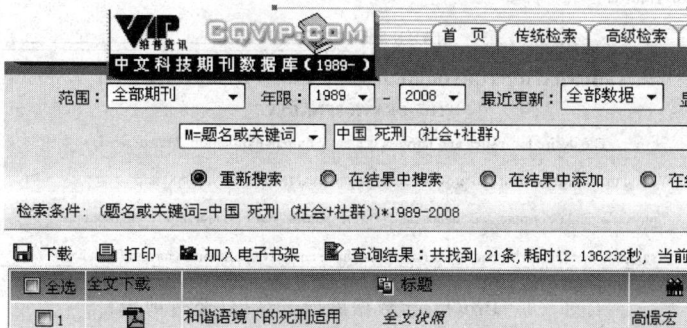

图 9-2　《中文科技期刊数据库》检索式 1

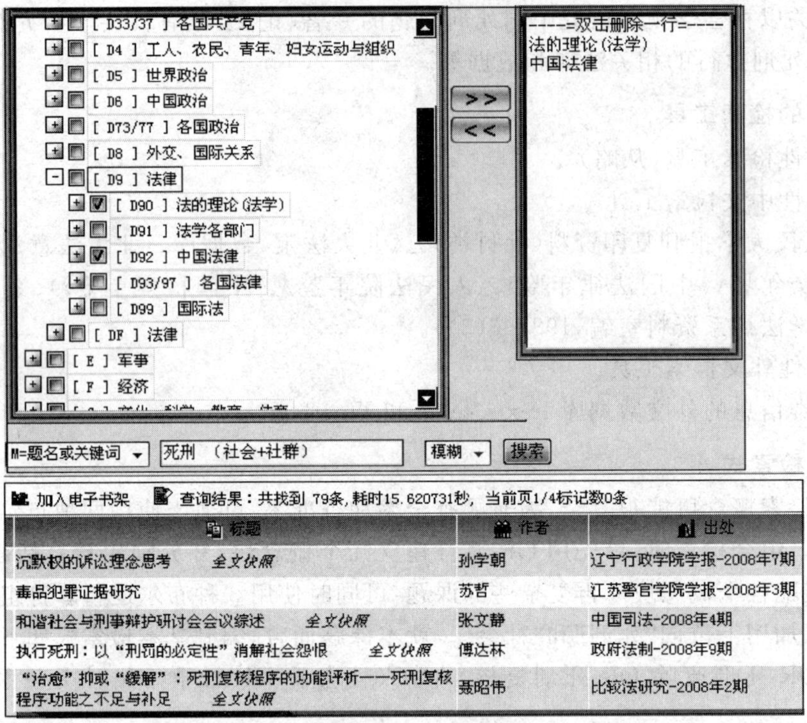

图 9-3 《中文科技期刊数据库》检索式 2 和结果

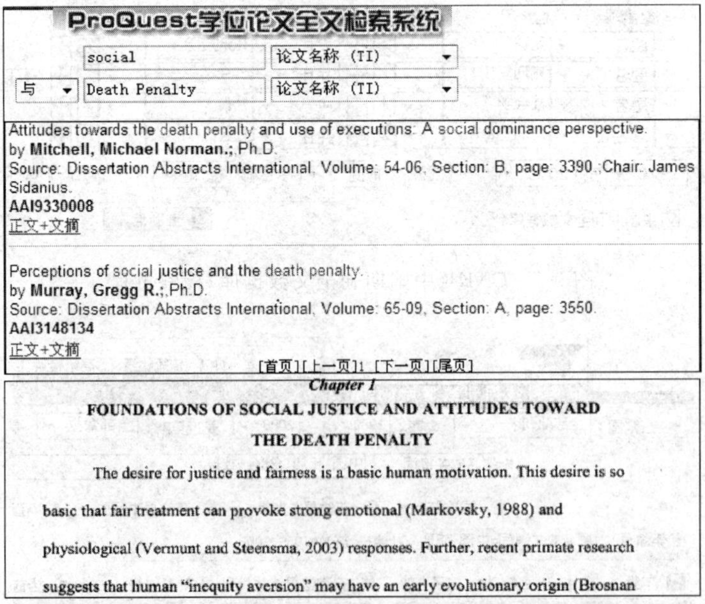

图 9-4 ProQuest 数据库检索结果(经过剪辑)

```
Option 1 - Search across Sources

Search for 'General Overview' across Cases, Statutes, Analysis and more...

① Jurisdiction
  [All States & Federal        ▼]   Select Multiple...

② Sources
  1 Source(s) Selected [Select Sources...]  ——— 必须选定一种资料来源

③ Search Terms (Optional)
  ⦿ Terms and Connectors  ○ Natural Language
  [Social and "Death Penalty"        ▲]  [🔍 Search]
```

```
1. Copyright (c) 2003 Alabama Law Review Alabama Law Review,
   CAPITAL SENTENCING: The Ultimate Authority on the Ultimate P
   ... Court issued five death penalty decisions, which shaped the
   ... petitioner challenged the Florida death penalty statute on tl
   ... Court issued five death penalty decisions, n1 which shaped
   ... cases involved a death penalty statute that a state ...
   ... led to the Court's invalidation of the death penalty in Furma
   ... state legislators who desired the death penalty n4 had little
```

图 9-5　LexisNexis 数据库检索结果（经过剪辑）

部分检索结果如下。

1）论文

（1）论中国死刑的正当性. 西南政法大学，2005（《中国优秀博硕士学位论文全文数据库》）.

（2）论我国现阶段死刑存在的社会客观性. 法律适用，2005(10).

⋮

（14）David Jacobs，Jason T. Carmichael. The Political Sociology of the Death Penalty：A Pooled Time-Series Analysis. American Sociological Review，Vol 67，No. 1.

（15）Tom R. Tyler，Renee Weber. Support for the Death Penalty；Instrumental Response to Crime，or Symbolic Attitude? Law & Society Review，1982,17(1).

（16）Benjamin D. Steiner，William J. Bowers，Austin Sarat. Folk Knowledge as Legal Action：Death Penalty Judgments and the Tenet of Early Release in a Culture of Mistrust and Punitiveness. Law & Society Review，1999,33(2).

（17）RJ Bonnie. Dilemmas in administering the death penalty. Law and Human Behavior. Springer，1990.

2）专著

（1）李云龙，沈德咏. 死刑制度比较研究. 北京：中国人民公安大学出版社，1992.

（2）潘军. 死刑报告. 北京：人民文学出版社，2004.

⋮

（7）奇藤静敬. 死刑再考论. 东京：成问堂，昭和 55 年.

（8）陈兴良. 死刑备忘录. 武汉：武汉大学出版社，2006.

（9）Hugo Adam Bedau. The Death Penalty in America：Current Controversies. Oxford University Press，1998.

(10) Roger G. Hood. The Death Penalty: a worldwide perspective. Oxford University Press, 2002.

3）法律事实数据

（1）死刑数据在各年鉴中均无确切记载，无从稽考。

（2）案例：案例众多，研究者可从中选择适合条件者应用于研究之中。

（3）法规：共检出最高法院和最高检察院关于死刑的司法解释 87 项。

【评析】 从已检出的资料分析，该课题有一定的先期成果，但可以研究的问题还有很多，如死刑的社会功能专论、死刑执行与社会冲突等。要对该课题所需资料进行有效查检，首先必须对社会学有一定的熟悉程度，比如知道社会学的主要观点——功能论、冲突论、互动论等，这些问题必须通过先期阅读来完成。

9.2.2 经济类案例

【例题】 检索国内有关产业链研究的论文、著作、基金项目及研究人员，并对国内产业链研究现状作综合述评（资料来源：吉林省社科基金重点项目《生态产业链形成机理与实现机制研究》(2004059)）。

【题解】

1．选择的主要检索工具

期刊论文：选用 CNKI《中国期刊全文数据库》、重庆维普的《中文科技期刊数据库》、万方的《中国数字化期刊全文数据库》、中国人民大学的《中文报刊复印资料全文数据库》。

会议论文：CNKI《中国重要会议论文全文数据库》、万方的《中国学术会议论文数据库》。

报纸论文：CNKI《中国重要报纸全文数据库》。

图书：CNKI《中国图书全文数据库》、国家图书馆的中国数字图书馆、万方的《中国科技图书全文数据库》和北京超星数字图书馆电子图书系统。

博硕士论文：CNKI《中国优秀博硕士论文全文数据库》、万方的《中国学位论文全文数据库》、中国国家图书馆的《中国学位论文全文数据库》。

专业性经济网：中国经济信息网、中国宏观经济网、国研网。

大学网站：北京大学、清华大学、中国人民大学、吉林大学、西安交通大学、西南财经大学、东北财经大学、上海财经大学等学校图书馆各类文献数据库。

2．检索途径

对于不同的检索工具，选择不同的检索途径。主要是时间、题（篇）名（标题）、著者、关键词、中文摘要、全文、引文、基金 8 大检索路径。并根据不同的网络数据库选用不同路径进行检索。

由于中国人大报刊复印资料收录的论文和其他期刊数据库收录的论文重叠量较大。因此，在检索时，主要是检索不同年份、不同专辑中标题、正文含有"产业链"的文章。

对于报纸论文，主要查找标题中有"产业链"的论文。

对于博硕士论文，主要是查找题名中有"产业链"的论文。

对于图书,主要是查找书名中带有"产业链"的图书。

对于一般 Web 浏览,主要是查找中文网页中带有"产业链"的文章,然后再利用相关链接继续检索,直到查到所需资料为止。

对重要论文进行分类研究,并根据相关作者、机构情况,分别按作者、基金、机构进行检索。

利用搜索引擎搜索 Web 主页上有关"产业链"的文章和有关研究产业链的学者个人资料。

利用国家图书馆中文电子图书数据库、超星数字图书馆电子图书系统等数据库检索有关产业链著作出版情况。

综合以上检索结果,最终确定研究产业链的学者、基金项目名单,再结合国外产业链文献资料检索结果,综述国内外产业链研究现状、存在的问题及本课题研究的内容。

3. 检索结果统计分析

检索到的篇名中含有"产业链"的论文中,产业链理论研究有 15 篇左右,约占 2%;研究矿产、冶金、煤炭、石油、化工、电力、建材、纺织、汽车、电信、软件以及金融、教育、文化、出版等行业的产业链的文章约占 30%;以农业、林业、蔬菜等农业产业链为篇名的文章约占 30%;研究产业链与区域经济发展、区域资源开发的文章约占 20%。其他约占 18%。可见,产业链理论研究还极其薄弱。

4. 部分文献

1)专著

(1)盛宇华.供应链管理及虚拟产业链.北京:科学出版社,2004.

(2)王凯.中国农业产业链管理的理论与实践研究.北京:中国农业出版社,2004.

2)博士论文检索结果(1999—2006)

按照序号、作者、题名、指导教师、专业、培养单位、毕业时间排列如下。

(1)国俊、产业链理论和稳定机制研究、蒋明新、管理发展与变革、西南财经大学、2004。

(2)龚勤林、区域产业链研究、杜肯堂、政治经济学、四川大学、2004。

【例题】国内近年物价指数统计数据调研(资料提供:湖南农业大学)。

【题解】课题分析:本课题属于事实和数值型检索,系国家宏观统计数据的调研。解题思路一般可以通过经济年鉴类参考工具书、各类统计网站或者网上搜索引擎了解主要概念的含义,再选择国家权威机构出版的工具书或者这些机构主办的网站获取相关数据。这里选择《中国大百科全书》(经济卷)了解课题的主要概念。在卷末的内容分析索引中,以"物价指数"查得 1034 页上载有"物价指数(Price index)报告期所销售(或收购)商品的实际平均价格水平与基期平均价格水平相比的相对数"。

1. 选择使用印刷版参考工具书,查找相关数据和内容

使用书目数据库,以"经济年鉴"查找,得到《中国经济年鉴》等多种工具书。选择《中国经济年鉴》(北京:中国经济年鉴社 2004 年版),按照目录指引,在 973 页得到如表 9-2 所示的数据。

表 9-2　中国物价指数统计

指　　　标	1989 年	1997 年	2000 年	2002 年	2003 年
商品零售价格指数 （上年＝100）	117.8	100.8	98.5	98.7	99.9
商品零售价格指数 （1978 年＝100）	203.4	380.8	354.4	347.0	346.7
居民消费价格指数 （上年＝100）	118.0	102.8	100.4	99.2	101.2
居民消费价格指数 （1985＝100）	160.2	337.1	331.0	330.6	334.6

2. 选择使用统计资料网站，查找相关数据和内容

可进入各级各类统计资料网站搜索，利用中国资讯行数据库（www.bjinfobank.com）选择《中国统计数据库》，以"2006 物价指数"检索，命中检索结果 60 项，其中摘录 2006 年 7 月中国物价指数统计数据如表 9-3 所示。

表 9-3　2006 年 7 月中国物价指数统计部分数据（以上年同期价格为 100）

指 标 名 称	全　　国		城　　市		农　　村	
	7 月	1～7 月	7 月	1～7 月	7 月	1～7 月
商品零售价格指数	100.7	100.8	100.6	100.6	101.0	101.0
居民消费价格指数	101.0	101.2	101.0	101.3	101.1	101.2

3. 通过 Google 搜索引擎，搜索近期全国物价指数数据

以"2006 全国物价 指数"作为检索词，得到 659 000 篇相关网页。其中一项为中国统计数据——中国网（www.china.com.cn/ch-company/index.htm）提供的 2006 年 1—8 月份全国物价指数数据如表 9-4 所示。

表 9-4　全国物价指数部分数据（以上年同期价格为 100）

指 标 名 称	全　　国		城　　市		农　　村	
	8 月	1～8 月	8 月	1～8 月	8 月	1～8 月
商品零售价格指数	100.9	100.8	100.7	100.7	101.3	101.0
（一）食品类	101.5	102.0	101.5	102.2	101.6	101.5
（二）饮料、烟酒类	100.8	100.5	101.0	100.7	100.6	100.3
（三）服装、鞋帽类	100.0	99.6	100.2	99.7	99.5	99.4
（四）纺织品类	100.2	99.8	100.1	99.5	100.2	100.3
（五）中、西药品类	99.5	98.9	99.5	99.0	99.5	98.8
（六）化妆品类	100.0	99.7	99.7	99.4	100.7	100.5
（七）书报、杂志类	100.3	100.4	100.4	100.4	100.1	100.1
（八）文化办公用品	97.7	97.7	97.3	97.3	98.8	98.7
（九）日用品类	100.9	100.7	101.0	100.8	100.6	100.5
（十）家用电器类	97.7	97.0	97.2	96.5	98.8	98.4

【例题】某校学生欲报考西南财经大学副校长卓志教授的研究生,现在需初步了解该教授的研究领域、论文发表和专著出版情况、曾经指导的研究生学位论文的情况等,以便做好充分的准备。同时,还想找到几位国内也在关注该教授研究领域的人员的信息(资料提供:西南财经大学)。

【题解】该检索课题可以通过检索给定人名的期刊论文、图书书目、会议论文、博硕士学位论文等来解决。关于查找几位也在关注该教授研究领域的人员信息的问题,则可以通过引文类数据库来解决。因为只是初步了解,检索中文信息即可。主要采用"作者"的检索途径。

选择的主要检索工具如下。

1)检索该教授基本情况和研究领域的主要工具

已知该教授所在院校机构,可通过其机构网站进行检索,也可通过搜索引擎进行搜索。一般来讲,目前搜索引擎在搜索人物信息方面比较令人满意。但如果已知所查人物的具体单位,则可到其所在单位的网站中进行查询,以增强所得信息的可信度。查询结果显示他的研究领域主要是保险业,以下检索式限定关键词是:保险。

2)检索期刊论文的主要工具

(1) CNKI《中国期刊全文数据库》(1979年至今,部分期刊自创刊年开始收录)。

(2) 重庆维普《中文科技期刊数据库》(1989年至今)。

这两个库收录的期刊种数差不多,但起始年代有差别。具体利用哪一个库取决于所在单位的购买情况。如果两个都购买了,可根据个人的喜好、习惯、界面的友好性和功能来选择使用。CNKI系列数据库既有期刊,也有学位论文和报纸文献,所以深受高校读者欢迎。使用《中国期刊全文数据库》的检索过程如图9-6所示。

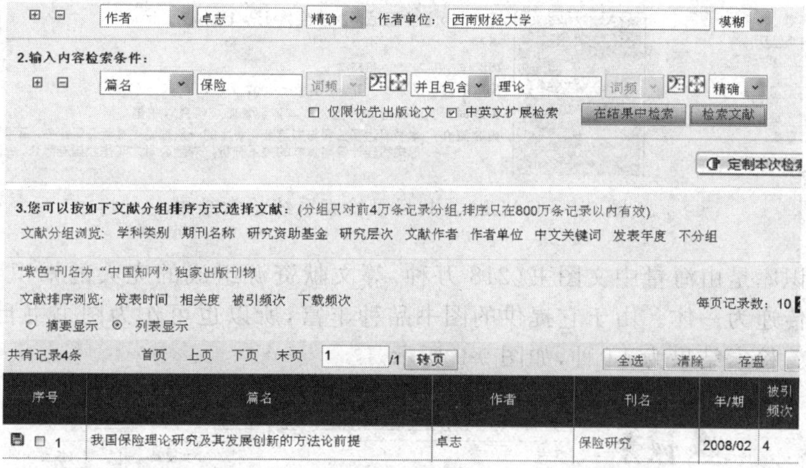

图 9-6 CNKI《中国期刊全文数据库》高级检索界面

通过检索其发表论文的情况,可以大致判断出其研究领域。仔细分析一些论文发表较多的个人,发现有的人涉足的领域比较广泛,而有的人在不同的时间段研究的重点是在不断演变的。

3)检索图书书目的主要工具

(1) 中国国家图书馆网站(www.nlc.gov.cn)。

(2) CALIS公共目录检索系统(opac.calis.edu.cn)。

（3）读秀知识库（duxiudsr.com）。

（4）馆藏书目（指各单位的馆藏书目查询系统）。

（5）其他电子图书和网上书店。

中国国家图书馆是国家法定的出版物缴存馆，在出版物缴存制度的保证下，其收藏的图书品种是极丰富的，在其网站上可检索到较全面的书目数据。检索结果为 10 种，如图 9-7 所示。

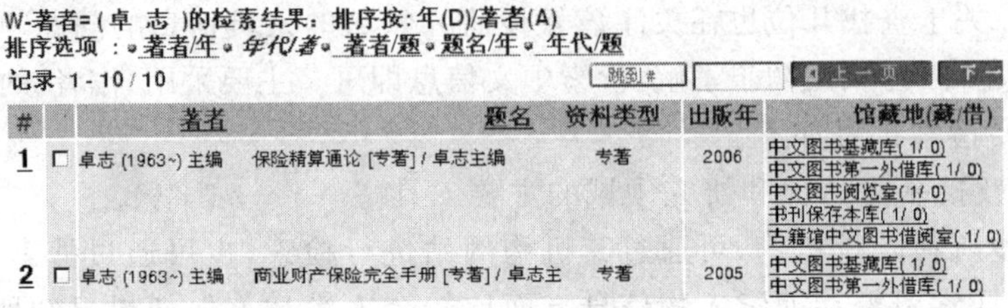

图 9-7　中国国家图书馆检索结果

CALIS《公共目录检索系统联合书目数据库》是全国"211 工程"100 所高校图书馆馆藏联合目录数据库，为全国高校的教学科研提供文献资源网络公共查询，支持高校图书馆系统的联机合作编目。检索结果为 12 种，如图 9-8 所示。

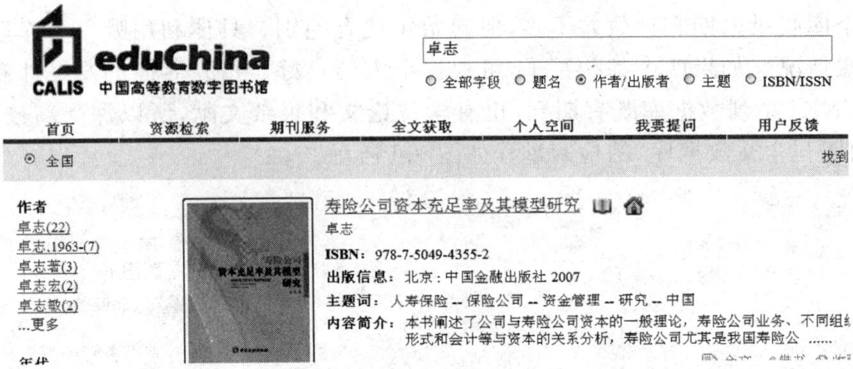

图 9-8　CALIS 公共目录检索系统检索结果

读秀知识库是由海量中文图书（218 万种）等文献资源组成的庞大的知识系统，集图书搜索、试读、传递为一体。由于它提供的图书品种丰富，所以也可作为图书书目数据搜索的工具来利用。检索结果为 14 种，如图 9-9 所示。

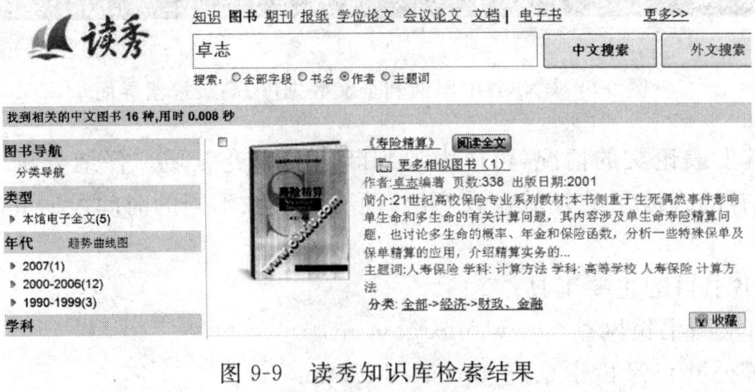

图 9-9　读秀知识库检索结果

查询所在单位的馆藏书目,最大的好处是:如果书目里有,那么就能看到该书。而不像在国家图书馆或 CALIS 联合书目数据库检索后只能看到书目数据。只有所在单位购买了电子图书的全文,才能阅读到电子版。

以上工具可视情况选用。各检索系统的结果会有不同,可以相互补充。

4)检索该教授指导的研究生论文的主要工具

(1)CNKI《中国优秀硕士学位论文全文数据库》。

(2)万方《中国学位论文全文数据库》。

检索途径均采用"导师"。注意,CNKI 中有"导师"和"第一导师"的区别,请根据需要进行选择。检索结果如图 9-10 所示。

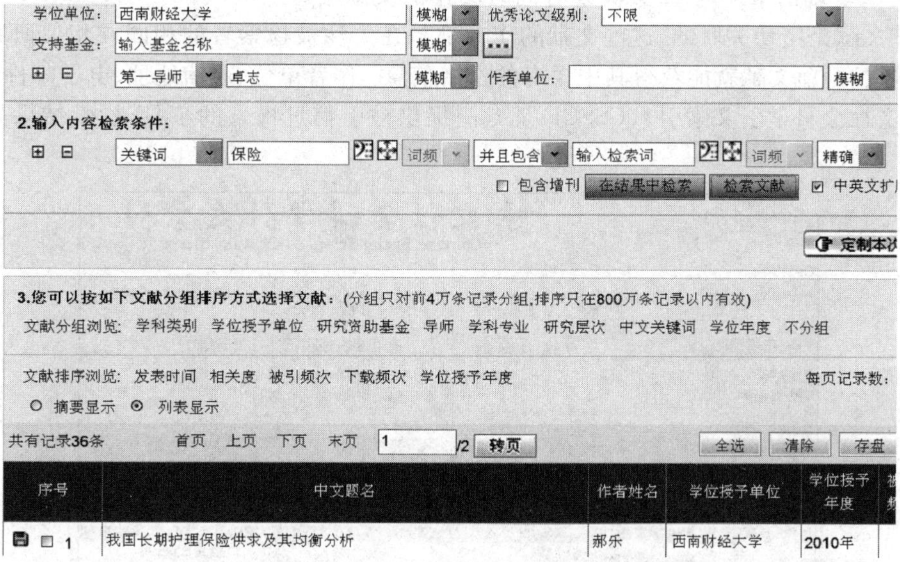

图 9-10　CNKI《中国优秀硕士学位论文全文数据库》检索结果(经过剪辑)

5)检索报纸论文的主要工具

通过 CNKI《中国重要报纸全文数据库》(收录国内 1000 余种报纸的全文),检索该教授在报纸上发表的论文,也可以了解其关注的领域,报纸的新闻性、时效性更强,如图 9-11 所示。

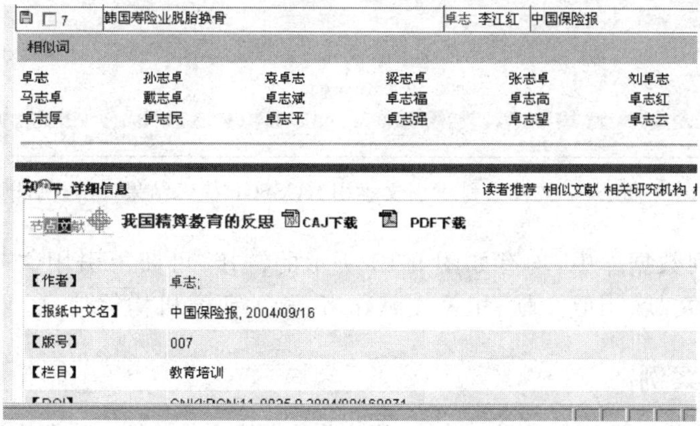

图 9-11　CNKI《中国重要报纸全文数据库》检索结果

6）查找几位也在关注该教授研究领域的人员信息的主要工具

（1）《中文社会科学引文索引》（CSSCI）。

（2）CNKI 系列数据库。

（3）重庆维普《中文科技期刊数据库》（引文版）。

查找相同研究领域的人员信息，可以通过检索该教授的论著引用和被引用的情况来获得。一般来讲，论著引用和被引用的情况在一定程度上反映论著的关联。B 文的参考文献 A 是 B 文研究的基础，引用 B 文的文献 C 是对 B 文研究工作的继续、发展或评价，而与 B 文同时被作为参考文献引用的文献 D，是与 B 文共同作为进一步研究的基础的文献。相似文献是在检索工具中被标引为主题相近或内容相似的文献。读者推荐文献也是检索工具通过一定的技术呈现出来的与 A 文被读者同时阅读的文献集。

这些文献是密切关联的，这些文献的作者都是在关注被检索者的相同或相似研究领域的人员，而通过每篇文献就能获得其中含有的作者信息：作者单位、通信地址、电子邮件地址等。

《中文社会科学引文索引》（CSSCI）是专门提供被引信息检索的工具，检索结果如图 9-12 所示。

图 9-12 《中文社会科学引文索引》（CSSCI）检索结果（经过剪辑）

在 CNKI 系列数据库中，均有如图 9-13 所示的链接，可获得引用文献、被引文献、同被引文献、读者推荐文献、相似文献、相关文献作者、相关研究机构等信息。

9.2.3 语言类案例

【例题】检索"西方语言与性别（女性）研究"课题的中外文文献，确认该课题是否具有继续研究的价值（资料提供：湖南农业大学）？

【作者】	卓志;张国威;
【刊名】	中国社会保障 ,编辑部邮箱 2005年 03期 中文核心期刊要目总览 ASPT来源刊
【英文刊名】	China Social Insurance
【中文摘要】	<正> 随着我国企业年金日益发展,企业年金的可转移性问题开始得到重视。本文中企业年金中的累积精算价值与本人同时进行转移的能力。
【DOI】	CNKI:ISSN:1005-975X.0.2005-03-033
【引证文献】引用本文的文献。本文研究工作的继续、发展或评价。	**中国期刊全文数据库** 共找到 1 条 [1] 张佩,付饶. 做实基本养老保险个人账户应该注意的几个问题[J] 甘肃农业 , 2005.
【同被引文献】与本文同时被作为参考文献引用的文献,与本文共同作为进一步研究的基础。	**中国期刊全文数据库** 共找到 2 条 [1] 阎中兴 ,王永刚. 做实个人账户与加强个账管理[J] 中国社会保障 , 2005, (03) . [2] 卓志 ,张国威. 企业年金的可转移性[J] 中国社会保障 , 2005, (03) .
【读者推荐文章】	共检索到 10 条读者推荐文章 [1] 廖周革.企业年金推动难原因分析[J] 新疆农垦经济 , 2005, (08) . [2] 彭雪梅.建立强制性企业年金制度探讨[J] 改革 , 2005, (02) .

图 9-13 CNKI系列数据库检索界面

【题解】分析课题,语言学是各学科的基础。语言与性别之间的关系历来都是令人文科学家深感兴趣的一个问题。在语言学、人类学、社会学、文化学诸领域,有关的研究和讨论从未停止过。本课题首先可以归入语言学(Language Science)类,中国图书馆分类号为H0,要求检索近5年左右的中外文期刊、学位论文等。

1. 选择主要的中文综合数据库检索

检索 CNKI、万方数据或者维普等中文综合数据库,如果检索量较大,可以加用检索词"西方",中文基本检索式:西方 and 语言 and(性别 or 女性)。

选择维普《中文科技期刊数据库》分类表结合关键词途径检索,可以保证查全率兼顾查准率,如图 9-14 所示。部分检索结果如图 9-15 所示。

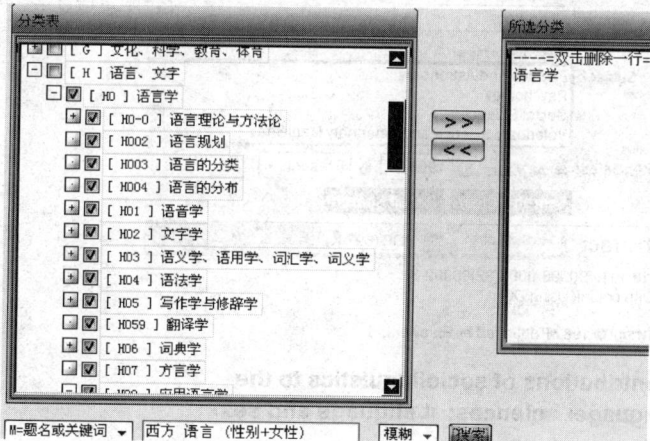

图 9-14 维普《中文科技期刊数据库》检索式

2. 选择主要的外文综合数据库检索

外文综合数据库一般选用 EBSCO、Elsevier、OCLC First Search、Proquest 和 LexisNexis 等。外文文献一般涉及西方国家,使用外文检索词 western 显得多余,可能导致检索结果为零,基本检索式宜精减,可以选择题名(title)途径输入:(sex or gender or women) and language。

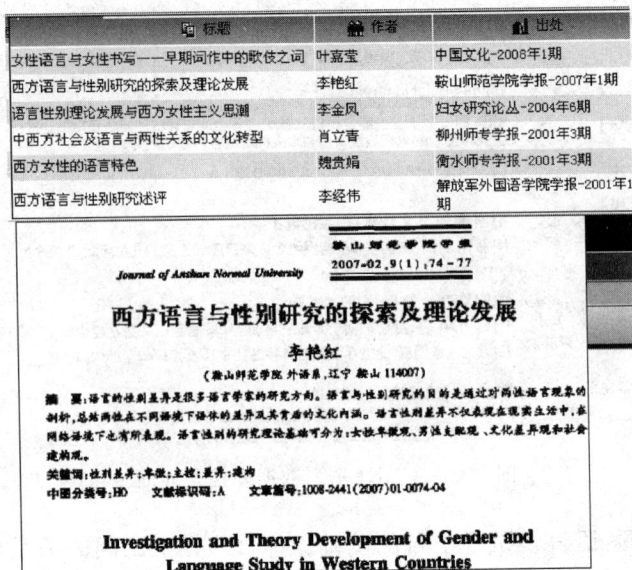

图 9-15　维普《中文科技期刊数据库》检索结果（经过剪辑）

使用外文数据库 Elsevier 检索，结果如图 9-16 所示。

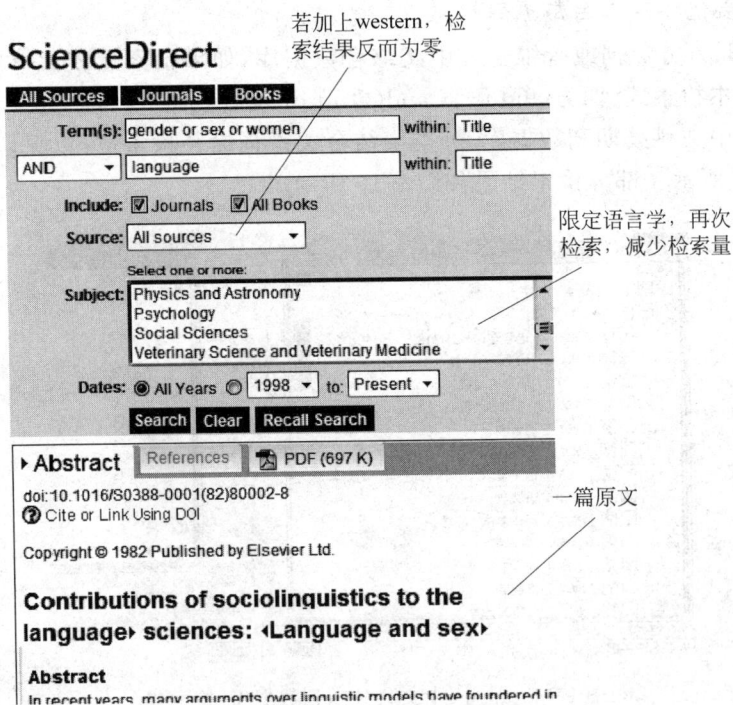

图 9-16　Elsevier 检索结果（经过剪辑）

3. 选择专业数据库检索

从 CSA（Cambridge Scientific Abstracts，剑桥科学文献）、ECONLIT 经济学文摘库、SOCIAL ABSTRACTS、中国人物库（China INFOBANK）、Linguistics and Language

Behavior Abstracts 等社会学文摘数据库任选 1 种数据库进行检索。输入基本检索式：(gencler or sex or women)and Language。

1）SOCIOFILE 社会学文摘库

检索结果选录一篇如下：

Artz N. Gender issues in advertising language. Women and Language,1999,22(2)：20-26.

2）CSA

检索结果选录一篇如下：

Fullerton JA. Portrayal of men and women in U. S. -spanish-language television commercials. Communication Abstracts,2001,24(1)：31-47.

4. 检索特种文献

1）社会科学和人文科学会议录索引（ISSHP）数据库

检索结果选录一篇如下：

Miller J. Gender，language and computer-mediated communication. International Conference on Human Perspectives in the Internet Society,2004,SEP 06～10. HUMAN PERSPECTIVES IN THE INTERNET SOCIETY：CULTURE, PSYCHOLOGY AND GENDER,2004：235-244.

2）Proquest 数据库的 PQDD 学位论文数据库

检索结果选录一篇如下：

Al-Otaibi,Ghazi N. Language learning strategy use among Saudi EFL students and its relationship to language proficiency level,gender and motivation Ghazi N. PhD. INDIANA UNIVERSITY OF PENNSYLVANIA,2004：264.

5. 引文检索

1）用 Web of Science 数据库平台以本专业中外著名学者作为被引用文献著者检索引文数据库 SCI、SSCI 或 A&HCI。

被引用文献题录 1 篇：

Sapir E. Language. 1945(5)：207.

引用文献题录 1 篇：

Goldschmidt W. A perspective on anthropology. AM ANTHROPOL,2000,102(4)：789-807.

2）《中国学术期刊全文数据库》

被引用文献题录 1 篇：

宋海燕. 性别原型及其在两性言语交际能力中的反映. 外国语,1998(2)：58-62.

引用文献题录 1 篇：

白解红. 语义多层面上的性别差异. 湖南师大社科学报,2000,29(4)：110-114.

3）中国科技引文库（万方数据）

被引用文献题录 1 篇：

戴伟栋. 言语性别差异分析综述. 外国语,1983(6)：215-217.

引用文献题录 1 篇：

徐敏. 英语语言中的性别歧视及其发展趋势. 益阳师专学报,2001,22(1)：124-126.

6. 参考文献回溯

"参考文献回溯"指用"追溯法"检索，即通过任意一篇与课题相关的论文原文后所附参考文献（references），得到相关文献。其中引用参考文献的相关论文原文为引用文献，参考文献即被引文献。

引用文献题录1篇：

苏文瑾.语言性别差异成因分析综述.龙岩师专学报，2000，18(1)：89-92.

被引用文献题录1篇：

顾嘉祖.女权主义与语言.外语研究，1998(1)：41-45.

7. 本专业重要网站

1) linguistlist(www.linguistlist.org)

介绍语言学问题，交流语言学信息。

2) Feminista(www.Feminista.com)

介绍遗传女性和女权思想的网站。

3) 语言理论与实践(www.languagera.com)

该网站是由我国专业学者发起的大型语言学学术性网站，有较高的学术价值。

4) 中国语文网站(zgyw.freeservers.com)

介绍《中国语言学报》和《中国语文》的主要内容和语言学相关信息。

8. 本专业中外文重要期刊

(1) Women and language。

(2) Sex Roles。

(3) Archives of Sexual Behavior。

(4) International of Sexuality and Gender studies。

(5) Human Studies。

(6) 外国语。

(7) 外语研究。

9. 信息分析与研究

请简述：

(1) 国内外已有哪些相关研究以及研究水平。

(2) 目前的研究中尚有哪些问题有待解决。

(3) 国内外研究的动向和主攻点。

西方语言与性别（女性）研究

1. 国内外相关研究

男女因生理、心理方面的特点和差异形成不同的交际语言及交际方式，从而表现出种种性别差异。语言与性别研究是社会语言学所关注的主要课题之一，有许多不同的理论学说。其中几种主要的理论学说如下。

① 缺陷论 该学说的代表人物是罗宾·雷可夫(R. Lakoff)，其发表于20世纪70年代的很有影响的著作《语言与妇女地位》(Language and Women's Place,1975)一书集中反映了她的观点。她认为，语言反映社会规约，同时也起到强化社会规约的作用。在男权社会里，男人的

讲话方式被视为标准和规范,而女人的讲话方式则被看成是对这种标准和规范的违反和偏离。

② 差异论　差异论的主要观点是,由于男女成长于不同的亚文化背景和不同的社会化过程,因此在使用语言上表现出明显的差异。

③ 礼貌论　新西兰学者霍姆斯(Holmes,1995)借用布朗和列文森(Brown and Levinson,1987)的礼貌理论,对新西兰白人所使用的英语中反映出的性别差异做了分析和解释。她认为,总体而言,女人比男人更有礼貌。具体表现在女人在语言交际中比男人更多地使用积极礼貌策略。

④ 支配论　持支配论观点的学者有齐默尔曼(D. Zimmer man)、韦斯特(C. West)和费什曼(P. Fishman)等。她们认为,女子处于一种无权的社会地位,因此在语言交际中她们总是被动并受人支配。

⑤ 建构论　建构论是近几年一些语言学家提出的新学说。建构论者竭力反对传统的两元论,即把男女两性截然对立,他们甚至认为性别是可以变换的。他们不满意支配论和差异论的观点。

2. 研究中需要注意的问题

① 我们应当避免两种倾向,既要承认语言与性别差异的存在,又不能夸大这种差异;既不能把复杂的问题简单化,又不能把个别现象扩大化、普遍化。性别因素不是影响语言变异的唯一因素,语言变异是性别因素和其他许多因素共同作用的结果。

② 应当注意研究依据的是哪种理论,采用的是何种研究方法,收集的是什么样的语料,考虑了哪些有可能影响到语言使用的因素,以及是在何种语境条件下进行的等。研究者应在严密坚实的理论基础之上,尽可能把所有因素都考虑进去,采取多层面、多视角的综合分析方法,依据真实可信的语料,结合实际的语境,对语言与性别差异做出科学、准确、客观的解释。

3. 国内外研究的动向

近20年来西方关于语言与性别研究的理论学说很多,其中有的相互对立,相互批评;但也有的交叉重合,相互印证,相互补充;还有的研究独辟蹊径,所得结论与传统的研究大相径庭。这主要是由于研究者的兴趣、学术背景、看问题的角度,以及研究的对象、方法和目的的不同而造成的。但总体来讲,语言与性别的研究还是取得了较大的进展,目前正呈多元化、动态化、微观化和本土化的发展趋势,因此本课题具有研究价值。

9.2.4　历史类案例

【例题】明代山西灾荒研究(资料提供:西南大学)。

【题解】

1. 课题分析

明代灾荒是近年来明史学界的一个重要研究课题,而山西区域灾荒研究则甚为薄弱。本课题运用历史学、社会学、灾害学、地理学等学科的方法,对明代山西的灾荒进行了系统的研究。本课题属于社会科学,检索的信息类型主要是古籍、现代图书、期刊、学位论文,检索古籍要回溯到明代,主要强调查全率。

2. 检索词选择

山西灾荒、时空分布、形成原因、官府救治、社会。

3. 检索途径

主题途径加历史学分类途径。

4. 选用的主要检索工具

中文综合性检索工具,包括超星电子图书数据库、CNKI或维普《中文科技期刊数据库》、图书馆馆藏目录、《地方志集成》、《四库全书总目》、《续修四库全书》、《四库未收集刊》。

《中文科技期刊数据库》检索式：m＝山西＊灾荒＊（时空分布＋官府救治＋社会＋明代）。

由于课题比较冷僻，检索词可能出现偏差，检索文献偏少，可使用CNKI实现《中国期刊全文数据库》与学位论文、报纸等多个数据库同时跨越检索（跨库检索），并调整检索途径和检索词，即使没有检索出完全相同题目的文献，至少也要检索类似的文献，以便参考。过程如图9-17～图9-19所示。

图 9-17　CNKI《中国期刊全文数据库》检索过程 1

图 9-18　CNKI《中国期刊全文数据库》检索过程 2

图 9-19　CNKI《中国期刊全文数据库》检索过程 3

5. 检索结果

1）检索地方志的部分结果

(1)（清）觉罗石麟监修. 雍正《山西通志》. 嘉庆 16 年刊本.

(2)（清）曾国荃监修. 光绪《山西通志》. 续修四库全书本.

2）检索古代古籍、善本图书的部分结果

(1) 明太祖实录. 台北中央研究院历史语言研究所校印，1982.

(2)（明）宋廉. 元史. 中华书局，1976.

(3)（清）谷应泰. 明史纪事本末. 中华书局，1977.

《明史纪事本末》电子版原文如图 9-20 所示。

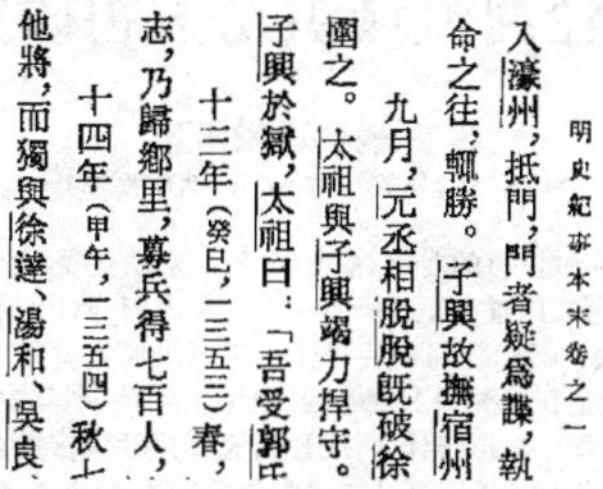
明史紀事本末卷之一
入濠州，抵門，門者疑爲諜，執
命之往，輒勝。子興故撫宿州
九月，元丞相脫脫既破徐
圍之。太祖與子興竭力捍守。
子興於獄，太祖曰：「吾受郭氏
十三年（癸巳，一三五三）春，
志，乃歸鄉里，募兵得七百人，
十四年（甲午，一三五四）秋七
他將，而獨與徐達、湯和、吳良

图 9-20 超星电子图书库收录的《明史纪事本末》电子版原文

3）检索现代图书的部分结果

超星电子图书库检索过程及结果如图 9-21 和图 9-22 所示。

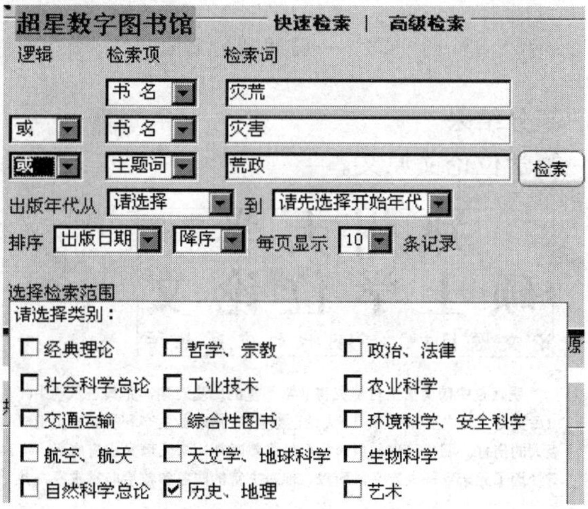

图 9-21 超星电子图书库检索电子图书

(1) 葛剑雄主编，曹树基著. 中国人口史[M]. 上海：复旦大学出版社，2005.

(2) 袁林. 西北灾荒史[M]. 兰州：甘肃人民出版社，1994.

4）检索期刊的部分结果

(1) 段自成，张运来. 明后期煮赈浅探[J]. 殷都学刊，1997(3).

(2) W. H. Monory 著，俞佑世译. 中国灾荒原因[J]. 东方杂志，1929(5).

图 9-23 显示了一篇期刊论文原文。

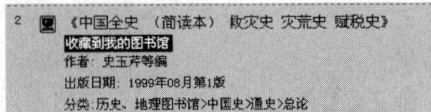

图 9-22　超星电子图书库检索电子图书（经过剪辑）

明代泾河流域洪涝灾害研究

阴雷鹏，赵景波

(1.陕西师范大学旅游与环境学院,西安 710062; 2.陕西师范大学西北历史环境与经济社会发展研究中心 西安 710062)

提　要:本文通过历史文献资料的搜集、整理、分析,对明代泾河流域洪涝灾害的时间、空间特征、灾害等级序列和灾害成因进行了分析研究。结果表明:明代泾河流域洪涝灾害共发生 50次,平均 5.54年发生一次。明代前期和后期泾河流域洪涝灾害发生频率较低,中期较高。明代该流域洪涝灾害主要发生在上游和下游地区,中游发生较少,其中上游平凉、庆阳和下游的泾阳洪涝灾害发生最为频繁。根据统计,明代泾河流域洪涝灾害主要发生在 6、7、8月。根据洪涝灾害等级序列划分,得出明代该流域二级洪涝灾害发生最多,为 25次,占发生次数的 50%;其次为一级洪涝灾害,共发生 20次,占 40%;三级特大洪涝灾害共发生 5次,占总次数的 10%。明代该流域洪涝灾害发生主要是由于气候和该区域的地貌、降水特征决定的,人类对生态环境的破坏加剧了该流域洪涝灾害的发生。

关键词: 明代;洪涝灾害;泾河流域;洪灾等级;发生原因

中图分类号: P331.1　　　　**文献标识码**: A

泾河是黄河的二级支流,源出宁夏回族自治区南部六盘山东麓,有南北两源:南源出泾源县老龙潭,北

图 9-23　一篇期刊论文原文

5）检索学位论文的部分结果

如图 9-24 所示是一篇学位论文原文。

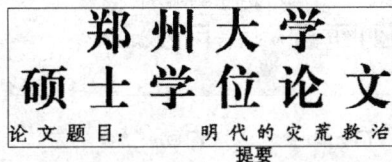

图 9-24　一篇学位论文原文（经过剪辑）

6. 文献分析

通过对以上检索到的文献进行分析得出如下结论:对发生在明代山西的自然灾害进行了统计,统计结果表明明朝山西各类自然灾害共计 601 次,主要有气象灾害、洪水灾害、地震灾害和农业灾害几大类型,其中尤以气象灾害为最。在明代初期山西灾荒呈现出频率低、范围小、单一灾害为主、影响小的特征,到了明中后期不仅各类自然灾害发生的频率明显上升,而且范围扩大到全省,带来的影响也迅速扩大加深。

明朝初年山西气候较为温和,水、旱、虫等气象和农业灾害发生频率较低;社会安定,朝廷推行减免赋税等优惠政策促进了山西经济的进一步发展。明中后期则由于气候转冷使气象和农业灾害明显增多,而蒙古族的不断入侵和农民起义的频繁爆发、大规模的森林破坏和土地过度开垦等对灾荒的发生起了推波助澜的作用。地震灾害主要集中在华北地区的汾渭地堑,这与其地质基础有关;在地质活动方面,明代跨越了一个宁静期和活跃期,故而初期地震灾害较少,中后期逐渐增多且强度增大。

面对灾荒的侵袭,朝廷与地方政府虽然采取了蠲免税粮田租、拨款救济、煮粥赈济、以工代赈、祈神斋醮、施衣送药、解救妇女儿童、发动民间力量等多种形式的救灾措施,但是由于灾荒的严重,杯水车薪的救灾物资,再加上救灾过程的不及时等存在的弊端,虽多方拯救仍然造成了极大的损失。连年不断的严重灾荒与战乱等给山西造成了巨大的人口损失,同时对山西自然环境、社会安定等都带来了深刻的影响,尤其是在经济方面,不仅使明末山西经济衰退,而且使清初山西经济建立在一个极其残破凋敝的基础上,直接影响到了清初山西经济的发展。

9.2.5 化学类案例

【例题】检索"土壤重金属生物活性调控技术"课题的中外文文献,确认该课题是否具有继续研究的价值(资料提供:西南大学)?

【题解】

1. 分析课题

课题涉及环境保护、土壤化学、化学领域,技术要点多,要求检索近 10 年来的中外文专利、期刊、学位论文等。最好采用主题途径,检索词有土壤、重金属(镉/汞/铅/砷/铜/铬)、生物活性/生物有效性、调控剂、抑制剂、活化剂;英文单词是 soil、heavy metal、cadmium、mercury、lead、arsenic、copper、chromium、bioavailability、inhibitor、control、depressant。

2. 选择的主要检索工具

选择 CNKI、万方数据或者维普等中文综合数据库,以及 EBSCO、Elsevier、Proquest 等外文综合数据库,中国国家知识产权局专利检索、欧洲专利局、美国专利商标局,再使用专科性数据库《化学文摘》、农业类《CABI》数据库等。

《中文科技期刊数据库》的检索式:m＝土壤＊(重金属＋镉＋汞＋铅＋砷＋铜＋铬)＊(生物活性＋生物有效性＋调控剂＋抑制剂＋活化剂)。

外文数据库基本检索式:soil and ("heavy metal" or cadmium or mercury or lead or arsenic or copper or chromium) and (bioavailability or inhibitor or control or depressant)。

因为本课题新颖,检索同类文献偏少,建议使用 CNKI 对期刊、学位论文等做跨库检索,特别注意使用重金属的具体名称。调整检索途径。参考的检索过程分为两步,如图 9-25 所示。

3. 检出文献

检索上述数据库,追溯 15 年,检出背景文献 30 多篇,经过筛选列出如下 11 篇相关文献。

(1) 林琦,陈英旭.治理土壤污染的化学调控剂及其制备.CN200310108910.3.

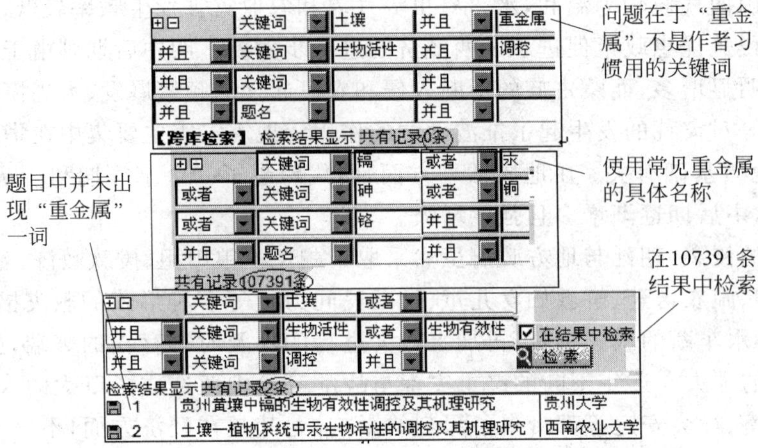

图 9-25　CNKI跨库检索三步结果（经过剪辑）

（2）张晓林，和丽忠. 一种保持水、土、肥和控制污染的土壤调理剂及其制备工艺. CN02128127.01.

（3）Kasai Junji, Shinetsu Toshirou. Heavy metal elution inhibitor of heavy metal-contaminated soil and method for inhibiting elution of heavy metal. JP20010126402.

（4）Maeda Terunobu. Tabilization method for heavy metal-containing soil and sulfur oxidation bacteria growth inhibitor for heavy metal-containing soil. JP2004105851.

（5）Stanforth，Robert R. In situ method for decreasing heavy metal leaching from soil or waste. US767520（注：这是美国专利）.

（6）陈晓婷，连丰. 无机改良材料对重金属形态及生物有效性的影响. 福建环境，2003，20（1）：39-42.

（7）陈玉成，赵中金. 重庆市土壤-蔬菜系统中重金属的分布特征及其化学调控研究. 农业环境科学学报，2003，22（1）：44-47.

（8）陈宏. 土壤汞、镉、铅植物可利用性的化学调控研究. 西南农业大学硕士论文，2002.

（9）王果. 有机物料对土壤-植物系统中外源铜、镉化学行为的影响. 福建农林大学学位论文，中国科学技术信息研究所，Y303924.

（10）Takijima Y，Katsumi F. Cadmium contamination of soils and rice plants caused by zinc mining. 4. Use of soil amendment materials for the control of Cd uptake by plants. Soil-Science-and-Plant Nutrition，1973，19：4，235-244.

（11）Takijima，Y. ，Katsumi，F. ，Takezawa，K. Cadmium contamination of soils and rice plants caused by zinc mining. 5. Removal of soil cadmium by an HCl-leaching method for the control of high Cd rice. Soil-Science-and-Plant-Nutrition，1973，19：4，245-254.

4. 文献分析

对比分析，结论如下。

（1）土壤重金属的生物有效性可通过向土壤添加调控剂进行调节。

（2）土壤重金属抑制剂主要有石灰、钢渣等碱性物质和腐殖质、膨润土、沸石等铝硅酸盐；用于活化土壤重金属的调控剂（即活化剂）主要有酸、螯合剂等；相关文献1描述的化学调控剂仅针对铜、锌，而且该物质为液体。

（3）未见土壤重金属调控剂的利用技术研究和环境风险分析报道。

（4）未见针对不同土壤和重金属种类，开发不同性质土壤、不同重金属的专用抑制剂或活化剂。

（5）本研究项目具有新颖性，具有继续研究的价值。

【例题】 检索国内外是否有关于"高分子聚合物调控型丝素蛋白药物释放系统"的研究，确认该课题是否具有继续研究的价值（资料提供：西南大学）。

【题解】

1．分析课题

课题涉及生物技术、高分子化学、药物化学领域，技术要点要求检索近10年来的中外文专利、期刊、学位论文等。最好采用主题途径，追溯15年。检索词有高分子聚合物、聚乙烯醇、壳聚糖、丝素蛋白、调控、药物释放系统、高压静电纺丝、超细纤维。英文单词是 large molecul＊/macromolecule，polymer，Polyvinyl alcohols/PVA，chitosan，silk fibroin/fibroin protein，adjusting and controlling/controlled release/delivery system，drug delivery，electrospinning，ultrafine fiber。

2．选择相关检索工具

《中文科技期刊数据库》、《中国科学技术成果数据库》、《中国专利数据库》、农业生物数据库 CAB、欧洲专利数据库等22种国内外主要的数据库，并利用 Google 进行了补充查找。

《中文科技期刊数据库》检索式：m＝（高分子聚合物＋聚乙烯醇＋壳聚糖）＊丝素蛋白＊（调控＋药物＊释放系统＋高压静电纺丝＋超细纤维）。

外文数据库基本检索式是：（"large molecul＊" or macromolecule or polymer or "Polyvinyl alcohols" or PVA or chitosan）and（"silk fibroin" or "fibroin protein"）and （adjusting or controlling or "controlled release"）and（"delivery system" or" drug delivery"）and（electrospinning or "ultrafine fiber"）。

3．文献检索及分析

检出相关文献50多篇，经筛选列出如下14篇相关文献。

相关文献1《丝素蛋白作为药物控制释放材料的研究》采用溶剂蒸发法和冷冻干燥法制备含药物的丝素膜；研究了以丝素蛋白作为药物载体，以消炎痛和利福平作为模型药物的含药物丝素膜的制备方法；并采用体外释药方法，测定，探讨了丝素膜厚度、形态及药物用量对药物释放性能的影响。结果表明，丝素蛋白是一种较理想的药物控制释放材料。

（以下从略）

4．检索得出的结论

（1）相关文献1～5报道丝素蛋白作为药物控制释放材料。

（2）相关文献6报道采用高压静电纺丝法、相关文献7报道采用高压静电纺丝法的原料是 EVOH。

（3）相关文献8报道丝素蛋白高分子聚合物（主要是聚乙烯醇、壳聚糖）复合共混物。

（4）未见丝素蛋白药控系统的高分子聚合物（聚乙烯醇、壳聚糖）研制及应用研究，未见药控系统的高分子聚合物溶胀降解行为研究，未见丝素蛋白超细纤维网体的高压静电纺丝技术，未见药物匀释的药控系统构型设计与制备工艺。

（5）综上所述：在国内外检出文献中，未见与"高分子聚合物调控型丝素蛋白药物释放系统的研究"相关文献报道。本课题具有研究价值。

9.2.6 医学类案例

【例题】川芎嗪对 VEGF 信号转导通路的干预作用研究（资料提供：2005 年重庆医科大学博士论文结题查新）。

【题解】

1. 分析课题

"川芎嗪对 VEGF 信号转导通路的干预作用研究"课题的研究内容和目的是通过观察川芎嗪（TMP）对血管内皮生长因子受体与其配体结合的影响，对血管内皮生长因子受体（KDR）表达量的影响，以及对血管内皮生长因子（VEGF）蛋白、VEGF mRNA 表达的影响，探讨川芎嗪对血管内皮生长因子（VEGF）信号转导通路的干预作用及其对人肝癌细胞株（Hep G_2）增殖的抑制作用。此课题是在分子生物学水平上研究中药药理学。要检索出这个课题所需的文献资料，必须首先对该课题进行概念分解。

本课题概念的确定较为容易，与主题相关的关键词：川芎嗪（TMP）、血管内皮生长因子（VEGF）、血管内皮生长因子受体（KDR）、肝癌细胞株（Hep G_2）。

在对课题进行主题分析时，一定要了解课题的全貌，明确课题的主要研究内容、所用方法及技术指标，要注意尽量避免使用一些无关概念。其次要注意选择适当的检索工具。不同检索工具收录的侧重点不同，应根据课题内容选择最适当的检索工具；同时要充分了解检索工具提供的检索途径，便于从课题内容出发，选择适当的检索途径。如本课题属于医学研究，可选择医药类数据库 CBMdisc 和 PubMed，它们均提供主题词检索途径，因此可找到主要概念对应的主题词进行检索。第三是检索时应根据检索的目的来确定查全和查准的要求。如本课题的检索目的是查新，即判断课题的新颖性，是否已有相同或相似研究，因此检索中应更注重查全文献，使用专业的主题词检索的同时注意补充使用通俗的关键词，以减少数据库用词不当带来的漏检。且 CBMdisc 时差较长，因此应使用其他检索工具及阅读现期期刊进行补充性检索。如果检索的目的只是为了学习，则应更注重查准。

2. 选择主要的检索工具

除了选择本节涉及的超星电了图书、万方、CNKI、Google Scholar 等常用的综合性检索工具，外文类医学类数据库 CBMdisc 和 PubMed。

3. 检索式

课题的检索概念可能很复杂，为兼顾查全和查准率，可适当使用布尔逻辑算符进行组合检索。组合检索时，可先用 OR 算符建立几个概念块，并分别用括号括起来，然后用 AND 算符组配各个概念块。再复杂些的课题，可同时使用 3 种算符组合。就本课题而言，检索式可作如下编制：

《中文科技期刊数据库》检索式：m＝川芎嗪 ＊（血管内皮生长因子＋VEGF＋血管内皮生长因子受体＋KDR＋肝癌＋HepG2）＊信号 ＊转导通路 ＊干预。

检索式太长,第一次输入:m=川芎嗪*(血管内皮生长因子+VEGF+血管内皮生长因子受体+KDR+肝癌+HepG2),结果如图 9-26 所示。

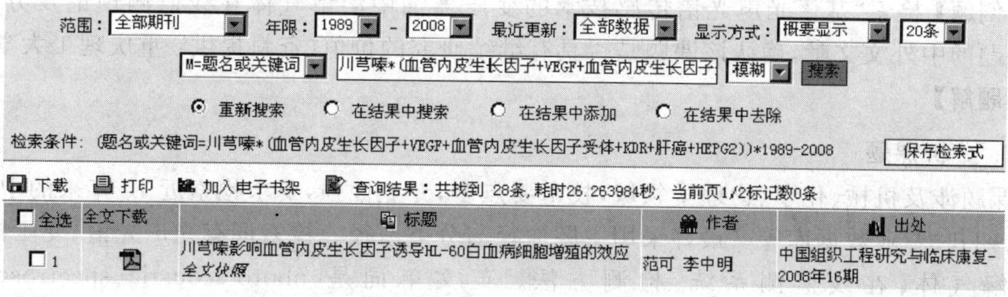

图 9-26 《中文科技期刊数据库》第一步检索

在结果中输入:信号*转导通路*干预,选择"在结果中搜索"单选按钮,结果为零,如图 9-27 所示。

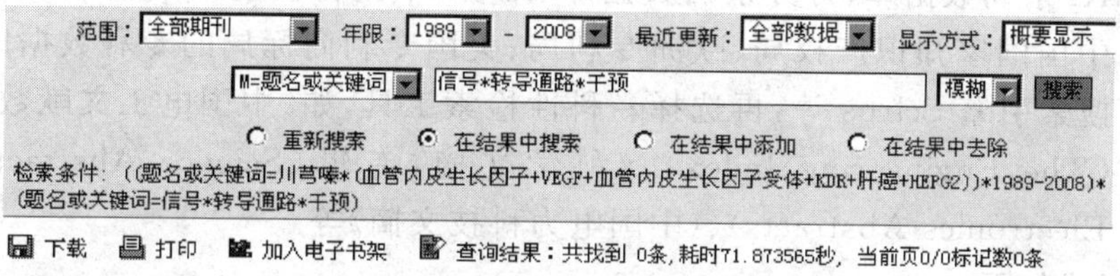

图 9-27 《中文科技期刊数据库》第二步检索

4. 检出结果

检索结果主要是期刊论文,与课题内容不雷同,证明课题是新颖的。即使没有检索到与课题雷同的文献,也需要降低检索要求,得到适量的对比文献。通过对检出文献原文的阅读,列出以下相关文献。

(1)徐晓玉,严鹏科. 川芎嗪对小鼠肺癌血管生长和 VEGF 表达的抑制[J]. 中国药理学通报,2004,20(2):151-154.

(2)黄焱,陈少强. 川芎嗪联合氨基胍对糖尿病大鼠肾脏血管内皮细胞生长因子表达的影响[J]. 中西医结合学报,2004,2(1):39-41.

5. 文献分析

从已检出的资料分析,目前国内对该课题的研究较少,一般都是研究川芎嗪对 VEGF 表达的影响,认为这可能是川芎嗪的作用机制之一;且有研究认为川芎嗪具有在体外逆转人肝癌细胞阿霉素耐药株 $HepG_2/ADM$ 多药耐药的效应。但未见研究川芎嗪对血管内皮生长因子受体与其配体结合、血管内皮生长因子受体表达量及对血管内皮生长因子蛋白、VEGF mRNA 表达的影响的文献,未见研究川芎嗪对血管内皮生长因子(VEGF)信号转导通路干预作用的文献。未见研究川芎嗪对人肝癌细胞株(HepG2)增殖的抑制作用的文献。国外则未见此类研究,这可能是因为研究的对象是中药所致。综上所述,目前国内外尚未见相同研究,此课题具有研究价值。

9.2.7　工程技术类案例

【例题】检索"基于光声光谱传感技术的变压器油中溶解气体在线监测理论及方法研究"课题的中外文文献，确认该课题是否具有继续研究的价值（资料提供：重庆理工大学）。

【题解】

1. 分析课题

课题涉及机械、化学、物理学领域，技术要点多，专业性强，要求检索近10年来的中外文专利、期刊、专业数据库等。最好采用主题途径与分类途径。检索词有光声光谱、变压器、油中溶解气体、在线监测系统、检测方法。英文单词是 photo-acoustic spectroscopy, transformer, dissolved gas analysis, on-line monitoring system。

IPC 分类号：G01N27/00　G01N27/12。

2. 选择主要检索工具实施检索

选择 CNKI 系列数据库、万方系列数据库、维普《中文科技期刊数据库》、Elsevier 等综合检索工具，中国国家知识产权局、欧洲专利局、美国专利商标局的专利数据库、搜索引擎 Google、科技搜索引擎 Scirus 等，再选择专科性检索工具，如《中国电工文献数据库》、美国《工程索引》（The Engineering Index）、《科学文摘》专辑（Science Abstracts Series B: Electrical & Electronics Abstracts）、《中国电力科技文摘》等。

拟定检索式如下。

中文基本检索式：（光声 OR 光谱）AND 变压器 AND 油 AND 溶解气体 AND 在线监测 AND 检测方法。

由于检索式太长，在某些检索功能有限的数据库实际难以实施。可以分步操作，选择其中一部分实施检索。

CNKI 数据库或者国家科技图书文献中心数据库的检索式：（光声 OR 光谱）AND 变压器 AND 油 AND 溶解气体 AND 在线 AND（监测 OR 检测）。

CNKI 数据库检索结果如图 9-28 所示。

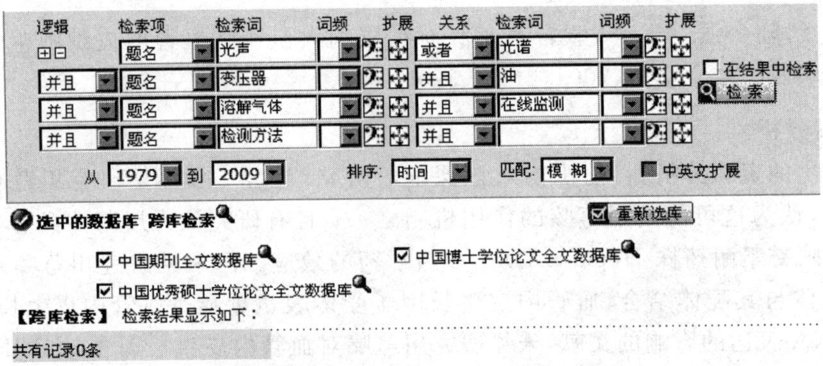

图 9-28　CNKI 跨库检索结果

中国国家知识产权局专利检索数据库的检索式如下。

发明名称或者摘要：（光声 OR 光谱）AND 变压器 AND 油 AND 溶解气体 AND 在线

监测 AND 检测方法。

没有检索到完全一致的专利,再使用分类号途径,输入 G01N27/00 OR G01N27/12。

结果显示"没有检索到相关专利!"。此时需要降低检索要求,简化检索式,争取检索可以对比参考的文献,结果如图 9-29 所示。

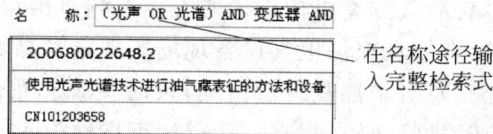

图 9-29 中国国家知识产权局专利检索结果(经过剪辑)

外文数据库通用检索式:"Photo-Acoustic Spectroscopy" AND Transformer AND "Dissolved gas analysis" AND "On-Line Monitoring System"。

可以输入部分检索词分步检索。使用 Elsevier 数据库检索过程如图 9-30 所示,使用科技搜索引擎 Scirus 检索过程如图 9-31 所示,检索结果均为零。

图 9-30 Elsevier 数据库检索式

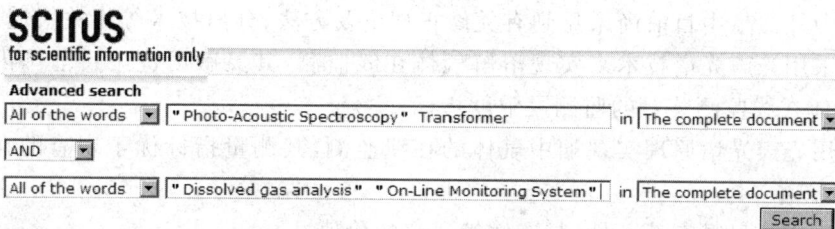

图 9-31 使用科技搜索引擎 Scirus 检索

3. 检出文献

检索了 14 种国内外相关数据库,追溯 15 年,检出背景文献 50 多篇,经过筛选列出相关文献 19 篇。

(1) 孙才新. 溶解气体在线智能监测诊断方法装置,CN00112754.3[P]2000.09.20.

⋮

(18) Hong-Tzer Yang, Chiung-Chou Liao, Jeng-Hong Chou. Fuzzy. Learning Vector Quantization Networks for Power Trans-former Condition Assessment. IEEE Trans. Dielectrics and Electrical Insulation. 2001,18(1):143-149.

(19) 变压器油中气体监测装置的研制(日). 电气学业会电力技术研究会资料,1993,

PE93(171~186)：141-150.

相关文献1是发明专利，该发明专利由重庆大学孙才新、陈伟根、廖瑞金等人申请。该发明专利涉及一种溶解气体在线智能监测诊断方法及装置，涉及充油气设备油中溶解气体的在线智能监测及故障诊断方法和装置。该方法包括在线智能监测方法和故障诊断方法；其装置包括油气分离机构，与油气分离机构连接的气体检测机构，与气体检测机构连接的微机控制诊断机构。本发明可直接在充油电气设备现场实现定时高灵敏度和高精度、抗干扰、监测周期短的在线智能监测，及时掌握其运行情况，及时发现和跟踪潜伏性故障，并对设备故障进行自动诊断，以便及时排除故障，提高其运行的可靠性。

相关文献19报道了日本研制的在不停电状态下可检测油中可燃气体的监测装置，该装置已经商品化。这种装置在检测可燃气体总量的同时，还可检测乙炔。此外对与诊断有关的其他6种可燃气体和CO_2也具有检测功能，还开发研制了具有同等性能的便携式检测装置。

综合相关文献1~19，对比分析表明：我国从20世纪90年代初开始研制在线色谱监控装置，经过多年的探索与实践，已逐步走向应用化阶段。近年来，由于变压器在线监测技术的不断进步和电力行业状态检修的迫切需要，各种变压器油中气体在线色谱监测仪不断涌现，国内外关于这方面的报道很多。尽管其可检测的气体种类和范围参差不齐、检测方法也各有千秋，在线色谱监测技术涉及面广，现场条件苛刻，但近年来一直处于发展完善之中。

4．文献分析结论

经检出文献和相关专利对比分析，结论如下。

（1）该课题采用基于光声光谱传感技术的变压器油中溶解气体在线监测理论及方法，其技术构思新颖独特，这类研究目前处于起步阶段，国内外文献中尚未见到实用化的报道。

（2）国内外文献中目前尚未见到有关修正理论及方法、分离技术等相关报道。

（3）拟采用光声光谱技术来实现溶解气体在线监测，其灵敏度优于目前国内外变压器油中溶解气体在线监测装置的监测灵敏度指标。

（4）采用光声光谱原理实现油中气体的在线监测，其测量指标优于现有的在线色谱和傅里叶红外光谱。

（5）本研究项目具有新颖性，具有继续研究的价值。

【例题】检索"H86-海水及污染水整体自装卸净水站"课题的中外文文献，对本成果特征进行国内外新颖性鉴定（资料提供：解放军后勤工程学院）。

【题解】

1．分析课题

课题涉及机械、自动控制及化学领域。成果特征有水处理系统功能完善，集一般水源水净化、海水和苦咸水淡化以及核生化污染水净化等多种功能于一体；具有水质自适应与故障自诊断功能；所有监测指标均为在线实时同步监测，对采集数据进行自动处理和智能分析，对超标指标或异常情况进行自动报警，确保水质安全性；能够对数据、语音、图像等信息进行处理与传输，实现整体自装卸净水站运行管理的信息化；扩展功能强，各组成部分采用模块化组合方式，可根据需要构成不同形式的净水装置。要求检索近15年来的中外文专利、期刊、论文等。选择的检索词有净水站、自装卸、净化、淡化、自动控制、扩展组合。英文单词是 water-purified station、self-louding、unlouding、purify desalting、expanding combination。

2. 选择主要检索工具实施检索

检索工具同上一案例，拟定检索式如下。

CNKI 数据库或国家科技图书文献中心数据库的检索式：净水站 AND（自装卸 OR 自动控制）AND（净化 OR 淡化）AND 扩展组合。

中文科技期刊数据库检索式：M＝净水站＊（自装卸＋自动控制）＊（净化＋淡化）＊扩展组合。

中国国家知识产权局专利检索数据库的检索式如下。

发明名称或者摘要：净水站 AND（自装卸 OR 自动控制）AND（净化 OR 淡化）AND 扩展组合。

外文数据库通用检索式："water-purified station" AND（"self-louding" OR unlouding）AND（purify OR desalting）AND "expanding combination"。

中国国家知识产权局专利检索数据库的检索式如图 9-32 所示。

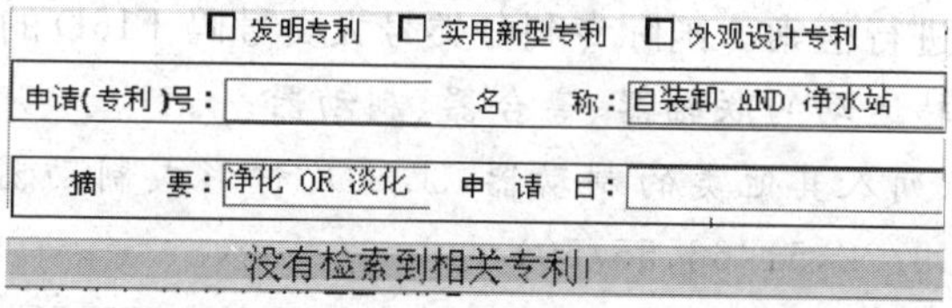

图 9-32　中国国家知识产权局专利检索（经过剪辑）

3. 检出文献

检索了 10 余种国内外相关数据库，追溯 15 年，检出背景文献 50 多篇，经过筛选列出如下 13 篇相关文献。

(1) 王立新，郭颜威. 苦咸水淡化处理方法探讨. 安全与环境工程，2006，13(1).

(2) 王再明，涂福泉. 净水站控制系统的设计. 黄石理工学院学报，2006，22(1).

⋮

(7) 饮用水深度处理暨海水淡化装置. 02151908.0.

文摘：一种饮用水深度处理暨海水淡化装置，它由蒸发器、真空泵、冷凝器、电磁阀等部件构成，利用水相变时服从的温度、压强变化规律的原理实施对海水的淡化以及对饮用水进行深度处理。本发明能彻底去除水中的各种有机和无机物，特别是污水中的致癌、致畸、致突变有毒有害物质。本发明还具有节省能源、结构简单、成本低廉、使用方便等优点。

⋮

(13) INOUE N. Water desalting apparatus comprising a controlling device, a raw water flow rate controller, and a concentrated raw water storage tank. JP2001276812.

文摘：该淡水净化装置由控制装置、源水流率控制器及源水存储器构成。该装置淡化效率高。

4. 文献分析

通过将本课题与已查到的文献进行综合对比分析，没有发现其中任何一篇文献能全面覆盖该课题所研究的技术特征，尤其未见集发电单元、取水单元、净化单元、高低压 RO 单元、NBC过滤器、加药系统、水质安全检测报警系统、贮水配水系统、控制系统和信息化模块等为一体的集装箱式整体自装卸净水站报道。

因此该研究成果具有新颖性。

9.2.8 交通运输类案例

【例题】 检索"城际高速磁浮列车的紧急制动控制及其应用研究"的资料（资料提供：西南交通大学）。

课题：Study on emergency braking control in high-speed intercity maglev train and its application。

【题解】

1. 分析课题

本课题的学科分类主要属于交通运输中的列车制动装置（中国图书馆分类号U260.35，国际专利分类号大类号码F16D）方面，涉及的知识学科门类比较专指，可以采用"分类号"结合其他限定性关键词的方式进行检索。国际专利分类号大类号码F16D的部分类目如下。

- F16D 传送旋转运动的联轴器、离合器、制动器。
- F16D63/00 未列入其他类的制动器，上述几种形式制动器组合（带自紧用辅助元件的制动器入49/22,51/66,55/50）。
- F16D65/00 零件或部件（用于离合器的类似元件入13/58）。

该课题属自然科学领域一般层次的应用型研究，通常情况下需要首先检索时间跨度为5年左右的文献，再视具体情况回溯5～10年。信息类型涉及中外文专利、期刊、学位论文、会议文献等。

2. 检索工具的选择

根据检索课题的学科范围和研究的方向性质，确定检索工具与前述案例一致，除了CNKI、万方、中国专利、美国专利数据库、搜索引擎等检索工具，还有AIP/APS（美国物理所/物理协会）数据库、CSA、EI。

3. 确定检索途径

本课题最好选用主题（关键词）途径，必要时可结合分类途径，检索方法选用交替法，即时间法与引文法交替进行。

4. 确定检索词

首选检索词。本课题可以选用的关键词有城际铁路（intercity railroad）、高速列车（high-speed train）、高速铁路（high-speed railway）、磁浮（maglev，magnetic levitation）、紧急制动（emergency braking）、制动控制（braking control）、涡流制动（Eddy-current brake）。

备选检索词。快速列车（express trains）、有限元（finite element analysis）、距离限值（stance limit）、模糊控制（fuzzy control）、刹车（brake）、制动力学（braking dynamics）。

5. 拟定检索式（仅列举部分）

（1）《中国国家知识产权局专利数据库》或《国家科技图书文献中心数据库》的基本检索式：（城际铁路 OR 高速铁路 OR 磁浮）AND（制动力学 OR 紧急制动 OR 涡流制动）。

　　《中国国家知识产权局专利数据库》的界面的分类号填写 F16D。该数据库和欧洲专利局数据库检索过程如图 9-33～图 9-37 所示。

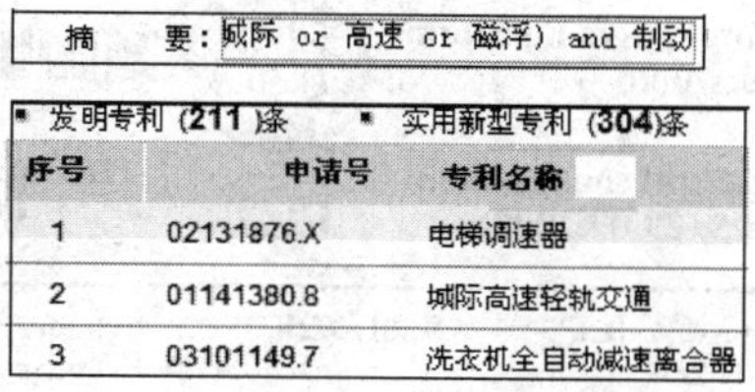

图 9-33　中国国家知识产权局专利数据库检索结果 1（经过剪辑）

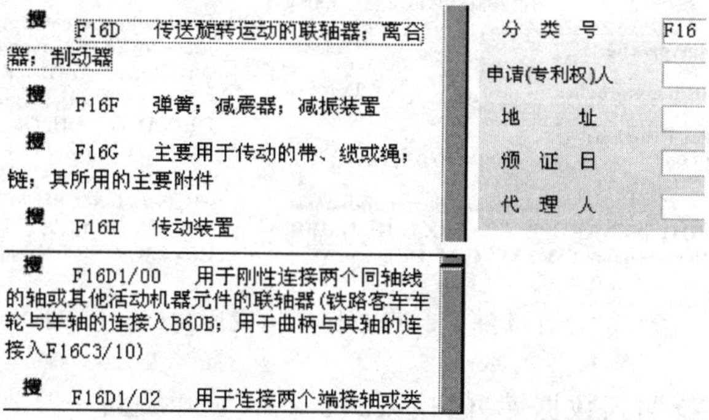

图 9-34　中国国家知识产权局专利数据库检索结果 2（经过剪辑）

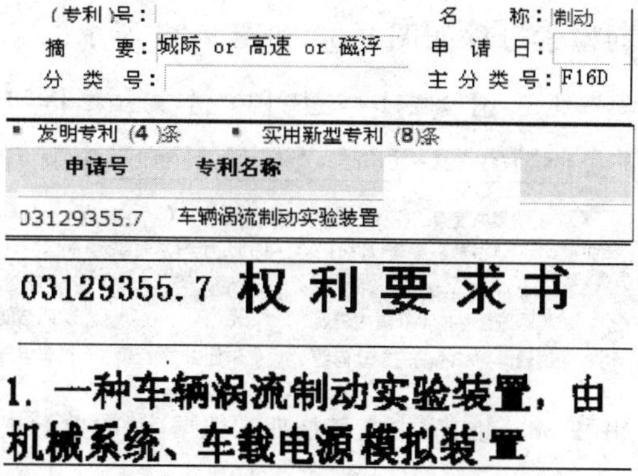

图 9-35　中国国家知识产权局专利数据库检索结果 3（经过剪辑）

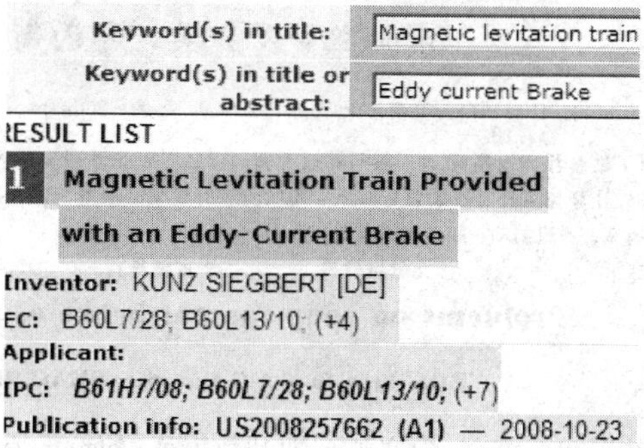

图 9-36　欧洲专利局专利检索（经过剪辑）

(12) NACH DEM VERTRAG ÜBER DIE INTERNATIONALE ZUSAMMENARBEIT AUF DEM GE
PATENTWESENS (PCT) VERÖFFENTLICHTE INTERNATIONALE ANMELDUNG

(19) Weltorganisation für geistiges Eigentum
Internationales Büro

(43) Internationales Veröffentlichungsdatum
29. September 2005 (29.09.2005)

PCT

(10) Internationale Veröffentlichur
WO 2005/090113

(51) Internationale Patentklassifikation[7]: **B60L 7/28**,
F16D 65/14, 53/00, B61H 7/08

(21) Internationales Aktenzeichen: PCT/DE2005/000456

(22) Internationales Anmeldedatum:
12. März 2005 (12.03.2005)

(25) Einreichungssprache: Deutsch

(26) Veröffentlichungssprache: Deutsch

(30) Angaben zur Priorität:
10 2004 013 994.6　19. März 2004 (19.03.2004)　DE

(71) Anmelder *(für alle Bestimmungsstaaten mit Ausnahme von US):* **THYSSENKRUPP TRANSRAPID GMBH** [DE/DE]; Henschelplatz 1, 34127 Kassel (DE).

(72) Erfinder; und

(75) Erfinder/Anmelder *(nur für US):* K
[DE/DE]; Bucherstrasse 5, 83714 Miesba

(74) Anwalt: VON SCHORLEMER, R.; K
5a, 34117 Kassel (DE).

(81) Bestimmungsstaaten *(soweit nicht ander jede verfügbare nationale Schutzrechtsart* AM, AT, AU, AZ, BA, BB, BG, BR, BW, CN, CO, CR, CU, CZ, DK, DM, DZ, EC, GB, GD, GE, GH, GM, HR, HU, ID, IL, KG, KP, KR, KZ, LC, LK, LR, LS, LT, L MG, MK, MN, MW, MX, MZ, NA, NI, N PH, PL, PT, RO, RU, SC, SD, SE, SG, SK, TM, TN, TR, TT, TZ, UA, UG, US, UZ, V ZM, ZW.

图 9-37　在欧洲专利局数据库检索原文（经过剪辑）

　　（2）维普《中文科技期刊数据库》的检索式：k＝（城际铁路＋高速铁路＋磁浮）*（制动力学＋紧急制动＋涡流制动）＋c＝U260.35。

　　【注意】用加号连接分类号是为了扩大检索范围，用星号则缩小检索范围。

　　分步检索，输入关键词检索过程如图 9-38 和图 9-39 所示。

图 9-38　维普《中文科技期刊数据库》的检索式

磁悬浮列车的涡流制动问题

朱仙福，罗会美，邵丙衡

（同济大学 电气工程系，上海　200331）

摘　要：介绍了磁悬浮列车制动的一般问题以及德国 TR07 磁悬浮列车中涡流装置的供电电源、制动装置，有关的计算与试验曲线。最后介绍了用"迎流"有限元法求解制动力的方法。

关键词：磁浮列车；涡流制动；制动力；有限元

中图分类号：U237　　文献标识码：A　　文章编号：1000-128X(2001)04-0032-03

Problems on eddy current brake of maglev train

ZHU Xian-fu, LUO Hui-mei, SHAO Bing-heng

图 9-39　维普《中文科技期刊数据库》的检索原文

（3）外文数据库通用检索式：（"intercity railroad" OR "high-speed railway"OR maglev＊）AND brak＊ and（dynamics OR emergency OR "Eddy-current"）。

使用 EbscoHost 数据库检索过程如图 9-40 所示。

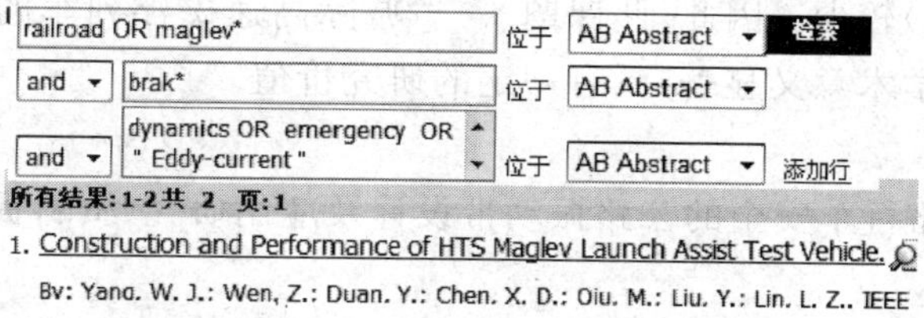

图 9-40 EbscoHost 数据库检索过程（经过剪辑）

6．检索结果（部分）

根据不同检索系统的语法规则，对上述检索式作适当的调整，并选择合适的检索字段进行检索，本示例对上述 16 个数据库分别进行了检索，并利用网络搜索引擎（baidu）进行了补充查找；时间跨度均为 15 年。共检索出相关文献 50 余篇，现按文献类型部分列举如下。

1）期刊论文

（1）骆廷勇，郭其一．基于涡流制动技术的高速磁悬浮列车安全制动控制研究[J]．铁道机车车辆，2006．

（2）应之丁．涡流制动技术在高速列车上的应用[J]．电力机车与城轨车辆，2004．

（3）Wang，H Q，Wang，C G，Zhuang，G S．et al．The preparation of brake linings for a high speed railway car[J]．New Carbon Materials（China）．2002，17（2）：29-34．

（4）Wang，P．J．（Natl Tsing Hua Univ），Chiueh，S．J．Analysis of eddy-current brakes for high speed railway[J]．IEEE Transactions on Magnetics，1998，34（4）：1237-1239．

2）学术会议论文

（1）胡波，姜靖国，吴萌岭．高速列车与动车制动系统电空转换装置的研究．中国铁道学会车辆委员会制动分会第一次学术研讨会，1999．

（2）Liang Guozhuang，Guo Liwei．et al．Finite Element Analysis of Eddy-current Brake for High Speed Train．Fourth International Conference on Electromagnetic Field Problems and Applications，4th，Sep 18-20，2000，Tianjin，China．

3）专利文献

（1）郭其一，朱龙驹．车辆涡流制动实验装置．CN03129355.7[P]2004.02.25．

（2）Kunz Siegbert．Magnetic levitation train provided with an Eddy-current Brake．WO2005DE00456[P]．

4）博硕士论文

（1）唐永春．超导磁浮直线电机及其控制和涡流制动系统的研究[D]．浙江大学，2006．

（2）邓妮．磁浮列车涡流制动系统建模及紧急制动控制策略的研究[D]．浙江大学，2006．

7．检索效果评价

高速铁路制动系统的研究，目前仍是国内外相关领域学者研究的一个热点问题。且我国一些高校及研究机构的部分研究成果已经达到或者处于世界先进水平,如浙江大学、西南交通大学等。

但目前类似的研究大多停留在理论层面上,从检索的结果看,其具体的应用性研究(如应用于城际高速铁路)较少。因此,此课题——"城际高速磁浮列车的紧急制动控制及其应用研究"社会价值及学术意义显著,具有一定的研究价值。

综述:略。

【例题】基于道路行车安全的公路振动带设计及应用研究(资料提供:重庆交通大学)。

【题解】

1. 分析课题

本课题属于科研立题查新类型,要求检索国内是否有同类或类似的研究,需要检索本课题拟研究的检索项目的创新点和技术要点是否已经有文献报道。

(1) 不同设计尺寸、外观形状的振动带在不同车辆类型、不同角度下按照不同车速行驶时产生的噪音规律、振动规律。

(2) 路肩振动带在降低高速公路交通事故率方面的实效评价。

(3) 路肩振动带施工工艺及养护对策。

(4) 路肩振动带设计及应用指南。

2. 选择的主要检索工具

检索工具与前述案例一致,除了 CNKI、万方、维普、搜索引擎、中国国家知识产权局数据库等,还选择了中国国家科技图书文献中心(www.nstl.gov.cn)、中国国家科技成果网(www.nast.org.cn)。为了防止漏检,还需要检索印刷型工具《中国公路运输文摘》《全国报刊索引》(自然科学版)以及近期相关专业期刊,检索年限是近 10 年。

3. 检索标识和检索式

主题词、关键词和期刊分类号:公路(道路)、路肩、交通安全(行车安全)、振动带,中国图书馆图书类号 U416.3、U491.5、U491.52。

重庆维普《中文科技期刊全文数据库》检索式:k=(公路＋道路)＊路肩＊(交通安全＋行车安全)＊振动带＋c=(U416.3＋U491.5＋U491.52)。

仅使用单词检索,输入:k=(公路＋道路)＊路肩＊(交通安全＋行车安全)＊振动带,结果如图 9-41 所示。

M=题名或关键词 ▼ | (公路+道路)*路肩*(交通安全+行车安全)*振动带
☑ 查询结果:共找到 0条,

图 9-41 维普《中文科技期刊全文数据库》检索结果之一

4. 检索结果

(1) 田芳. 振动带(RS)与新型路面振动标线的应用. 中国公路,2005(12):64-65.

⋮

(10) 李文寿. 浅谈山西省高速公路交通安全设施的设置. 山西省科学技术情报学会学术年会论文集,2004 年.

5. 检出文献分析及技术指标对比

按相关主题词及学科分类法,采用计算机检索与手工检索相结合的方式,查阅国内 13 种数据库和检索资源及近期相关专业期刊,经反复筛选,列出相关文献 10 篇,分析比较如下。

相关文献 1 介绍了振动带(RS)和振动标线在国外的应用情况,其中的许多技术和经验值得借鉴和学习。

⋮

相关文献 10 根据有关设计规范,对山西省高速公路的交通安全设施设置情况进行了总结,对存在的问题进行了分析并提出了改进建议,为今后相关问题的解决提供了参考。在互通立交匝道上可以尝试使用振动标线代替普通标线,同时取消突起路标,这样既可以保持车轮碾压时所产生的振动感,还可以使除雪工作顺利进行。由于现在的振动标线造价较高,因此在使用时应结合工程的实际情况而定。

本课题在重庆地区高速公路交通安全现状调查及原因分析基础上,结合重庆地区交通特点和气候特点,对不同尺寸、外形的振动带在不同车型、车况、车速作用下所产生的振动、噪音规律及警示效果进行研究,评价路肩振动带在降低高速公路交通事故率方面的实效,研究路肩振动带施工工艺及养护对策,提出适合于重庆地区的振动带设计使用指南。

6. 对比分析

经文献分析、对比,得出以下结论。

在检索范围内:关于公路(路肩)振动带,有少量国外应用的文献报道,并且相关文献 3 提出适合我国国情的路肩振动带设计标准;有一些振动标线的文献报道;但涉及本项目 4 个技术要点的研究,未见文献报道。

综上所述,在所检文献范围及时限内,未见与本项目研究相同的文献报道。

9.2.9 专利检索

1. 专利技术信息综合检索案例

专利技术信息检索基本要求:检索信息要全。

专利技术信息检索的一般过程如下:

(1) 选择检索系统,分析检索主题,提取主题词或关键词进行初步检索。

(2) 根据初检结果,浏览其文摘,提取近义词、同义词等。

(3) 依据初检结果中的分类号,对照分类表选择检索主题所有可能的分类位置。

(4) 编制含有同义词、近义词、分类号的检索提问式,进行组合检索。

(5) 根据检索结果,浏览其文摘,进行筛选;根据需要,将相关文献的专利说明书找出,对其进分析。

(6) 根据需要修改检索策略,进行扩大检索。

例如,检索"高分辨率汉字字形发生器"的专利技术。

(1) 选择专利数据库。目前常用的中国专利数据库除了中国国家知识产权局专利数据库、万方数据的专利数据库,还有中国专利数据库检索系统(http://search.cnpat.com.cn/Search/CN/)。本题以中国专利数据库检索系统为例。

分析技术主题:产品并不是普通的字形发生器,而是高分辨率汉字字形发生器或发生装置。所以，提取主题词（关键词）：高分辨率、汉字、发生器。因是初步检索，所以选择"发明名称"检索字段，如图 9-42 所示。

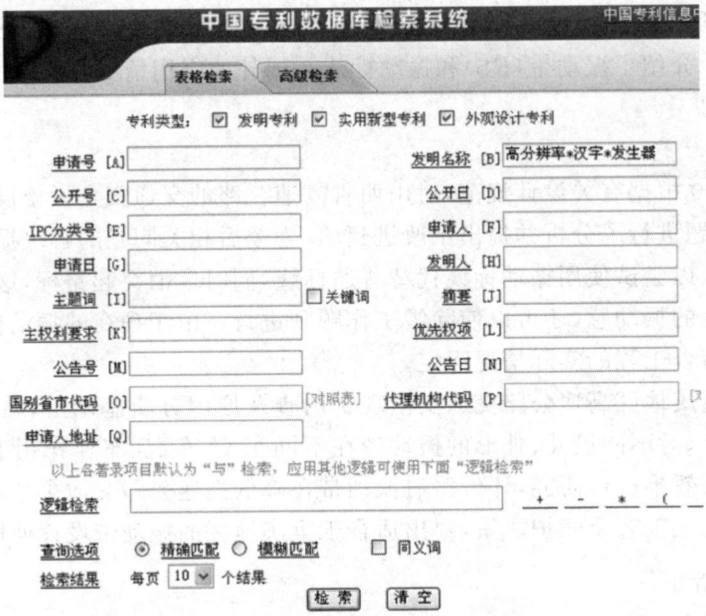

图 9-42　中国专利数据库检索系统界面

检索结果只有 1 个记录，如图 9-43 所示。

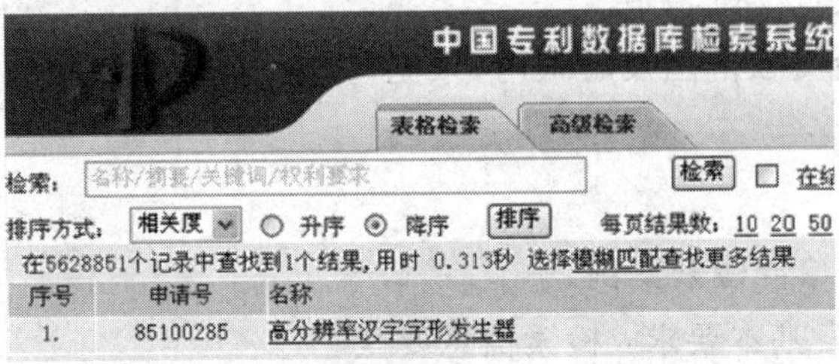

图 9-43　中国专利数据库检索结果

调整检索词：汉字、发生器。检索结果如图 9-44 所示。

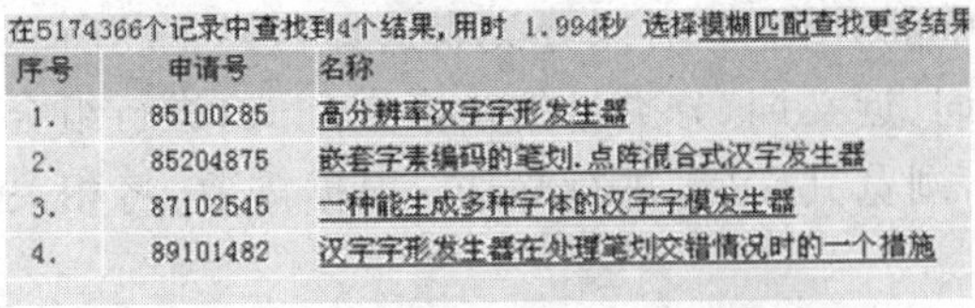

图 9-44　调整检索词后的检索结果

（2）根据初检结果，逐条浏览其文摘，提取近义词、同义词等，并记录其国际专利分类号（IPC）。

在第 1 条检索记录"85100285 高分辨率汉字字形发生器"中，其 IPC 分类号为 G06F15/20、G06K15/10；在权利要求中含有同义词"点阵存储器"，如图 9-45 所示。

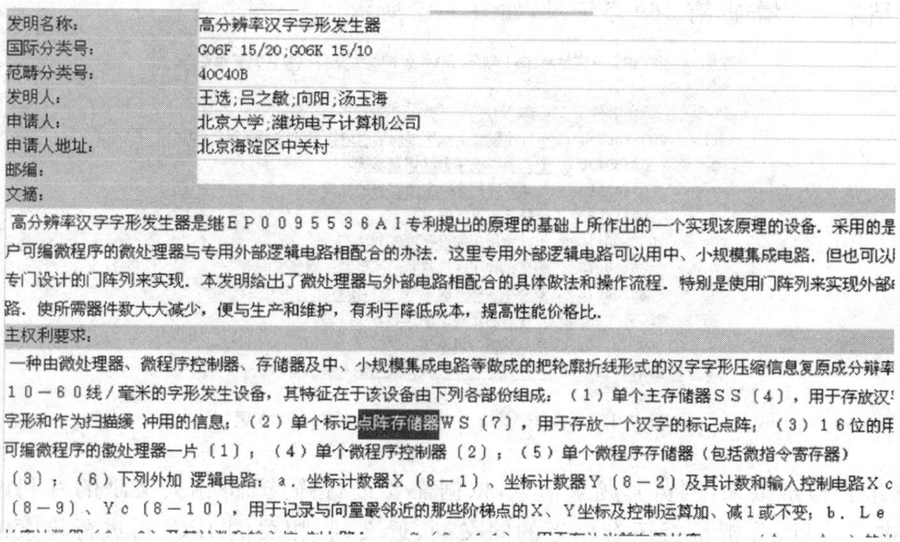
发明名称：
高分辨率汉字字形发生器
国际分类号：
G06F 15/20;G06K 15/10
范畴分类号：
40C40B
发明人：
王选;吕之敏;向阳;汤玉海
申请人：
北京大学;潍坊电子计算机公司
申请人地址：
北京海淀区中关村
邮编：
文摘：
高分辨率汉字字形发生器是继ＥＰ００９５５３６ＡＩ专利提出的原理的基础上所作出的一个实现该原理的设备．采用的是户可编微程序的微处理器与专用外部逻辑电路相配合的办法．这里专用外部逻辑电路可以用中、小规模集成电路．但也可以专门设计的门阵列来实现．本发明给出了微处理器与外部电路相配合的具体做法和操作流程．特别是使用门阵列来实现外部路．使所需器件数大大减少，便与生产和维护，有利于降低成本，提高性能价格比．
主权利要求：
一种由微处理器、微程序控制器、存储器及中、小规模集成电路等做成的把轮廓折线形式的汉字字形压缩信息复原成分辨率１０－６０线／毫米的字形发生设备，其特征在于该设备由下列各部份组成：（１）单个主存储器ＳＳ（４），用于存放汉字形和作为扫描缓冲用的信息；（２）单个标记点阵存储器ＷＳ（７），用于存放一个汉字的标记点阵；（３）１６位的用可编微程序的微处理器一片（１）；（４）单个微程序控制器（２）；（５）单个微程序存储器（包括微指令寄存器）（３）；（６）下列外加逻辑电路：ａ．坐标计数器Ｘ（８－１）、坐标计数器Ｙ（８－２）及其计数和输入控制电路Ｘｃ（８－９）、Ｙｃ（８－１０），用于记录与向量最邻近的那些阶梯点的Ｘ、Ｙ坐标及控制运算加、减１或不变；ｂ．Ｌｅ

图 9-45　浏览文摘

在第 2 条检索记录"85204875 嵌套字素编码的笔划点阵混合式汉字发生器"中，其 IPC 分类号为 G06K15/00；在题录信息中含有同义词"字素"、"字模"。在第 3 条检索记录"87102545 一种能生成多种字体的汉字字模发生器"中，其 IPC 分类号为 G06F7/36；在题录信息中含有同义词"字模"。在第 4 条检索记录"89101482 汉字字形发生器在处理笔划交错情况时的一个措施"中，其 IPC 分类号为 G06F9/22；在摘要中含有同义词"发生器"、"处理器"。

(3) 综合浏览结果，找出与检索的技术主题相近的近义词或同义词：发生器、处理器、点阵存储器、汉字、字形、字素、字模；对照 IPC 表，适合检索主题的分类号有 G06F9/22、G06F7/36、G06K15/10。

(4) 利用提取的同义词、近义词、分类号进行组合检索。检索表达式为：

分类号：G06F9/22＋G06F7/36＋G06K15/10。

主题词：(发生器＋处理器)＊(点阵存储器＋字素＋字模＋汉字＋字形)。

近义词的检索逻辑关系选择"或"，以提高查全率，如图 9-46 所示。

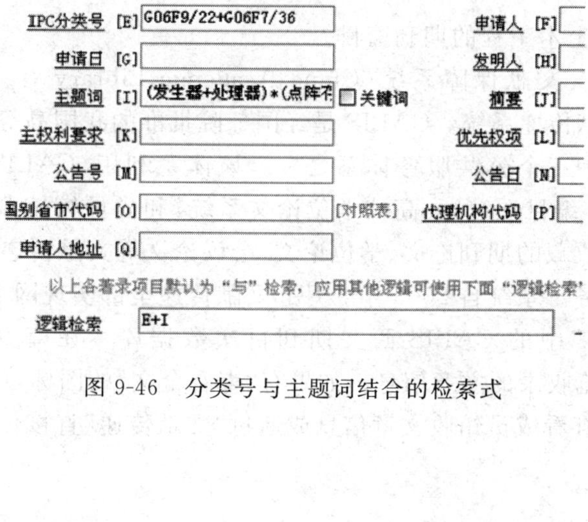
IPC分类号 [E] G06F9/22+G06F7/36
申请人 [F]
申请日 [G]
发明人 [H]
主题词 [I] (发生器+处理器)*(点阵存
关键词
摘要 [J]
主权利要求 [K]
优先权项 [L]
公告号 [M]
公告日 [N]
国别省市代码 [O]
[对照表]
代理机构代码 [P]
申请人地址 [Q]
以上各著录项目默认为"与"检索，应用其他逻辑可使用下面"逻辑检索"
逻辑检索
E+I

图 9-46　分类号与主题词结合的检索式

检索结果大大增加，有 169 条记录，如图 9-47 所示。

在5174366个记录中查找到169个结果，用时 0.645秒 选择模糊匹配查找更多

序号	申请号	名称
1.	200510055346	一种小键盘上数字编码的汉语拼音和注音多字连续输
2.	02135430	个人手写汉字自动识别系统
3.	89103390	高集成度的字形发生器和控制器
4.	02111050	一种压缩汉字库芯片
5.	200520041020	一种通用压缩汉字库芯片
6.	85100275	照排机和印字机共享的字形发生器和控制器
7.	85204875	嵌套字素编码的笔划.点阵混合式汉字发生器
8.	200510025240	一种通用压缩汉字库芯片
9.	200520110214	嵌入式报考机系统
10.	200710139663	一种汉字一字一键式整句输入法

图 9-47 分类号与主题词结合的检索结果

根据组合检索结果，浏览其题录信息，依据需要进行筛选，将相关文献的专利说明书找出，对其进行分析，分析是否还有相近的同义词、近义词、相关的 IPC，再进行检索策略的修订，提高查全率。

9.2.10 获取陈旧、稀缺文献的原文

【例题】已知 1980，1984 年的《染料工业》的期刊文章《关于可溶性还原蓝 IBC 显色机理的探讨》和《可溶性还原红 IFBB 显色中间产物的分离和鉴别》，在 CNKI 数据库检索本单位没有买原文。直接付款获得原文，如图 9-48 所示。

关于可溶性还原蓝IBC显色机理的探讨

<期刊> -理工B(化学化工冶金环境矿业)-轻工业手工业

文献来源：染料工业 1980.05

计费:0.5 元/页 （折扣：无折扣）

页数:6 页（第38-43页）

价格:3 元

贵单位没有订购该产品，请您与贵单位管理员联系订购！ 本次下载将扣除您帐户的金额，是否继续？

图 9-48 CNKI 数据库检索结果

【例题】查找有关土木工程的期刊篇目。

选择中国高等教育文献保障系统（China Academic Library & Information System，CALIS）的 CALIS 文献传递系统。CALIS 是经国务院批准的我国高等教育“211 工程”、“九五”、“十五”总体规划中三个公共服务体系之一。该体系利用《CALIS 西文期刊目次数据库》、《CALIS 联机合作编目系统》、《高校学位论文系统》和成员馆馆藏目录文献收藏单位，提供系统内各成员馆收藏的期刊论文、学位论文、会议论文等文献传递和可利用的电子全文数据库的原文传递服务。系统自 2005 年 9 月起文献传递全部实现网上委托。在 CALIS 主页中，选择“期刊服务”中的 CALIS 西文期刊目次数据库。在篇目检索框内输入 civil engineering。即可浏览收录的文章信息。如果有“查看全文”的图标，可直接点击查看文章。也可通过“收藏情况”查看成员馆收文章信息或通过“文献传递”直接传递文献，如图 9-49 和

图 9-50 所示。

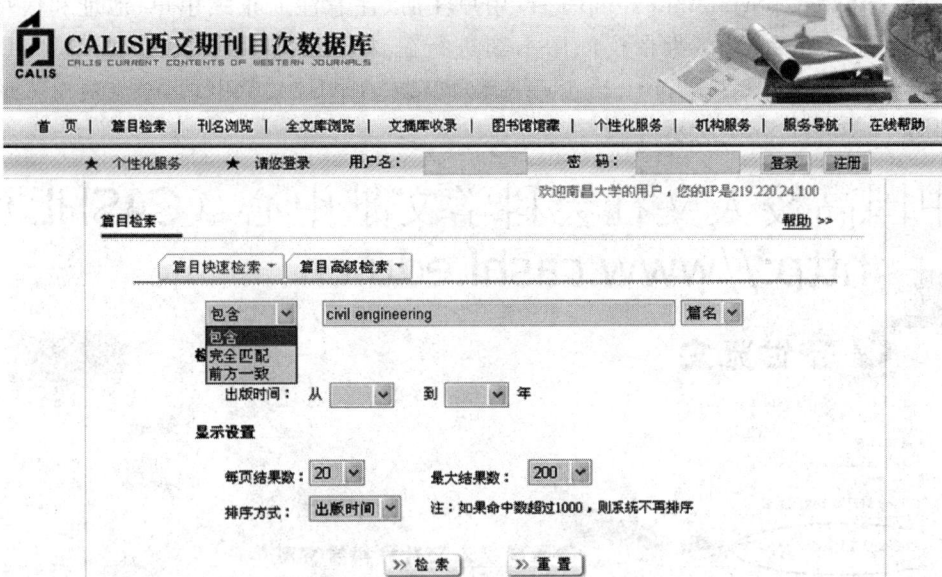

图 9-49 CALIS 西文期刊目次数据库界面

图 9-50 CALIS 的文献传递链接

【例题】使用 CASHL 传递人文社科文献。

CASHL(China Academic Humanities and Social Sciences Library)是全国性唯一的人文社会科学文献收藏和服务中心,为高校哲学社会科学教学和研究建设的文献保障服务体系。主要引进和收藏国外人文社会科学文献资源,包括期刊、图书、数据库及学科特色资源,也是全国性唯一的人文社会科学文献收藏和服务中心。用法是登录 CASHL 主页 http://www.cashl.edu.cn/portal/index.jsp 进行用户注册（注意注册正式用户、地址和信箱要准确无误）；注册成功后，请到所在校区图书馆进行确认，之后即可自行通过 CASHL 主页（http://www.cashl.edu.cn/portal/index.jsp）提交 CASHL 文献申请，享受对个人的文献传递，如图 9-51 和图 9-52 所示。

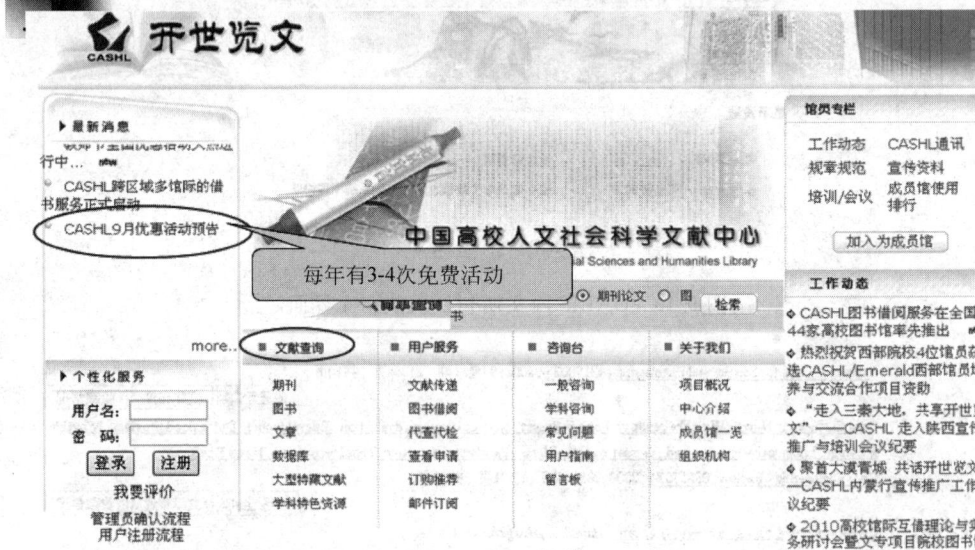

图 9-51　CASHL 登录页面

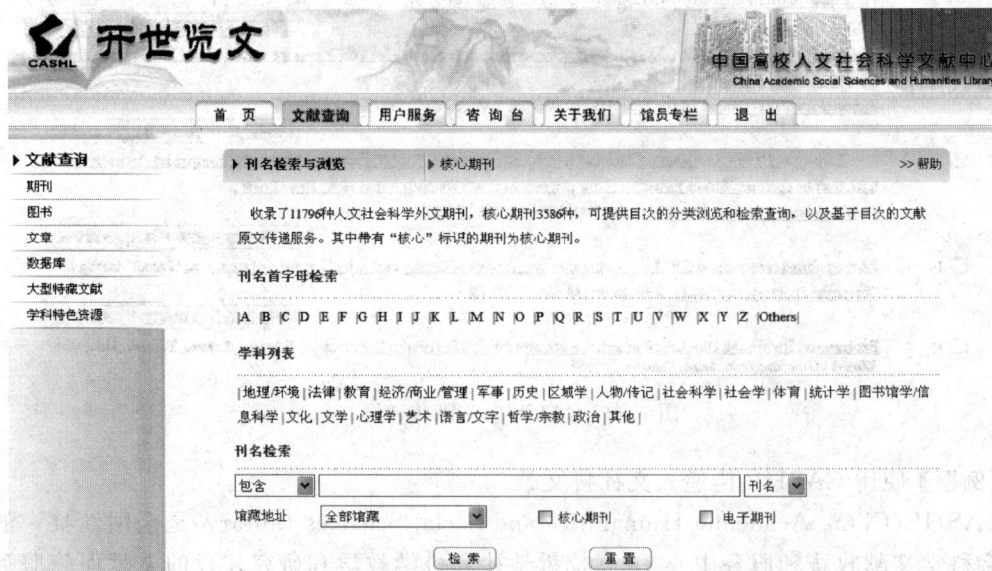

图 9-52　CASHL 检索界面

【例题】已知一篇英文文章：The effect of selenium and vitamin E on microvascular permeability of rat organs.

作者：DemirelYilmaz E；Dincer D；Yilmaz G；Turan B。

刊名：Biological Trace Element Research 出版日期：1998 期号：NO. 1-3 卷号：Vol. 64。

在 SpringerLink 数据库检索到该文章，显示"Access to this Content is Restricted，This content is secured to subscribers."，说明本单位没有购买这篇原文的。改用国家科技图书文献中心检索并传递原文。

国家科技图书文献中心（National Science and Technology Library，NSTL）是根据国务院领导的批示于 2000 年 6 月组建的一个虚拟的科技文献信息服务机构。由中国科学院图书馆、工程技术图书馆（中国科学技术信息研究所、机械工业信息研究院、冶金工业信息标准研究院、中国化工信息中心）、中国农业科学院图书馆、中国医学科学院图书馆八大成员馆组成。NSTL 资源包括中外文期刊、学位论文、会议论文、科技报告、中外专利、标准等。在 NSTL 所提供的服务项目，读者利用最多的就是文献检索与原文传递和网络版全文数据库。文献检索是免费的。但要获得全文就必须是它的网上注册的用户，网上订购全文，E-mail（24 小时之内）原文传递。非网上注册的用户可通过图书馆文献传递馆员代为传递原文。检索结果如图 9-53 所示。

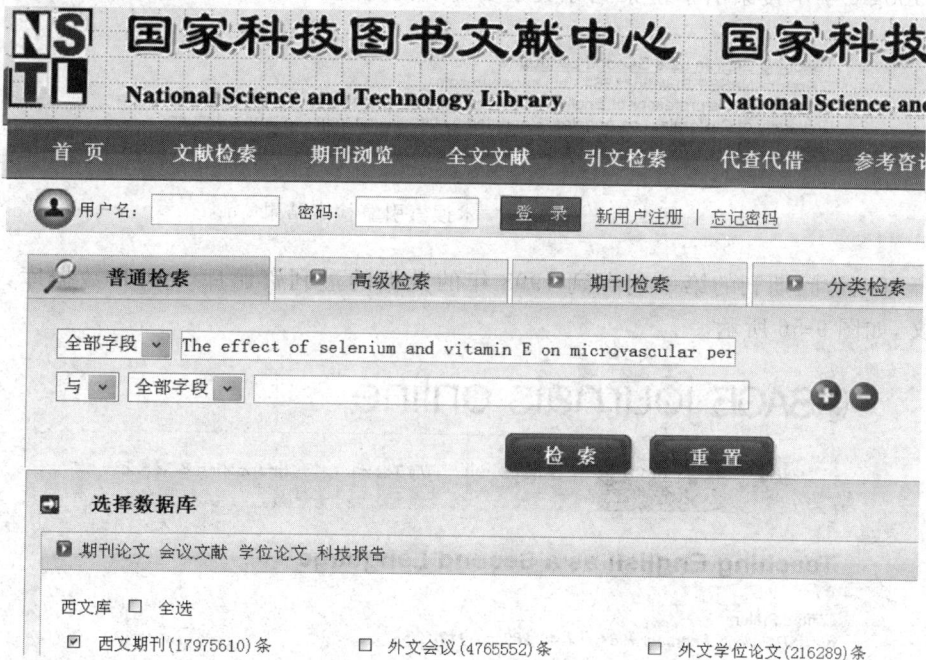

图 9-53 国家科技图书文献中心检索界面

检索结果显示【馆藏单位】：中国医科院医学信息研究所。通过文献传递服务获取原文。

【例题】已知英文文章：A Relational Model for Managing Second Language Anxiety。

作者：Karen A. Foss；Armeda C. Reitzel 刊名：TESOL Quarterly 出版日期：1988

期号：No. 3 卷号：Vol. 22，需要检索原文。在 Google 学术搜索引擎检索到原文收藏在 JSTOR 数据库，是要付费的。除了使用 JSTOR 数据库检索原文，还可以用读秀学术搜索并传递文献。超星数字图书馆是目前国内最大的全文数字图书馆系统，读秀是超星公司开发的一个新产品。用读秀百链数据库检索，无原文，可通过邮箱接收全文，如图 9-54 所示。

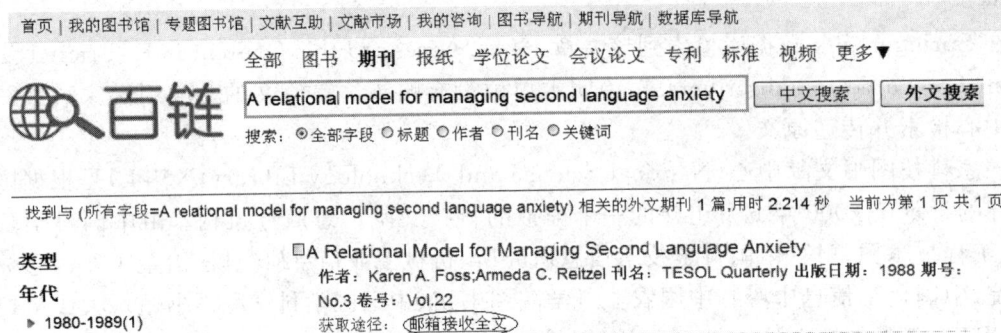

图 9-54　读秀百链数据库界面

【例题】已知一篇文章：Clifford Prator. Teaching English as a Second Language. NASSP Bulletin，1964，48(289)：113-120. 需要检索原文。

在 Google 学术搜索引擎检索到原文是要付费的，如图 9-55 所示。

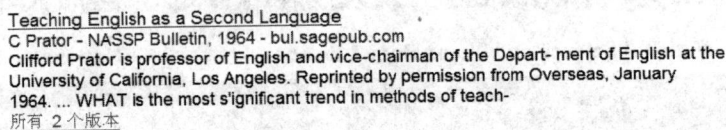

图 9-55　Google 学术搜索引擎检索结果

选择可以访问期刊的第一期直到 1998 年的数据的过刊资源库 SAGE 数据库，检索并下了原文，如图 9-56 所示。

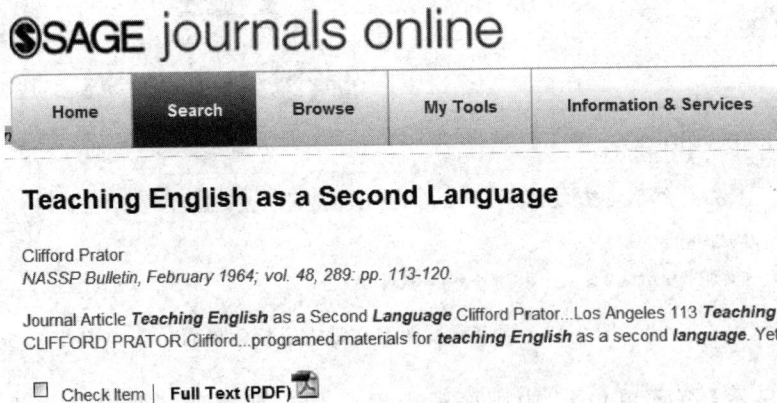

图 9-56　SAGE 数据库检索结果

思考题

模仿本章案例,完成一个综合检索课题,写出分析过程、检索工具、检索式,列出检出的文献、结论。

综合实习题

以本章案例为题,重复或者模仿其检索步骤,对检索结果按照作者、机构、年代、学科领域、地域等进行排序,制作各类图表,从中得出分析结论。

第 10 章
检索效率

本章要求掌握查全率、查准率两个概念以及改进的方法。

10.1 概述

查全率和查准率是判定检索效果的主要指标。查准率和查全率结合起来，描述了检索成功率。

1．查全率

查全率是指系统在进行某一检索时，检索出的相关文献量与系统文献库中相关文献总量的比率，它反映该系统文献库中实有的相关文献量在多大程度上被检索出来。

查全率＝（检出相关文献量/文献库内相关文献总量）×100％

例如，要利用某个检索系统查找某课题的相关文献。假设在该系统文献库中共有相关文献为 40 篇，而只检索出来 30 篇，那么查全率就等于 75％。

2．查准率

查准率也称为相关率，是指系统在进行某一检索时，检出的相关文献量与检出文献总量的比率，它反映每次从该系统文献库中实际检出的全部文献中有多少文献是相关的。

查准率＝（检出相关文献量/检出文献总量）×100％

如果检出的文献总篇数为 50 篇，经审查确定其中与项目相关的文献只有 40 篇，另外 10 篇与该课题无关，那么，这次检索的查准率就等于 80％。例如检索"法学"期刊论文，输入"法学"，结果检索出《……采矿法学术会议……》和《……方法学研究……》的报道，与法学毫无关系。显然，查准率是用来描述系统拒绝不相关文献的能力。

3．查全率和查准率的评价标准

1）理论上的评价标准

评价标准是与文献的存储和信息检索两个方面直接相关的，也就是说，与系统的收录范围、索引语言、标引工作和检索工作等有着非常密切的关系。查全率用的比较参照是"系统中相关信息总量"，所以准确地说这个指标用来评价系统的检索性能比较适宜，而用来评价某次检索效果则欠妥。任何人都会想到，如果工具或系统中收录的信息不全，那么这种评价对用户来说就变得毫无价值。并且对于用户来说查全率应该以某地区或世界上相关信息的总量作为参照比较，而参照中的信息总量对于用户来讲几乎无从得知。由此可见，查全率很难成为用户自我评价检索效率的准绳。一般认为查全率比查准率重要，只有查全了，才能进一步查准。因此查准率的评价也基本上限于理论意义。

2）基于经验的评价标准

在一般的检索中,用户对漏检的情况是通过经验来判断的。经验之一,是通过相关领域专业人员情况来判断,如果从事该项研究的人员较多,而检索中获得的相关信息很少,例如检索"家蚕疾病防治"的文献,在《中文科技期刊数据库》输入检索式"家蚕 * 疾病 * 防治",仅检索到 2 篇文章,显然不合情理,则应怀疑有漏检的情况发生;经验之二,是通过检索人员掌握的信息资料来判断,如果检索人员掌握的同时段的相关信息都出现在相关的检索结果中,可以认为查全率较高,反之,如果相关检索中并没反映已有的某些信息,则可以认为有漏检情况发生。

另外,由于许多因素的影响,在实际检索中,查全率和查准率是不可能达到 100% 的,而是存在着一种互逆关系,即在同一次检索中,提高查全率,查准率则会降低,反之,查准率提高,查全率则会下降。而且,对于同一检索效果,不同的用户满意的程度是不同的,比如说,撰写论文的用户比较重视查准率,而作高级研究的用户要求有较高的信息查全率。

从理论上说,任何理想的检索都应当是既全面又准确的检索。实际上从成本的合理性角度考虑,检索要有一定的限度。根据知识和工作经验,认为不可能找到密切相关的文献,或者认为预期的结果与需要花费的时间、精力和成本相比十分不相称,就不值得继续检索。例如普通读者只是一般性了解专利技术,不值得花费昂贵的专利检索费用,就不必使用世界上最著名的德温特专利数据库或者国际联机检索系统。

4. 提高查全率的基本方法

（1）扩大检索课题的目标,使用主要概念,排除次要概念。

（2）跨库检索。例如,使用国家科技图书文献中心的数据库或 Google 实现对不同类型文献的一次性检索。

（3）逐步扩大检索途径的检索范围。例如,使用《中文科技期刊数据库》逐步提高查全率的字段依次是"K＝关键词"/"T＝题名"结合"C＝分类号"→"T＝题名"→"K＝关键词"→"R＝文摘"→"U＝任意字段"。

（4）取消限定条件。例如,避免使用某些检索途径,如信息类型、语种、地理范围、年代范围。

（5）降低检索词的专指度,可以从词表或检出文献中选一些上位词或相关词补充到检索式。例如在《中文科技期刊数据库》输入检索式"蛋白质芯片"和"基因芯片",检索到 2000—2006 年分别有 286 篇和 988 篇文章,改用上位词"生物芯片"检索到 1927 篇。

再如,专利文件允许用上位词"气体激光器"概括氦氖激光器、一氧化碳激光器、二氧化碳激光器等;允许用上位词"机械传动"概括皮带传动、齿轮传动等。

（6）外文单词使用截词检索,可以采用前截断、后截断、前后截断等截词方法。在中文类数据库可以使用更简短的检索词。例如检索"家蚕疾病防治"的文献,在《中文科技期刊数据库》输入检索式"家蚕 * 疾病 * 防治"仅仅检索到 2 篇文章,删除"疾"字,一字之差,就检索到几百篇。原来所说的病是具体病名例如"粒子病"、"僵病",而不是"疾病"。用"疾病"查不出这些论文。

（7）逐步扩大算符的检索范围,逐步提高查全率的算符依次是：位置算符 w→nw→near→逻辑算符 and→or。

5．提高查准率的方法

这些方法刚好是与提高查全率的方法相反的。

（1）精确确定检索课题的目标，使用专业词汇。

（2）选择专业性检索工具例如使用产品数据库、特种搜索引擎。

（3）逐步缩小检索途径的检索范围，例如使用《中文科技期刊数据库》时，逐步提高查准率的字段依次是"U＝任意字段"→"R＝文摘"→"K＝关键词"→"T＝题名"→"K＝关键词"/"T＝题名"结合"C＝分类号"。该数据库还能限定期刊范围：全部期刊→重要期刊→核心期刊。

（4）用不太常用的检索途径，例如信息类型、语种、地理范围、年代范围、作者或号码作为限定条件。

（5）提高检索词的专指度，增加或换用下位词和专指度较强的自由词。

（6）逐步缩小算符的检索范围，逐步提高查准率的算符依次是：逻辑算符 or→and→位置算符 near→nw→w；使用算符 not 排除干扰信息。例如在外文 EBSCO 数据库检索标题含有"法律渊源"的信息，在 TITLE 字段输入 source and law，检索到许多不相关的论文题目；改用位置运算符号，限定 source 和 law 最多间隔 2 个其他单词，次序固定，source 在前，因此输入 source w2 law，检索结果大大减少，查准率大大提高。再如检索关于"大学生素质教育"的期刊论文，用《中文科技期刊数据库》输入"大学生 * 素质教育"，检索到同时探讨素质教育和道德教育的论文，如果要排除关于德育教育的论文，可以选择限定条件"在结果中去除"，输入"道德"作二次检索即可。

6．同时兼顾查全率和查准率的方法

（1）跨库检索，使用综合检索工具，结合专业的检索工具。例如，中国国家科技图书文献中心的跨库检索界面；专业的数据库（例如《化学文摘》、《生物学文摘》、美国 PubMed 数据库）对于专业性文献的收录全面而准确，利于查全率和查准率都提高。化学类信息检索尤其突出，查全率和查准率都高于其他学科。

（2）分类途径和主题途径等多途径结合使用。检索词的含义越具体越准确，其检索效果越好。从检索的实践经验看，以研究对象的名称作为检索入口词。例如，生物科学里以生物体的名称作为检索入口词，其查全率和查准率最好；检索"法学"的中文论文，不但要输入关键词"法学"，还要加用法学类的中国图书馆分类号 D90；检索有关"法律渊源"的图书，在某个图书馆检索系统选择"书名（标题）"字段，输入"法律渊源"、"法律"与"渊源"组合均没有查到，选择"法"与"渊源"组合，检索到关于"法国重农学派的中国渊源"的经济类图书，与法律毫不相关，最后选择"索书号"字段输入 D90 与书名（标题）字段含有的"渊源"组合，检索到两个版本图书《一般法的渊源》，查全率和查准率都提高；专利信息检索更要强调结合分类号，因为专利法规定发明和实用新型专利名称有严格的取名规则，有些词汇不能使用。因此，仅仅推测专利名称，在名称字段输入关键词，是很难保证查全率和查准率的。

例如，ABS 既是汽车防抱死制动系统（Antilock Brake System）的缩写，也是化合物丙烯腈-丁二烯-苯乙烯（Acrylonitrile-Butadiene-Styrene）的缩写。要检索有关防抱死制动系统技术的文献，可以利用关键词 ABS 结合专利分类号例如 Derwent 分类代码"Q18——车辆刹车控制系统"优化检索结果。

我国专利法规定,发明名称一般不超过 15～25 个字。不得使用人名、地名、商标或者商品名称等含义不清的词汇。外观设计专利取名一般是 1～7 个字,不允许使用下述名称:

① 抽象、概括的名称,如床上用品、文具、炊具、乐器等。

② 附有构造、功能或作用效果的名称,如人体增高鞋垫、节油发动机、自动控温多用途电热不粘锅等。

③ 附有产品规格、数量单位的名称,如 21 英寸彩色电视机、一幅手套等。

(3) 尝试多次检索,在失败中调节检索策略,阅读已知的信息,增加背景知识。例如,先检索搜索引擎 Google、百科全书、词典、手册、文献综述,寻找更多词汇;阅读国际专利分类表,寻找专利分类号;在维普公司网站(www.cqvip.com)的"分类检索"单击中国图书馆分类表,寻找图书和期刊论文的分类号。

(4) 预防操作错误,采用严谨的科学态度,耐心细致地检查检索步骤的各环节。例如,检查输入内容是否与字段符合,检索式是否多了空格等。

10.2 影响查全率的案例

1. 对课题的分析望文生义

【实例】当代西方法律秩序思想论述≠西方 * 法律秩序。

检索课题"当代西方法律秩序思想论述",如仅以"西方"和"法律秩序"为检索词,可能一篇文章也查不到。

【评析】因"西方"这个概念太笼统、太大,目前很少有人对整个西方法律秩序作整体性系统性研究,所以应该将"西方"加以具体表述。一般来说,研究西方法律秩序主要应围绕其代表人物来展开,所以最好选择当代西方对法律秩序有过论述的代表人物作为检索词,或者将"西方"一词具体表达为"英国"、"美国"、"法国"、"德国"等国家名称,就能再检出一批相关文章。

【实例】西部地区社会发展状况≠西部地区 * 社会发展状况。

某教师的研究报告是中国东部与西部地区社会发展状况差异比较,初次用"西部地区"和"社会发展状况"进行检索,则检索出的信息会很少。

【评析】没有明确"西部地区"和"社会发展状况"的具体概念。"西部地区"还包括具体的省市名称;"社会发展状况"可分解为"文化教育、医疗卫生、工业水平、农业水平"等一系列概念。

【实例】甜茶产业化≠甜茶 * 产业化。

某用户的研究报告是某种产品的产业化研究,用"甜茶产业化"进行检索,则检索出的信息会很少。

【评析】用户没有明确"产业化"的具体概念,用户其实希望检索包括"大规模栽培、含量分析、加工、包装、营销"等一系列过程。

【实例】检索"改性淀粉生产食品"的信息≠Google 搜索"改性淀粉生产食品"。

某学生要检索"改性淀粉生产食品"的信息,仅在网络上用 Google 输入"改性淀粉生产食品"进行检索,则检索出的信息会很少。

【评析】这类信息可以用 Google 搜索"改性淀粉生产食品",但是查全率太低,还应该再检索专利信息。"改性淀粉"还有同义词"变性淀粉"，尝试检索这类食品有油条，或者饼干等。而且词汇不一定出现在论文或者专利的题目，更可能出现在摘要。因此应该在"摘要"字段输入"（改性淀粉 or 变性淀粉）and 生产 and（食品 or 油条 or 饼干）"。接着检索出"改性淀粉生产食品"一篇专利，找出专利分类号，尝试检索更多的专利。

【实例】微量元素＝微量元素 or 钠 or 钙。

检索微量元素与脑血管疾病的关系的文献，用"微量元素"这个词检索结果为零。

【评析】此用户所说的微量元素是指钠离子（Na）、钙离子（Ca）等，"微量元素"这个词本身在文献中并不出现。应该用"微量元素 or 钠 or 钙"进行检索。

【实例】用 Google 检索我国生物技术在哪些地方比较发达。输入"生物技术 哪些地方比较发达"为何检索不到信息？

【评析】难点是"发达"这个意思如何用关键词表达。在 Google 试用"我国生物技术发达地区"作为关键词进行检索，得知我们国家的生物技术还与国际发达国家有差距，不能检索到需要的信息。只要找出我国自己的生物技术研究机构的分布，就能达到检索目标。用检索式"我国生物技术 研究机构"搜索到"生物技术在线"，有《我国生物技术应用广泛》一文，文中提到："我国生物技术产业通过 20 多年的发展已经初具规模，北京、上海、广州、深圳等地已建立了 20 多个生物技术园区。目前，涉及现代生物技术的企业约 500 家，从业人员超过 5 万人，其中涉及医药生物技术的企业 300 多家，涉及农业生物技术的企业 200 多家。"故答案是在北京、上海、广州、深圳等地比较发达。

2. 检索工具收录范围有缺漏，功能较差

【实例】为何数据库有时不如印刷型检索工具收录全面？

广西中医学院何报作教授在 1994—2002 年发表的中药研究论文有 20 篇被印刷型《中文科技资料目录—中草药》收录，而当时检索同期的数据库《中国学术期刊全文数据库》只收录了 16 篇。维普期刊数据库一般从 1989 年开始收录题录，有的重要期刊例如《中药材》当时没有被计算机检索数据库收录。因此仅用这两个数据库无法保证查全率。

【评析】数据库收录文献不全是由于目前数据库的建设缺乏统一的规划，数据库信息内容的收集完全由数据库商自己来决定，由于收录范围、回溯年限等方面的限制，各大型数据库很难将自己侧重领域的文献收录全面。搜索引擎也有同样的弊病。据 2006 年的统计，清华同方的学术期刊数据库收录 7500 多种中文期刊，维普科技期刊数据库收录中文期刊有 8000 种，两库还有重复收录的期刊。维普科技期刊数据库收录覆盖 80% 多，清华同方的学术期刊数据库收录覆盖面居于第二。超星数字图书馆、方正电子图书数据库、书生数字图书数据库之间图书重复的数量也为数不少。结果是"一家有，大家有；一家无，大家无"的状况。

【实例】漏检率在 90% 以上。

2000 年，原国家药品监督管理局委托国家知识产权局，检索 43 种药物是否在中国申请了专利。在《中国专利文摘数据库》中只检索出其中 13 种药物、43 篇中国专利；为保证检索结果的可靠性，又用同等英文检索式在美国《化学文摘》数据库（CAPLUS）中进行国际联机检索（联机检索费高达每小时几百美元），将检索结果限制成"中国专利"，查出 36 种药物、441 篇中国专利。与 CAPLUS 的检索结果相比，《中国专利文摘数据库》检索药物信息的漏检率在 90% 以上。如果要检索的药物没有确切名称，只有化学结构式，就完全无法在《中国

专利文摘数据库》中检索了。

3. 正确的常规检索方法也会有缺漏

【实例】在 OCLC 系统数据库检索"核磁共振在地学中的应用",使用规范的英文主题词 nuclear magnetic resonance 没有结果,使用缩写 NMR 反倒查出 1890 篇文献。

【评析】因为该数据库的语法规则是只对单词检索,不识别带空格的词组。

【实例】有人用万方《中国科技文献数据库》检索课题"铜锌铝合金"的信息,分别输入"铜锌铝"、CuZnAl 和 Cu-Zn-Al,检索到不重复的论文各有 1 篇、15 篇、26 篇。

【评析】说明该数据库没有提炼主题词,功能有缺陷。

【实例】北京大学光华管理学院教师投稿,单位名称正确的写法是:"Guanghua School of Management,Peking University,Beijing,China",那么检索著者单位时,在 ADDRESS 中,"光华管理学院"正确的输入词为 guanghua sch management;若投稿人只写 Peking University 或 Beijing 不写院名直接写系名,可能会导致检索不到该信息。

【实例】一篇会议论文 Exponential stability of Cohen-Grossberg neural networks with delays 的作者是原西南农业大学信息学院的余建桥(Yu JQ),但是用 SCI 数据库检索失败。

【评析】SCI 数据库著录该条信息时,"西南农业大学信息学院"错误拼写为"SW Age Univ,Coll Informat"。数据录入错误会导致正确的检索式也失败。

【实例】天津科技信息所的吴晓镕验证维普科技期刊数据库中经常出现的非规范术语等问题影响检索效率,如表 10-1 所示。

表 10-1　非规范术语检索结果

检 索 词	检 出 条 数	检 索 词	检 出 条 数
粘合剂	1060	粘固剂	9
胶粘剂	287	胶合剂	8
粘结剂	277	粘附剂	8
粘接剂	84	粘着剂	6
胶结剂	16	黏合剂	5
粘胶剂	10		
比尔·盖茨	113	多普勒	13578
比尔.盖茨	13	多谱勒	619
比尔盖茨	13	多卜勒	129
比尔盖兹	1	Doppler	513
傅里叶	2864	付利叶	12
傅立叶	1619	富里哀	11
付里叶	338	富里埃	17
富里叶	179	福里哀	3
付立叶	143	付里埃	2
傅利叶	78	福里埃	1
富立叶	39	Fourier	1535

【评析】维普科技期刊数据库中经常出现的非规范术语是由于当时没有规范用词。

【实例】数据库中经常出现的标引错误或录入错误举例如表 10-2 所示。

表 10-2　数据库中标引或录入错误

正 确 用 词	检 出 条 数	错 误 用 词	检 出 条 数
坐标	5683	座标	315
荧光	16 199	萤光	203
覆盖	8026	复盖	190
炭黑	2835	碳黑	192
树脂	21 964	树酯	145
聚酯	7083	聚脂	128
辐射	21 038	幅射	101
气候	13 617	气侯	78
重叠	1176	重迭	87

【评析】数据库的标引错误或录入错误导致正确的检索式也会失败。

【实例】为何检索不到 Aventis 公司申请的许多专利？

Aventis 公司拥有 2.9 万多项专利，其中仅仅约 1％的专利在授权人中包含 Aventis 这个词。

【评析】为了不让对手清楚地掌握本企业的技术发展方向，申请人故意隐匿真实身份，这是国外公司惯用的竞争策略。很多西方大企业往往用 100 多个名称充当本企业拥有的专利的授权人，有些公司甚至用 300 多个名称给自己的技术申报专利。这些用其他名字秘密部署的专利，使竞争对手无法了解自身真正的实力。

【实例】为何用 Google 检索也有缺漏？

【评析】在举报的垃圾信息的表单中列出了下列几项内容。

（1）隐藏的文字或链接。

（2）容易误解或堆积的词汇，如许多人把"数学"的英文单词错写成 methematics。

（3）与 Google 检索不匹配的网页。

（4）伪装的网页。

（5）欺骗性的网址重新指向。

（6）专门针对搜索引擎的入门网页。

（7）复制的网站或网页。

此外，Google 认为的垃圾信息也包括其他一些方面，如用图片和无关的词汇填充网页，同样的内容出现在多个域名或次级域名的网页，链接了被认为是低质量的网站。

4．用户选择不对口的检索工具

【实例】牛头不对马嘴，检索不到信息。

有人查找机械制造方面的资料选用电气电子类的文摘；用 Google 等网上搜索引擎找专利文献，利用期刊论文类的检索工具查询图书，没有结果。

【评析】对于图书、期刊、学位论文、专利数据库要重点了解，可以阅读图书馆主页上公布的数据库介绍、各数据库使用说明，或者直接向图书馆专业人员咨询。对基础理论研究的课题侧重于检索期刊论文、图书专著、学位论文和科技报告等；搞技术应用和开发的课题，侧重于检索专利文献、标准文献；搞产品选型设计的课题，侧重于检索产品样本资料、标准文献和专利文献等。选错数据库，当然可能查不到文献。其次搜索引擎不是万能的，对动态内容,如论坛、数据库内容,以及带框架分栏(frame)结构的网页检索能力较弱,所以这类信息也不适合用搜索引擎搜索,而是应该去相关的专业网站和数据库寻找。

【实例】为何有的产品例如"4029E 双钳相位伏安表"的信息只能用少数特定的检索工具才能查到?

【评析】个别情况下,常规的数据库和正确的检索方法未必有效,需要换用搜索引擎。本题先选用各类常规的期刊和专利数据库,发现介绍伏安表的文献较少,而且大都是关于伏安表结构、功能方面的论述,未见其技术指标的报道。在这种情况下,利用搜索引擎"雅虎",共检索到与查新课题密切相关的产品信息 14 条,生产厂商有 4 家,其中有 3 家为本省的生产厂家。每一个厂家在其主页面上都对自己的产品做了较为详细的介绍,内容包括伏安表的相位测量范围、电压测量范围、电流测量范围、功率因数、用途及规格等。符合课题特点。

这说明检索产品信息,首先应了解查找产品的信息特征,以确定是以使用搜索引擎为主还是以期刊、专利等数据库为主。

(1) 对于查找技术参数等产品特征信息为主的产品,应以搜索引擎为主,包括通用搜索引擎例如 Google、专业搜索引擎和站内搜索引擎,因为网上机械、化工、汽车、家电、软件、系统解决方案等产品信息大多以网页 HTML 文件形式存储各企业网站 Web 服务器中,作为网上产品说明书和产品广告,大多被搜索引擎收录。

(2) 对于查找制造工艺技术信息为主的产品,则更多考虑应用期刊文献数据库、专利数据库、标准文献数据库,因为这些数据库收录更加全面,信息质量也较权威。

【实例】常见的检索产品信息的专业检索工具有哪些?

【评析】

(1) 对于医药类产品,除了利用通用搜索引擎、大型期刊、专利文献数据库外,还要重点选用一些药品类网站及数据库,如国家食品药品监督管理局网站的药品注册批准信息数据库、中国医药信息网的国内新药库、中国医药网的产品数据库、中药数据库。

(2) 检索化学物质的国际信息,可以使用专业的中国化学化工类网站、各省市的化工研究院的网站、国际联机检索系统 STN。

(3) 对于食品、医药、医疗器械、农药、计量器具、压力容器、邮电通信等有特殊行业管理要求的产品,可以充分利用药品生产企业许可证、医药 GMP 认证证书、新药证书、食品生产许可证、农药生产许可证、通信产品入网证、公共安全产品生产许可证、计量器具生产许可证、CCC 认证、CQC 标志认证、双软认定等认证机构网站上的获证产品、企业数据库。

(4) 对于计算机应用软件产品,利用"计算机软件著作权登记公告"(中国版权信息网,www.ccopyright.com.cn)、"信息产业部软件产品备案公告"即双软认定公告信息高级查询(中国双软认定网,www.chinasoftware.com.cn)、中国软件评测中心测试产品查询(中国软件评测中心网,www.cstc.org.cn)等网站查询,则是很好的检索捷径。

(5) 对于 IP 会议电视终端、可视电话等多媒体产品,从"进网许可证书查询"(电信设备进网/认证网,www.tenaa.com.cn)、"CCC 产品认证证书查询数据库"(中国 CCC 强制性产品认证网,www.cccn.org.cn)入手检索,可以达到事半功倍的效果。

(6) 对于经贸信息例如国外公司的财务数据库,可以通过国际联机检索系统,检索 Dun &Bradstreets 财务数据库。检索国外市场统计数据、工业前景预测、广告信息等可以使用美国的预测公司 Rredicasts Inc. 的 PTS 数据库。

【实例】如何用一个工具检索多个数据库？

【评析】跨库检索（cross-database search）已经成为国内外图书馆研究热点。跨库检索系统是采用跨库检索技术的系统，它向用户提供了统一的检索接口，将用户的检索要求转化为不同数据源的检索表达式。目前主要有以下几种跨库检索系统。

（1）国家科技图书文献中心 NSTL。

检索功能可以同时选择期刊、学位论文、会议信息等多种类型的信息实现检索。

（2）异构资源统一检索平台。

异构资源统一检索平台是一个用于同时调用多个数据库和搜索引擎进行资料检索的软件系统，避免了需要逐个登录数据库的麻烦。可广泛应用于教育、媒体、科研等各行业和系统。

（3）网络使用的关联式综合搜索技术。

网络使用的关联式综合搜索技术是一种一站式的 Internet 搜索服务，只需输入一次查询目标，即可在同一界面得到图片、新闻、股票等各种相关联的信息。

5. 检索途径失误

【实例】如果读者想了解甘草的荧光鉴别，用主题词"甘草-荧光鉴别"就会遗漏文献《百种中药不同溶媒浸出液的荧光鉴别》，里面有关于甘草的荧光鉴别。

【例题】检索用于焊接的"焊接机器人"的课题，该用何种途径？

【题解】机器人的使用领域远远大于焊接领域，不用"焊接"则会检索许多无关信息，用则包括几十个专业性很强的名词术语。技巧是用维普《科技期刊数据库》的分类表查到"工业技术"—"金属学与金属工艺"—"焊接、金属切割及粘接"，在此类下输入"机器人"。如此检索的效率较高。

【例题】检索课题"教学实验室的管理"的信息，如何提高查全率？

【题解】西南大学教务处要检索"教学实验室的管理"，初次用维普《科技期刊数据库》输入"教学 * 实验室 * 管理"检索，信息很少，分析发现维普《科技期刊数据库》偏重于收录科技期刊，所指的实验室一般是自然科学专业的，很少有教学实验室。故检索式改为结合分类号，后来在《中国人民大学复印报刊资料数据库》的"教育类"输入"实验室"，查询到较多文献。

【评析】善于使用分类途径可以提高检索效率。其实多主题的文献最好结合用分类途径检索。如果遇到难以判定或不易选择检索词的课题，可先用分类途径进行浏览，在检索出的记录中找出相关的词汇，再转入主题途径，利用这些专业词汇进行检索。有的文献涉及面太广泛，不容易从主题词检索，只能改用分类途径。

【实例】检索用于"工业经济的报表数据库"的信息，可以用分类途径，查询分类表，找到 F427.3。

【实例】检索国外金融、银行的文献，由于"国外"一词含义太广泛，最好改用分类号"F833/837 各国金融、银行"。

【例题】检索含茶的保健饮品的专利产品，如何提高查全率？

【题解】尝试输入"茶 and 保健"检索，遗漏很多专利，表明必须结合分类号。从中国知识产权网下载国际专利分类表《A 部：人类生活必需》，查询 IPC 号。茶叶饮料类主分类号是 A23F3/14，但是保健类归入 A61K，继续查。

A61K 医用、牙科用或梳妆用的配制品（制成特殊物理形态者入 A61J；空气除臭，消毒或灭菌，或者绷带、敷料、吸收垫或外科用品的化学方面，或材料的使用入 A61L；化合物本

身入 C01,C07,C08,C12N；肥皂组合物入 C11D；微生物本身入 C12N)[7]

　　牙科配制品…6/00

　　化妆品,香水…7/00

　　药物配制品

- 以形态为特征者…9/00
- 以有效成分为特征者
- ·有机有效成分…31/00,35/00,38/00
- ·动物、植物或微生物的提出物…35/00
- ·无机有效成分…33/00,35/00

　　确定表示保健的 IPC 号是 A61K35(完整号码是 A61K35/78),因此输入发明名称：茶。分类号：A61K35。

　　查询专利 200 条,在此列出不包含"保健"一词的专利：

- CN 03118553.3 养生茶；
- CN 03116443.9 温肾壮阳茶；
- CN 03138106.5 一种复方配制茶及其制备方法；
- CN 02116357.X 消可治养生茶；
- CN 02131413.6 药食两用补泻茶。

6. 选用了不规范的词

　　【实例】检索课题"大型机械电子渗漏仪",其中"电子"一词不适宜作为规范的检索词,在专业中往往是用"传感器"来表示,其英文单词一般是 sensor 和 transducer。

　　【实例】电子显微镜在专业中往往是用"电子仪器 ＊ 显微镜"表达。

　　【实例】变色钻石≠变色＊钻石。

　　有人需要查找作为首饰用的"变色钻石",如果误以为这是一种钻石,从钻石、金刚钻或碳素材料的角度去查,那就会毫无结果。事实上,"变色钻石"是一种刚玉,应从氧化铝或刚玉的角度着手检索。

　　【实例】检索中药"鸭胆子",主题词用不规范的别名"鸭蛋子"就会遗漏文献。

　　【实例】连接器件→(电)接插件。

　　检索"电脑连接器件的制造"课题,以"连接器件"做主题词,查全率不到 10%。

　　【评析】发现"连接器件"的规范名称应该是"(电)接插件"。

　　【实例】大学→高等院校→高等学校。

　　要了解澳门一些大学的情况,选用"澳门"、"大学"为检索词,用逻辑"与"的关系,运用"天网搜索引擎"进行查询,返回结果有 687 条,查看其中有许多信息是毫无意义的。若以"澳门的大学"为检索词,命中 0 条。

　　【评析】重新确定检索词,以"澳门 and 高等院校"作为检索式,查询有 68 条,如"澳门大学"、"澳门理工学院"、"澳门高等校际学院"。而在图书数据库,检索大学教材应该用主题词"高等学校",不能用"大学"和"高等院校"。

7. 所选检索词与检索工具的用词习惯不符

　　【实例】检索式"秸秆还田"的"田"用正确的英文单词 field 反而造成漏检,改用该数据库的习惯用法 soil 却查到很多文献。

【实例】麦＋饭＋石≠麦饭石。

有关麦饭石应用的国内文献是直译"麦饭石"为 Wheat Rice Stone，显然这不是国外的专有名词。

【评析】阅读查询出的论文，尽量找出习惯用词。麦饭石是一种石头或矿物，其功能主要吸收水中有害物质并释放出一定量的人体必需的微量元素，从而改善水质，所以应选用"改善"、"水质"、"石头"或"矿石"这几个概念进行检索，结果从德温特公司的《世界专利索引》（WPI）中检出专利。德温特公司把麦饭石译为 Bakunaseki，据说这是汉字"麦饭石"的日文音译，成为英文习惯用词。

8．遗漏隐含概念

【例题】课题"垃圾处理方面的研究"，如何增加检索词？

【题解】"处理"一词隐含着"回收"和"再生"等具体的处理方法。增加检索词"回收"和"再生"。

【例题】检索课题"土壤环境条件对豆科植物固氮作用的影响"，如何增加检索词？

【题解】阅读相关论文，发现隐含概念，增加检索词：土壤条件、豆科植物、固氮作用、温度、湿度、pH 值、大豆、花生、固氮菌、根瘤菌等。

【例题】检索课题"星状孢子素对细胞周期的影响"时，只用了"星状孢子素"查询到 5 篇，如何判断和提高查全率？

【题解】根据经验，5 篇似乎太少，查全率很低。于是阅读第 5 篇论文，发现了别名"蛋白激酶 C"，用来检索，查询到 54 篇。

【例题】行为金融→"羊群行为"和"从众行为"。

检索"行为金融理论与中国资本市场发展"这一课题，按用户提供的关键词"行为金融"仅在《中国学术期刊网》上按篇名检索到 11 篇，删除不相关和重复论文 8 篇，实际只有 3 篇，判断有漏检。怎么办？

【题解】又用已检索到文章中提供的相关词"羊群行为"和"从众行为"检索了 10 篇文章。

【例题】白灵菇多糖→阿魏蘑多糖。

检索课题"白灵菇多糖的分离提纯及活性研究"，首先选用《中国生物医学文摘库》检索，结果为零。怎么办？

【题解】在《中国期刊全文数据库》中进行全文检索，查到"白灵菇"又名"阿魏蘑、阿魏侧耳、阿魏菇"，检索出一篇《阿魏蘑多糖理化性质及免疫活性研究》的报道，查阅原文，内容涉及多糖的提取纯化及理化性质的初步研究等，符合课题要求。于是决定用"阿魏蘑多糖"检索，查到满意的文献。

【例题】检索课题"脱氢甲基睾酮(17-羟基-17-甲基雄甾-1,4-二烯-3-酮)"的英文专利，如何确认该化学物质的英文检索词？

【题解】查询到相关的欧洲专利文献：SCHERING AG（DE）Preparation of 3-oxo-DELTA 1,4-steroids. EP0054810,1980-12-23，阅读说明书，找出隐性主题概念。对相关文献的分析和筛选，不能仅凭题录和文摘，有时必须深入到原文中（特别是专利），从原文中得到更具体的内容与数据。

阅读到原文的实施范例：

EXAMPLE 11

（c）7.5g of 17. beta. -hydroxy-17. alpha. -methyl-4-androsten-3-one is dissolved in 150 ml of dimethylformamide and then filtered under sterile conditions.

Yield：6. 2 g of 17. beta. -hydroxy-17. alpha. -methyl-1，4-androstadien-3-one，

mp 163. degree. -164. 5. degree. C.

确认该化学物质的英文检索词是 17. beta. -hydroxy-17. alpha. -methyl-4-androsten-3-one。

9. 遗漏了同义词

【例题】检索网上关于著名作品《飘》的信息，为何检索量较少？

【题解】网上每一个人的独特表达方式都不受任何制约。由于地域、方言、经历、文化等的不同，可能选用各种同义词。应加上该作品的同义词或近义词"乱世佳人"、"随风而逝"、Gone with the wind、gone with the wind。同理，检索有关"纳米"的概念，就需要同时检索"纳米"、"超细"、"微米"的概念。

【例题】课题"开创了我国造山带中系统研究古地磁的先例"的检索式"造山带＊古地磁"检索到 11 篇，为何检索量较少？

【题解】再用"（造山带＋秦岭＋大别山＋天山＋昆仑山＋喜马拉雅山＋三江地区）＊古地磁"检索到 17 篇。

【例题】检索胶带切割器专利，输入"胶粘带切割器"查到的专利为何检索量较少？

【题解】输入"胶粘带切割器"查到的专利只有 6 条：

- CN 88209574.9 胶粘带切割器；
- CN 94211082. X 一次性胶粘带切割器；
- CN 99240692.7 胶粘带切割器；
- CN 03222904.6 胶粘带切割器；
- CN 99337530.8 胶粘带切割器（B）；
- CN 99337529.4 胶粘带切割器（A）。

考虑"胶粘带"又叫做"胶带"。而输入"胶带切割器"一词查询到发明专利 2 条、实用新型 40 条，例如：

- CN 02117124.6 一种带刀片安全装置的胶带切割器；
- CN 200410019623. X 一种适用于多种内径尺寸胶带的胶带切割器。

【例题】查找"金属散热器"的专利，检索只有实用新型 4 条，为何检索量较少？

【题解】使用"散热器 and 金属"检索只有实用新型 4 条：

- CN 98213782.6 复合金属散热器；
- CN 01250857.8 窗台式装饰金属散热器；
- CN 200320106996.1 插入式外置金属散热器；
- CN 03268082.1 带微凸条的金属散热器装置。

因为在别的专利中可能使用其他下位词如铁、铜、铝表示金属。要使用"散热器 and（金属 or 合金 or 铁 or 铜 or 铝）"检索，结果有发明专利 10 400 条、实用新型 4401 条、外观专利 2161 条。

【例题】若检索水果营养的英文信息，为何输入 fruit 检索量较少？

【题解】不仅要选 fruit，也应选各种水果，如 pear（梨）、orange（橙）、plum（李子）、peach（桃）、apple（苹果）、citrus（柑橘）、pineapple（菠萝）等，检索式是 nutrition and（fruit or pear or orange or plum or peach or apple or citrus or pineapple）。反之，如检索某一种具体水果的保鲜信息，例如"苹果保鲜"，还应参考"水果保鲜"。有时可能要加用水果的拉丁文学名。

同理，营养（nutrition）元素的化学物质用其名称也要用其元素符号。例如，铜是 copper 和 Cu，氮是 Nitrogen 和 N。

10. 检索式有缺陷，限定条件过窄

【例题】类似这样的网上无效搜索："现代爱情故事歌词"、"信息早报在济南发行情况"、"羚羊车的各种图案"、"上海到成都列车时刻表"。结果信息很少？

【题解】以关键词检索时，失败的一个常见原因是不会输关键词，想要什么输什么，条件过窄。例如输入文章的全名，个别例子是词汇太专业，输入越多，查得越少。大多数情况下在网络上一次使用两个关键词搜索已经足够了，关键词与关键词之间以空格隔开。修改后的检索式是："现代爱情故事 歌词"、"信息早报 济南 发行"、"羚羊车 图案"、"上海 成都 列车 时刻表"。

【例题】课题"中秦岭发现石炭纪裂陷槽"，检索式用"（秦岭＋山西＋甘肃）＊石炭纪＊裂陷槽"从理论上说完全正确，但没有检索出一篇信息，为什么？

【题解】去掉"石炭纪"反而检索到 10 篇，原因是论文《秦岭海盆演化及"中国型盆地"》没有列出"石炭纪"关键词。

【例题】检索产品"220kV 输电线路用 400/50mm² 高强度稀土钢芯铝绞线"，如何选择检索式效率最高？

A. 钢芯铝绞线＋圆线同心绞架空导线＊稀土

B.（钢芯铝绞线＋圆线同心绞架空导线）＊稀土

C. 钢芯铝绞线＊圆线同心绞架空导线＊稀土

【题解】B 最好。检索到有关稀土钢芯铝绞线制造工艺方面的几篇文献，其检索结果很满意。

11. 误用禁用词

禁用词是指一些太常用以至没有任何检索价值的单词。为了提高检索效率，西文数据库将一些介词、冠词等作为禁用词。例如 a、the、and、of、web、home page。具体的禁用词表请单击查看各个数据库的 stopword 列表。中文里面避免使用"的、地、得、着、了、过"等无意义的禁用词。搜索引擎碰到这些词时一般都会过滤掉。

【实例】检索某外文期刊如 The journal of advanced material 刊登的论文，输入 The journal of advanced material 后，得到提示是语法错误："the" is a stop word and is not indexed。提示 the 为禁用词，未列入索引词表。of 也是禁用词。这时可用英文半角双引号""将其引起来。

【评析】如果在编制检索式时碰到禁用词，最好用位置检索算符代替或者加引号。上例加引号"The journal of advanced material"，在某些数据库可以检索。美国专利商标数据库检索单个检索词加单引号，两个以上的词加双引号，如 ' potato '、"Wheat yield"。AN/

"general motors"表示在专利权人字段 AN 检索 general motors 的专利,因 general motors 是词组,应加英文半角双引号。

10.3 影响查准率的案例

1. 分析课题缺乏精确性

【实例】西南大学一位食品专业研究生要研究生姜素的开发应用,首先用农业生物数据库 CAB 检索,输入"生姜素"的英文单词,查询到 30 多篇论文,都是基础理论方面的,例如成分分析的论文,不是关于开发应用的,没有一篇有用。

【评析】后来改查印刷本《化学文摘》,虽然烦琐,而且只检索到 3 篇,但都是相关的论文,效果十分满意。撰写论文、申请专利、申报科研立项的信息检索,一般强调查准率。如果分析课题缺乏精确性,检索概念所表达的检索范围大于课题的范围,就会误检许多无用的信息。

2. 检索工具的检索精度较差

【例题】为何有的用检索工具检索,精度较差?

【题解】权威的专利和期刊数据库的查准率较高。网络搜索引擎、其他数据库特别是中文图书数据库精度较差。

只使用一个汉字,容易检出完全不相关的专利。造成这种情况有两个原因。

(1)因为每个汉字字符都由两个 ASCII 字符组成,容易形成错位重码。

例如,"员"字的两个 ASCII 字符恰好与"对比"这个词组中"对"字的第二个 ASCII 字符和"比"字的第一个 ASCII 字符相同,于是检索一个"员"字,则专利内容中凡含有"对比"的记录全被检出。同样,检索"平"字也会检出含有"黄金"的专利来。

(2)中文字词切分法的难题。

数据库自动抽取词汇作为关键词。在西文中可通过空格来分割词汇,然后通过禁用词表来剔除无意义的词汇。但中文文本缺乏可供分词的空格,遇到了汉字切分的瓶颈,需要专门技术选择词汇。这些技术分为中文词切分法和单汉字标引法,出现了按照字或者词检索的切分方法。不同的切分方法具有不同的精度。

【例题】检索"民法"时查到含有"人民法院"的信息,检索"山东"却找到含有"华山东部"的文章。为何有这种情况?

【题解】目前自动将关键词拆分进行模糊查询的搜索引擎有 Google、雅虎、3721 等。这种搜索方式使查询结果的信息量和信息覆盖面非常大,但重复信息和无效链接较多,查询效率不高。

3. 检索词的专指度较差

【例题】405 条→5 条。有人发明了一种节水装置,该装置使用了感应器和程控电路,以期达到最佳节水效果。需要检索相关专利。如何提高查准率?

【题解】首先用"节水"检出 405 条。分析该发明是洗水槽,提炼关键词"槽式",技术关键是"程控电路"或"电子元件",总之包含一个"电"字,于是加"槽式 and 电",查出 26 条。如果用更接近该发明本质的"程控"只检出 5 条,原因就在于有些同类发明并不一定用"程控"

二字,也许用"电子电路"或"计算机控制"等词。

【例题】286 条→2 条。有人发明了一种用来在城市道路上破冰的机械,需要查找相关专利。如何提高查准率?

【题解】首先用"破冰、剁冰、除冰、清雪、铲雪、除雪"等词,因这类词杂乱不统一,试用"冰 and 雪"检索到 3000 多条,绝大部分都不相关。但又找不到一个能限制的共性词,用"破冰 or 剁冰 or 除冰 or 清雪 or 铲雪 or 除雪"检索有 286 条,再加"道路",减少到 87 条,仍然太多。发明人声明,他的发明只管破冰,不管清雪。所以加一个"冰"字进行限制,检索得到 62 条,命中范围并未缩小多少,因为在这类机械中大部分都是既管破冰又管清雪的,单纯清雪的并不多。分析该发明工作的基本原理,在技术特征中找到一个最关键的词"离心"加入检索式,只得到 2 条,恰是与该发明相关度最大的专利。

【例题】312 条→19 条。检索关于啤酒及其生产的中文专利,如何提高查准率?

【题解】啤酒"生产"的概念表达为"配制"、"生产方法"、"酿造"等关键词,首先"啤酒 酿造"命中 312 条记录,再用关键词缩小检索范围。如果要进一步检索关于"配制"的专利,在输入框输入"配制",单击"再次检索",命中 19 条记录。其中一条结果如下。

申请号: CN 00106631。

发明名称:一种花旗参啤酒及其配制方法。

【例题】检索"丝素蛋白/高分子聚合物(聚乙烯醇、壳聚糖)复合共混共聚条件与要素",如何提高检索词的专指度?

【题解】首先列出同义词:高分子聚合物 high molecular/macromolecule,polymer,聚乙烯醇 Polyvinyl alcohols/PVA,壳聚糖 chitosan,丝素蛋白 silk fibroin/fibroin protein,高分子共混膜 mixed-macromolecule membrane。

检索发现相关文献,其中《丝素蛋白膜的研究和应用进展》报道了聚乙烯醇-丝素蛋白膜和共混纤维,丝素蛋白-纤维素共混膜,以及丝素蛋白-海藻酸钠、丝素蛋白-聚丙烯酰胺、壳聚糖-丝素蛋白膜等共混膜。《丝素共混膜的结构、性能及应用研究进展》综述了丝素与其他天然或合成高分子形成的共混膜的种类、结构、性能及应用发展状况,报道了丝素/PVA 共混膜已成功地用于葡萄糖氧化酶和过氧化氢酶的固定。壳聚糖的共混膜有极高的透氧性,因而这种共混膜完全可以用于制作烧伤敷料和人工皮肤。

这表明高分子聚合物种类太多,"丝素蛋白/高分子聚合物"的专指度较低,查准率较低,必须精确确定。相关文献《丝素-壳聚糖共混膜的制备及其金属离子渗透行为的研究》提到:"采用壳聚糖(CS)对天然高分子丝素(SB)进行改性,制备了丝素-壳聚糖(SB-CS)共混膜。"因此建议换用专指度较高的"聚乙烯醇-丝素蛋白膜"和"丝素-壳聚糖(SB-CS)共混膜"检索。

检索发现丝素蛋白在外文文献里面主要用 silk fibroin 一词,比 fibroin protein 出现频率高,也许专指度较高。因此最后确定英文检索式:"silk fibroin" and (PVA or chitosan) and(mixture or "mixed-macromolecule membrane")。

4. 增加限定的字段,提高查准率

【例题】使用维普《中文科技期刊数据库》查询浙江大学高分子科学与工程系作者名为"王立"的文献。

【题解】通过同名作者查看到相似的单位有 13 个,这时就可以采用检索式"A＝王立 * S＝浙江大学高分子科学"来限制作者以得到精确的检索结果。

【例题】用搜索引擎百度检索含有研究生考试的文件的网页。

【题解】在搜索引擎百度的文本框中输入"研究生考试"查到 5 150 000 个网页；输入"研究生考试 site：edu.cn filetype：doc"，查到 2840 个网页；若使用高级检索，地区限定为重庆，检索到 58 个页面，准确度大大提高。

5. 增加检索词，提高查准率

【例题】检索课题"2003 年春夏时装展"，要得到法国巴黎的 2003 的春夏时装展的资料，排除东京的、罗马的、圣保罗的、纽约的时装展。

【题解】检索式是："2003 年春夏时装展"。

查出的结果专指度不高，"垃圾信息"太多，将检索式调整为"巴黎 2003 年 时装展"，其检索效率就要高得多。

【例题】2861 条→526 条→13 条。一种一次性的封口发明，带有自锁结构，防止在液化气钢瓶从充气站运输到用户的途中，被人偷换其中的液化气，如果偷换液化气，封口将被破坏，从而达到防止假冒伪劣的目的。需要检索相关专利。

【题解】检索时首先考虑它的应用范围，这项发明除了可以用在液化气钢瓶之外，还可以用在煤气罐上，或者统称为燃气瓶，而且也可以用于氧气瓶。为了能用最少的词一次性查全，用最广泛的共性词："气瓶"和"气罐"（"或"的关系）。结果检索出 2861 条记录，范围太大，需要进一步限制。

考虑它的功能：防盗、防偷、防伪、防假，用一个词"防"，进行二次检索，结果检出 526 条记录，还是太多。经浏览发现，其中包含许多与发明无关的专利，如"防火"、"防污"、"防爆"和"防尘"等。

再进行第三次检索，加上"盗、偷、伪、假"（"或"的关系）进行限制，共检出 13 条。这 13 条全与该发明有关，查准率和查全率都比较好。

【例题】1659 条→471 条→66 条。有人发明了一种可以用在公用浴缸上的一次性的薄膜罩，以防交叉感染。需要检索相关专利。

【题解】首先用"浴缸 or 浴盆 or 澡盆"检索出 1659 条。加"膜 or 罩 or 套"检出 471 条。最后再加"一次性"进行二次检索，得到 66 条，均与该发明有关。

10.4　兼顾查全率和查准率的案例

【例题】检索我国制糖业中工艺和装置发展情况，如何在保证查全率前提下提高查准率？

【题解】参考答案：本题首先要保证查全率，可以使用 CNKI 的跨库检索功能，同时检索期刊和学位论文数据库，如图 10-1 所示。

分类途径的查全率较高。期刊文章都提供中国图书馆分类号，检索结果中有关制糖工艺的文章提供了分类号 TS244，用《中文科技期刊数据库》的分类检索查询分类号 TS244 的含义。使用主题途径结合分类途径，调整了检索范围，如图 10-2 所示。

检索结果如图 10-3 所示，与图 10-1 的检索结果比较，检索量增加了 45 篇，查全率提高了，但是有的文章（如序号 2 和 5）的学科似乎不是与课题很相关，可以限定刊名是《中国甜菜糖业》、《甘蔗糖业》，在结果中检索，则查全率和查准率都比较理想。

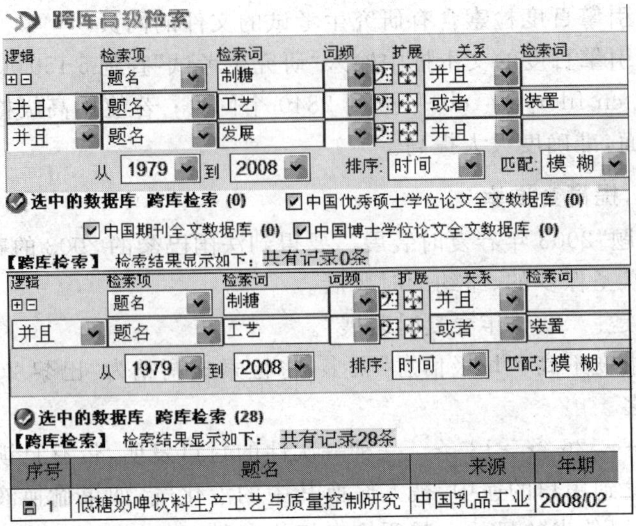

图 10-1　使用 CNKI 跨库检索结果（经过剪辑）

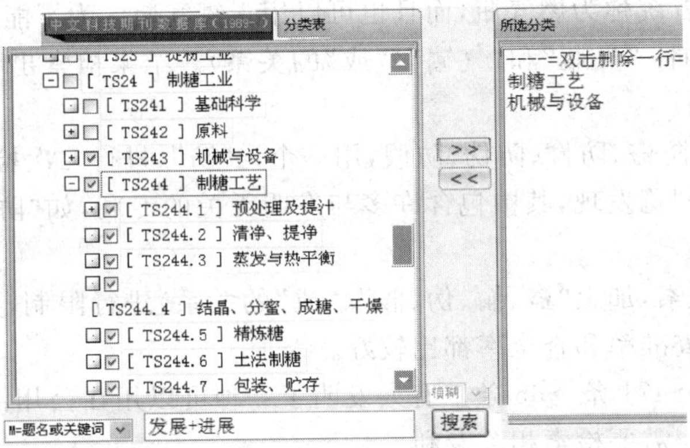

图 10-2　中国图书馆分类法的制糖工业分类结合主题检索（经过剪辑）

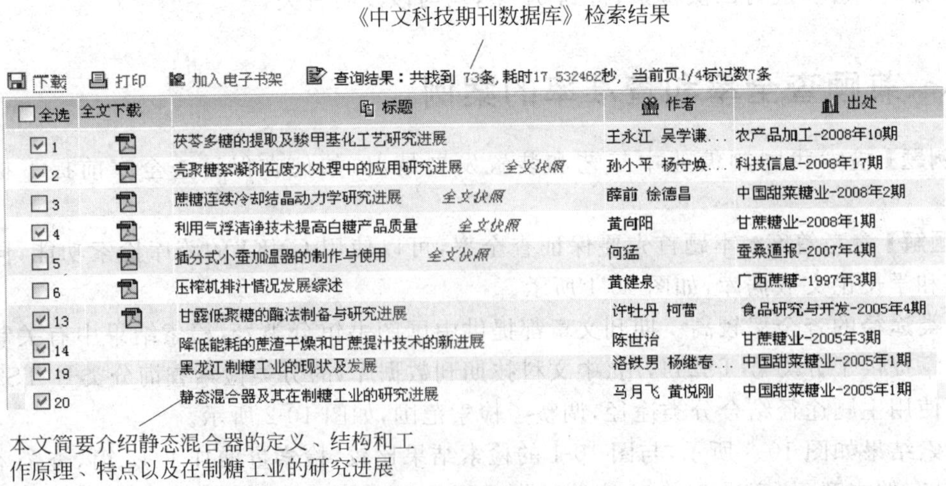

《中文科技期刊数据库》检索结果

本文简要介绍静态混合器的定义、结构和工
作原理、特点以及在制糖工业的研究进展

图 10-3　分类途径结合主题途径检索期刊的结果

本课题的技术性较强，除了检索期刊、学位论文，还要检索专利。专利名称专指度较高，不能使用与期刊文章那样比较泛指的词汇，如笼统的“制糖业工艺和装置”的说法，更不会出现“发展”或者“进展”之类的词汇，因此检索专利信息只能使用诸如“糖汁蒸发”或者“甘蔗压榨机”之类的专业词汇。如果检索者没有掌握这些词汇，则应该首先从发明名称途径试检一篇专利，找到检索结果提供的国际专利分类号 C13。根据中国国家知识产权局专利检索高级界面的“IPC 分类检索”提供的简表，进一步核实专利号的含义，如图 10-4 所示。

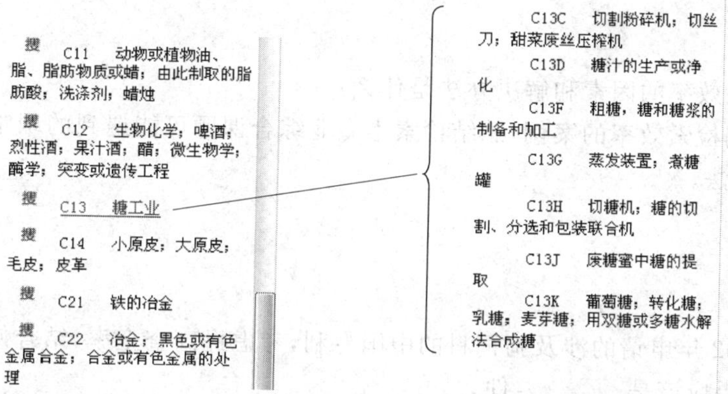

图 10-4 糖工业的国际专利分类表部类简表(经过剪辑)

确认无误后，使用分类号结合发明名称途径，检索结果显示专利名称用词很专业，虽然字面上不是“制糖业”，却归入国际专利分类号 C13 类目。因此，查全率和查准率都得到兼顾，如图 10-5 所示。

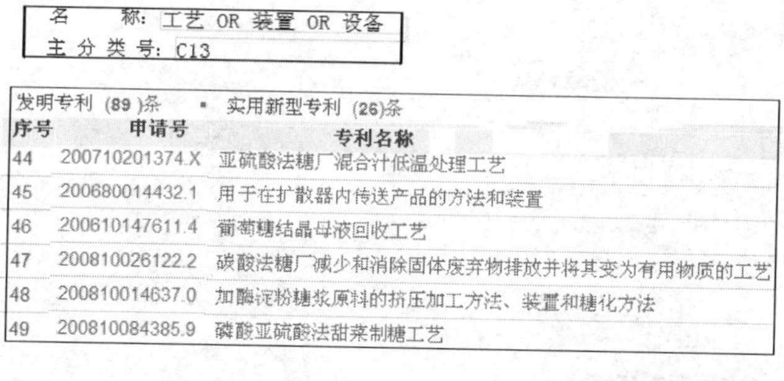
名 称：工艺 OR 装置 OR 设备
主分类号：C13

发明专利 (89)条 · 实用新型专利 (26)条

序号	申请号	专利名称
44	200710201374.X	亚硫酸法糖厂混合汁低温处理工艺
45	200680014432.1	用于在扩散器内传送产品的方法和装置
46	200610147611.4	葡萄糖结晶母液回收工艺
47	200810026122.2	碳酸法糖厂减少和消除固体废弃物排放并将其变为有用物质的工艺
48	200810014637.0	加酶淀粉糖浆原料的挤压加工方法、装置和糖化方法
49	200810084385.9	磷酸亚硫酸法甜菜制糖工艺

图 10-5 中国国家知识产权局专利检索结果(经过剪辑)

不同的检索者对于本课题可能筛选不同的检索结果。假设一位本科生即使只阅读一篇期刊的综述文章，也觉得学到了不少知识，他可能认为这一篇文章就满足了查全率和查准率。而一位研究生研究具体的工艺和装置，不满足于泛泛而谈的文章，更需要具体的技术性的文章或者学位论文，因此觉得这篇综述满足不了查准率。因此不同的检索者最关心的检索效率也不一致，习惯使用的检索式及其查全率和查准率也可以有不同的标准，如表 10-3 所示。

表 10-3　不同检索者要求的检索效率

检索者	检索目的	最关心的检索效率	首选信息类型	选用检索式
本科生	了解常识	查全率	图书或者期刊	图 10-1
研究生	查资料写论文	查准率	期刊或者学位论文	图 10-1、图 10-2
糖厂工程师	申请专利，检索同类专利	查准率	专利	图 10-5
糖厂投资者	比较不同的投资项目	查全率	专利	图 10-5

思考题

1. 影响检索效率的因素和解决办法是什么？

2. 结合影响检索效率的案例，总结检索本专业综合课题可能遇到的困难。争取找出提高检索效率的方法。

综合实习题

1. 检索 2002 年申请的涉及狗饲料的中国专利，考虑提高查全率，结合使用 IPC 分类检索途径，检索结果应该是_____件。

A. 4　　B. 3　　C. 6　　D. 7　　E. 9　　F. 10

2. 以第 2～第 10 章的例题和案例为题，比较从不同检索途径检索的效果，争取兼顾查全率和查准率。

第11章
信息的分析利用

对于大学生而言,信息的分析利用的主要目的是撰写毕业论文,寻找学术和研究的空隙进行研究,提炼新知识进行创新,学会适应现代社会的竞争压力,初步进行竞争情报分析。本章要求了解专利情报分析、竞争情报分析的方法。

11.1　基本知识

美国海军高级情报分析员埃利斯·扎卡利亚斯说,情报的 95％来自公开资料,4％来自半公开资料,仅 1％或更少来自机密资料。这说明公开出版物是竞争情报的主要来源,其中隐含着有价值的竞争情报。查阅企业名录比实地调研更方便、更经济;行业年鉴和地区年鉴是获得统计资料、同行业企业动态和专家分析评估的来源,我国许多地区行业的产品信息和统计信息是以年鉴的形式出版的。除了企业名录、年鉴、报刊、技术标准、专利文献等出版物外,还有一些公开的资料,如资讯报告、政府各管理机构对外公开的档案、政府文件等。标准文献是以先进科学技术为基础而制定的,是公认的高质量技术文献,利用各类标准能够大大提高劳动生产率。尤其是国际市场广泛认可的标准资料,可使外销产品同国际接轨。利用专利信息可以迅速掌握最新的技术,避免科研重复,节约物力财力。在利用专利的同时,企业也可将发明创造与技术革新成果置于专利法的保护之下。专利是一种隐蔽性的贸易保护措施,更可为本企业专利产品占有国际市场提供保障。

报纸是搜集环境信息的重要来源,但报纸数量庞大,材料分散,信息分布零乱。有效利用报纸信息的途径是利用剪报业服务。日、美等国的剪报机构多达数百家,成为企业竞争的有力助手。

企业的广告、年度报告、财务汇报、企业刊物、法庭调查,企业同政府、金融、环保、卫生、劳动保护机构交往的资料以及当地报刊、专利文献、产品文献、招聘广告、会议资料等都有潜在的价值。广告是竞争对手市场研究的结果,其篇幅、用语、价格、优惠、用户对象等体现了宣传者的市场目标和战略;年度报告和财务汇报是了解企业经营状况和效益的晴雨表。宣布获得专利并不一定表明竞争对手的重点已经转移到产品开发中来,往往只是一种定位战略,是企业发展方向的指示器。产品文献(产品目录、单项产品样本、产品说明书、企业介绍)是了解竞争对手定型产品的型号、技术规格、原理性能、技术参数的技术信息源,有的样本还提供了诸如产地、质量、性能、售后服务、销售代理商地址、产品销售能力和市场业绩,成为重要的商贸资源。样本资源为用户提供了大量有关产品生产与流通的信息,是有关产品贸易机会的一个重要情报源,也是独特的产品外观造型情报源,是一种科学、简明、内涵丰富、工艺成熟的技术情报源。各种竞相宣传新成果新技术的鉴定会、订货会、交易会、展览会也是从实物文献和口头信息中获取竞争情报的极好机会。

大学生更应该学会利用各类信息，至少要学会利用文献撰写文献综述、开题报告、毕业论文，进行专利情报分析或者期刊论文统计分析，今后求职还要掌握竞争情报分析法。

11.2 专利情报分析

11.2.1 专利情报分析的意义

为避免潜在专利纠纷或为了利用专利文献中已成为公知公有技术的部分成果，必须分析利用专利情报中有关的专利项，如通信领域的著名企业深圳华为公司特别注意分析专利权人、专利申请日期、专利批准日期、专利有效期等。

【案例】不与对手重复建设、重复研究开发。

例如天津阀门厂通过检索专利文献，发现同行业某大企业申请了一项专利，与自己正在开发的产品类似，为了避免专利侵权纠纷，决定暂停该产品的研制，但是密切跟踪技术发展，蓄势而发，后来取得突破性进展，适时提出专利申请，一举成功，该产品为企业盈利 40 多万。

【案例】不注意专利情报，机械钟表业败给电子石英钟表。

1970 年原联邦德国公开了第一件电子表的专利，1971 年又出现了液晶显示产品的专利申请。电子石英钟表技术是瑞士率先发明，却没有申请专利，被日本人申请了专利。1975 年以后传统的机械钟表行业受到电子石英钟表的冲击，许多企业忽略了这一专利情报，遭受巨大的经济损失。

特别要利用免费的专利技术信息。

（1）巧用尚未授权的待批准专利技术。一般等待批准期间该专利申请不受法律的正式保护，若企业善于对这部分专利的技术进行分析利用，在不侵权的前提下利用最新技术得到启发，开发出自己的产品，抢先占领市场，又可免付专利许可使用费。

（2）利用刚失去有效期，但其专利技术内容仍有开发价值的专利技术。因为专利有效期是预先设定的，与实际应用情况不一定完全一致。日本通过这种方式利用美国专利，尝到了不少甜头。美国专利商标局公布了过期失效的专利（expired patent），可以利用。国内一些专利信息网站也推荐失效专利数据库。但是必须注意美国专利公报有提前失效以及申请延期的专利，对申请延期的专利不能侵权。

国内某企业曾经引进英国波尔金顿公司生产玻璃的系列专利技术 137 项，检索发现其中 51 项技术已经超过专利保护期，成为失效专利，任何人都可以无偿使用，将英国公司原来的技术使用费由 2500 多万英镑降到 52.5 多万英镑。

（3）利用没有在中国或者贸易国家申请专利的外国专利。

【案例】南京某厂看到一份有关降落伞的美国专利说明书，打算批量生产出口。考虑到侵犯专利权问题，检索发现该发明未在美国以外的国家申请专利。因为专利权有地域限制，该厂不仅可以利用其技术进行生产，还可以选择美国以外的一些地区出口该产品。

11.2.2 专利情报分析的方法

专利情报分析的方法有定量分析和定性分析两种。许多定量分析可以借助相应的软件来完成,如美国 SPSS 公司的软件、我国的汉之光华专利网(www.iprtop.com)的专利分析管理软件(有免费版)、中国国家知识产权局提供的专利信息分析系统等。也可以使用 Excel 统计专利文献数量,排序统计进行定量分析,然后进行定性的分析,例如对比、联想。

1. 定量分析

通过计量分析某个分类的文献统计参数,便可对某技术领域发展的不同阶段进行度量。专利文献的统计参数使用比较广泛,简介如下。

技术成长率 v: $v=a/A$。其中,a 为当年某分类的发明专利申请(公布)数量,A 为追溯 5 年的该分类发明专利申请(公布)累积数量。连续计算数年,若 v 值递增,说明该分类代表的技术正在萌芽或生长阶段。

技术成熟系数 α: $\alpha=a/(a+b)$。其中,a 同上,b 为当年实用新型专利申请(公布)数量。连续计算数年,若 α 值递减,反映技术日趋成熟。

技术衰老系数 β: $\beta=(a+b)/(a+b+c)$。其中,a、b 同上,c 为当年外观设计专利或商标申请(公布)数量。连续计算数年,若 β 值变小,预示该技术日渐陈旧。

新技术特征系数 n: $n=\sqrt{v^2+\alpha^2}$。其中,v 为技术成长率,α 为技术成熟系数。是反映某项技术新兴或衰老的综合指标。n 值越大,新技术特征越强,预示它越具有发展潜力。

专利文献的定量分析还可以看出某一领域技术的发展过程。国外有人把专利技术的发展过程分 4 个阶段。

(1) 萌芽阶段——重要基本发明的诞生,如高清晰度电视在 1994 年就处于萌芽阶段。

(2) 生长阶段——基本发明向纵向发展和横向转移,其应用发明专利逐渐遍及各相关领域。

(3) 成熟阶段——技术趋于成熟,一般改良发明专利和实用新型专利大量涌现。

(4) 衰老阶段——技术日显陈旧,发明专利和实用新型专利量逐渐减少,而外观设计和商标的申请量却相对升高,如目前电话机的专利申请最具有代表性。

专利文献的曲线图反映以下规律。

(1) 低-高-平-低:预示夕阳工业,即使产品目前畅销,但技术性能正在更新换代或被淘汰。

(2) 零-高-飙升:预示新型朝阳产业,如计算机和网络产品。

(3) 平-低-低-高-再高:预示产业结构调整、产品处于转折点,如普通彩电-模拟高清晰度彩电-数字式高清晰度电视机-信息家电的申请量曲线图。

【实例】我国电动汽车的产业战略制定前的专利分析。

为了较为全面、科学地采集和分析世界主要国家和地区电动汽车技术的专利信息申请情况,选择了中国、美国、日本和欧盟专利数据库从 1982 年至 2002 年已公开的数据,并以此作为数据采集的信息来源,信息源包括发明专利,实用新型专利和外观设计等。

在进行数据采集时,采用了尽可能反映电动汽车关键技术的检索策略,并主要选取了以下中、英文主题词:

直流电机　DC motor;	交流电机　AC motor;
无刷电磁电机　brushless magnet motor;	永磁电机　permanent magnet motor;
同步电机　synchronous motor;	开关磁阻电机　switching reluctance motor;
感应电机　induction motor;	电池电量　battery charge;
燃料电池　Fuel cell;	锂离子电池　lithium-ion battery;

镍氢电池　nickel metal hydride battery；

飞轮电池　flywheel/kinetic energy
storage flywheel/flywheel energy system；

铅锌蓄电池　Pb-Zn accumulator；

阀控式高能铅酸电池　tap control high
energy PB acid battery；

太阳能蓄电池　sun energy accumulator；

混合控制策略　hybrid control strategy；

控制系统　control system；

控制器　controller；

串联复合驱动　series combine drive；

电机控制方式　motor control way；

换流控制　switch current control；

动力系　power-train；

动力辅助单元　APU(alternative power
unit)，即电动车中发动机；

CAN 总线　CAN bus；

计算机控制点火系统　computer controlled ignition system；

通信　communication。

锂铝二硫化铁电池　NiAL-FeS2 battery；

密封式铅蓄电池　airproof Pb accumulator；

控制策略　control strategy；

模糊控制　fussy logic；

传动系统　power train；

转换器　inverter；

并联复合驱动　parallel combine drive；

切换电压控制　switch voltage control；

电子控制　electronical control；

充电系统　charging system；

从 1982 年至 2002 年已公开的数据库中所检索到的中国、美国、日本和欧盟等国家和地区的专利申请数据可以非常清楚地看出，美国、日本和欧盟是电动汽车技术专利申请最为活跃的国家和地区。

美国申请的专利数目为 6457 件，占总数的 38.2%，欧盟申请的专利数目为 4076 件，占总数的 24.1%，日本申请的专利数目为 5597，占总数的 33.2%，中国申请的专利数目为 736件，占总数的 4.5%。根据专利申请数目与投入，以及所占的比例的关系来分析，美国、日本以及欧盟在电动汽车技术领域的投资，肯定是很大的，并掌握了大量的技术和专利申请，这3 个国家及地区的专利申请项目占 95.5%，可以说，基本上垄断了电动汽车技术市场，而中国仅占 4.5%。这在一定程度上说明我们在电动汽车技术专利方面的投入是不足的，应当引起高度的重视。电动汽车技术专利在中国的申请概况表明北京在这个领域处于领先地位，一共 65 项，占总数的 8.97%；中西部处于薄弱环节，跟这些地区的经济基础和技术发展有关。

【例题】分析数码相机的中国专利申请。

【题解】进入中国国家知识产权局网站，在专利检索数据库检索关键词：摘要中包含"数码%相机 or 数码%照相机 or 数字%相机 or 数字%照相机 or 电子%照相机 or 电子%相机 or CCD or CMOS or 存储卡 or 记忆棒 or XD 卡 or CF 卡 or SM 卡 or 图像传感器"。检索结果整理成为数码相机中国专利申请年代分布曲线，如图 11-1 所示。

从上述曲线可以看出数码相机专利申请量在 1998 年以后增长迅速，特别 2000 年以后逐年递增幅度较大（2003 年申请量呈下降趋势是由于专利公开的滞后），从该曲线初步可以判断数码相机相关技术和产品现在处于生长成熟阶段，市场份额也将会快速增长。

对于技术含量较高的发明专利国内外申请分布看出关于数码相机领域的发明专利

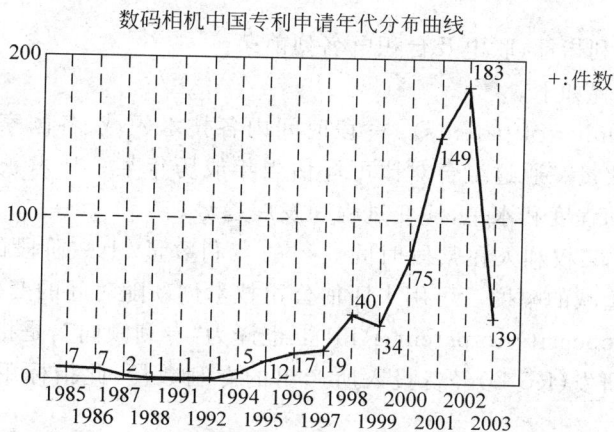

图 11-1　数码相机的中国专利申请年代分布曲线图

75％是外国在中国申请的,国内申请只占近 25％,中国在该领域属于弱势国家。

但同时也可以看出中国数码相机市场前景良好,外国很注重中国市场,他们花费高额费用在中国申请专利,目的是抢占中国市场,在中国展开竞争。

【实例】纳米碳管的专利分布地图局部。

图 11-2 上标识的小点代表各项专利。将关联性强的专利放在一起,并将它们的密度以海拔的形式标识,绘制成一幅地图。山和岛屿的形状是根据分析结果制作出来的,方位并没有多少意义,重要的在于海拔的高度和它们之间的距离关系。图 11-2 所示包含约 3000 项世界公开专利的

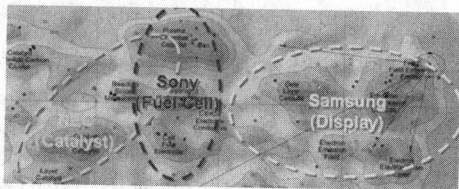

图 11-2　纳米碳管的专利分布地图局部

炭精电极纳米电子管的专利。可以看出:NEC 公司形成了有关催化剂的"专利山脉";索尼公司在燃料电池上,三星公司在显示器上均使用了许多有关联的专利。

强势国家的优势技术分布主要分布在图像传感器、存储卡、CMOS 等,强势国家的优势技术通常代表本领域内最新技术发展趋势,如图 11-2 所示。

【例题】台湾省"元勤科技"对台湾 IC 制造公司的专利指标分析案例。

【题解】

(1) 专利情报源:美国专利商标局(www.uspto.gov)、证券期货基金会网站(www.sfi.org.tw)。分析日:12/31/2001。

(2) 分析结果:如表 11-1 所示。

表 11-1　分析结果表

公司名称	专利数量	专利成长率	专利效率	引证指数	技术生命周期	科学关联性
联电	1989	35	253	3.9	4.1	0.32
台积电	1642	37	155	4.6	4.8	0.35
世界先进	550	−14	122	5.5	5.2	0.40
华邦电子	470	4	45	2.5	5.7	0.36
茂矽	277	1	33	2.0	4.5	0.33
旺宏	156	22	11	5.5	4.4	1.54

综合以上 6 项专利指标，联电及台积电名列前茅。

上述指标含义略释如下。

- 专利数量（number of patents）：一段时间内各技术领域、各国家、各公司、个人的所获得的专利数量。通过组合对比可评估当年或历年某一技术领域、国家、公司或个人的技术活动程度和水平，演变过程和发展趋势。

- 专利成长率：某权利人在某段时间获得的专利数量/上一阶段的专利数量，计算当前较前阶段增减的幅度。可用来评估公司技术创新随时间的变化是增加还是迟缓。

- 专利效率（propensity to patent，PTP）：也译为"专利倾向"，是指一预定时间内一企业每百万元研发（R&D）经费投入所产出的专利数量，此指标用来评估专利产出的成本效率。

- 引证指数（citations impact index，CII）：某专利被后继专利引用的绝对总次数。引证率可分为自我引证率和被（外界）引证率。自我引证率描述后续专利引用自身专利的情况，引证率越高说明研发的自主性越强，被引率越高说明该项技术的科技含量越高。引证前人被称作 backward citations（references）。引证次数高，代表该技术属于基础性或领先技术，处于核心技术或位于技术交叉点。利用专利引用数据可以得出比直接使用专利数量更为复杂的定量和定性指标，来研究行业间的技术联系和特定技术领域的相关性（用被引用数量对公布专利数量的比值）。根据引用情况揭示的专利之间的联系，可以跟踪对应于不同技术的专利网络，发现处于不同技术交叉点上的专利。从商业角度看，还可以顺藤摸瓜，找到同类研究者，然后决定或者合作，或者挖走为我所用。IBM 公司的一项 1994 年授权的美国专利"Patent No. 5，278，955 Issued 1994"，引用了 1985—1992 年间的 9 项美国专利、5 项外国专利、6 篇其他参考文献包括 3 篇科技论文，1995—1998 年间又被 6 项美国专利引用，这 6 篇称之为 forward citations。

- 技术生命周期（technology cycle time，TCT）：企业专利所引证专利之专利年龄的中位数，就是文件扉页中所引证专利技术年龄的平均数，通俗地说就是最新专利和最早专利之间的一段时间。可以来评估企业创新的速度或科技演化速度。

- 科学关联性（science linkage，SL）：某公司专利平均所引证的科研学术论文或研究报告数量。可用来评估某专利技术创新和科学研究关系。引用的科学文献越多，技术与科学之间的联系越密切；被引用的科学文献发表时间与专利批准时间之间的平均时差越短，技术与科学之间的联系越密切；引证刊物发表的基础研究成果越多，专利所依赖的科学知识越具基础性。

2. 定性分析

定性分析也称技术分析，是以专利的技术内容或专利的"质"来识别专利，并按技术特征来归并有关专利使其有序化。这和统计分析仅依靠专利文献外表特征是有很大区别的。

专利的定量分析与定性分析，前者是通过量的变化，后者是通过内在质的变化来反映技术的发展状况与发展趋势。两者既有区别，又存在必然的联系。量的分类需要根据质，质的体现又要通过量。因此在实际工作中，将两者配合使用会获得更好的效果。

【实例】美国一家专利情报研究所曾对专利文献的参考文献进行专门研究，其中一个情报选题是：对日本 4 家最主要的彩色显像管公司所拥有的专利文献的引文的时差作定量分析。结果发现东芝公司的专利引文的平均时差年数约是索尼公司的 4 倍以上,因此该研究所认定,索尼公司比东芝公司更善于采纳最新技术,有了最新技术的支持,索尼公司将会更迅速地开发新产品,从而占据市场先导地位。从一般意义来讲,如果一家公司平均的专利引文年代比另一家公司久远,则预示后一家公司的技术基础更先进。

【实例】 20 世纪 80 年代进行过一项全球硫化钠电池产业的专利分析,通过对 1966—1982 年间 284 件相关专利进行统计、组合、分析,统计出各公司专利申请的领域及专利的技术价值。结果发现,在技术竞争分析中,Ford、GE、Chloride Silent Power 3 个企业在电解质、外观设计领域申请的专利数量最多且平均被引用率相对较高,因而它们在这两个领域中技术竞争实力相对较强,是市场的主导;在进行新风险评估中,发现 Ford 与 Chloride Silent Power 两家企业间存在着技术优势的互补性,因而两家公司可以通过合作如联合风险开发等来取长补短,从而减少投资风险、增强自身竞争实力;同时分析发现 GE 公司 1982 年后退出了该技术领域,可将其相应的专利技术进行转让,相关企业可与 GE 公司协商来收购其有价值的专利技术。

【例题】 通过专利信息统计研究纳米技术的技术源流和体系。

【题解】

1. 统计国际专利分类表与纳米技术有关的分类号

(1) 相关国际专利分类号及其类目如下。

A　　　　　　　人类生活必需

A61　　　　　　医学或兽医学,卫生学

A61K　　　　　医用、牙科用或化妆用之配制品

A61K009/00　　以特殊物理形态为特征的医药配制品(核磁共振造影剂或磁共振成像造影剂见 49/18,含有放射性物质之配制品见 51/12)

A61K009/48　　胶囊制剂,例如用明胶,巧克力制造者 [2](注:第 2 版增加的号码)

A61K009/50　　微型胶囊(9/52 优先)[2]

A61K009/51　　纳米胶囊 [5](注:第 5 版增加的号码)

(2) 国际专利分类表第 7 版(2000 年)涉及微型结构技术的分类号及其类目如下。

B81:Micro-structural technology

B81B:Micro-structural device or systems,e. g. micro-mechanical devices

B81B 1/00:Devices without movable or flexible elements,e. g. micro-capillary device

B81B 3/00:Devices comprising flexible or deformable elements,e. g. comprising elastic tongues or membranes

B81B 5/00:Devices comprising elements which are movable in relation to each other, e. g. comprising slidable or rotatable elements

B81B 7/00:Micro-structural systems

B81B 7/02:Containing distinct electrical or optical devices of particular relevance for their function,e. g. micro-electro-mechanical systems (MEMS)

B81B 7/04:Networks or arrays of similar micro-structural devices

B81C:Processes or apparatus specially adapted for the manufacture or treatment of microstructural devices or systems

B81C 1/00：Manufacture or treatment of devices or systems in or on a substrate

B81C 3/00：Assembling of devices or systems from individually processed components

B81C 5/00：Processes or apparatus not provided for in groups 1/00 or 3/00

（3）国际专利分类表第 7 版（2000 年）直接描述纳米技术的部分分类号及其类目如下。

B82：Nano-technology[7]（纳米技术）

B82B：Nano-structures；manufacture or treatment thereof[7]（纳米结构材料）

B82B 1/00：Nano-structures

B82B 3/00：Manufacture or treatment of nano-structures

⋮

G01N13/10：Investigating or analysing surface structures in atomic ranges using scanning-probe techniques

2．结果分析

从专利版本号对应的时间可以看出纳米技术的产生和发展历程。分类表第 2 版（1974年 7 月 1 日）增加了胶囊制剂与微型胶囊的类目，1990 年（第 5 版）有了纳米胶囊技术，2000年（第 7 版）有了纳米技术专利。从专利号统计结果看出纳米技术的体系主要包含在 B82类（NANO-TECHNOLOGY），还包括相关的 G01N13/10 类的 SPM（以扫描探针显微镜进行表面分析）、G12B21/00 类的 SPM 设备、B81 类的微机电子元件与微结构元件。

11.3 竞争情报分析

将零星的信息汇集、归纳、还原，进而得出完整的原始的数据。其中最有现实意义的是对竞争对手的商业秘密进行合法的"反向分析工程"，即通过对公开出售的文献信息或者其他合法渠道取得的产品进行解剖、分析，从局部到整体，或者从整体到部分再到整体进行综合，获得关于构造、成分、制造方法和工艺等商业秘密，甚至可以分析出其他商业秘密，如图纸、软件、设计、客户名单、供货商名单、价格表、成本核算表、会计方法、市场研究报告、营销策略、人才培训、企业情报系统等。通过各种方法跟踪收集客观的、行业的经济情报信息、用户和竞争对手信息、建立潜在用户和竞争对手档案，经过动态分析后优选出自己的竞争策略。

1．定量分析

其中最简单的方法就是用文献计量分析法直接确定本行业或者其他行业效益最好的企业作为竞争对手。文献计量分析是对专利、期刊为主的文献对载文量、载文专业分布、地区分布、基金资助、引文、著者、合作及其类型等方面进行统计分析和比较，也包括一项核心的基本专利被后续的外围专利引用次数的统计分析。目的在于掌握论文及作者的规律和特征，了解某一专业、某一地区的学术水平和科研能力，了解研究现状，确定谁是竞争者。

【例题】分析我国纺织行业最著名的大学（机构）、科学家、核心论文，推测行业研究的热点，特别是发现研究较多的纤维。

打开维普公司（www.cqvip.com）主页的栏目——中国科学家门户≫纺织，阅读科学家论文被引用的次数排行榜：宋心远 64、陈荣圻 47、于伟东 40、范雪荣 38、高卫东 37、何中琴 34、陈水林 32、张建春 32、陈国强 28、程隆棣 26。

说明上述 10 位作者是该领域的核心作者，具有很强的研究能力，可能互为竞争对手，也可能合作,宋心远是领军人物。

接着单击"学术机构评价>>纺织",阅读纺织行业机构发表的论文被引用的次数列表:东华大学 1237、西安工程科技学院 548、苏州大学 498、中国纺织大学 436、天津工业大学 307、浙江工程学院 293、江南大学 267、青岛大学 237、武汉科技学院 185、北京服装学院 164。

说明东华大学是实力最强的学校,其竞争对手是西安工程科技学院。也说明东南沿海一带纺织科技发达。单击"东华大学"链接,阅读被引用信息,如图 11-3 所示。

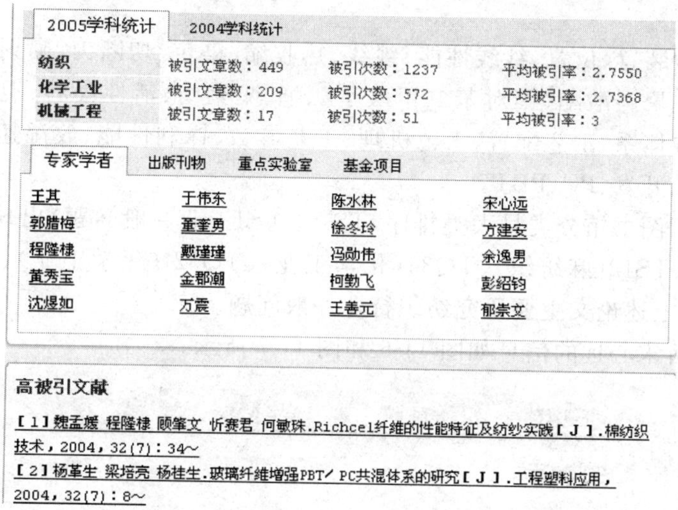

2005学科统计	2004学科统计		
纺织	被引文章数:449	被引次数:1237	平均被引率:2.7550
化学工业	被引文章数:209	被引次数:572	平均被引率:2.7368
机械工程	被引文章数:17	被引次数:51	平均被引率:3

专家学者	出版刊物	重点实验室	基金项目
王其	于伟东	陈水林	宋心远
郭腊梅	董奎勇	徐冬玲	方建安
程隆棣	戴瑾瑾	冯勋伟	余逸男
黄秀宝	金耶潮	柯勤飞	彭绍钧
沈煜如	万震	王善元	郁崇文

高被引文献
【1】魏孟媛 程隆棣 顾笔文 忻寨君 何敏珠.Richcel纤维的性能特征及纺纱实践【J】.棉纺织技术,2004,32(7):34～
【2】杨革生 梁培亮 杨桂生.玻璃纤维增强PBT／PC共混体系的研究【J】.工程塑料应用,2004,32(7):8～

图 11-3　东华大学发表的中文期刊论文被引用情况

单击第一篇文献链接,阅读论文摘要,主要统计关键词和被引次数,如图 11-4 所示。

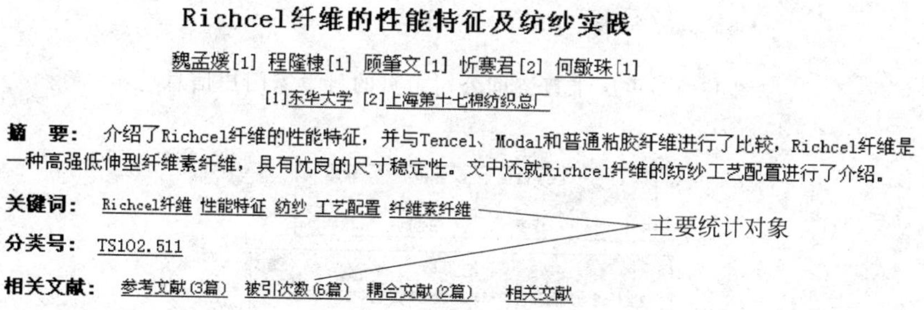

Richcel纤维的性能特征及纺纱实践

魏孟媛[1]　程隆棣[1]　顾笔文[1]　忻寨君[2]　何敏珠[1]

[1]东华大学　[2]上海第十七棉纺织总厂

摘　要:　介绍了Richcel纤维的性能特征,并与Tencel、Modal和普通粘胶纤维进行了比较,Richcel纤维是一种高强低伸型纤维素纤维,具有优良的尺寸稳定性。文中还就Richcel纤维的纺纱工艺配置进行了介绍。

关键词:　Richcel纤维 性能特征 纺纱 工艺配置 纤维素纤维　　　　→ 主要统计对象

分类号:　TS102.511

相关文献:　参考文献(3篇)　被引次数(6篇)　耦合文献(2篇)　相关文献

图 11-4　期刊论文数据

将前 10 篇高度被引用的论文的关键词、分类号、被引用次数统计排序(如图 11-5 所示),结果如下。统计了 48 个关键词,去掉出现 2 次的关键词"优化",实际有 47 个关键词。含有"纤维"一词的关键词 8 个,分别是竹纤维、粘胶纤维、化学纤维、涤纶纤维、大豆纤维、玻璃纤维、Richcel 纤维、纤维素纤维;论文按照被引用次数排序,是第 1 篇和第 8 篇最多,各 6 次,其他一般是 4 次;第一篇论文的第一个关键词是"Richcel 纤维",第 8 篇论文的关键词含有"竹纤维",因此推测这两种纤维是研究的热点。

其余关键词是:酯交换抑制剂、增强、匀染性能、优化、性能特征、吸湿性、吸湿速率、吸

1	论文序号	关键词	被引次数	关键词	词频
2	8	竹纤维	6	酯交换抑制剂	1
3	8	吸湿性	6	增强	1
4	8	吸湿速率	6	匀染性能	1
5	8	含湿平衡	6	优化	2
6	8	放湿速率	6	性能特征	1
7	1	性能特征	6	纤维	9
8	1	纤维素	6	吸湿性	1
9	1	纤维	6	吸湿速率	1
10	1	工艺配置	6	吸气槽聚型集聚纺纱装置	1

图 11-5　被引论文关键词统计

气槽聚型集聚纺纱装置、位置、纱线性能、纱线、热收缩、染色、切断刀、喷射孔、喷气纺纱、酶脱胶、抗冲改性剂、聚碳酸酯、聚对苯二甲酸丁二酯、集聚纺、活性染料、混纺、红麻、含湿平衡、固着速率、共混体系、工艺配置、工艺机理、工艺参数、锋利性能、放湿速率、纺纱、低强高伸、弹性变形、产品开发、PC、PBT。

然后按照中国图书馆分类号大类排序，TS10（纺织工业一般问题）出现 5 次，最多，其余 TS19（染整工业）、TS12（麻纺织）、TQ34（化学工业）、TQ32（化学工业）、TS15（化纤纺织）各出现一次，说明上述论文主要研究纺织行业一般问题。

接着检索分析宋心远的信息如图 11-6 和图 11-7 所示。

详细资料　全部作品　合著作者

宋心远

所在的机构： 东华大学 | 发文量：161（全部作品） | 被引次数：41

主要研究方向： 纺织品染整、多组分纤维染色、新型助剂开发

社会关系、社会职务： 全国染料学会理事

全国纺织工程学会染整专业委员会委员

上海市印染学会委员

图 11-6　重庆维普咨询公司主页的科学家门户信息

K=关键词　纺织　模糊

并且　A=作者　宋心远　精确

标题	作者
纤维素纤维纺织品活性染料轧染理论和工艺（二）	宋心远
纤维素纤维纺织品活性染料轧染理论和工艺（一）	宋心远

弹性纤维的结构、弹性及其纺织品染整（一）

宋心远

（东华大学，上海 200051）

摘　要： 较系统地介绍了各类弹性纤维的结构和类别，分析了弹性机理和特征，重点探讨纤维纺织品的染整要点，包括纺织品的存放、松弛处理、精练、热定形、染色加工要点和PTT/棉纤维纺织品的分散/活性染料一浴法染色作了深入的探讨。

关键词： 染整；纺织品；弹性纤维

图 11-7　检索宋心远的期刊论文

　　从检索的结果看出,宋心远主要研究纺织品染整,如果对纺织品染色有兴趣的本科生可以报考他的研究生。进一步还可以使用CNKI翻译助手。查询单词的学术定义,包括同义词或者近义词,文献总量近年的变化情况,主要的被引用文献,如图11-8所示。对于数据充足,足以制作统计图的词汇(如"竹纤维"),使用学术趋势功能查看折线图,如图11-9所示。

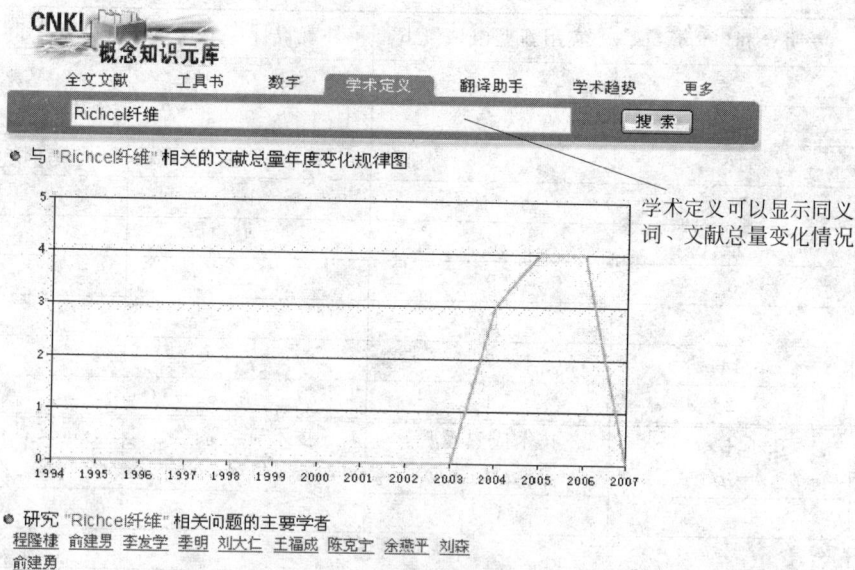

图 11-8　使用 CNKI 翻译助手查询学术定义

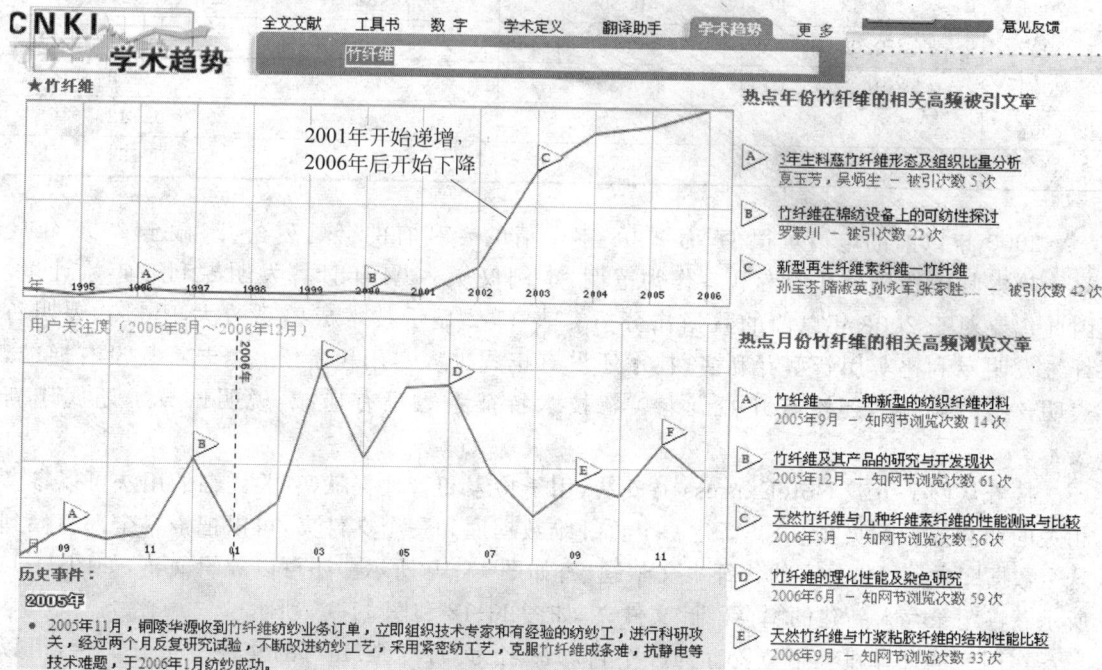

图 11-9　竹纤维的学术趋势

　　然后通过中国国家知识产权局检索中国专利。在发明名称输入纤维名称，没有关于 Richcel 纤维的专利，而竹纤维的专利较多，统计截至 2008 年 12 月 24 日申请量和计算专利系数如表 11-2 所示。

表 11-2　2000 年至 2008 年竹纤维专利申请量和技术系数

年　份	发明专利申请量 a	实用新型申请量 b	外观设计申请量 c	
2000	2	0	0	
2001	5	3	0	
2002	10	2	1	
2003	7	1	0	
2004	12	2	3	
2005	3	9	3	
2006	8	13	5	
2007	14	7	5	
2008	3	1	0	
年　份	技术生长率 $v=a/A$	技术成熟系数 $\alpha=a/(a+b)$	技术衰老系数 $\beta=(a+b)/(a+b+c)$	新技术特征系数 $n=\sqrt{v^2+\alpha^2}$
2000			1	
2001			1	
2002			0.92	
2003			1	
2004	0.33	0.86	0.82	0.9211
2005	0.08	0.25	0.8	0.2625
2006	0.2	0.38	0.8	0.4294
2007	0.32	0.67	0.8	0.7425
2008	0.08	0.75	1	0.7543

　　2000 年以前的申请量很少，而 2008 年申请的专利有的会延迟公开，截至 2008 年底只能检索其中较早公开的专利。作为范例，本例仅从 2004 年计算发明专利 5 年累计量。因此主要对于 2008 年以前的数据作分析。表 11-2 显示技术成熟系数大于 0.5，表明竹纤维发明专利比实用新型专利多，技术还没有正式进入实用化阶段；衰老系数没有递减，表明该类专利技术还没有开始衰老。新技术特征系数没有递减，说明该技术还属于新技术。

　　接着从网上下载 NoteExpress 并安装，用于检索和管理文献（有关详细的用法可以参考相关的期刊或者网页文章）。新建一个竹纤维数据库和一个文件夹，可以把资料全部存储到这个数据库中。检索外文的竹纤维文献题录，如图 11-10 所示。还可以编辑文本，如图 11-11 所示。将题录存入新建的"竹纤维"文件夹，如图 11-12 和图 11-13 所示。

　　在用户的计算机某个位置存为一个自动命名为"竹纤维.nel"的文件。打开文件，可以看到题录，作为用户个人选择的竹纤维文献的数据库，如图 11-13 所示。

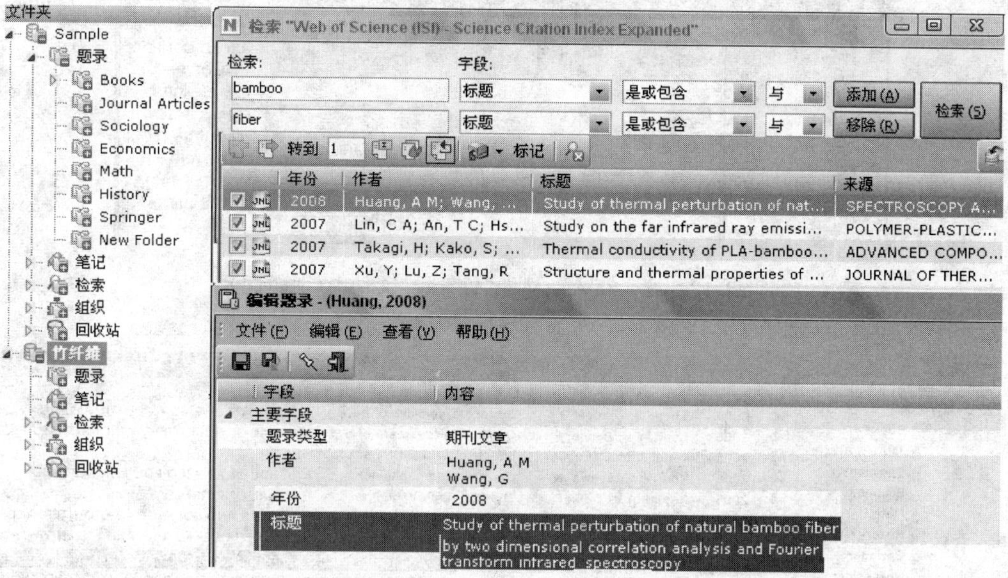

图 11-10 使用 NoteExpress 检索和管理文献(剪辑图)

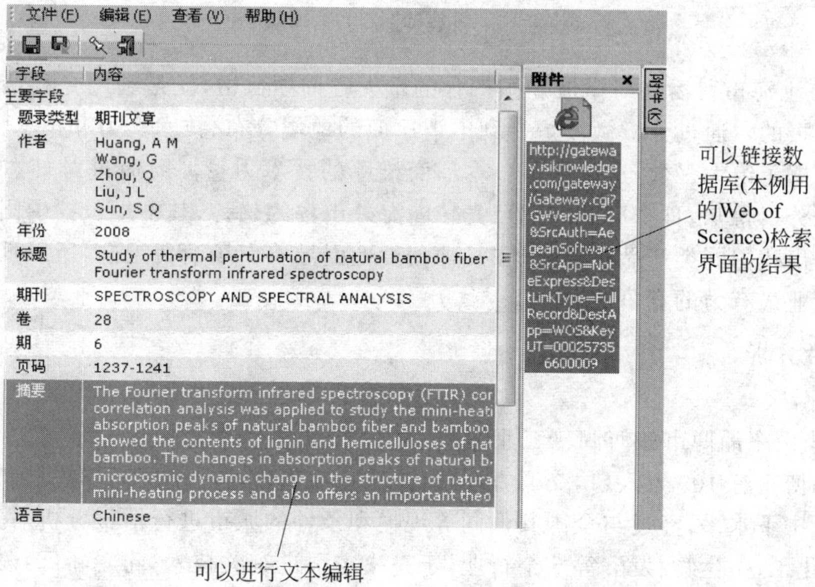

可以链接数据库(本例用的 Web of Science)检索界面的结果

可以进行文本编辑

图 11-11 使用 NoteExpress 进行文本编辑

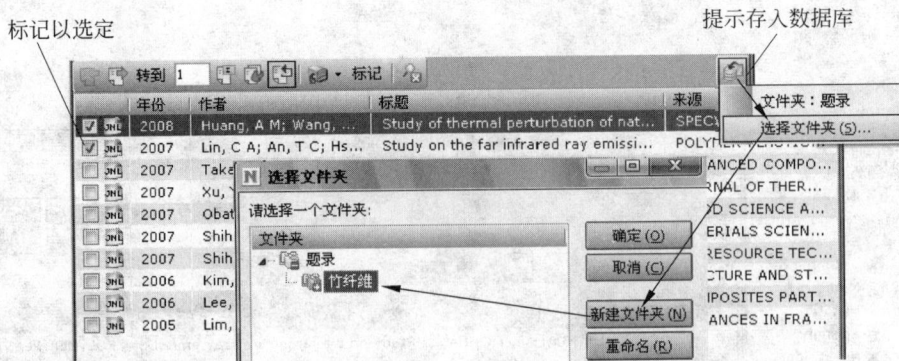

图 11-12　题录存入新建的"竹纤维"文件夹（剪辑图）

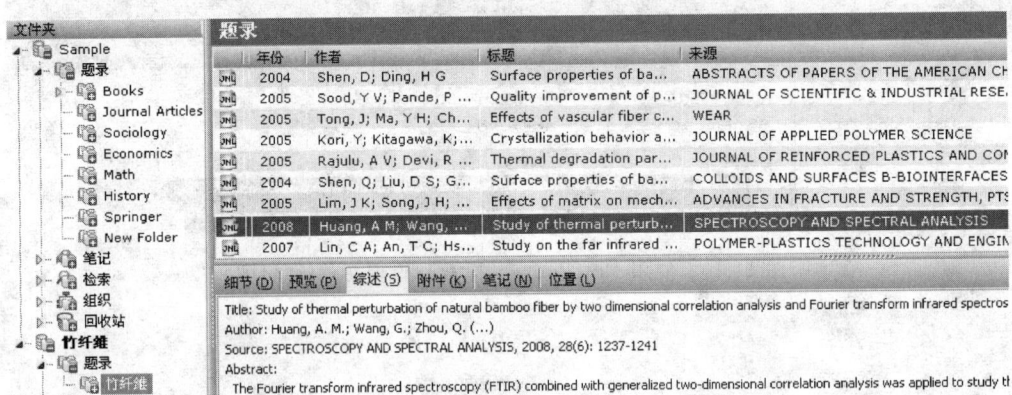

图 11-13　自建的"竹纤维"数据库

【实例】上海市科委在对微波炉国产化的重大咨询项目中，就是利用专利情报分析获取有关竞争情报的。通过分析微波炉专利申请厂商的地域分布、技术实力和技术特点后发现，日本专利占据了绝大多数，这说明了日本厂商雄厚的技术力量。又通过对日本在各国的专利活动情况分析得知，日本厂商有把目光转向海外市场的趋势，其中也包括中国市场。虽然其价格要高出我国同类产品一倍，但在某种程度上引导着市场消费走向，所以日本厂商是国产微波炉行业最有力的竞争对手。

2．定性分析

1）对比法

【实例】山东淄博市如何调整工业结构。

山东淄博市有100万人口，交通方便，但是工业产值曾经在全国同等规模和条件的城市中始终处于中下水平，经过与全国其他同等规模和条件的城市进行情报分析对比，发现该市缺少石油、化工、微生物、发酵等6个行业，于是决定引进有关技术，建立新厂，改善了工业结构，大幅度提高了工业产值。

【实例】情报人员收集到一些数据：处理能力为500万吨的炼油设备与处理能力为100万吨的设备比较，每吨生产能力的投资减少50%，燃料消耗与原油加工数量的比率从10%下降到1.5%～4%；年产20万吨合成氨的设备，每吨产品的耗电量为1450千瓦·小时，新建的年产量 40 万吨的设备,每吨产品的耗电量为 50 千瓦·小时;60 万千瓦发电机与 20 万千瓦发电机相比,按照单位功率计算,设备造价下降 10%～20%,基建费用、钢材消耗和制造工时都降低 20%。

对共同点用求同法得出结论,在一定范围内,设备大型化可以降低成本。

2) 联想法

【实例】20 世纪 50 年代,我国通过信息检索发现,关于电子计算机的文献的数量急剧增长,反映了该领域的研究空前活跃,将取得重大发展。于是,我国将计算机科学技术列入科学技术发展的 12 年规划,并作为重点赶超项目,一度取得了重要成就,与国际先进水平只有几年的差距,与日本处在同一水平。

11.4 用法示例

【例题】以生物技术为例,说明如何从网络获取竞争情报。

大部分公司的网站会提供关于公司的免费信息,其价值是不言而喻的,包括公司名录、网站、年度报告等。而且网络资源有关的报纸媒体和交易报告、海关数据等信息,知识产权资源如专利、商标、版权和相关的法律状态等都是技术和进行市场竞争的关键所在。

【题解】以下是具体分析步骤。

1. 确定竞争对手

通过大量在线信息和公司名录对竞争对手进行确定和定期观察,网络资源中有不同行业相关的索引。生物技术类目的公司会以名称、规模、地理位置、产品、相关服务等相罗列,并且有功能庞大的数据库可资检索。

公司名录资源网址:

- www. bioview. com/community/com. html,其按照字母顺序罗列公司名录;
- www. sciweb. com/db/vendor. cfm? ID＝comp,自建数据库,可以对公司名称和产品进行检索;
- www. chemindustry. com,包含大量化学相关产品和厂商信息;
- www. hoovers. com,通用类公司名录搜索,包括其股市行情和商业新闻等;
- www. biomedcentral. com,综合性生物医药技术网站,含大量产品、公司信息;
- www. bio-engine. com/garden/yellow_m. asp,国内较著名的生物医药类网站,其黄页包含国内生物技术公司的数据库;
- 国内的万方数据和维普中文数据库,均建立了国内企业数据库的查询。

2. 公司的背景资料

对该公司的决策队伍、雇员、地点、研发产品及市场份额、发展前景、运行计划和是否是上市公司以及他们的财务数据等情报进行研究。

对其组织管理、雇员情况、客户服务以及最新概况等,主页上的重要链接表明了企业间的商务关系。可以使用如下方法获得该公司的网站:

- www. namedroppers. com,进行域名搜索获得网站信息;
- www. sec. gov/cgi-bin/srch-edgar,美国安全与贸易委员会网站,可以获得相关公司的年度报告、财务信息；

- www.prars.com,该网站为公众提供年度报告服务,通过公司名和行业进行检索。

3. 如何获得竞争对手公司信息

从报纸媒体、公司近况、贸易和行业内的出版物等途径均可以获得情报。

- biz. yahoo. com/news/biotechnology. html,Yahoo 关于生物技术行业的每日新闻。
- www. sciencemag. com 是著名的 Science 杂志,包含前沿的研究动态。
- www. cpsnet. com,健康市场动态,含行业新闻、产品新闻及在线杂志等。
- www. corporateinformation. com,介绍各国公司动态、名录,可以按照国别、行业、公司进行查询。
- guide. nature. com,Nature 杂志的生物技术公司名录和供货商名录。
- www. cordis. lu/en/src/d_001_en. htm,研发信息的汇集之地,含项目、新闻、合作者、项目报告、出版物等详细信息数据库。

4. 交互信息

新闻组、BBS、聊天室是不可忽略的获得情报的地方,很多专业性的讨论组会讨论很细节的技术细节,或者可以试着到竞争对手网站的论坛上发一个帖子,可以浏览用户对其产品的反映。

- www. biofind. com/rumor 是一个关于生物医药技术和产品的讨论组。
- www. Google. com/grphp? q = &ie = UTF-8&oe = UTF-8&hl = zh-CN&lr = ,Google 的新闻群组搜索也很棒。

5. 竞争对手的合作伙伴、并购方、战略联盟方研究

- www. recap. com,可以查询生物技术类公司合作的 Recap's 联盟数据库。
- www. sciweb. com,提供图表、联盟伙伴、临床测试、分析报告、股票市值等数据查询。

6. 人员招聘

从一个公司的人员招聘广告可以看出其未来技术发展方向。很多网站包括著名的 Science、Nature 杂志网站都有大量的公司招聘信息。

www. sciweb. com/index. cfm,提供生物行业的招聘信息。

【案例】西南大学科研产出竞争力分析 2005 年度报告的研究方法(资料来源：陈蔚杰等完成的西南大学校级科研项目)。

1. 进行科研产出竞争力分析的意义

主要是通过科研产出的分析评价,基本弄清在西部地区的部分高校的科研竞争力,各院系研究单位的科研产出竞争力,以及个人科研产出竞争力等方面的分布情况,希望能通过统计分析找出我校科研的比较优势和问题,为我校有关部门明确其改进重点和发展方向,提供一定的依据和参考。

2. 以西部地区综合性大学,建立竞争对象

本报告所指的西部地区包括重庆市、四川省、贵州省、西藏自治区、陕西省、甘肃省、青海省、宁夏回族自治区和新疆维吾尔自治区。选择 9 所 211 工程综合性大学为竞争对象：西南大学、四川大学、重庆大学、贵州大学、广西大学、兰州大学、西安交大、新疆大学、云南大学。

3. 对科研产出竞争力分析的数据来源进行确定

在科研活动中,不应该过分看重"产出"的数量,而应关注"产出"的质量和"产出"的实际影响和对国家与地方经济等方面的实际贡献、对企业的实际贡献、高水平的人才输出以及其他方面的带动与辐射作用等。由于经费和数据来源所限,本分析报告拟从以下3个方面进行统计分析:专利(专利授权数、专利申请数)、收录论文数(SCI、EI、ISTP、ISSHP 收录论文数)、Science 和 Nature 杂志发表量以及获奖(获国家最高科学奖、获国家自然科学奖、国家发明奖、国家科技进步奖、全国百篇优秀博士论文奖)。

具体数据来源为中国国家知识产权局、国外专利局网站,Web of Science 中的 SCI、EI、ISTP、ISSHP 数据,Science、Nature 杂志网站,有关政府部门的统计数据资料(汇编、年鉴、报表等)。

4. 统计分析

本次统计的目的主要是弄清楚我校在 9 所高校中所处位置和各院系科研产出情况,对数据的年限大致定为 2003—2005 年。统计专利授权量尤其重要,和申请量相比较,专利授权量更能衡量经济发展水平和科技发展方向。目前我国专利申请有一半被授权,但是一个发明创造从申请专利到授权公告整个过程要经过相当一段时间。就目前而言,发明、实用新型和外观设计授权分别大约需要 30 个月、10 个月和 4 个月,要以授权的公告日来计算,还要再往后推移 3 个月左右。对统计分析来说,专利授权量具有延迟性特点,导致时效性较差,无法全面统计。例如广西大学的授权专利量,据该校科技处的资料显示,2003 年授权数量是 10 项,2004 年为 21 项,2005 年截至 11 月是 40 项;但是教育部和国家知识产权局网页的数据却不同,教育部科技处公布的是 2004 年为 18 项。这次统计的 2003 年开始申请的专利的授权量是最迟至 2005 年 12 月 28 日被授权公告的专利,不包括以后将被授权的专利,因此比实际应该授权的数量偏少。

11.5 综述及其撰写

综述是对大量信息进行检索、分析和利用之后形成的总结性论文或者报告,有的综述是一种情报学成果。

1. 综述的结构

文献综述要求介绍与主题有关的详细资料、动态、进展、展望以及对以上方面的评述。因此文献综述的格式相对多样,但总的来说,文献综述基本的结构特征如下。

1) 标题

文献综述的标题,首先要有一个重要的文体标志,即标题中应出现"综述"或"述"字样;其次标题应力求简短、准确、具体,一般不使用副标题。例如《制度与经济发展和增长理论综述》、《经济全球化理论流派回顾与评价》等。

2) 正文

文献综述的正文应由前言、主体、结束语 3 部分组成。

前言部分,或称引言。主要是说明写作目的,介绍有关的概念及定义以及综述的范围,扼要说明有关主题的现状或争论焦点,使读者对全文要叙述的问题有一个初步的轮廓。

　　主体部分，一般按递进的顺序安排，由该课题研究的"发展历史"的回顾，到研究的"发展现状"的对比，再到研究的"发展趋势"，即由纵向叙述，到横向对比，到探求发展主流和方向。主体的这种逻辑安排容易将时间的长久度和空间的宽广度有机地结合起来，作者起草时能够条分缕析，读者阅读时对该课题研究的理解能够由浅入深，把握脉络。

　　结束语部分，包括文献综述研究的结论，研究本课题的意义，或对未来进行预测、展望等。结束语要写得明确、具体、要言不烦，既要与引言或提要相照应，又不要重复引言或提要。

　　3）参考文献

　　参考文献虽然放在文末，却是文献综述的重要组成部分。因为它不仅表示对被引用文献作者的尊重及引用文献的依据，而且为读者深入探讨有关问题提供了文献查找线索。因此，应认真对待。参考文献的编排应条目清楚，查找方便，内容准确无误。

　　【实例 11-1】《制度与经济发展和增长理论综述》摘录，以下简称《制》（张健发表于《经济问题探索》2002 年第 10 期）。

　　前言

　　一、经济增长与发展理论回瞻

　　二、新制度经济学派的主要论点

　　1. 诺斯的观点

　　2. 国际经济增长中心的最新研究表明

　　三、简单的评述及问题

　　1. 诺斯将制度因素纳入经济增长的框架，把制度作为经济增长的内生变量，应用现代产权理论说明制度变迁与经济增长的关系，指出制度变迁是经济增长的重要因素之一。他使制度研究和分析更加成熟，对经济学发展作出了贡献。

　　2. 新制度经济学派方法的应用的影响越来越广泛，许多原来对制度不以为然的经济学家广泛地吸收和利用了新制度经济学家们的分析方法，普遍认为，解决经济发展问题，不仅只关注资本积累、技术引进、资金筹集、产业结构优化、就业的改善等等纯经济方面的因素，而更加应该将注意力放在制度因素对于经济增长的促进或阻碍作用上。

　　3. 将制度因素纳入经济增长和发展问题研究的范围内，大大扩大了经济发展问题的研究视野，而研究对象也由以前的以资本主义发展中小国家或地区为主转向发展中的大国。

　　4. 几个应当深入研讨的问题。

　　附录：参考文献（9 条）

　　【实例 11-2】《经济全球化理论流派回顾与评价》摘录，以下简称《经》（吴志鹏、方伟珠等发表于《当代经济研究》2003 年第 1 期）。

　　绪论

　　一、经济全球化理论流派回顾

　　（一）马克思主义经典经济学家的经济全球化理论

　　（二）古典或新古典经济学家的经济全球化理论

　　（三）当代经济学家的经济全球化理论流派

　　二、对各流派经济全球化理论的评价及我们的观点

　　（一）对各流派经济全球化理论的评价

　　（二）对经济全球化的几点看法

　　1. 经济全球化是人类历史发展的客观趋势，是人类节约全球资源、保护全球环境与自

身文明的一种进步趋势,是不可阻挡的历史潮流。

2. 经济全球化本身是中性的,它只是经济上的合作与竞争,不存在资本主义与社会主义性质之分、正确与错误之分、应该与不应该之分,至于在全球化过程中出现的不公平、不平等现象,是因为各国生产力水平差距的现实体现,属于人类道德调节的范围,需要通过建立国际政治经济新秩序来解决。

3. 资本对利润的追逐是经济全球化的根本动机;节约资源、提高经济效益,从而保护环境是人们推动经济全球化的社会动机;而科技革命是经济全球化的自然动机,同时也为经济全球化提供物质手段(通信工具等)。

4. 经济全球化的方式是多种多样的(经济区域化仅仅是经济全球化过程中的一种方式中的一个环节),经济全球化的进程是曲折、多变的,但其趋势是可以预测的,也是可知的。

5. 经济全球化与各国经济国际化、世界经济一体化紧密联系,世界经济的发展将经历一个由浅至深的渐进过程:从国际化起步,发展到全球化,最后实现世界经济的一体化。

附录:参考文献(6条)

上述两例,从结构安排上看似有所不同,但都具备基本的结构要求。实例《制》中"经济增长与发展理论回瞻"属"发展历史","新制度经济学派的主要论点"类似"发展现状","简单的评述及问题"可视为"对现状的评述及发展趋势";标题中以"综述"自称,而正文中有"评述",这是文献综述结构样式中最为常见的一种。实例《经》中标题称"回顾与评价",正文中先对经济全球化理论流派做了回顾,然后对各流派经济全球化理论进行评价,最后提出自己的观点;这是因为该课题研究范围广,发展过程中演变复杂,涉及的理论流派较多,所以作者采用了这种结构样式。

总而言之,文献综述的结构安排要在基本体式符合的情况下作灵活多样的安排。

2. 文献综述的写作步骤和要求

写作文献综述一般有这么几个步骤:选题、检索和阅读文献、拟写提纲、成文和修改。

1) 选题

撰写文献综述通常是出于某种需要,如为某学术会议的专题、从事某项科研、为某方面积累文献资料等。

选题要新,才具有参考价值,才能引起读者的阅读兴趣。一般综述的选题都是与自己科研有关的学科的新动态、近3～5年来发展较快、进展较大而切合实际的课题。

2) 检索和阅读文献

收集文献的方法,主要有以下两种。

(1) 通过各种检索工具,如通过索引、文摘杂志检索、期刊数据库、学位论文数据库检索含有"综述"、"评论"等关键词的论文,限定时间范围是3～5年内。

(2) 用引文检索法从综述性文章、专著、教科书等的参考文献中,摘录出有关的文献目录。

3) 撰写文献综述应注意的问题与技巧

(1) 考虑检索的查全率。

(2) 注意引用文献的代表性、可靠性和科学性。

(3) 引用文献要忠实文献内容。

(4) 参考文献不能省略。

11.6 个人文献管理软件及其应用

出于研究和学习的目的,经常要做大量的文献信息检索和收集工作,但如果不能对已检索得到的文献信息进行有效的组织与管理,则很可能在真正需要利用它们时却会遇到一些麻烦,尤其是在我们已经积累了数量庞大、涉及主题繁多的文献时更是如此。

个人文献管理软件的出现很好地解决了这一问题。利用它可以轻松建立起自己的"个人图书馆",从而有效地组织、管理已获取的文献信息,并能方便高效地利用已获取的文献信息。

目前,较流行的个人文献管理软件主要有 Endnote、Reference Manager、ProCite、NoteExpress 等。其中,NoteExpress 是国内最专业的文献检索与管理系统,完全支持中文。该软件可嵌入 MS Word 环境使用,在使用 Word 中输出各种格式化的参考文献信息,不需要脱离 Word 环境。使用方式与绝大多数文献管理软件相似,容易学习。

11.6.1 NoteExpress(NE)软件的作用和功能

(1)将平时所积累的参考文献输入到 NE 所定义的数据库中,从而形成个人的参考文献数据库。

(2)对参考文献数据库进行管理,包括通过分类、排序、检索,检索结果能够保存到特定目录,供平时研究时使用。

(3)按照不同的出版要求格式输出参考文献。

(4)可以直接与因特网上数以百计的图书馆目录检索系统、免费数据库连接,把因特网上的资料直接导入到现有的参考文献数据库中。

(5)具有附加笔记功能,可以在阅读过程中记录笔记,并与相关参考文献链接起来,在写作过程中随时插入到文章相应位置,如图 11-14 所示。

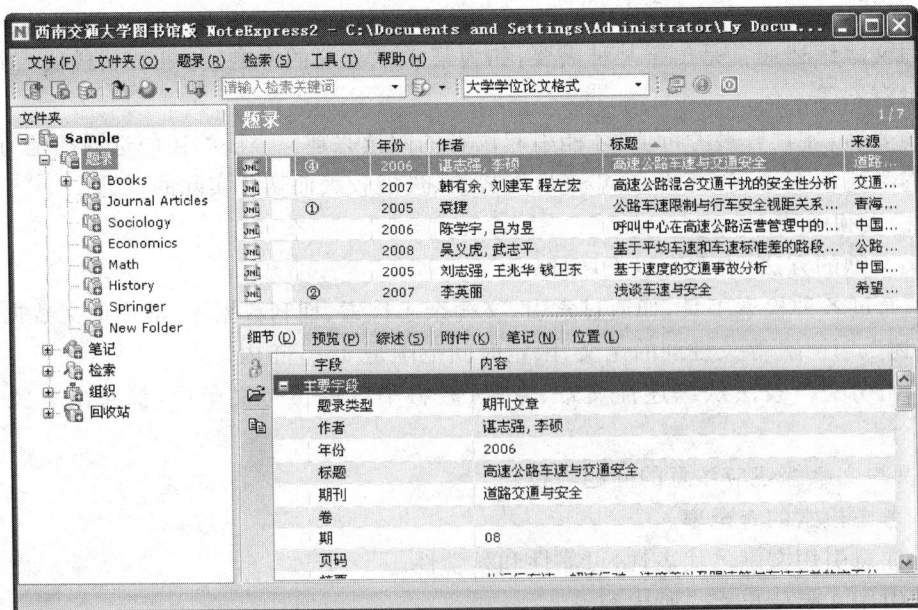

图 11-14 NoteExpress 主界面

11.6.2 NoteExpress 的使用

1. 通过导入题录建立 NoteExpress 数据库

NoteExpress 是通过题录（文献、书籍等条目）为核心进行管理的，建立新的题录数据库后，用户所需要的文献题录如何添加到数据库中呢？NoteExpress 提供了三种导入题录的方式，即手工录入、在线检索题录导入、数据库检索题录导入，如图 11-15 所示。

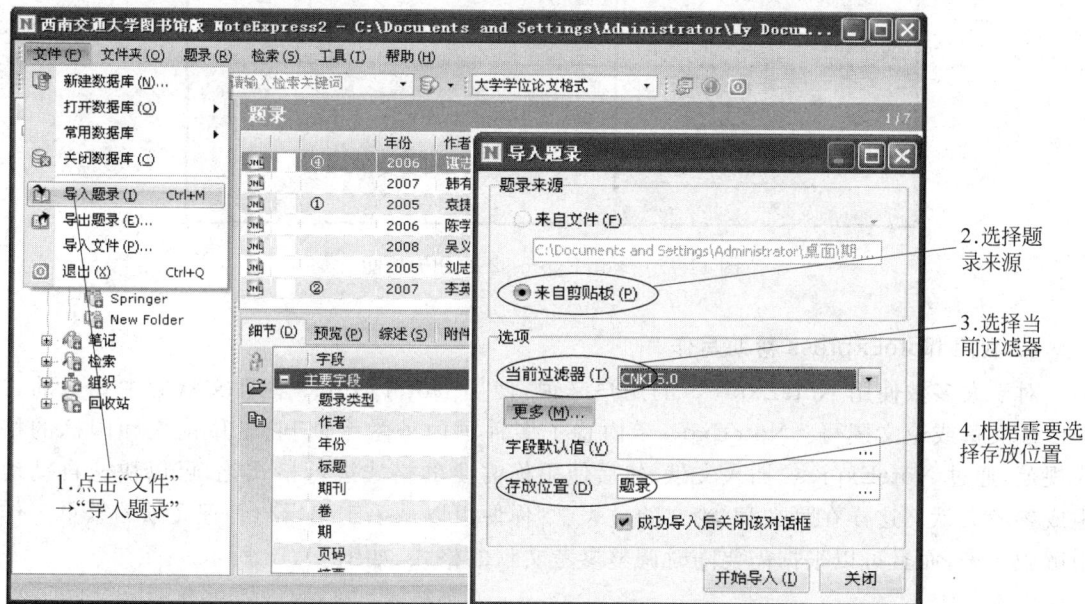

图 11-15　用"数据库检索"方式导入题录的流程

2. 数据管理之查重

在不同数据库中检索，或者你的数据库由几个小数据库合并而成，都不可避免地出现重复题录。在 NoteExpress 中，你可以方便快捷地查找并删除这些重复题录。方法如下：

（1）通过菜单【工具】→【查找重复题录】，选择"待查重文件夹"。

（2）选择待查重字段。待查重字段指如果哪些字段完全一致，则认为为重复题录。一般默认即可。

（3）根据需要对重复题录进行处理，如图 11-16 所示。

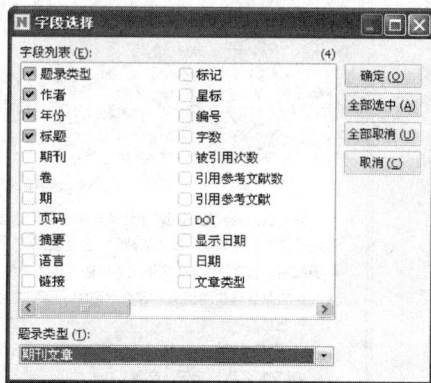

图 11-16　NE2 提供了多种查重选择项

3. 数据管理之统计分析

通过 NoteExpress，你可以方便快捷地对你关心的文献信息进行统计分析，从而快速了解某一领域的重要专家、研究机构、研究热点等。分析结果能导出为 txt 和 csv 等多种格式，方便做出精准的报告。NE2 版本可以对所有字段进行统计分析，包括作者、关键词、主题词等，如图 11-17 所示。

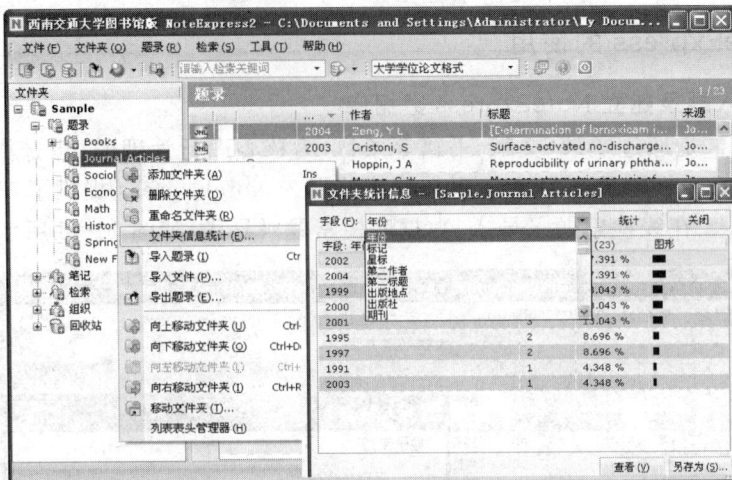

图 11-17　NoteExpress2 的分析功能

4. 利用 NoteExpress 帮助写作

对于大多数使用 NoteExpress 的用户来说，使用 NoteExpress 管理文献的主要目的之一便是文章或论文撰写。NoteExpress 内置了多种国内外学术期刊、学位论文和国标的格式规范，通过 NoteExpress 插入文献，然后使用你需要的格式进行格式化，可以快速自动地生成参考文献。这样在写文章/论文的过程中，你便可以从手工编辑与管理文献的繁重工作中解脱出来，而且可以根据需要随时调整参考文献的格式，如图 11-18 所示。

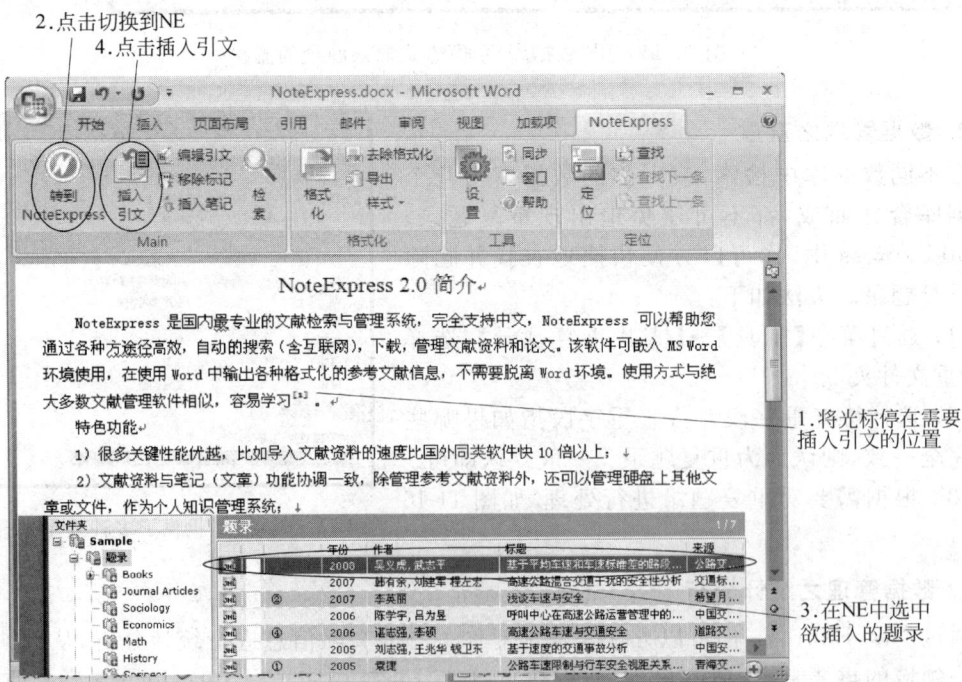

图 11-18　利用 NE2 插入引文

（1）插入引文。

（2）格式化参考文献。

通常情况下，不同的期刊对论文的参考文献有不同的格式要求，利用 NoteExpress 可以十分方便地插入引文，并能灵活地对其进行调整和修改。

此外，为方便用户投稿，NE 2 特别定制了常见的学术期刊模板（目前仅限国外期刊），用户可以非常方便地利用该模板撰写文章。

只要根据需要选择模板并输入标题，作者列表等信息后，可以撰写文章了。写成的文章/论文无须排版，就可以直接投稿了，十分方便，如图 11-19 所示。

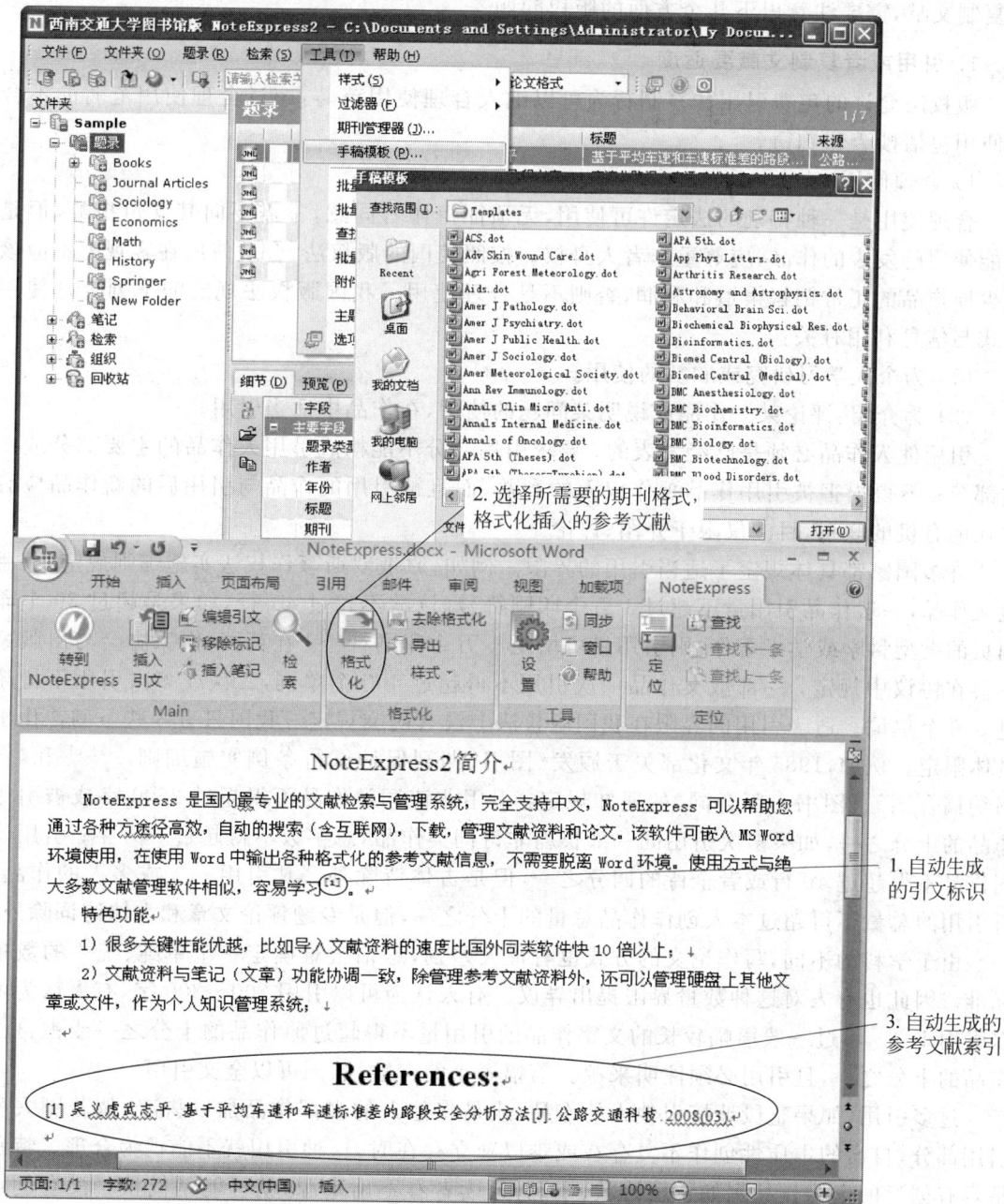

图 11-19　格式化 NE2 自动插入的参考文献

最后特别要指出的是，个人文献管理软件已经成为学习和科学研究的必备工具。它的运用不仅能让我们从繁重的文献整理工作中解放出来，还能为科学研究节省大量的时间，提高学术创作的效率；更重要的是，它为我们发现知识之间的相互关系提供了另一个方便且适用的途径。

11.7 信息的利用与版权问题

信息的利用有时要涉及版权问题。大学生撰写期刊论文、学位论文过程中都要引用或者复制文献，需要注意以下几个方面的版权问题。

1. 引用或者复制文献要适度

版权法允许的免费引用和复制行为可以纳入合理使用范畴，超过合理使用范畴的不合法使用包括抄袭和剽窃。

1）合理使用

合理使用是一种特别的法定许可使用，无须征得作者同意，不需要向其支付报酬，但是只能使用已发表的作品，应尊重作者人身权。按照美国的版权法，合理使用在客观上不应该减少原作品的正常销售渠道和利润，否则不是合理使用。我国版权法规定的下列合理使用形式与信息利用有关：

（1）为个人学习研究或欣赏的使用。

（2）为介绍、评论某一作品或说明某问题的使用，在作品中适当引用。

引用他人作品必须是已经发表的；要求引用部分不能构成引用人作品的主要部分或实质部分；不得损害被引用作品著作权人的利益，而且被引用的作品与引用后的新作品应有内在的有机的联系，目的仅限于介绍、评论。

许多国家都具体规定了适当引用的界限。例如，原俄罗斯著作权法实施细则规定，引用他人作品，一般作品引用量不超过 1 万个印刷符号，诗歌不超过 40 行，如果是超过 30 个印刷页的大型科学或学术著作，则引用量可增至 4 万个印刷符号。在英国，作家协会与出版家协会在协议中规定，一部散文作品一次引用不得超过 400 个单词，二次或多次引用不得超过 800 个单词。适当引用的界限在我国版权法上没有明文规定。我国只有一些条例曾作出具体限定。例如，1985 年文化部关于颁发《图书、期刊保护试行条例实施细则》[15][16]和《图书约稿合同》、《图书出版合同》的通知规定：引用非诗词类作品不得超过 2500 字或被引用作品的十分之一，如果多次引用同一部长篇非诗词类作品，总字数不得超过一万字；引用诗词作品不得超过 40 行或者全诗的四分之一，但是古体诗除外。凡引用一人或多人的作品，所引用的总量不得超过本人创作作品总量的十分之一，但是专题评论文章和古体诗词除外。

由于学科的不同，写作论文的方式也有很大差别，恐怕很难确定一个单纯、统一的数量标准。因此也有人对这种数量界限提出异议。有人认为可以引用 200～300 字，有人认为可以引用 1/3。不过一般篇幅较长的文字作品的引用量不得超过原作品的十分之一或占自己作品的十分之一，且引用必须注明来源。篇幅短小的诗歌、歌词可以全文引用。

过多引用，如果整段地摘引他人的作品，或是将他人的多部作品加以拼凑，倘若删去所引用部分，自己的本质性创作不复存在或难以独立存在时，这种引用就不能视为合理。特别是具有创意的虚构作品例如长篇诗歌、小说，且读者看不出来源，就可能是侵权。没有创意的、客观事实性较强的作品如案例、新闻、传记、历史信息、观点综述、参考工具书（如词典、百科全书）等，则可放宽引用条件，他人对此所作大量引用、注释、解说都可能是合理引用。引用后最好加注数字，数字必须对应参考文献序号，证明注明了来源。

【实例】张某在其一篇学术论文中引用了陈某发表在报刊上的文章中的观点，对此，张某不需要经过陈某同意，也不用支付报酬，这是合理使用。

（3）为教学科研的翻译和少量复制使用。

但不得营利，不得出版发行。有的国家则规定了使用量，例如复印他人的文章，一次不得超过 3 份；否则是侵权。

【实例】语文教师胡甲在文学杂志上看到钱乙发表的一组诗歌，颇为欣赏，就复印了一百份作为文学辅助材料，免费发给了学生。胡甲又将钱乙的这组诗歌逐段加以评析，写成文章后投到刊物上发表。这是合理使用行为。

【实例】某图书馆在未经请示作者也未支付报酬的情况下，复印、粘贴许多篇报刊上公开发表的文章，汇编装订成册，命题为《×公司决策参考》。这些文章中有专家预测、市场分析等，少数还是直接从外文翻译过来的。这是侵权行为，侵犯了复制权、编辑权、翻译权。

2）剽窃

在美国学界，剽窃一般是指"使用他人的观点或语句而不清楚地承认这些观点或语句来源的行为"。剽窃按其行为方式可分为不同的种类，主要包括：

（1）故意剽窃　购买、盗用或借用一篇论文，雇佣他人写作。

（2）偶然剽窃　解释时使用了与原文过分接近的字句，将自己的观点建立在引用的材料之基础上，未经引注而直接抄袭他人的材料。

有的文章在引用的段落后没有标注，有的论文既无参考文献，也没有任何引文。由此导致剽窃。例如，某文章主要部分包含大段大段从被评述文章抄来的文字，虽然在文章开头就对研究者表示了感谢，并给出了详细的文献参考目录，却没有用引号注明原话，被认为是剽窃。

3）抄袭

2001 年 10 月新修改的《著作权法》第 46 条删除了原《著作权法》第 46 条中的"抄袭"两字，将"剽窃、抄袭他人作品的"改为"剽窃他人作品的"。但是学术界习惯将二者统称为抄袭。抄袭是指除了改变署名或者题目外，几乎全文照抄，是比剽窃更严重的一种侵权行为。

我国司法实践中认定剽窃（抄袭）一般来说应当遵循两个标准：第一，被剽窃（抄袭）的作品是否依法受《著作权法》保护；第二，剽窃（抄袭）者使用他人作品是否超出了"适当引用"的范围。1999 年《国家版权局版权管理司关于如何认定抄袭行为给 XX 市版权局的答复》提及抄袭的法律理解。"抄袭指将他人作品或者作品的片段窃为己有发表。从抄袭的形式看，有原封不动或基本原封不动地复制他人作品的行为，也有经改头换面后将他人受著作权保护的独创成分窃为己有的行为，前者在著作权执法领域被称为低级抄袭，后者被称为高级抄袭。低级抄袭的认定比较容易。高级抄袭需经过认真辨别，甚至需经过专家鉴定后方能认定。在著作权执法方面常遇到的高级抄袭有：改变作品的类型将他人创作的作品当作自己独立创作的作品，例如将小说改成电影；不改变作品的类型，但是利用作品中受著作权保护的成分并改变作品的具体表现形式，将他人创作的作品当作自己独立创作的作品，例如利用他人创作的电视剧本原创的情节、内容，经过改头换面后当作自己独立创作的电视剧本。"

抄袭是将他人的作品当作自己创作的作品发表的行为直接照搬原文、段落，甚至整篇。

低级的抄袭容易鉴别。例如，有的对题名稍作改动，而正文内容几乎没变，有的仅增加了样本例数，而方法、结果、讨论等部分几乎没变；将原文删节、顺序调整、重新组合成文；将多篇文章组合成一篇，虽在一定程度上改变了叙述方式，但仍沿袭原文思路，对表达方式进行变换，如一作者将其他论文中的 1 个表格分解为 3 个表格，将别人的主要结果拿过来[14]。

而高级的抄袭需要仔细鉴定。表 11-3 列出了涉嫌抄袭的文章。

表 11-3　学术论文涉嫌剽窃对比表[16]

论文题目	《缺位型杂多阴离子 Keggin 结构化合物的合成及表征》	《含一缺位杂多阴离子有机金属 Keggin 结构化合物的合成与表征》
关键词	一缺位杂多阴离子，有机金属基团，keggin 结构，合成，溶解性	有机金属基团，Keggin 结构，一缺位杂多阴离子，合成，溶解性
摘要	利用相转移试剂[(CH3)4N]Br 和[nC16H33(CH3)3B]Br，合成了 3 种含有机金属基团—RTi 的杂多化合物。由元素分析、热重分析和红外光谱分析表明，合成的化合物具有典型的 Keggin 结构，有机基团通过 Ti—O—W 与一缺位杂多阴离子(α PW11O39)6-相连，并初步探讨了这 3 种化合物在常见溶剂中的溶解性	利用相转移试剂[(CH3)4N]Br 和[n C16H33(CH3)3N]Br，合成了 3 种含有机金属基团 RTi 的杂多化合物。经元素分析、热重分析和红外光谱结果表明，所合成的化合物具有典型的 Keggin 结构，有机基团通过 Ti—O—W 键与一缺位杂多阴离子(α PW11O39)6-相连，探讨了所合成化合物在常见溶剂中的溶解性
相同外文参考文献	[1] Lund E C, Livinghouse T. Rapid and efficient procedure for the synthesis of monocyclopentadienyl complexes. Organometallics, 1990, 9, 9: 2426. [2] Mazeaud A, Ammari N, Robert F, et al. Coordination chemistry of polyoxometalates: Rational synthesis of the mixed organosilyl derivatives of trivacant polyoxotungstates alpha-A-[PW9O39 (tBuSiO) (3) (RSi)] (3-) and alpha-B-[AsW9O33 (t-BuSiO) (3) (HSi)] (3-). Ange W Chem Int Ed Engl, 1996, 35, 35: 1961. [3] Ho R K C, Klemperer W G. Synthesis and characteri-zation of polyoxoanion supported organometallics. J Am Soc, 1978, 100, 100: 6772. [5] Knoth W H. Derivatives of heteropolyanions. J Am Chem Soc, 1979, 101, 101: 759. [6] Sattari D, Hill C L. Catalytic carbon-halogen bond cleavage chemistry by redox-active polyoxometalates. J Am Chem Soc, 1993, 115, 115: 4649. [7] Erker G, Berg K, Treschanke L, et al. Convenient route to monocyclopentadienylzirconium (IV) complexes. Inorg Chem, 1982, 21, 21: 1277.	[1] Ho R K C, Klemperer W G, Synthesis and characterization of poly-oxoanion supported organometallics [J]. J Am Chem Soc, 1978, (100): 6772-6774. [2] Knoth W H. Derivatives of heteropolyanions [J]. J Am Chem Soc, 1979, (101): 759-760. [4] Sattari D, Hill C L. Catalytic carbon2halogen bond cleavage chemistry by redox2active polyoxometalates [J]. J Am Chem Soc, 1993, (115): 4649-4657. [7] Lund E C, Livinghouse T. Rapid and efficient procedure for the synthesis of monocyclopentadienyl complexes [J]. Organometallics, 1990, (9): 242622427. [8] Erker G, Berg K, Treschanke L, et al. Convenient route to monocy-clopentadienylzirconium (IV) complexes [J]. Inorg Chem, 1982, (21): 1277-1228. [9] Mazeaud A, Ammari N, Robert F, et al. Coordination chemistry ofpolyoxometalates: Rational synthesis of the mixed organosilyl derivatives of trivacant polyoxotungstates alpha2A2 [PW9O39 (t2BuSiO) (3) (RSi)] (32) and alpha2B2[AsW9O33 (t2BuSiO) (3) (HSi)] (32) [J]. Angew Chem Int Ed Engl, 1996, (35): 1961-1964.

续表

论文题目	《缺位型杂多阴离子 Keggin 结构化合物的合成及表征》	《含一缺位杂多阴离子有机金属 Keggin 结构化合物的合成与表征》
论文结构比较	由"实验部分"、"结果与讨论"、"结论"3 大部分组成。 分为 3 个小部分:"主要仪器"、"主要试剂"和"目标化合物的合成"	由"实验部分"、"结果与讨论"、"结论"3 大部分组成。分为 2 个小部分:"仪器"和"试剂",但"试剂"部分却包含了乙文的"主要试剂"和"目标化合物的合成"两部分的全部内容
正文内容及文字	两篇论文除若干处的叙述方式有所改动或不同之外,全文的内容几乎完全相同;约 90% 的文字可以说是一模一样	
图表比较	两文图表的个数(均为 3 图 2 表)以及图表的数据、图形完全相同。不同之处有两点:一是"甲文"的图表名称使用了中、英两种文字,而"乙文"只用中文表示;二是"甲文"将化合物复杂的分子式原样写出,而"乙文"用简单明了的英文缩写代替了冗长的化合物分子式	
结论	184 字符	191 字符(184 字与甲文完全同甲文,多出的 7 个字属于连接词)

注: 本表引自: 马治国,李晓鸣. 学术论文剽窃的认定及法律责任. 西安交通大学学报(社会科学版).2005,25(4):68-73. 并根据 CNKI 期刊数据库检索结果补充了两篇文章相同的参考文献。

【案例】 博士学位论文抄袭案例[16]。

博士学位论文《美国黑人民权运动的缘起——论美国黑人民权运动产生的原因和历史条件》一文在已通过通信评议和答辩的情况下,被专家检查出有 60 多页的内容系抄袭而成。南开大学在查处抄袭问题的公告中指出:"张文在抄袭中运用了照搬、摘录、编译、改写、拼接等多种手法,将所抄英文论著转换成中文,中间添加一些过渡性的词句,同时摘抄或改编被抄论著中的原注,穿插性地注出被抄袭的论著,使文章表面上显得注释繁密,材料丰富,文字流畅,造成了一种经独立研究而写成的假象,具有很强的隐蔽性和欺骗性,如果不经研究同一问题的专家与原著仔细核对,很难发现其抄袭的真相。"

2. 复制传播原文与版权保护

1) 印刷型文献的复制与传播

有的作者即使不得稿酬也愿意自己的印刷型文献无偿被扫描作为电子文献传播,但凡是著作权人声明不同意其作品上网者,他人就不能将其作品数字化并上网传播。只有图书馆可以合理使用各类作品,但是篇幅受到限制,我国有的大学规定只能复印作品的 2/3。

美国的《千禧年版权法》规定,允许非盈利的图书馆和档案馆制作 3 份以内的数字化或非数字化的复制件用于内部存盘,但需保证不向图书馆建筑以外的公众传播。美国还规定复制 PQDD(国际硕士博士学位论文数据库)的学位论文不能超过 24 页。

Google 在 2004 年 12 月启动"网上图书馆"工程,预计花费 10 年时间,将美国哈佛大学、斯坦福大学、密歇根大学、牛津大学和纽约公立图书馆的共 1500 多万册图书扫描入电脑,以建立全球最大的网上虚拟图书馆。在"网上图书馆"中,人们可以全文阅读大批极具价值的学术文献,被《纽约时报》誉为迈出了"全球虚拟图书馆的一大步"。

虽然为了避免侵犯版权,也采取了相应措施:对版权过期的旧书提供全文阅览;对还受版权保护的书,Google 会将其全文扫描复制并保存进自己的数据库,在网上仅提供内容摘要。但是,出版商们仍旧认为"Google 无权全文扫描复制受版权保护的图书,并大批量地保存进自己的数据库"。最终,Google 同意暂时停止其"网上图书馆"工程,以给涉及图书的版权拥有者以时间考虑——若他们不愿意其作品在网上公开,他们可以向 Google 发出"退出声明"。

大多数高校图书馆建立学位论文数据库并提供传递服务,其中许多论文并未发表,自然涉及学位论文的复制权和发表权。此外各高校数字图书馆的检索平台中就包括学位论文数据库,当进行原文传递和馆际互借时,也必然会涉及学位论文。学位论文通过网上传输使作品在较大范围内公之于众,视为发表。因此使用学位论文无论任何方式,首先应取得学位论文作者的授权,还应根据学位论文许可使用协议及学位论文的密级来约定使用方式。其次还要注意传递的数量,并提醒用户尊重版权。

【实例】甲为做博士学位论文,在图书馆复印了乙的两篇论文,根据我国著作权法,甲的这一行为属于合理使用。

【实例】外语教师甲将作家乙的小说《春天的故事》译编成英文短剧,但未经乙同意。该剧本出版后被乙发现。甲侵犯了乙的改编权和翻译权。

2) 纯网络信息资源

各国版权法都增添了"信息网络传播权"等内容,针对数字作品的合理使用范围相应缩小,如我国《信息网络传播权保护条例》中将"个人学习、研究或者欣赏"排除在数字作品的合理使用之外。因为纯网络版的信息资源例如网络版图书、期刊以及首次发表的 BBS、博客、专题讨论组张贴的文章、网页等也受到版权法保护。有的网络版图书和期刊还是经过新闻出版部门审批的。未注明来源而复制传播这类信息资源或者用于商业目的都是侵权行为。有的网站还获得了独家授权,声明不许他人转载,如果他人擅自转载,即使注明来源,也属于侵权行为。

思考题

简述信息利用的基本意义和方法。

综合实习题

1. 对你所在院系的教师发表的期刊论文或专利申请量进行统计,用 Excel 处理数据,排列出该院在地区或者全国范围同行业的排名。

2. 对本专业近 5 年来的期刊、博士硕士论文或专利信息进行全面检索,用 Excel 按照关键词或专利分类号排序,制作曲线图,尝试发现发展趋势、技术空隙或热点问题。

参 考 文 献

[1] 曹彩英.中国标准网上免费信息资源与检索技巧[J].河北工业科技,2005,2(3):158-161.

[2] 陈兰杰.Internet 上商标信息检索[J].中国图书情报科学,2004(2):22-23.

[3] 程焕文,潘燕桃.信息资源共享[M].北京:高等教育出版社,2004.

[4] 郭万召.网络搜索引擎的分析与比较研究[J].情报科学,2000,18(1):80-84.

[5] 韩萍,范艳君.亚马逊与中国网上书店比较研究[J].图书馆学研究,2005(2):93-96.

[6] 李国新.中国文献信息资源与检索利用[M].北京:北京大学出版社,2004.

[7] 李文杰,胡志和.中国专利检索方法[J].食品科学和技术,2004,25(4):155-157.

[8] 李志义.Google 搜索引擎及其使用方法与技巧[J].现代情报,2002(22):70-71,126.

[9] 徐金安,戴波.SCI、SCIE 来源期刊统计分析[J].图书情报论坛,2007(1):54-57.

[10] 张亚军.核心期刊与品牌期刊[J].福建图书馆理论与实践,2006(3):32-34.

[11] 高善姬.图书馆信息服务中的知识产权问题及对策[J].图书情报工作,2006(增刊),258-260.

[12] 郑丽航.数字环境下技术、版权法与作品的辩证思考[J].图书情报工作,2007,51(8):51-53,95.

[13] 刘青,黄晓.从 Google 数字图书馆计划看合理使用的新发展[J].图书情报工作,2007,51(6):85-89.

[14] 周英智.初审中利用数据库检索论文抄袭行为[J].编辑学报,2008,20(8):319-320.

[15] 杨嘉文.试论我国《著作权法》上的剽窃标准[J].法制与经济:上半月,2007,(6):30-31.

[16] 马治国,李晓鸣.学术论文剽窃的认定及法律责任[J].西安交通大学学报:社会科学版,2005,25(4):68-73.